李廉方 著
郭戈 編校

李廉方集
（八）

荆楚文庫編纂出版委員會
華中師範大學出版社

新小學國語
文學讀本
（高級）

《新小學國語文學讀本》(高級)，全四册，新學制適用，教育部審定。中華書局1927年7月—1928年4月印行。

目　　錄

新小學國語文學讀本（高級）第一册……………………………………… 3237
新小學國語文學讀本（高級）第二册……………………………………… 3271
新小學國語文學讀本（高級）第三册……………………………………… 3301
新小學國語文學讀本（高級）第四册……………………………………… 3335

第一册

凡　例

一、本書第一要旨，在依高小讀文目的，養成能作語體文之技術，兼有讀文言文之能力。因見文言文獨立為課文，兒童每缺乏學習興趣，故於通用語體敘述中，應當時情事，插一段文言文，引起適當之動機而讀之，使無整个時間感學習艱深文字之苦；且每次學習時數少，而學習次數加多，自易養成讀文言文之能力。較之偏向語體文或文言文，與目的不適應者，更為兩全而無偏弊。

二、本書第二要旨，在培養反復誦讀與沉思之習慣，使每讀一文，能就略讀、詳讀、默讀、朗誦各方面，極其所至；故文章形式必取優美，意義必使深長，協於有物有序之義法；讀者須多讀、玩味讀而後有得，以確能達到文學陶冶之目的，示與徒以淺薄粗俗為淺顯者，及僅授聽的文學或看的文學不同。其與中學以上讀文別者：惟在事實與意義，必為高小學生所了解；每篇大段落組織、小段落區分，便於小學以相當時間分段研究。欲了解此義，須參閱另編之教授書。

三、本書第三要旨，在使兒童於讀文中所悉內容，所得感想，互相印證，印象永遠留住，思想聯貫不輟，而每課開始之動機，不必於本文以外求之。故全冊用連續體，其式例有兩種：一以直進式為經，取章回小說旨趣，使讀了前課，思讀後課，以觀究竟，讀至後課，引起回憶前課之聯想；又為各課聯屬避免單調之事實與興味起見，用童話結構，變換小說面目，使極離奇之妙。一以分布式為體，每課前後，不必恰相連屬，然其表現之事實與意義，均向一個中心而自為首尾，使從複雜方面，得到諧和之思想。

四、本書第四要旨，在使課文結構及分配，根據學習心理：一學期一册，統馭各課於一个目的之下；每册十八課，供四个半月之用；每一課具有一分部之獨立目的,長短大體勻稱,供一周誦習;使勻配之練習次數加多,記憶永續,而時間又極經濟。研究程序,必須先取得普通概念,再進而分析以歸宿於明確。班級制固甚適用,尤便道爾頓制之用。又每課由事實或意義之轉變,以極明顯的結構,表出可劃爲二個以上之大段落,便於擇要誦習與分段研究;此於養成兒童讀書能力,至有體會,而又不感教授長篇文章之繁難。

五、本書結撰,依前編初小國語文學讀本,以兒童文學要素,融貫教訓、實用、興味,三者於本課目的之下。故課文包含之內容,應了解者有四層:一、實質,二、正面意義,三、背景意義,四、描寫意味。其結構多寄託於神秘之想像,使不乾燥而有意味可尋,並與兒童心理相應。其現象則原本於真實不虛幻,而可增進知識,且得由現實界而探神秘。描寫景物,純用畫家寫生法,每寫一景物,先化身爲兒童心情,從實地觀察,或引導兒童觀察、探索所得由自然界洩露之玄機,事物活動之結晶,影成文人之匠心。大體以童話之原料爲形貌,詩之旨爲骨髓,務使讀者從有趣味之事實與組織,引起初步之樂於誦讀;再進而使由讀文了解內容,至於欣賞文學上之藝術;更進而使由深究以領會背影之人生意味;且見淺見深,因兒童智力與學習情形,各有相當心得,在教學方面,尤便於處理。

六、本書語體文形式,力矯近來白話文種種流行之病,一方體會自然語言,使句句便於上口;一方運用古人作文文訣,由用字之訣,使聲調諧和,由用筆之訣,使控縱自如。兒童熟讀各課,自易領會造句與作文之法。

七、本書關於故事引用,極注重本國古代記述,期與社會習慣相應。

八、本書一二兩冊三四兩冊,各可顛倒用之,便於複式教學之用。

九、凡青年未讀本書者,用作課外閱覽之本,趣味方面,與小說童話等書,有同一價值;而文學陶冶之功用較大。

目　　次

一　石匠的快樂……………………………………………… 3243

二　滾鐵環…………………………………………………… 3244

三　公園外的回想…………………………………………… 3245

四　大耳朵…………………………………………………… 3247

五　古怪的貓………………………………………………… 3248

六　農事試驗場……………………………………………… 3249

七　水仙花…………………………………………………… 3250

八　詩歌……………………………………………………… 3252

九　演劇……………………………………………………… 3253

一〇　湖上石………………………………………………… 3257

一一　岩石的斑點…………………………………………… 3258

一二　山上幻景……………………………………………… 3260

一三　智慧之母……………………………………………… 3261

一四　真理是甚麼…………………………………………… 3262

一五　自己的責任…………………………………………… 3264

一六　引誘…………………………………………………… 3265

一七　最後的工程…………………………………………… 3266

一八　人生的成功者………………………………………… 3267

一　石匠的快樂

每天天未大明，大街巷口，有一所矮屋，在黑暗寂靜中，從破門縫裏，閃出幾條稀薄光線。那光線閃出後，便有釘釘釘，鑽鑽鑽，不住的聲響，彷彿向值夜巡警，報道夜的寂靜和黑暗，業已告終。只見那稀薄光線中，常有細密黑點，上上下下，橫穿光線而過。這便是那哈哈石匠，在他的屋裏，趕作他的早工。

這位石匠，見着人總是哈哈大笑，人都呼他為哈哈。他的姓名就不傳了。

他住的附近，有一大山，大約是公山，沒人管理的。他日裏往山間取石頭，夜裏把石頭鑿成器具。每天起得很早，趁天未大明時，即起來鑿石。一面作工，一面唱歌。唱道：

南山盤盤，白石燦燦。我有兩手，朝來搬，晚來搬，不怕水也不怕旱。

盤盤南山，青石斑斑。我有兩肩，朝一擔，晚一擔，不愁吃也不愁穿。

他的鄰舍，是個財主，以放債起家。每天籌畫債務，夜裏總睡不着。正要睡熟時，哈哈石匠就起來了，做他的工，唱他的歌。財主常自說道："我有這麼多錢，驅使的人也多，總覺不大安逸。那哈哈窮小子，怎麼那麼快樂？還每天釘釘釘，鑽鑽鑽，擾得我不得安睡。我總要想個法子，把他攆開。"

財主要買他的屋，他總不肯。財主沒法，便時常請他吃酒。他吃酒後，雖然起得稍微遲一點，但是他照常作工，照常唱歌，財主仍然不得安睡。

後來財主想到："我睡不着覺，或者是有了餘錢，要天天籌畫，不得早些安睡嗎——果然如此，這倒有法子了。"於是親到石匠家裏，把一百元銀元送給他。多方勸說，他纔收了。

他從來沒得過這些錢的。他想這一百元銀元，怎樣收藏呢？又想這一百元銀元，怎樣使用呢？想來想去，一夜沒有安睡。早起的鐘點，就比吃酒時更遲了。到了第三日，他倦了，連歌也不唱了。

財主安睡數日，正在得意。他忽然跑來，把原封的一百元銀元放在桌上。笑道："謝謝財主，我用不着。"原來他醒悟了。從此以後，天未大明時，那矮屋的燈光和鑿石的聲響，又要驚醒人的早夢了。

二　滾鐵環

街頭有一兒童公園，石匠由園前經過，見許多小孩，在草場上玩耍。有一個最小的孩子，滾着鐵環。鐵環團團的轉，小孩跟着鐵環一路跑，拍手頓脚，且說且笑。

小孩滾鐵環時，後面有一個乳母，緊緊跟着，並不說話。只見小孩跌倒或絆着時，纔來扶他牽他。有時替他撲衣上的灰，揩鞋上的泥。那小孩兩頰紅潤，手和脚肥而且嫩，一望而知爲有幸福的人。

石匠做孩子時，過的是窮苦生活——餓啊，凍啊，被打啊，未曾滾過一個鐵環。便是到了現在，雖然衣食不缺，也沒有甚麼好的境況。因此觸動心事，很羨慕這个小孩，看他滾着鐵環，覺得有趣。

石匠去到山邊，回到家中，整日在工作中，眼裏，心裏，常有一個小孩，拿起鐵環，滾來滾去；夜裏又在夢中相會，彷彿見那小孩拍手頓脚，跟着鐵環跑；有時跌倒或絆着，乳母來扶他牽他。

過了數日，石匠的想像，依然環繞那小孩的左右。當夜深人靜，那釘釘釘鑽鑽鑽不住的鑿石聲響，和飛起的石屑，閃在半明半滅的燈影裏，他絲毫也不注意，惟默默出神，面上現出微笑，心裏懷着愉快空想。

一日早晨，石匠往山邊去，忽見一个木桶的圈，放在路上——這是一个破舊無用的圈。他見了很喜，好像心裏放下一根絆索，把他兩脚絆住。於是向四面一望，便蹲下身去，拾起圈來就走，又帶羞的微笑。他爲甚麼拾起來，爲甚麼拿着走，連他自己也説不出；單是這个圈，很像那小孩的鐵環罷了。

石匠到了山邊，使圈在草地上轉，哈哈大笑。他跟着圈跑，拍手頓脚，正同那有幸福的小孩一樣。覺得自己還是小孩，有好玩的玩具。又覺得他的母親，緊跟在他的後面，兩眼慈愛的光，時時照在他的圈上打轉。

他偶然想到自己的年紀，這樣作耍，怕人見笑。慌忙向四面探望，探望了一會，依舊使圈旋轉，拍手頓脚，且説且笑。就是有人前來，在旁笑語，也不覺得。因爲他的想像，使他安慰——他也曾做過快樂的孩子；有慈愛的母親照護；有好的玩具玩；歡歡喜喜，在緑草上跳躍，很是幸福。

三　公園外的回想

因滚鐵環的感想，又憶起小時遊公園的事了。

石匠的父親，死的很早，母親是給人家洗衣服的。每逢星期日，本街雇車的人，多説是到公園去的。公園裏好玩，也聽别的小孩説過了。於是很高興的求他的母親，引他到公園去逛。他的母親沉着臉説：「逛公園哪，你不配。」便照常搓洗衣服，不往下説了。他不敢再問，可是實在不明白母親的話。

剛巧他到街上去，見一个坐包車的人，在這裏下車，吩咐車夫説：「你把車拉到公園門前等着。」那車夫拉着空車，自然不能快跑了。他跟在後面，緩緩步行。路上車馬往來，都跑得很快——拉人力車的車夫，汗滴如雨，拉馬車的馬，不住的喘氣。那坐在車上的人，眼光四射，滿裝着快樂心情。

空車停住了。這停車地方，在一所大花園門口。園門洞開，裏面寬大的毯場，蔥緑的高樹，已可望見。他匆匆向園裏跑，忽覺得肩膀碰着甚麼，兩腳便站着不動了。仔細一看，原來是個大漢，抓住他的右肩膀，問道："你和誰一塊的。"他答道："我一個人來的。"大漢又説："既是一個人來的，買票去。"他説："我不買票，我到園裏去逛逛。"大漢瞪着兩眼，順手把他一推。他倒退幾步，兩腳站不住，就跌在門外地上，引得車夫們同聲一笑。

他急忙爬起，趕回家來。母親依舊搓洗衣服，沒問甚麼，他也沒説甚麼。但是何以不許進去，他當時還不明白。第二次，尋着舊路，又到了公園門口。因為前次經驗，不敢畢直進去。只在墻外走來走去，那兩旁槐樹，幾乎棵棵數到。有時大膽靠着門檻，向裏面張望。

一輛汽車嗚嗚的駛來，停在門前。一位先生和一位太太，引了兩個小孩下車。這兩個小孩，一跳一跳的，逕往園裏去了。那大漢站在門口，却沒有抓住他們。他望着兩個小孩，環繞毬場，穿進綠樹陰裏。直望到背影都不見了，纔又往墻外數那棵棵槐樹。

他呆呆的默想，想那小孩們，一跳一跳的進園，多麼自由，多麼快樂。好像自己的身體，也隨着進去，穿到層層密密的樹林裏去了。樹上紅色白色的花朵，開得又大又鮮；一滴一滴香甜的水，流到地面，結成顆顆香糖。他想拾些香糖，送到嘴裏，却又是鮮果，不是香糖。他想果子也好，便拾了一滿懷。又想摘幾朵花送給母親。正要摘去，彷彿有人喊道，公園花木禁止攀折——不覺吃了一驚。

他正在出神，忽被呼呼之聲，驚破了幻想。香糖和鮮果都沒有了，花也不見了，原來還站在墻外槐樹下。那停着的汽車，正發動機器，呼呼的響。他跑過去看，剛纔進去的兩個小孩，遊罷了公園，手裏拿着糖果，從園裏一跳一跳的出來，把他幾乎撞倒了。他們撞了人，好像沒有這回事，很驕傲的隨父母上車，一溜煙便駛向他處走了。

這過去的事，因為當時印象很深，一經回想，猶覺身在公園門口，被守門人抓着，被遊園小孩撞着。

四　大耳朵

　　石匠挑運石頭，每日早出晚回，總見一个穿灰服的軍人，站在路旁高堆上，把軍號放在口邊，鼓起兩頰，從他的臉上紅球裏，放出空氣，傳送拉列列拉的聲音，便驚動了遠近小孩，跑出門外來聽。

　　這个軍人是本街陸軍營裏的號手。因爲兩耳長大，衆人都呼他爲大耳朵。俗説耳大垂肩，貴不可言。他的耳雖沒垂到肩上，却比旁人長而且大。他混在營裏，會吹喇叭，充當多年號手，或者也是大耳朵的好處。

　　大耳朵每天只吹幾次號，常把喇叭擦得黃澄澄發亮，出來便縮在脅下。他唯一伴侶，只有這喇叭，聽他使用。他的朋友都是侮弄他，驅使他的。

　　他年幼時，在童子隊中，个个歡喜跳躍，獨他默默不語。有人拉他去逛，他總是退縮，閃在旁邊。就是望他一望，他也要紅臉的。

　　有一次他坐在石階上，看群兒拍毬。一个三歲嬰兒，注意到他的耳朵，便爬上石階，伏在他的背上，拉起他的兩耳，格格的笑。他要站起來，嬰兒抓住耳朵，忽而放下，忽而拉起，群兒見了大笑。他忍着疼痛，裝作不介意的樣子，也勉强一笑。

　　群兒中一个首先説道："他的耳朵是裝上去的嗎，怎麼不怕痛呢？"

　　另一个説："他的耳朵是拉長了的，所以喜歡被拉。"

　　又一个改正説："不，他是生來如此的。他小時候跌倒了，他的母親不用手攙，都是拉着耳朵。"

　　他見群兒不住的説笑，臉色漸漸沉下去了；眼中淚點，滴在破舊短衫上，時時用手來擦。群兒見了，就停止説笑。一个大孩子走來，抱起嬰兒説道："他哭了，放下他的耳朵吧。"

　　年復一年，從前同逛的群兒，那跳躍活潑的，都成了勇敢有爲的青年，就是侮弄他的頑童，也尋到相當生活。只有他，困在家裏，仍是退縮羞怯模樣。

好容易得着機會，投到軍營，補了一名餉額。奈他不識一字，操練又無進步，常常受官長責罰。幸而他有一點特長，一日試吹軍號，他比別人吹得響亮，因此派充號手。直到現在，尚能在營裏安穩過活。

他吹號將近二十年了，先後同營的人，升充高級長官，不計其數；只有他仍然充當號手，每日早晚站在高處，鼓起兩頰，拉列列拉的吹。

五　古怪的貓

石匠夜間作工，那鄰家的貓，從墻頭跳到後院，咪咪的叫。叫不數聲，就有吱吱之聲，接連而起，互相應和。在石匠心中以爲貓捉住老鼠作耍罷了。只是吱吱之聲很雜，又沒含哀號意味。

這鄰家的貓，是一隻鼠毛貓，眼球有赤金光，最能辟鼠，爲主婦所最愛。從那晚到後院以後，每值石匠吃飯，就到院裏咪咪的叫。石匠給他的食，他吃去一半，就啣些賸飯，放在墻角小洞旁邊。石匠覺得很怪，却沒理會。

一日，鄰家小孩來逛，看見貓了。便道："這古怪東西，跑到這裏來了。"

石匠説："你捉回去吧。"

小孩説："我家不要了。"石匠説："這樣辟鼠的貓，怎麽不要呢？"

小孩説："這古怪東西本來很辟鼠的。有一次我家撒地板，跑出許多老鼠來。他咬死了幾十隻，咬傷的不計其數。從此以後，便不捉鼠了，因此母親不給食他吃。"

石匠説："還是給食他吃，他總要捉鼠的。"

小孩説："最可怪的，他不捉鼠，倒罷了。別的貓捉鼠，他還混在當中，把鼠衝散哩。"

小孩出門後，貓便跳到石匠的膝上，緊擦膝踝。石匠摩貓的脚爪，摩貓的牙齒，仍然很尖很利。只是兇猛模樣，好像無形消滅了。那金星眼球，也是和光閃閃。便説道："貓啊，你怎麽這樣古怪，不捉鼠了呢？"

這貓四脚伏着不動，只擡起頭來，咪咪的叫。可惜石匠聽不懂貓的話，只覺得他是隻古怪的貓罷了。

從此石匠留心這古怪貓了。當他啣食到洞口時，石匠閃在旁邊，從門縫裏望去。只見他啣了數次，輕聲叫喚，就有大鼠，小鼠，公鼠，母鼠，灰鼠，白鼠，成群的出來，圍繞着貓，跳躍一會，便吃去所啣的食，悄悄的向洞裏去；貓也回屋裏來。

石匠趁貓回來時，站在門外拍手。這古怪的貓，就跑到石匠跟前，緊擦脚跟，好像得了人的同情，表示謝意。過了數年，貓兒老了，就要捉鼠，也無力了。一日石匠作工正疲倦時，貓跳到膝上，咪咪的叫。石匠没有理會，他便用脚爪來抓。石匠覺痛，把他推下去。他大叫幾聲，跑到後院去。從此這古怪的貓，就永遠不見了。

六　農事試驗場

離山不遠的地方，有農事試驗場一所。地面寬敞，土墻不加粉飾，没有公園華美；却是花木滿園，風景很佳。由山上流下的泉水，引來一溝，貫入場内。水邊绿竹，細似湖汊蘆梗，枝葉摇動，時引清風。繞墻一周，槐柳成陰。樹影深處，把火熱的太陽，遮成稀薄的光綫。自然景物，一經布置，便能爽人心目。

石匠望見園景，以爲是鄉間的公園。便走到門前，向守門人喊道："買票，買票。"守門人說："這裏不賣票。"石匠說："不賣票嗎？我要進去逛呢。"守門人說："你儘管進去逛，只要不攀折花木就是。"他想街上任做甚麽，都要用錢，還是鄉間好——便很高興的到場裏去了。

初進場門，有水泥砌成甬道。兩旁遍栽冬青，剪得和花朵一般。甬道左右爲樹圃，僅賸幾棵梧桐和槐樹，高只數尺，尚未移栽他處。槐樹幹上的刺，像圖釘一般，相對而生。每對上下，都是偏左偏右，從刺縫裏長出葉枝，枝又生枝。梧桐绿幹挺直，前年葉柄脱落的痕迹，古色斑斑。頂上幾片绿葉，分叉斜出，如撐起破傘，遮住頭上。樹圃之後，左爲果園，梨柿蘋果，都是黃澄澄垂滿樹上。右爲花卉暖室，各色花草，清香撲鼻。

再進有地數畝，培土成行，栽種蔬菜。亦有紮木爲架，牽引瓜藤。還有一大段田地，種滿棉花。果已破裂，吐出白絮，如山頭未消盡的積雪，疏疏密密，點綴在岩石草樹之間。

場內分割各段，每段栽培植物，雖種類多少不等；都在地上插一木牌，書明種名產地，或是掛在樹上。有本地種，有別處種，亦有外國種。一草一木，都是選種，由人工盡量搜集，分類布置。比公園陳設花木，專供人玩賞的，迥然不同。

石匠一向工作，只知挑石，鑿石，滿足自己簡單生活；未曾見過許多植物，感到自然之美。這裏各種植物，多是見所未見，布景尤佳。各處更有高大樹木，飛來美麗小鳥，歇在枝頭，唱歌跳舞。當這樣環境，任是何人，遊覽一回，也要從玩賞中，增進許多知識。他當勞動以後，筋力正有些疲倦，忽在這裏閒遊，景物入目，精神一振，竟不知不覺，得到自然界一種美感。

七　水仙花

農場有各種植物，石匠常去賞玩。有一回他在暖室裏，看見一盆水仙花，浸在清水中，堆滿指頭大小的瑪瑙。幾根綠莖，從水石間伸出，開着白片黃心的花，非常清雅。他想別的花，都是根生土裏。只有水仙浸在清水中，沒吸收不潔的養分，開的花又不帶濃艷色采。就是周子愛的蓮花，也沒有這樣可愛。

晉陶淵明愛菊，自李唐來世人甚愛牡丹，予獨愛蓮之出淤泥而不染，濯清漣而不妖中通外直，不蔓不枝，香遠益清，亭亭淨植，可遠觀而不可褻玩焉。

過了一會，他又想道："假使世上人類，像水仙一樣，那纔可愛。水仙花，你變作人吧。"他這樣想，恍惚見西北角上，突現五色彩雲，擁着赤體神人，手搓泥土，像是古書所說的女媧氏。那最高的一莖水仙花瓣，就幻形爲一個小兒，站在下面，低聲說起話來："神啊，我開花的時候，怕雨打，怕雪凍，尤怕太陽灼人的光。遇着風吹，我就顫抖。現在化身爲人，還保着原來性質，不願見地上可怕的東西。神啊，你吩咐我在那裏住呢？"

　　因爲這段請求的話，就引起以下的問答：

　　"你願意在高山上住嗎？"

　　"高山頂上有積雪，冷呢？"

　　"你願意在深水裏住嗎。"

　　"我怕沈在深淵底下。"

　　"你願意在野外住嗎？"

　　"野外雖廣大，但是空虛得很。"

　　"你願意在洞裏住嗎？"

　　"洞裏太黑暗呢。"

　　問答完後，又似有一身材高大的人，騎着一隻龜來，龜背都是丹甲青文，許多飛鳥，環繞四圍，像是古書所說的倉頡氏。這人走到面前高聲說話："水仙的化身，我替你找着住處了。這住處就是人們的心，光明如水晶一般；放大可以蓋着世界，收斂就沒有一點形影。你住在心裏，變成思想的花。我用來傳達的工具，將使思想永遠留住，爲世界大放光明哩。"

　　水仙的化身，停了一會，說道："我到人心裏去，看見積雪的山頂，深沈的冷海，空虛的大野，黑暗的洞窟，我怕呢。"

　　這位大人說："水仙的化身，你安心吧。人們的心裏，若是有積雪的山頂，你便爲春天溫暖的呼吸，把他融化。有深沈的淵，你便造小小潛水艇，自由上下。有空虛的大野，你便撒有用的種子。有黑暗的洞窟，你便放出夜明珠來。"

石匠一驚，如夢初醒。水仙依然浸在清水中，伸起直莖，開着白片黃心的花。他的心裏，就似有甚麽領會了。

八　詩歌

　　石匠往來山邊，別無伴侶。只有山上流的泉聲，樹上吹的風聲，和着鑿石的工作聲，一刻不停。有時湖邊漁人，野外牧童，唱一段兩段山歌，送到他的耳鼓來。一望無邊的大湖，幾隻漁船，划到湖心。漁人站在船頭，撒開漁網，把平靜的湖水，打起波來，向周圍展開，一層一層盪去。漁人看得高興，便唱道：

　　　　綠江深見底，
　　　　高浪直翻空；
　　　　慣是湖邊住，
　　　　舟輕不畏風。

　　牛本是野生物，必須常食青草，體纔強壯。所以農村放牛，必有公共牧場。貧家小兒下學後，多到牧場放牛。野外空曠，地面着滿綠色，最是賞心悅目。牧童們每日到那裏，總要唱歌。唱道：

　　　　二月三日時，平原草初綠；
　　　　三個五個騎黃牛，前村後村來放牧。
　　　　笛聲纔一起，衆童齊歌舞；
　　　　看看白日向西斜，各自騎牛又歸去。

　　石匠專心作工，時常忘了時間。聽到"歸去"一語，覺得天色已晚，便預備回家。這裏的晚景，很可留戀。現在把一首晚眺詩，寫在下面：

轉眼西看，
日已臨山——
起初時離山尚差一半，
漸漸的去山不遠，
一會兒，山頂上只賸火球一綫，
剎那間全看不見——
只有反射的紅光上翻。
山那邊，岡巒也是雲霞，雲霞也是岡巒。
層層疊疊，
一半兒浮在空間，
一半兒隱在樹間。
山這邊，雲影連着樹杪，樹杪籠住青煙，
都迷漫在晚風搖盪裏面——
忽開忽合，
山色似見不見。
正是昏昏沈沈，一切暗淡。
眼光的圈頃刻縮短，
把山樹雲煙，遠景近景，一塊兒化作濃團。

九　演劇

　　農場附設一个小學校，校中兒童，都是農村子女。一日，這學校開運動會，附演新劇，石匠同大衆去看。兒童們分送運動次序單，內附油印一紙，是《牧神與羊群》的劇本。

第一幕

　　牧神（背着森林坐於石上）　哈哈，太陽從東邊出來了。草上的露珠，正滲到葉裏去。那牛兒馬兒，都歡歡喜喜，跑到草地來。吃這濕潤的青草。孩兒們起來遊戲吧，我身上有些疲倦，要在石山躺一會哩。

（牧神説罷便睡着了，草仙在森林裏傳出歌聲）

　　輝煌的太陽，

　　通紅的太陽，

　　金的帽兒，銀的拐杖。

　　團團團團轉，

　　牧場中的小姑娘——

　　紅的帽兒，绿的裙裳。

　　輝煌的太陽，

　　通紅的太陽。

　　金的帽兒，銀的拐杖。

　　團團團團轉，

　　牧場中的小姑娘——

　　小小生命，整日活潑潑的，一直到最後收場。

　　輝煌的太陽，

　　通紅的太陽。

　　金的帽兒，銀的拐杖。

　　團團團團轉，

　　牧場中的姑娘——

　　活潑潑的，一直到晚秋時節，露結爲霜。

（歌畢六位草仙手持花朵出現於牧神前）

草仙一　看啊，老丈在石山睡了。

草仙二　哦哦，睡着了。

草仙三　老丈一定很疲乏的，他在深更半夜，還巡查牧場哩。

草仙四　這位老丈，不知有多大年紀呢。

草仙一　他的年紀，没人知道啊。聽得瀑布上的老松樹説，他在兒童時代，這位老丈的鬍鬚已白了。

草仙五　　那麼很有年紀了。

草仙六　　泰山上有五棵松樹，秦始皇封爲五大夫，聽說還是這棵松樹的後輩。

草仙一　　大家小心，不要驚醒老丈，同來給他唱个睡歌吧。

老丈啊，老丈啊，親愛的老丈啊。

静静睡着，好好睡着。

睡着時夢着甚麼。

夢裏景物——

太陽灼灼的火，點破了露珠，燒紅了水波。

老丈啊，

静静的睡啊，好好的睡啊。

（草仙且歌且舞由牧神之前過去）

第二幕

（牛群與馬群在山溪間相鬭）

牧神（作驚醒張望狀）　　這些蠢物，住在這廣大的綠野裏，還有甚麼不足，要相爭鬭呢。蠢物們啊，究竟爲的甚麼？

（二牛二馬走到牧神前）

牛一　　你老人家，聽我說來。我們本不願爭鬭的，可恨那劣馬太無禮了，我們真是忍無可忍。

馬一　　無禮的不是我們，是那劣牛們。

牧神　　誰也不會說自己無禮的，究竟是怎麼一回事呢？

牛二　　不是別的事，我們今早到小河裏喝水，水都被泥土攪渾了。我們向山上望去，那些劣馬，正在那裏掀起後蹄，把山上土石，掀到河裏。

牧神（向着馬）　　你們爲什麼那樣做呢？

馬二　　那小河本是我們的，劣牛們越過界限，來喝我們的河水，真是無禮。

牛二　前次開會，那小河邊岸，已分給那可憐的羊兒們了，請看這張地圖吧。

馬一　既是那樣，爲何越界來喝水呢，我們爲那羊兒們可憐哩。

牧神　你們的祖先，住在缺乏水草的地方，都相安無事。現在把這樣廣大的綠野，分給你們。可是遺傳的良善性質，一點也不發達，單把最惡的性質發達出來。咳，蠢物們。

馬二　我們兄弟們，爲保障永久的和平，都要拼命去爭。我只能代表本團體陳述理由。

牛二　我們爲自衛起見，和他們爭鬪，也是萬不得已。

牧神　那麼，你們去爭鬪吧，都自己滅亡去吧。試看那虎豹獅子，比你們強得多，誰不是自取滅亡呢。

（牛馬異方向走去）

第三幕

牧神　昨晚真是恐怖之夜啊，你們幸而沒有受傷。那些蠢物，以自己之力，滅亡自己，真可憐啊。

羊一　實在的，我們躲在羊欄裏，縮做一團發抖呀。

羊二　可不是嗎，馬用後蹄，踢倒牛們；牛用頭角，突穿馬的肚腹。真可怕呀。

牧神　你們還記得從前的話嗎？你們向我說道："怎麼不給我們更強的角，更健的腿呢？"假使你們有更強的角，更健的腿，恐怕也要加入戰團了。

看啊，太陽又從東方出來了。地面景物，依然未改。那些蠢物，爲爭一小塊地面，送掉了生命，看不見今日的太陽了。

（草仙從林中出來跳舞而歌）

輝煌的太陽，

通紅的太陽

金的帽兒，銀的拐杖。

團團團團轉，

牧場中的小姑娘——

紅的帽兒，綠的裙裳。

輝煌的太陽，

通紅的太陽，

金的帽兒，銀的拐杖。

團團團團轉，

牧場中的小姑娘——

小小生命，整日活潑潑的，一直到最後收場。

輝煌的太陽，

通紅的太陽，

金的帽兒，銀的拐杖。

團團團團轉，

牧場中的小姑娘——

活潑潑的，一直到晚秋時節，露結爲霜。

一〇　湖上石

　　石匠取石之山，三面環水，近陸處石壁高聳，形如刀削。每見山頂清朗，天便要晴；如果雲霧迷漫，不久就要下雨了。照這樣測驗氣候，屢試不爽。附近居民沒有到過山頂。相傳上有神仙洞府，生長奇花異草。最惹人注意的，一塊五色怪石，廣數丈，從山腰突出，凌空掛在水上，或說休與山就是這樣。

　　《山海經》：休與之山，其上有石焉，名曰帝台之棋，五色而文，其狀如鶉卵。帝台之石，所以禱百神者也。有草焉，其狀如蓍，赤華而木叢生，名曰夙條，可以爲箸。

石匠最初取用的，都是山面的石。年月久了，須要挖土取石。於是開一土穴，引燃炸藥。那石縫裂開，便有層層疊疊的石塊，石塊盡處，竟是一個很寬的洞。他由洞前進，愈走愈深。走到洞外，這洞口正當凌空的怪石。

石匠盤坐石上，俯看湖水。見白浪滾滾，湧到山脚，跳起一丈多高，便碰下去；碰下去了，又跳上來：如此往復不停。那山下石盤，經水歷年洗磨，成了無數空竅，與湖水相通。有風激盪，一吞一吐，水石遂相擊而發聲響。讀《石鐘山記》，風景正是相同。

　　彭蠡之口有石鐘山焉，下臨深潭。夜乘小舟，至絕壁下，大聲發於水上，噌吰如鐘鼓不絕。徐而察之，則山下皆石穴罅，不知其淺深。微波入焉，涵澹澎湃而爲此也。舟迴至兩山間，將入港口，有大石當中流，可坐百人，空中而多竅，與風水相吞吐，有窾坎鏜鞳之聲。

山腰幾道石澗，在大雨之後，水不住的下瀉，一層層緊緊追着，流入湖中。石澗凹下處攢集的水，被急流下衝，噴起雪白水花。凹處愈深，衝勢愈急，水花就放得愈大，射得愈高。流聲潺潺，比石罅播動的水聲，格外清脆可聽。好像一疋白布，掛在山上，被風微微吹動，色采成點成綫，盪漾在陽光裏面。

一一　岩石的斑點

山的陰濕地方，歷年久遠，石岩浸成斑點。已成形的，顏色深綠，俗呼爲地錢，一稱爲青苔。形狀扁平如傘，合葉莖爲一體，表面都有細孔。經雨水浸潤，有些緣邊破裂的，便突然伸長。這樣生長情形，普通人不覺奇異，生物學家却留心考究。

一日，生物學會會員，到這裏采集標本，看見石岩斑點，有黃的，蒼黑的，棕色的，赤色的，灰白色的，形色種種不一。他們很留心觀察。石匠問道："這些斑點，有甚麼可看的呢？"那會員中有一人望了他一眼，就說給他聽："這些斑點，都是有生命的。能取食物，擇住處，舉行結婚，生養子孫。更可注意的，他們有團體組織，各爲後代子孫，創立基礎，分占領土，互相戰爭。你看這斑點中，那赤色和灰白色，正在侵掠這塊黃色，努力奮鬥。"

石匠說："這有點像人類情形呢。"

這人說："不，這不盡然。他們的團體，缺少言語，藝術，科學，意識，感情。總而言之，就是缺少精神與心。他們這樣動作，是機械的，無目的的，沒有同情，也沒有反感——精神與心，只有我們人類獨有的。"

岩石上的變化，石匠從此留心，時常去看。過了許久，果然見這些斑點，忽而聯合，忽而分散，有的漸漸增長，有的漸漸消滅，有的忽大忽小。那些小斑點的變化，不甚看得分明；但是同色的斑點全部，大可注意。

數年之後，岩石的斑點，變化很大。他對着岩石，正默想歷年變化情形，怎樣不同。恍惚前次那位會員，站在面前，推他一下，便覺得四圍空虛，不見山上岩石。却有一個大地球儀，在眼前旋轉，現出新的領域：或是亞細亞大陸，或是歐羅巴半島，或澳大利亞，亞非利加，南北亞美利加。這新領域顏色分合，正和那岩石斑點一樣。球不住的轉，領域的顏色分合，正不知幾十變幾百變了。

石匠向那人說道："這就是人類的歷史變遷嗎？"

那人點頭，表示承認的意思。

石匠又說："也罷——但那些是藝術，科學呢？"

那人微笑不語。

石匠又說："那裏是愛惡，那裏是要求和拒絕，那裏見得意識，感情呢？"

那人大聲笑道："哈哈哈。"

石匠最後又説："那裏是人類精神與心呢？"

那人仍是大声笑道："哈哈哈。"

石匠覺得那人戲弄他，正要責問；一刹那間，惟見不成形的斑點，背着陽光，映在岩石上，暗淡無色，並無一個人站在面前。

一二　山上幻景

山上黄土白石，層層交錯。石上的青苔，樹上草上的各色花朵，隱約現於碧綠枝葉間，遠遠望去，都成了混合色采。當太陽斜照，向陽一面，山頂全照在光綫之中。由上而下，光綫漸偏。光綫照不到處，便是暗淡景象。

石匠挖石的地方，正蔽太陽，高處風景，從來是看不清楚的。這時候在水波盪漾上，迎着陽光，水中倒影，和山上風景，映成一色。只是風景映到眼底，一種色采，比混合色采，自然分明。有時注視過久，印像很深，轉看別的顏色，眼底還留着後像。

石匠看得出神，彷彿乘坐電車上下；又像是駕起一朵白雲，繞山飛行。只見山上生物，一層比一層不同。越到高處，不但是花和果子，奇而且大。尤其是色采紋理，漸漸鮮明。在靠山頂一層，每一片葉，每一朵花，每一個果子，都旁注文字。及到了山頂，一切生物，就是形樣相同，也各有一點特質，在他的透明體中，看得分明。並且草兒樹兒，栩栩欲活，雖然不及動物靈敏，似乎都能各自行動，互相傳話。

石匠雖是个工人，他却安心作工，任是街上如何鬧熱，都不足以使他羨慕。這次看見異景，心中如大火燒着一般，起了一個志願，要把從古未通的山，開條走路，通到山頂。回家以後，手裏雖然作工，心中不住的想，不笑，不言語，也不唱歌。

他的朋友見了，問道："你怎麼樣了？"他説："我看見山頂草木，活動和動物一般。並且通體透明，色采紋理，都看得分明。"他的朋友説："我們同去看吧。"但是陸地一面，甚麼也看不見。臨湖一面又因土石塌下，把洞塞住了。他的朋友笑道："那是水上動的光綫，返照在倒影裏面吧。或者你在太陽光裏，把眼看花了。"

　　草木的各部分，如莖，如葉，如花，植物學家分段觀察，逐層剖晰；費數小時之力，一部分的內容，還看不出真相來；若要說明，更模糊不清了。石匠所見的植物，通體透明。並且生長情形，應用功能，都能表現出來。果然如此，以前植物學家的書，都成了廢紙。他這次發現，比發見新大陸的功勞還大哩。

一三　智慧之母

　　石匠所見的異景，他的朋友都笑他；只有本街的一位教學先生，把桃花源的故事，講給他聽，倒是一番安慰的話。

　　　　桃花林，夾岸數百步，中無雜樹，芳草鮮美，落英繽紛，漁人欲窮其林，林盡水源，便得一山，山有小口，髣髴若有光，便舍船從口入，初極狹纔通人，復行數十步，豁然開朗。土地平曠，屋舍儼然，有良田美池桑竹之屬，其中往來種作，男女衣著，悉如外人，黃髮垂髫，並怡然自樂。既出，問路，處處誌之，及再往，尋向所誌，遂迷，不復得路。

　　這安慰的話，還不足以使他滿意。因爲他想鑿開山路，通到山頂，觀察真實情形。一日，坐在石盤上，想怎樣開路，便沈沈入夢。似有人從山中出來，走到他的面前，向他點頭。那人的美麗形像，靈活神情，真是石匠從來未見過的。

　　石匠問道："你是誰？"

　　那人說："你不認識我嗎，你作工時，我常到那裏去，曾幫助過你的。"

　　石匠說："你是那一個僱主，我一時記不着姓名了。"

那人笑道："我不是你的僱主，我是智慧的母親，有些人叫我是知識。我常在深山裏面修養，凡是作事專一而勤勞的人，經驗多了，自然會遇着我。我是按經驗多少，和他們說話。希望你有明白這話的時候。"

於是石匠大聲喊道："你住在這山裏——我前日看見山頂草木，通體透明。我的朋友笑我看得眼花，又說是水中光綫動的影子——請你告訴我吧。"

那人說："你所見的，雖是一霎時的影子；却是草木的真相，含有真理在裏面，人們看見這影子一次，一生總要想念他。"

石匠便說："我要找去了。"

那人說："你還没有一點工作啦。"

說到這裏，那人仍回山裏去了，去時還唱一個歌。唱道：

我所居兮，自然界發生的領土中。你聽我無聲，只要聽你所應聽的，你將聽到自然界之妙音。你看我無形，只要看你所應看的，你將看到自然界之美容。

我所遊兮，人事活動的場裏。你聽我無聲，只要你用心去聽，我將爲你唱歌。你看我無形，只要你用心去看，我將爲你跳舞。

一四　真理是甚麽

真理是甚麽；世界甚麽地方，可以尋得真理。

人們開了一个會議，派出六個聰明人，去找真理。他們抱着善願，帶足旅費，各自認定一个方向而去。尋了許久，同時回來，聚會一處，舉手揮帽，大叫真理已找着了。

第一位開首發言，說真理就是科學。正要往下說時，就有人把他推開，大聲說道，這不是真理，只有宗教纔是真理。

兩人爭吵時，來了第三人，用清婉聲音說，真理要算愛情。第四人又阻他發言，說真理在他的口袋裏，就是金錢。第五人歪歪倒倒，擠到前面，笑迷迷的說，到處找真理不得，竟在酒瓶中找着了。最後一人，一躍上前，揮起兩拳，且打且說，真理要憑武力的。

於是六個人開始攻擊，互相兇毆，狀極可怕。科學的頭打開了。愛情抓破面孔，要在有禮貌的社會現身，必須改換服裝了。金錢的口袋扯破了，散落滿地。酒瓶跌得粉碎，酒流入泥土裏。武力的拳頭，也皮破血流，動彈不得。宗教被各人圍毆，更是不堪。

看的人們，各向着贊成方面，高聲狂叫，旁邊一塊地方，有幾個人坐着歎息，恐怕真理裂成碎片，再也不能成整個了。

他們歎息時，一個活潑的小學生，跳躍而前，說道："我看見真理了。倘使各位願意同去，真理並不在遠處，正坐在世界中央，在一片碧綠的草地裏。"

於是酣戰中，得了片刻停頓。最初有一人同去，隨後漸漸增多，最後都往草地看去了。因爲那人的樣子，很是可愛；分不出是男的還是女的，是成人還是兒童。只見他的額上滿透清光，像是不知道罪惡的。他的眼深沈而有威嚴，像是深知全球的心。他的嘴張着，現出最愉快的笑容，但又藏着悲哀，非筆墨所能形容。他的手，像少女一般柔嫩，又像武士一般强壯。他的脚，緊緊踏在地上，然而不致踏碎一片花瓣。還有一對輕便翅膀，能飛行空中，和鳥兒一樣。

他們站在那裏注視時，那人發出高朗聲音，喊道："我是真理。"

科學望了一望，並不介意，只笑道："這個嗎，我雖不熟識，却知道他的姓名。他是文學讀本，由小說和童話結合而產生的。"

宗教，愛情，金錢，武力和酒，也齊聲叫道："他是新出世的文學讀本。"

那六個聰明人，同他們的黨徒，都走開了，依舊繼續戰爭，幾乎震動了地球中心。

但是有幾個通達的老者，幾個熱誠的青年，還有許多初識字的平民，和整千整萬的兒童，都留在碧綠草地裏，歡迎這新出世的文學讀本。石匠也是留在這裏的一人。

一五　自己的責任

　　石匠開路的思想，常在心中盤旋。雖然眼中所見幻景，夢中所聽神話，未必可靠；不過把從古未通的山，開出一條路來，總是有益的事。

　　他想自己境遇，不能拋却作工生活，終日開路；這工程又非常繁重，只有分出作工工夫，盡一生之力，一日不懈，做到那裏，就算盡了責任。

　　主意既定，今日挖幾撮土，明日剗幾段石，工夫雖沒有間斷，進步却是很難。當遇到困難，惟有強自安慰，從默想中發見笑容。

　　他默想時，就有幻象發生。彷彿取得一副機器，他轉動機輪，機器不住的前進，剗起土石，片片向兩旁滾下。一日之中，可以開數十丈遠。這樣做去，數月就可完工。

　　有時像是在大街之中，演說開這山路，怎樣有利，大衆一致贊成，都去攜鋤鑿、攜畚箕，依他開路計畫，分工合作。有的鑿石，有的挖土，有的搬運，有的修理。這樣做去，數年也可完工。

　　有時又像山路已通，朋友們同到山頂，見透明體的植物，如細胞組織的染色球，連貫如珠，綠葉工作室的營養料，以及葉底氣孔，用新式顯微鏡，尚未看得真確的，現在都一目瞭然。又有藻類植物，變成陸生植物，次序生長，如陳列標本，可以考見植物的變遷狀態。

　　本來滿足志願，不分實在與幻想，都覺快樂。一般青年人，在這樣魔力下，終日流連，享受虛幻快樂，不知多少。那未來的理想世界，也有由此創造的。不過只是空想，就沒有成功的希望了。

　　他最後排去一切幻想，努力做去。曾聽人講過愚公移山的故事，他雖不望有神幫助，却因這段勉勵的話，精神更加振作了。

　　　　太行王屋二山，方七八百里。北山愚公者，年且九十。懲山北之塞，出入之迂也。聚室而謀曰：吾與汝畢力平險，可乎？雜然相許。遂率子孫荷擔者三人，叩石墾壤河曲智叟笑而止之曰：汝以殘年餘力，曾不能毀山之一毛，其如土石何？愚公曰：我之死，有子存焉，子又生孫，孫又生子，子子孫孫，無窮匱也，而山不加增，何苦而不平？河曲智叟無以應。操蛇之神告之於帝，帝感其誠，命夸娥氏二子負二山，移置東南。

一六　引誘

石匠開鑿數年，掀動一塊大石，那邊正是凹下之處，山坡傾斜。他想避開正面，繞向凹處修路；於是攀岩前進，察勘路程。

這山突起地面，曲折起伏處極少。在凹下地方，山層中斷，並無泥土。堆積的碎石，多半是灰色或淡紅色，色不透明。有些透明的，塊塊如玻璃，大小不一。亦有扁平如鱗片，閃爍發光。都是花崗石成分，異常堅硬。推測這山的起源，一定是古代最高地面，經風霜河流，時常剝削；這大片岩石，剝削不動，遂成了一座獨立大山。

石匠走到峽中，濃霧下罩；越向前走，天色越黑，漸漸不辨路徑。大約夜神已臨，各種恐怖，便要布滿四圍。他非常沉悶，就坐在一塊石上，自言自語。在這黑暗孤寂中，忽然有聲相應。他不知是山中回響，不免有點恐懼。

正當恐懼時候，遠遠地方，露出幾把火光。他向火光望去，光也越走越近，似在那裏招手。喊道："你孤寂得很，快到這裏尋點快樂吧。黑暗之中，只有這裏是最快樂的。"石匠想我要開到這山頂的路，誰也不理我，怎麼這裏有人喊我——這話還未出口，又聽得喊道："山頂是上不去的，就使上去了，也得不到快樂。這裏有花香薰的茶，果汁釀的酒，快來吧。"他見這樣火光，使他眼花，使他心跳。便大聲應道："我情願在黑暗中等着，等到天光。妖怪們，你走開吧，不要來引誘我。"

山峽是很深長的，兩旁的岩石結晶，晶瑩透澈，光采奪目：或現綠色，或現藍色，或現鴿血的紅色。這樣石質，必含有寶石在裏面，正可開采，然而石匠目的，注意在通山頂的路。只做自己認定的事，鑿石開路；不肯分心別事，枉費工夫，免致一無所得，和楊子歧路追羊的話一樣。

楊子之鄰人亡羊，既率其黨，又請楊子之豎追之。楊子曰：嘻，亡一羊何追之者衆？鄰人曰：多歧路。既反，問：獲羊乎？曰：亡之矣。曰：奚亡之？曰：歧路之中，又有歧焉，吾不知所之，所以反也。

一七　最後的工程

峽中日光稀薄，山頂隱在雲裏。石匠找了一條最直的路，碎石排列，稍加修治，便成階梯。不到數月，開通很長的路。從這裏上山，漸漸開朗。他很高興的自言自語——這山究竟不很高，路也不十分陡。只要幾個月，或者年餘，就到山頂了。那石岩交互響應，好像祝他的人生成功，就在目前。

過了許久，山岩漸漸陡了。石上的石花青苔，異常光滑，稍不留心，便要跌倒。已修好的路，因爲基礎不固，作了數月工程，霎時間都倒塌了，又要重新建設。再向前進，大塊石壁擋着前路，幾乎裂縫都沒有一點，要找一個平穩立腳的地方，頗不易得。他費盡氣力，鑿成石梯，一步一步的前進，鑿通了無數石岩。這樣工作，經過年月，就很久了。

後來鑿通了一个大石岩，他到了上面，看見幾堆白骨，大約是山中野獸，爬到這裏，没法再到高處，力盡而死的。他向上一望，還有許多石岩，從頂到底，都是層層石壁，累積而成。頂上高峯，從前覺得很低，現在都是高到無比。他一言不發，無晝無夜，繼續他的工作。

光陰一年一年的過去了，他還在那裏工作，鑿開一層，又有一層。從前石岩上面，還有走獸昆蟲爬行的印迹，現在連飛鳥也見不着。每一呼吸，覺得空氣稀薄，與平原大不相同。他仍是努力前進，離那最高山頂只有一兩層了。再過一年半載，一定可以上到山頂。但是他的鬚髮白了，兩眼昏花，手也發顫。雖然工作沒有停止，那最高的一層，恐他沒法上去了。

石匠老而且弱的手，鑿那最後陡而且堅的石岩。工作數日，僅鑿了一級石階；或者一日之中，還鑿不動一小塊石頭。當這情境，忽有一種疑念，浮在他的心頭——這樣辛苦數十年，得的什麼報酬——然而他却知道，他的工作未完，是沒有報酬的。他也不是爲自己的報酬，纔這樣工作的。

他最後的工程，離那最高的山頂，雖然只有一層石岩，但是他的精力全沒有了。他坐在最後鑿的石岩上，眼中裝滿熱淚，歎道："我現在躺在這裏，是個精疲力竭的老人。將來站在這裏，一定有年青而勇敢的人，繼續我的工作。"說到這裏，他的聲音漸低微了。停了一會繼續說道："我的粗陋工作，後來的人見了，或者要發笑。但是他們要到山頂，找我夢見的東西，一定要靠我的工作，從我已開闢的路走上來。待山頂的東西，被衆人都看見了，纔修理我的路程。"

他雖不是人生的成功者，工作已到了成功地位。他歎息一回，環顧四圍，日光照滿了山頂，已有許多美麗花朵新鮮果子，落到這石岩上來。那迷漫的雲霧，高飛的鷹鶲，都在他坐的石岩下面，繞山盤旋。於是他在快樂的日光中，哈哈大笑，停止他的工作了。

一八　人生的成功者

石匠未完的工程，過了數年，本街青年們邀集同志，把最高一層石岩也鑿開了。山上風景甚好，於是成了遊覽的名地。

近處某校組織一个遠足會，到山上旅行。他們午前五時起身，走到山頂，約數小時。有一棵大樹，枝葉張蓋，約數十方丈，便在那裏歇息。庶務員取出食盒來，一位老教師抗議，說道："諸位都聚攏來，留心聽我的話。學校預備了飯，沒有帶新鮮菜來。下飯的菜，要各人自己去找。諸位帶有獵槍的，可去打小鳥。帶有釣竿的，可去釣魚。這山裏櫻桃很多，也可采些來吃。可是不許吃閒飯的。人生世上，總要這樣纔是。"

學生們同聲説："好啊，就是這樣，我們都願意去找。"

那位教師又説："慢着，話還沒有説完。我留在這裏，管理餐事。到了十二點鐘，一齊回這裏來。找不到的，可是不要從別人手裏，取得甚麼。這是給諸位一個教訓。諸位找得到東西時，今天就算是人生的成功者。"

學生們一致贊成，三三兩兩分途去找。

戴草帽的一个學生喊道："弟弟，你來。我知道長櫻桃的地方，你也沒有獵槍和釣竿，你同我去。"他的弟弟取了一條手巾，就隨他去了。

兩人向林中走去，林深樹密，只有一綫日光，從綠葉枝頭漏下。松鼠在樹頂，從這枝跳過那枝。啄木鳥啄剝老幹聲，蜜蜂集合時拍翅聲，時時加入兩人笑語之中。他們且説且行，及走出樹林，太陽已瞄準他們的頭上，射出直線的光來。

他的弟弟停了步，行一次深的呼吸，隨後説道："櫻桃究竟在那裏？"

他説："這裏從前長的很多，怎麼今天找不着了，我們再到別處去找吧。"

他們又越過小溪，到瀑布發源地方，用手捧起清泉，喝了幾口。他的弟弟忽指前山説道："那裏幾棵樹上，不是有許多小紅果子嗎？"及到那裏一看，只有幾棵天竹。

他的弟弟又説："莫是我們走失了路嗎，怎麼同學們的影子，也不見一个。"

他説："別作聲，那裏有人講着話呢。"就聽得"來呀，這裏來呀。"接着又是幾聲，"來呀，這裏來呀。"

他們向叫的地方去找，却沒有一个人影。停了一會，又叫道："來呀，這裏來呀。"——聲音是從樹上發出來的。他們向上一望，原來是个八哥，從籠裏逃出來的，正歇在樹上，把人們教的話唱了又唱。

午前十二點已過了，他們也走得疲乏了。望見對面山上，校旗飛揚，便尋着歸路而去。走到近處，看見地上鋪一塊白布，排着幾堆櫻桃；還有幾个盤子，裝着油炙的魚和斑鳩。

同學們坐在地上，有幾位喊道："兩个失路的人回來了。"

那位教師喊道："來呀，把帽子翻開，手巾打開，拿出找到的東西來。"

他說："我們找得饑和渴來。"

那位教師正色說道："此外一點也沒有嗎，你們兩位，只好捱下饑渴。我們的約法，是不許吃閒飯的。"

後經旁人請求，開出餐來。每食一菜，那位教師必聲明這是某人找來的。同學們都找到東西，只有他們兩人沒有一點。他們在這一餐飯中，想起人生的成功者一句話，覺得吃閒飯很無味哩。

第二册

目　次

一　新年樂……………………………………………… 3275
二　春神故事…………………………………………… 3276
三　遊山………………………………………………… 3277
四　老人指點…………………………………………… 3278
五　由冬到春…………………………………………… 3280
六　春世界……………………………………………… 3281
七　創造和美…………………………………………… 3282
八　求快樂……………………………………………… 3284
九　竹蓀的經歷………………………………………… 3285
一〇　小林的經歷……………………………………… 3286
一一　機會之外套……………………………………… 3287
一二　一百年前………………………………………… 3289
一三　魚的經驗………………………………………… 3291
一四　鳥語……………………………………………… 3293
一五　他的軀壳………………………………………… 3294
一六　心的旅行………………………………………… 3295
一七　月中旅行………………………………………… 3296
一八　青春……………………………………………… 3297

一　新年樂

廣大兮太空。太空有幾片白雲來來去去，都是自由自在的飛行。駕起白雲兮遊太空。

高遠兮太空。太空有紅日一輪，放出世界的光明。飛向紅日兮遊太空。

幽靜兮太空。太空有和風陣陣，把雲影輕飄，花香遠送。喚起和風兮遊太空。

小學校放了春假，兒童們過陰曆新年，不是踢毽子，轉獨樂，就是放風箏。有三個少年，一個名孟吉，一個名竹蓀，一個名小林，同在城外遊逛，看見小朋友們牽着綫走，手中不住的起落。那鷹形，蝶形，蜈蚣形，種種色色，盤旋空中，覺得比別種遊戲，格外有趣。

小林說：「我會做風箏。你們去取竹片，麵糊，紙，綫來。」及各物齊備，小林紮成各種式樣；孟吉幫助削竹，裁紙，搓綫，黏貼；竹蓀去買麻綫：三人分擔工作，不一會風箏做成了。小林又用竹節作等，繫在上面。孟吉說：「這作何用？」小林說：「風箏迎風而叫，就是他的響聲。」

正當天朗氣清，這三個少年，都是一手托着風箏，一手牽着綫跑。風箏漸漸升起，嗚嗚的響聲也漸漸的大。竹蓀乘着順風，跑得很遠，風箏升得更高；他樂極了，沒留神手中牽綫，風箏就吹得不知去向了。

他們放下風箏，到鄉村裏去，見各家門前，懸掛燈籠，老少男女，都穿着新衣，作種種取樂之戲。一個年老的人說：「你們一年比一年強，我一年不如一年了。」說了便信口唱道——

　　分明臘盡歲殘，為誰點染霞光雲彩。
　　遠遠一片寒山，誰把你的迎年新衣，掛上繡毯，繫上翠帶。
　　啊，我最寶貴的年光啊，飛快。
　　啊，我最甜美的時光啊，可愛。

嘻，從我的歌聲裏，喚得春回，喚得春回。

二　春神故事

這三個少年，都是相貌出衆，表現聰明模樣；並且都在高級小學同學。只有孟吉年齡較長，業經在高小畢過業了。

他們三人模樣相同，幾乎不可辨識。但是仔細觀察，便看出孟吉最伶俐，竹蓀最活潑，小林冷静而有耐性。

人的性情，往往在形貌和動作中，表現出來。假如深夜清静，他們正在睡眠中，驟有奇異聲音驚破夢想，他們的自然感應，在竹蓀將笑嘻嘻說：「這不是戲院鑼鼓聲嗎。」小林又是一種想像，他將問道：「這是銅子擲入錢罐的聲音嗎。」孟吉將信口說道：「我想這是守歲的人擲骰子聲啦，骰子擲了全紅的歡叫聲啦。」

他們在學校裏，上一位老先生的課，聽講春神的故事。說道：——

「一年四季，都是有神管理的，最可愛的是春神。相傳春神爲勾芒神。亦有說女姨主春夏，長養萬物，或說織女星的使女，謫在北斗星下掌春。

春神之下，有分管花鳥的，多是女神。這春神，只有花兒鳥兒看得見的。若是兒童們接着春神，那春神園裏的花，朵朵都是一塊糕，花心還有甜酒。花瓣上有的寫着歷史，有的寫着地理，或各種詩歌。只要吃一塊糕，就可記得許多功課，吃得愈多，功課也記得愈多。」

他們聽到春神園裏，有這樣稀奇的事；因此把這個故事，深深印在腦裏。每見同學功課，記得很熟，便說道：「你今年吃過春神園裏的糕嗎？」

他們放風箏的地方，在城東野外。一片平原，青草無縫。東北角山嶺重疊，如一幅彩繡屏風，展在碧絲毯前。他們正是青春年少，對這樣環境，覺得世界雖常改變，春景的和煦晴明，每年總是一樣——實在可愛。所以歌唱完後，便憶起春神的故事。

這裏有條大道，是由城往山的路。忽見排隊前來，前呼後擁。八人擡一童像，高三尺六寸，青衣白帶，耳後平梳兩髻，左手提罨耳，立在土牛之後。右手持柳枝鞭，竿長二尺四寸，麻綫爲索。土牛頭至尾八尺，尾長一尺二寸，高四尺，頭角耳青色，身體黃色，籠頭构索，皆用麻繩。

　　地方因仍舊習，舉行迎春典禮。他們不知底細，以爲這是春神，便想追隨而去。

三　遊山

　　他們本想追隨而去，拜見春神；無奈行人擁擠，護隨人等又威風懍懍，擠不進去；便繞在山的左面，由小路上去。他們一面走，一面談笑。小路曲曲彎彎，草淺路滑，不便行走。及到山上，那迎春的人，已下山去了。

　　兒童們是最喜登高的。又當春和景明，他們滿含春氣，便想到山頂最高一層，看看春景；於是相約前去，從雜樹亂石中攀藤而上。見遍地草兒都被春風吹噓，換上碧綠的衣。睡了大半年的花，都從夢中醒來，把最美麗的顔色，和最惹人的香氣，盡量發洩出來。就是一百幾十歲的老樹，也禁不起春風和春日的殷勤，漸漸着起綠葉時裝來。鳥兒們呢，被冬天的嚴威壓迫夠了，在這樣新鮮空氣中，和燦爛的太陽光裏，誰不調起舌頭，譜幾曲悦耳的歌兒唱。

　　他們站在山頂上，飽看春景，高興極了。孟吉記起範書《蘭亭帖》中，有兩段文章，恰和情景。不覺出聲唸道：——

　　　　是日也，天朗氣清，惠風和暢。仰觀宇宙之大，俯察品類之盛，所以遊目騁懷，足以極視聽之娛，信可樂也。

　　　　當其欣於所遇，暫得於己，快然自足，不知老之將至。及其所之既倦，情隨事遷，感慨係之矣。

竹蓀小林二人，是高小一年級生，文言尚不甚通，請孟吉逐字逐句解釋。孟吉思索一會，便學國文教師上課口吻，把文言文翻成白話一遍。

他們貪看春景，太陽漸漸下落，也不覺得。過了一會，太陽溜到薄霧裏面，透出層層斑紋，放射光綫，把山頭石壁漸漸染成淡紅色采。又穿過灰色雲外，閃閃罩住水面。忽然光綫彈動，由屈折而漸漸融化。彷彿世界打了一個寒噤，身上亦感微涼，纔知道夜神已下警告，遂匆匆相約回家。

他們從山頂下來，四圍籠煙，雲幕層層加厚。時正陰曆月初，星月無光，迷茫之中，僅襯出幾點隱約的黑峯。那山石與樹木，都成了無定色采，和參差形狀，宛然是可怕的怪物。只聽見路旁樹葉吱喳吱喳的微響，澗中潺潺的流水，與步聲相應。這樣幽靜環境，固然別有情景；不過他們都是少年，却不能領略。只不禁心頭突突的跳，幾乎呼吸聲息，都壓在腹內了。

後來走近山口，記得兩旁都是義塚，只因黑夜不辨路徑，竹蓀偶一失足，碰到斷碑上，便跌倒了。孟吉小林二人，向前去扶。斜坡既陡，青草濕潤，就都滾下山峽去了。

有這次跌倒的事，他們一生經歷，就從此發生了。

四　老人指點

他們滾下時，幸而山坡愈下愈斜，草軟如棉，沒碰傷甚麼。及滾到山峽，三人竟擠成一團；只是黑暗之中，彼此都看不見。小林摸出一根自來火，霎的一聲，火星迸出，山谷都現出奇光異采；只見松樹的椶色鱗片果子，天竹的紅豆般果子，草間黃色白色紅色的小小花朵，一齊發光，照見葉和枝幹，都成透明體質。那遠遠一塊空場，有許多小孩，圍成幾道圓圈，拈花微笑，只是默默不作一聲。他們四面張望，莫名其妙。

竹蓀說："我們做夢嗎？究竟你還是你，我還是我嗎？"

小林說："要知道是不是自己，可背誦從前的功課，看還記不記得

——等我先來試試。"於是背誦他的地理問答——

上海是江蘇省城。武昌是湖北商埠。天津是……不對！這都不對！

竹蓀背誦他的注音字母：

ㄅㄆㄇㄈㄞ
ㄉㄊㄋㄌ
ㄍㄎㄫㄏ
ㄐㄑㄬㄒ
ㄓㄔㄕㄖ
ㄗㄘㄙ

聲母剛背完了，孟吉說："够了够了！我來背誦一篇國文。"

宋人有學者，三年反而名其母。其母曰："子學三年，反而名我者何也"其子曰："吾所賢者，無過堯舜；堯舜名。吾所大者，無過天地；天地名。今母賢不過堯舜，大不過天地，是以名母也。"其母曰："子之于學也，將有所不行乎？願子之有以易名母也。將盡行之乎，願子之且以名母爲後也。

孟吉正背誦時，忽見前面大樹林裏，從火中鑽出一个人來，鬚白如銀，扶杖前來，含笑問道："小朋友們，今日尋得春神嗎。"

他們不知所答，遲疑一會，竹蓀半吞半吐的問道："仙人，這，這……這是甚麼所在"

老人說："長春府。"

小林說："我記得地理教科書，長春屬於吉林省，地方極冷，怎麼有這樣花木呢？"

老人說："這不是人間長春府。因爲四時皆春，所以取名長春。"

孟吉說："仙人莫是春神嗎？"

老人說："不是。由此可以到春園裏，去見春神。"

小林說："這裏花木，怎麼能彀長春呢？"

老人說："這是花木的精靈。精靈不損，所以能留得春住；只是静默不生長的。"

竹蓀說："那可愛的小兒們，在那裏笑，我們可以去逛嗎？"

老人說："那裏你們去不得。你們若到了春園，見着創造神，這裏小孩有些應去的，或可以會見你們。"

小林說："怎麼能到春園去？"

老人說："這裏有一條路，是唯一的路，要經過冬嶺，纔能到的；只是冬嶺是不容易過去的。"

孟吉說："求仙人引我們去，好嗎？"

老人說："這是要你們去找的，我只能指點路程。你們一直前走，不要停頓，不走叉路，沒有不到的。"

說到這裏，火光忽然滅了，老人也不見了；只留山峽一條小路，若隱若現，映在他們眼裏。

五　由冬到春

他们向指點之方，走出山峽；但見左擁雪山，右臨冰河，四圍空氣壓迫，好像天要塌下的樣子。在這樣昏黃籠罩之中，越顯得地面塵土明淨如玉。兒童們當冬天時，捧雪滑冰，雖然手足凍僵，仍是喜笑顏開。所以他們不覺寒冷，欣然就道。

沿途樹木，皆裸體無生氣；枝幹及岩石間，常有護膜之大小質點，藏在暗處。路上足迹雖不少，但不見人。惟走至梅花樹前，偶聞寒雀啁啁之聲。

行至中途，雪花飛濺，寒風刺骨，幾不能舉足而前。回顧後方，所有走過的路，皆爲大雪所封，欲退不能。不得已，抖擻精神，奮勇前進。行不多時，抵一土洞。洞外積雪甚高，洞内深不可測，暖氣蒸騰，彷彿是培養花卉的暖室，生長各種植物種子的幼芽，深藏未露。亦有無數昆蟲，睡在罅隙裏，寂靜無聲。

由洞前進，洞盡處，一望瀰漫，如茫茫太空，耳中微聞輕細樂聲，不知聲從何來。側耳聽去，彷彿有聲相告，此處是風后宮。再進爲十字路，不知向何方而進。孟吉偶憶起樂園故事，風有東西南北，只有東風是最溫和的。於是同向東走，頓覺神清氣爽，在感受清涼之中，微帶和煦之氣。

向東一帶，土皆輕鬆。步行時，覺有物在土裏爬動。兩旁樹木，雖仍是裸體，但已略現春色，彷彿人們久睡初醒的神氣。他們留心觀察，突見火光迸射，倏明倏滅。在曲曲折折的光綫中，湊成"雷乃發聲"四大金字。於是一聲隆隆，驚動了洞中田鼠，跑出洞外，尋蚯蚓作食。野雞飛到高處，炫耀他的毛羽文采；拍翅而鳴，聲音高朗，遙與雷聲相應。沉在河裏之魚，亦破冰出遊，張鰭鼓腮，呼吸新鮮空氣。

他們歷此程途，對於造化微妙，生長程序，雖未能深知其意，但因冬嶺經過情形，和風雷發生的現象——這春天不是突如其來，春天的生物，常有本身以外的關係——這樣的經驗，總可以使他們得到一點。

六　春世界

他們快到春園了。那蒼蒼天色，襯着太陽的和光，普照地面。四圍景物，聚成一道青色光綫，射到眼底來，格外清新可愛。

他們向前望去，只見白石爲牆，門有銀榜，上書"天地長男之宮"。

宮爲石洞。初入時，見頂上遮蓋，皆平鋪極大石塊。復行數步，漸漸化爲一層煙霧。後來豁然開朗，好像月光中一朵白雲，罩住太空。滿室清爽之氣，如在山上；氤氳之香，如在花叢中。又有泉水環繞，清如空氣，微泛紅色。凌空的半圓橋，造得非常精巧，像是一道長虹，橫在太空中間。

最奇異的，牡丹開綠色的花，水仙莖長數尺，撐着白片黃心，皆閃閃發光，比平常人家裝設的電燈泡還大。許多黃鸝白燕，在綠樹陰裏，各唱最得意的歌。花兒葉兒，都和着鳥兒唱歌，隨着鳥兒跳舞。

樹下一群孔雀，展開翎毛，對人炫耀；他們伸手去摸，覺得不是鳥兒，像是植物，原來最高大的鳳尾蕉，長得和孔雀的翎毛一般。獅子和老虎，在灌木上跳舞，靈活似貓兒猴兒，並且非常馴善。當跳舞時，見喜鵲巢中，有幾個小雛待哺，便即離開。膽小的小羊，站在旁邊點頭，也像要來合群哩。

他們見如此情景，默默的想：想起平常夢想的事，又想起先生所説的春神。便覺眼中一閃，彷彿多少古人，就在眼底，春神也由此過去了。

他們正出神的時候，來了一个仙人，自稱是春園指導使者，和他們握手後，便引到一所玻璃屋去。屋的牆壁透明，看來似不甚大，進去却是廣大不可思議。天花板是一朵燦爛大花，你越是望他，他越顯得深遠而且有趣。陳設的果品，就是書上所説春宵宮的洞淵紅花，嵼山紅雪，萬歲冰桃，千年碧藕，也沒有這樣可愛。掛的肖像，有許多是書上見過的，只是都可望而不可即。他們見了，非常驚異。

於是仙人笑了，對他們解釋道："這裏的東西，都是有生命的，凡世上所有的事物，勿論真的，假的，大的，小的，整的，散的，只要發生出來，時間就把他的印像，融合在每塊玻璃中，比書上看的，夢中想的，真切得多。你們現在所見的，不過春的外象。春的内部，是創造神美神快樂神三位管理的。如果要看内部，再向前去——我少陪了。只是不得創造神美神的引導，若沒有特別機會，快樂神是不易會見的。"

七　創造和美

竹蓀説："我們先去尋創造神，還是尋美神呢。"

小林説："人不是要養成創造力嗎。沒有創造，美從那裏得來，去尋創造神吧。"

竹蓀説："創造是要自己創造的，創造神能給我們的力嗎？我想美神那裏，必有好看的東西，去尋美神吧。"

孟吉説："創造神也好，美神也好，我們去碰機會，遇着甚麼，就是甚麼。"

正在此時，女子音樂隊，擁一位美人，穿着透明衣服，踏着自行車，由這裏經過。他的美，不可以言語形容。他們想，這一定是美神了。

於是追隨他去，無奈自行車轉得飛快，總追不上。只見他所經過的地方，草也綠了，花也開了，鳥兒也唱起歌來了。貓兒擦臉，鴿兒啄毛，好像受了甚麼感動，個個求美的生活。沿途塵沙，比灑掃的還要乾淨。兩旁房屋，有幾處園墻倒塌，屋瓦零亂，頃刻之間，改了原樣；扶得端端正正，補得完完全全。還有幾個軍人，正在吵鬧，見他來了，氣都平了。一群小兒，爭取樹上果子，見他來了，分得少的，也不爭了；搶得多的，也勻出分給別人。

孟吉説："美神總算見過了，現在既追不上，只好去尋創造神。我想創造神那裏，一定有許多稀奇東西，並且可以會見許多發明家。古書所説造人的女媧氏，也應該在那裏。"

竹蓀説："女媧氏造人，古書怎麼説着。"

孟吉説："《風俗通》云：'俗説天地初開，未有人民。女媧氏摶黃土爲人，力不暇給；乃引繩絚泥中，舉以爲人。故富貴賢智者，黃土人也；貧賤凡庸者，引絚人也。'這是先生對我講的。"

小林説："那麼亞當、夏娃，也應該在那裏。如果看見他們，那裏樹上的果子，我們不要吃啦。"

他們去尋創造神，見路旁一所房屋，周圍花木，布置雅潔。屋內圖書滿架，有幾位年老人，坐在案上，伸紙疾書。他們想這是編書的書獃子，創造神不會在這裏。

再向前去，一所很大的學校，圖書館博物館非常完備。幾十個學生，在那裏上課：有的解剖動植物，有的分析原料。他們想這是學校的實驗室，創造神也不會在這裏。

又見許多工人，聽着汽號，分途往工廠去。工廠太多，不能全看。

他們想工廠不過有些機器，創造神也不會到那裏去。

他們以爲創造神必生得特別奇異，與常人不同，把好機會都失了。所以尋了許久，總遇不着。現在身體走乏了，他們急了，竹蓀和小林哭起來了。

八　求快樂

孟吉說：「哭甚麽。得着機會，就是快樂，我要去找機會了。」

孟吉去後，竹蓀小林二人，只好等着機會。小林時常炫耀他的地理知識，便說道：「這个地方，不知道經度若干，緯度若干。假使到了外國，或是到了星球上，也算快心的事。」

竹蓀說：「這次奇遇，若是作成日記，縱比不上《魯濱孫漂流記》，歐洲用作小學讀本，也還有趣。只是沒有時辰表，經過若干時日，沒法知道，記得從前寫的紅影本，有'山中方七日，世上已千年'兩句話，難道今日應在我們身上嗎？」

說到這裏，他們又高興了，喜得跳起來了。兒童們只知快樂與恐懼，惟有先生逼令學習功課，大人禁止行動，稍覺煩悶，大抵境過輒忘。剛纔那樣着急，這時候一切忘了。他們快樂，快樂神就到了眼前。

許多老少男女，分立快樂神左右。有的帶嘉禾章文虎章，有的拿公司章程，有的拿畢業文憑，有的捧會員名簿。雖然沒說甚麽，總是來求快樂神的。這些人們，都是尖頭，鼠眼，鷹鼻，大肚子，或是口含蜜糖，或是裝束時髦，並且有帶一隻小狗，伏在地上搖尾的。快樂神把手一揮，都向旁邊春宵宮裏去了。

春宵宮滿裝電燈，預備人們夜間作樂的。這些人們進宮時，衛兵一齊舉槍，鼓樂齊奏，非常喧鬧。人們進宮以後，有吃的，喝的，叫的，唱的；有大搖大幌的；有靠在安樂椅上睡覺的；還有那快樂神肩章上，嵌着幾顆寶星，閃閃發光：這些情形，他們二人雖在宮外，却都從電燈光裏望見了。只是人們起坐地方，後面隔一層黑幕，無數獰鬼，伏在幕後。這惟有從寶星光裏，看得明白，確是肉眼所看不見的。

距這宮不遠的地方，另外一群人們，在毬場裏踢毬。其中有幾个人，像是編書的人，實驗室的學生，工廠的工人，剛纔在那裏見過的。快樂神跑到場裏，拈花微笑。這些踢毬的人，似乎沒看見他在這裏。

他們等毬場人散後，很恭敬的來求快樂神。快樂神望了一望，說道："正當的快樂，我自然會給的，還要人求嗎？你們都是青年，現在既遇着我，總算得了機會，我給你們一點春的快樂吧。"

於是取出兩枝雛菊，分給他們，並鄭重的說："你們若有需要，只要摘下花瓣一片擲到地上，便得到自己所渴望的東西。你們去吧，好好選擇你們的需要，使用春的快樂。"

他們謝了快樂神，向前走去。剛到交叉路口，竹蓀要向左邊走，小林要向右邊走；爭論一會，決定分途前去，各走自己願走的路。彼此握一握手便分離了。

他們分途而去，並不因此覺得寂寞。因爲一樣的仙花，各人用法不同；二人不在一處，使用更自由了。

九　竹蓀的經歷

竹蓀本是聰明學生，因爲他玩視功課，對於先生的話，不肯注意去聽；雖好問答，總不思索，沒有甚麼心。他的一點常識，不過從幾册故事童話書裏，或在演說場中，零零碎碎得來的。

他得了這枝雛菊，毫不躊躇，即刻摘下一片花瓣，跑到野外，向地下一擲，招他最喜歡的黃雀，畫眉，鸚哥，珍珠鳥。果然花瓣擲下，鳥都飛來了。他平時養鳥，開始非常殷勤，兩三日後，每每忘了給食給水，鳥不是餓死，便是渴死；所以招來的鳥，沒有許久，各自飛去，他也不去理會。

他有時想騎木馬，坐搖船；有時想着足毬鞋；有時想着童子軍衣服。爲這些東西，擲了許多花瓣，不過他的習慣，用過的東西，是不清理收拾的。

他曾聽先生講蝴蝶夢，讀過《莊子》一段文章：

> 昔者莊周夢爲蝴蝶，栩栩然蝴蝶也；俄然覺，蘧蘧然周也。不知周之夢爲蝴蝶與，蝴蝶之夢爲周與。周與蝴蝶，則必有分矣。此之謂物化。

他想夢作蝴蝶，倒是有趣。因摘一片花瓣擲去，便恍恍惚惚，變成一隻白蝴蝶，飛到一所花園內，在花間跳舞，比別的蝴蝶，美而且大。忽有一位美麗少女，從屋裏出來，揚起白絲巾，追着蝴蝶，撲來撲去。他驚醒了。

少女見了他，即向屋裏飛跑。他摘下一片花瓣，剛剛被風吹起，那少女便回轉身來，走到他的身旁，笑嬉嬉和他握手。他和少女到各處遊玩，不久又厭倦了，舍了少女，另尋別的伴侶。

他看見甚麼便要，要甚麼便有。得了這個，又想那個。已得到的，隨即舍去。用這片片花瓣，換取需要，把人生趣味，一個個的嘗去。那空中的和風，爲他一枝雛菊，整日用全副精神供他驅使；沒有一刻工夫，吹拂別的花枝；把燦爛春景，一切停頓，世界都暗淡無色。

不久花瓣便摘盡了。他所招來的東西，也沒有一件保留。竟是孤單一人，一無所有；像那斷綫的風箏，不知吹落何處了。

一〇　小林的經歷

小林用雛菊的目的，完全和竹蓀不同。他是一个儉樸少年，就如過新年時候，雖然和大家作耍，却是打錢，擲骰子，是絕對不合夥的。連母親給他買花燈爆竹的錢，也儲蓄起來。

當他得了雛菊，和竹蓀分途前去，且走且想，要如何用這雛菊，纔有實用。他想雛菊的花瓣，雖然不少；假使見甚麼就要甚麼，每日一片片的摘下；到了無瓣可摘的日子，那麼怎麼辦呢。因此打算收藏起來，預備年老時候，可以享福。所以他走到街上，便買一个精緻木匣，另配一把銅鎖，把雛菊放在匣裏。

他曾見本街范大爹做公司經理；隔壁蔣氏兄弟，一个做買辦，一个做知事。這兩家都是富有資本，稱雄一鄉。他想有資本的人，就是世上最尊貴的人；因此打算經營商業，購置私產。他雖得了雛菊，覺得快樂不過暫時，立業還是本務。他這樣夢想，果然經商起家，也成了資本家了。他又鄙視一般流浪人，終日作樂，不務正業，時常正言勸告。因此很受社會歡迎，大家承認他的生活，爲人們所當取法。

他的住宅，離桃花山不遠。當春來時候，紅花滿山，遊人甚多。一日，他被同業約去，這些遊山的人，或玩賞山景，或攀折花枝。只有他走至山岩間，撿取石塊，細細把玩。把玩之後，默默的想：他想甚麼？他見山石堆積，或黑或黃或赤，彩色斑斑，以爲這是銀礦，還是銅礦。如果鍊出金或銅來，便要集股開采。

他爲金錢魔力所驅使，每日自早晨至夜深，從未休息一刻。有人説："你太辛苦啦。"他説："不辛苦，沒法多積資本；資本不多，不能作世上最尊貴的人。"他在疲倦時候，也常想起木匣仙花，只要擲花瓣一片於風中，便能得到快樂；可是他以爲精力還強，正可屏除安逸，多積蓄幾文錢，且等年紀更老些，再來享受。

微風輕輕吹來，彷彿低聲説："你擲一片花瓣吧！至少可給你一天快樂，我可以看見你一次笑容哩。"他不理。過了一會，又似説："花瓣多得很，何妨擲一片試試。"他以爲故意引誘，裝作不聽得的樣子。於是微風離開了他，向着青山綠野，噓噓的歎息而去。

一一　機會之外套

孟吉和小林竹蓀分別後，走到離街不遠的地方，有圓形空場，青草平鋪如氈，廣可數里。繞場一周，爲平坦土道，外環木欄。場之左角，樓房高聳，並無朱粉塗飾。樓上下陳設坐位，坐客甚多。門前紮一牌樓，上面大書——春季跑馬大會——是用柏枝和花朵綴成字樣。

他買了一張門票，招待員便引到客廳，他脫去外套，掛在衣架上。休息一會，就隨着衆人，同入"男賓席"就座。

叮噹，叮噹，鈴聲搖動，跑馬開始了。跑馬師各穿着采衣，每跑一次，七匹，八匹或十多匹馬不等。又有一塊地；累土爲浜，約丈許濶，三尺許高，能騎馬跳過去的爲勝。西人多重視這個舉動，出錢以賭勝負。當跑馬時，海關，郵政局，洋行的職員，午後皆停止辦公。

孟吉的坐位，正在幾位老者席前。這幾位老年人，年都在七十以上，他們捋着白鬚，一面看跑馬，一面却談論時事：談到商務，則稱讚從前進口貨極少，絲茶出口很有利益；談到學校，不住的擺頭嘆氣：大概是偏袒古代的議論。

他們談到近事，詞色俱厲；惟跑頭馬喝彩時，語稍停頓；有時露出鄙夷跑馬的神氣。只有一次跑馬，一位紫衣少年馬師，跑近老者席前，有個老者大聲呼道："快趕，快趕，再搶前一步，就得頭馬了。"原來紫衣少年，是這位老者的長孫啊。

衆人正在看跑馬時，客廳裏還坐着三位女子，一位年輕的，二位中年的。場内的人，以爲這三位女子，也是來看跑馬的；可是仔細看去，他們的容貌，態度，衣服，不但與別的婦女，迥然不同；他們的背上，並且有一對如白天鵝般的肉翅——他們是仙人。年輕的那位，是機會神的使女。機會神派他到人間，贈送奇奇怪怪的"機會"的。中年的兩位，有一位態度穩重，他是命運神，對於人世的事，任其自然，不大愛管的。別一位比較抑鬱，他是憂慮神，向來是親自辦事的；他以爲不這樣做，怎樣知道妥不妥呢。

他們在那裏，各說本日的經過。機會神的使女，只辦了幾件不重要的事。例如：一次替一個少女，按着佩巾，不讓風搶去；又一次，替一個窮書記，領了頭馬的獎；以及諸如此類的事情。

以下便是他們的談話：

機會神的使女説："我的主人，給我一件外套，命我送到人間。這件外套，有種特性，就是誰披上了，凡關於時間、地位和環境，只要那個人，有甚麽願望，立刻可以滿足，立刻得到快樂。"

憂慮説："我想披外套的人，一定極不快樂，一定要回復没披着的時候。"

命運説："這件外套，誰應該披的時候，自然披上。到應該脱的時候，自然會脱。——都是數該如此。"

機會神的使女説："你兩位説的，盡是廢話。現在我把這件外套，掛在衣架上，總有人錯認的，誰披上了，誰就在機會中生活了。"

這時候，衆人都在看跑馬，没一人留心聽話。跑馬完了，孟吉來取外套，那衣架上掛着兩件：材料、式樣和顏色，都是一樣。假使他插一張名片在衣袋裏，或是做個特別記號，雖然兩件同樣，也可以看出那件是自己的。但是孟吉向來疏忽，就没法辨認了。

孟吉將兩件外套，反覆的看，有一件衣角上，微微幾點湮印，大約是茶役送茶時，没留心濺湮的。他想了一想，決定取那有湮印的一件，這是很正當的行爲。不料他偏偏認錯了，這件外套，正是機會神的使女掛的。也許和他找機會的念頭恰恰合式，也未可知。

一二　一百年前

他披上外套，向大街走去，想起老者的話，便有羨慕古代的意思。他這一想，不啻對外套發出命令，他整個身體，便如坐在向"時光倒流"的船上，溜到現代一百年前。他的脚竟踹在街心爛泥坑裏；因爲那個時候，這條街道，還没有修成馬路。

街道是狹隘的，污穢的，没有路燈，也没有巡警，行人很不方便。若有車馬來往，便要擦着行人，一路濺起湮泥。兩旁鋪户，極不整齊。櫃台上排着木檠，擱一個手掌大的燈盞，裝滿豆油。幾根細細燈草心，伸出盞外，燃一點火，若明若暗，像螢火蟲亮光一般。他簡直迷糊了，自言自語的說："怎麼啦，好好的街道會變了。好道路都沒有了。電燈，汽油燈也都息了。"

他在這天夜裏，因為外套的魔力，使他的時代，倒轉了一百年，自然是他萬想不到的。這時候，他可太不堪了。便想雇一輛車，坐到熱鬧街上去。他大聲喊着車子，可是那裏來的車子喲——連車影子也不見一個。他只得安慰自己說："我只好到勸業場去，那裏時常有車子歇着，總可以雇得車子的。"

步行不遠，看見了路旁的石獅子，這個古東西，不是排在勸業場門前的嗎。他向前望去，只是一片空場，雜草叢生，滿目荒涼，疏疏落落幾枝古柏，空心曲幹的老槐，伸出在那幾間矮屋頂上。那矮屋是用薄板釘成的，同屋旁的破蘆席棚，都被雨浸黑，在淡淡月光之下，依稀看得不大分明。原來這塊地方，在百年前，是這樣的。

有一所矮房，射出一道燈光。他從縫裏望進去，見幾個小孩，穿着不時行的衣服，坐在高櫈上，腳不着地，手裏揭開綫裝書本。坐的時候久了，都伏在東倒西歪的桌上，有兩个瞌睡了，其餘的都在扮鬼臉。猛然聞着欬嗽，小孩都驚駭得了不得，立刻搖頭擺腦，發出讀書的聲音，和田雞叫喚一樣。孟吉看了，幾乎笑出聲來。不一會，一个皺紋滿面的老人，頭戴瓜皮小帽，口裏啣着長旱烟桿，彎着腰，一搖一擺，走到屋裏，便指定一个小孩背書，這個小孩頭上，豎起三个小辮，站到老人身旁，背《晏子使楚》的一篇文章：

> 晏子使楚，以晏子短，楚人爲小門於大門之側，而延晏子。晏子不入，曰："使狗國者，從狗門入。今臣使楚，不當從此門入。" 儐者更導從大門入。
>
> 見楚王，王曰："齊無人耶？"晏子對曰："臨淄三百閭，張袂成陰，揮汗成雨；比肩繼踵而在，何爲無人？"
>
> 王曰："然則子何爲使乎？"晏子對曰："齊命使各有所主；其賢者使賢王，不肖者使不肖王。嬰最不肖，故使楚矣。"

小孩背到"齊命使……"以下，便使——使——的背不出來。老人提了一个"各"字，小孩仍然接不下去，老人怒了，大聲責罵，隨手拿起竹板，對小孩頭上，重敲數下，小孩號啕大哭，老人還厲聲説："不准哭。"

孟吉走開了，他穿過大街，穿出小巷，走了很長的時間，天也快亮了。他恨不得立刻離開此地，心中悶悶不樂，再也不起奇異的羨慕。因此，他的記憶，漸漸回復起來；覺得自己所居的街市，所進的學校，雖然有些缺憾之點，倒比剛纔所見好多了。

他明明是清醒的人，站在新市場裏，他的眼中所見，却湧現出老人們談天的掌故，和故事書上記載的古代痕迹。

他悶得頭暈，想到清水邊呼吸新鮮空氣。外套的魔力，因他的思想改變，立刻移轉方向，那眼前的古代幻境，便一齊消滅了。

一三　魚的經驗

古代幻境消滅後，就有一道清流，沿空場之外，環繞如帶。兩岸綠楊下垂，樹影搖曳水中，襯着水藻浮蕩。一隊一隊的小魚，緊隨幾尾大魚，在水藻旁邊，張口吐沫。有時遊到柳枝影下，似欲驚避，一掉尾，便沉入水底。魚們忽浮忽沉，穿過樹影數次，遂自在遊行了。

他見魚遊行自在，覺得魚很快樂，憶起莊子惠子的問答：

　　莊子與惠子遊于濠梁之上，莊子曰："魚出遊從容，是魚樂也。"惠子曰："子非魚，安知魚之樂？"莊子曰："子非我，安知我不知魚之樂？"惠子曰："我非子，固不知子矣。子固非魚也，子之不知魚之樂全矣。"

他想："水中多麽清潔，不像人居的塵土，這樣污穢，人類倒不如魚啊。"於是外套施展魔力，他就變成魚了。

魚的遊泳，用尾擊水，用鰭扶助姿勢，浮沉則用胸腹的鰭，這是人們看得出的。若是魚的說話，只有穿外套的孟吉，在變做魚的時候，能說能懂；但是他既變了魚，他的生活，他的意想，也就和魚一樣。

他和小魚們遊到河邊，望着藍色天空，太陽照得通明。那浮雲縹緲，樹枝擺動，微影浸入水中，彷彿助着遊泳姿勢，隨波搖盪。有時伸口出外，吐出洗腸的水，吸入新鮮空氣，身體便格外清爽。小魚們都喊道："在這廣大世界裏遊泳，真快樂啊。"他也喊道："好和平的世界呀，我們盡興的遊泳吧。"

一尾大魚，忽大聲呼喚道："你們到河心遊泳好，不要到河邊去。那岸上有人下釣，放下蟲餌，浮在水面。你們若是貪食，把嘴掛上釣鈎，那就危險了。可是你們要切記的，就是被捉的時候，定要跳動，或者有挣脱的機會。"

一天，他和一尾小魚，在河中遊泳，是日天氣晴和，水平如鏡，清澈見底，魚們樂不可支，便挺着白肚皮，三番四次，躍出水面，好像要表現光廣世界的快樂，和和平世界的幸福。不料兩隻水鳥，飛近水面，張着小嘴一啄，把他和小魚，一齊啣去了。

水鳥啣着魚兒，放在岸邊石上，喚雛鳥來吃。雛鳥望着魚兒，不即去吃。小魚乘此機會，拼命一跳，便跳到水裏去了。

小魚逃回以後，知道任意跳躍，必遭危險；遇着危險，又非跳躍不可；由此得到一種經驗。雛鳥雖沒吃着魚，以後便加倍練習敏捷了。

他吃了一驚，正要隨着小魚，跳到水中，見岸上綠楊樹裏，小鳥啁啾的鳴，從這枝跳到那枝，跳得很高興的。他想在天空中飛，比在水中遊泳，更快樂了，自己若是變鳥，只不變吃魚的水鳥就是。於是從石上躍起，因爲外套的魔力，沒有跳到水裏，就跳上樹枝了。

一四　鳥語

　　頃刻之間，他的外套變成翅膀，他化身為小鳥了。飛到綠楊樹上，和別的小鳥一同跳舞。又一同飛到山上，飛過幾條小何，俯看下界，玩賞一切景物。

　　他掠過天空采雲，喝過草上露珠，啄過桐花竹實，停過山頂最高的樹杪。他雖然變了鳥，心裏却很明白，想道："好玩極了，我剛纔變了魚，現在又變了小鳥。本身合在那一群裏，就受那一群的支配。世界上的生活，竟是這樣。"

　　現在他飛到草地上了，一跳一跳的，在草間行走。小嘴啄那草莖一回，頭便左右旋轉一回。他這樣小心，實在具有鳥的本能，真是做甚麼就像甚麼。忽然覺得四圍黑暗，似乎有一個很大的東西，罩在他身上——這是一頂軟帽子，是小孩拿來罩住的。小孩還伸進一隻手來，抓住他的翅膀，抓得他啁啁大叫。他吃了一驚，不覺失聲喊道："你這放肆的惡小孩子。我是个學生啦。"但是這句語，送到小孩耳朵裏，只像"卜潑""卜潑"的聲音。因為他的話，已變成鳥語了。

　　小孩把他捉回家去，關在一个很舊的小籠裏，掛在書房門外。那裏還有兩个雀籠，精緻非常。一个關的是百靈，一个關的是鸚哥。百靈見添了新伴，提高嗓子，學貓叫，學狗叫，學鴉雀叫，學奏軍樂，彷彿學過外國語的人們，好在人前炫耀一樣。鸚哥大模大樣，不睬同類，只把主人教的一句話，反復唱道："來吧，現在我們來做人吧。"

　　過了一會，鸚哥百靈對叫起來了。百靈是反對人們的，叫道："私心的人，殘暴的人，把我囚在籠裏，供他取樂。"鸚哥是恭維人們的，叫道："人們很優待我，很體貼的照護我，我生得美，唱得好聽，只有人們能彀賞識啦。"叫到末了，還用主人教的話歇尾："來吧，現在我們來做人吧。"

　　百靈和鸚哥對叫，不是人們所能懂的。他却對於同伴對叫，都聽得明白。因爲他自己變了鳥,並不是那通鳥語的公冶長:——

> 公冶長貧而閒居,無以給食。有雀飛鳴其舍,呼之曰:"公冶長,公冶長,南山有个虎馱羊,爾食肉,我食腸;當亟取之勿彷徨。"公冶長如其言,往取食之。及亡羊者迹之,得其角,乃以爲偷,訟之魯君。魯君不信鳥語,逮繫之獄。孔子素知之,爲之白於魯君,亦不解也。於是歎曰:"雖在縲絏之中,非其罪也。"

他住的籠,小孩忘了關門。一个四脚踏雪的黑貓,跳到窗上,張着凶險而閃爍的眼睛,伸爪來抓雀籠。百靈在籠裏亂跳,鸚哥還是温習主人教的話;叫道:"現在我們來做人吧。"他立刻飛出,不由自主學鸚哥的話,也叫道:"現在我們來做人吧。"他叫聲一出,同時就回復了他的原形。

一五　他的軀壳

他復了原形,緩緩走到街上,没想甚麼,外套就没有施展魔力的機會。他此時精神恍惚,似乎魂不附體;但是靈魂合着軀壳,那軀壳呆笨,不如靈魂靈活輕便,能自由行動,只看他以下的行動,就明白了。

街上有个警鐘樓,樓頂掛一架大鐘,遇有火警,按警察地段分區,敲若干下。敲鐘的本是两人輪班。正值換班時候,彼此尚未接替,他跑到樓上,把警鐘鐺鐺的敲,一下,二下,三下,四下,五下,都敲過了。鬧得滿街救火會的人,都推出水龍,到街上飛跑,却不知火在何處。

救火的人,塞滿街上,那裏有自來水管,專備救火用的。他從警鐘樓下來,取下水管龍頭,水汹汹噴出,如放花火,把街上行人的衣服,洒得透溼,也有滑倒在路上的。

他跑到一家樓上,看見四壁玲瓏,陳設相同,左瞧也有門可通,右瞧也有窗相對,遠遠望見迎面一人,與自己形相一樣;及走到跟前,又被擋住。他怒極了，一脚踢去，砰然一聲，把一架大穿衣鏡，打得粉碎。碎片還碰到一個小孩頭上，血流滿面。

他匆匆跑出來，又在一家門前，停步觀望；只見層樓高聳，隱在花木深處。半圓粉牆，圍着千百竿翠竹，非常幽雅。兩旁迴廊曲折，石子鋪成甬道，園中突出玲瓏大石，插在池裏，清泉穿石而過。池邊幾樹桃花，開得如噴火一般。他越望，越覺得裏面庭園，層層加多，遠近分明。正看得得意，推門進去，總推不動。仔細一看。原來是一幅大油畫，掛在正廳中間。

他敲鐘，放水，像是很淘氣的；踢穿衣鏡，推油畫，像是很愚蠢的——却是偶然的事。其實世界上的事，爲呆笨的軀壳支配，像這樣淘氣，像這樣愚蠢，還不知有多少哩，不過人們都不覺得。

一六　心的旅行

恰在此時，近處戲園開演了。他往園裏看戲，正演一本新戲，劇名《智慧眼鏡》；劇情是戴着這副眼鏡，可以看到將來事情。

外套又要大顯魔力了，因爲他起了一種念頭——他想：將來事情，到了時候，總會知道；人的思想，是看不見的。若是取得這副眼鏡，用的得法，一定可以看見人的心；比預知將來事情，更是有趣。

他藉外套的魔力，得到這副眼鏡，看見女人們頭髮，根根空心，比用一千倍的顯微鏡，還看得清楚。他想怎樣鑽進人們心裏去。人的心一定是個空洞，或是一個店鋪模樣，陳列許多貨物。假使有些污穢東西，一定可以剔去的。就像一種整潔的小思想，跑到心裏逛一趟吧。

他開始作心的旅行，先到前排一個人的心裏去。最初似倒在屠户案上，滿身肉臭，漸漸到了空處，後來到一個鏡匣裏，鏡子把一切東西，放得很大，裏面有神像座位，有圖書架，有未成草稿。有的東西是光明的，平坦的，新鮮的；有的東西，是黑暗的，歪斜的，腐朽的。比石膏塑的人體模型，實在真切得多。因爲人體模型，只有軀壳形式；現在所見的，人有甚麽行爲，裏面就留甚麼印像。這個人是一位教員，同學生們來看戲的。

他順着學生座位，一排一排的看去。雖然各人廣狹不一，但都是空洞的心，閃閃不定，沒有一點腐敗氣味。只是中學以上的學生，多半心熱如火，光綫有點偏向；好像受了外物牽引，移了原位，不及那小學生們温柔潔浄。倒是座中幾個少年農夫，心房雖然不甚開展；却是全體潔白和清水一般。

最後到頭等座位去，看見兩个人的心，比一般人的心不同。一個的心，鈎環連鎖，滿裝銅臭。一個的心，白芒密集，比針鋒還利。他以爲前一個人，一定是錢鋪的掌櫃；後一個人，一定是造針的工匠。但事實上並不如此。前一个是掌財政出納的人；後一个是時髦政治家，常對大衆演說平民運動的。

一七　月中旅行

心的旅行，歷時已久，他悶極了，就出來散步。時正明月當空，如行玻璃道上，身體自然清爽。可是披着外套，那奇幻的夢遊，沒有脱離他的思想，不覺又動了月宫之想。

人們的思想，是極要鄭重的。他披着一件外套，更要加倍留神。只須回憶他的經歷，便知這話是不錯的。

蒸汽駛動力非常的快，曾經在火車輪船上試驗過的。但是這種速度，和光的速度比較，簡直是蚜蟲爬行，或蝸牛匍匐了。光的速度，比最會賽跑的人，快一千九百萬倍。電氣比光還要快。人醒時的思想，睡時的夢，便在電氣翅膀上飛行。太陽光走九千五百萬里，要八分零幾秒鐘。思想和夢，只須頃刻工夫，就能走這麽遠。若是人的軀壳休息，靈魂獨自飛行，便時時刻刻如此了。只有披着這外套的人，纔能作這種實驗。

不到幾秒鐘工夫，他已經行過二十六萬哩路程，到月亮裏去了。天文家常説，月的體質，比地球輕，軟得和雪花一般。上面無數火山，或山頂凹下，或環繞平原，浮在稀薄空氣裏；沒有半點塵埃，和些微聲響。我們的地球，像火燒紅的一個大球，凌空掛在月亮頂上。

月中人意見，以爲舊世界裏面，只有月能住人，地球不一定可以住人。現在月中植物甚少，要靠植物生活的人，惟有到地球上去住；只是空氣太濃，恐怕不適於月中人住哩。

古書所記："羅公遠侍玄宗玩月。乃取拄仗擲化爲大橋，其色如銀，請上同登。至大城闕，寒氣逼人。曰：'此月宮也。'少前，見素娥十餘人，皓衣白鸞，歌舞於廣庭大桂樹下。曰'此霓裳羽衣曲也。'"這種傳說，和這個奇幻夢遊，是差不多的。

他勿論到那裏，覺得心裏總有種要求，要求比現在更好。所謂更好的在那裏，是甚麽，只在他自己心裏，只是他心裏快樂。他現在夢遊倦了，倒在一家門前，頭上的帽子，已掉下來了。他的眼睛，釘住月亮，大概他的靈魂，已經飛到月亮上去了。只因披着外套，那飄蕩的靈魂，和他的軀殼，還沒有完全脫離關係。

天明以後，街上人發見屍體，就擡到他家裏去，把他躺在牀上，氣息已絕，僅僅胸前微温，家中人都哭，他心裏却很明白，不過身子動彈不得，口也說不出話來。

一八　青春

他躺在牀上，見屋裏進来三位女子，彷彿曾經見過的——就是前回坐在跑馬場客廳裏的。只聽他們説道：——

憂慮説："這件外套，給人甚麽機會。"

命運説："誰能給誰機會。"

機會神的使女説："躺在這裏的人，披過這件外套，由機會給的教訓總不少。好吧，我來替他脫去吧。"

話剛説完，三位女子飄然不見，外套也没有了。這沉睡的孟吉立刻醒了。

孟吉家貧，不能升學。在師範講習所住了二年，就充本街小學校教師，擔任高級國語功課。一日預備功課，要選一篇國文，備學生誦讀。選定的，是蘇軾作的《笑笑先生》：

與可，文翁之後也，蜀人猶以石室名其家，而與可自謂笑笑先生，蓋可謂與道皆逝，不留於物者也。顧常好畫竹。客有贊者曰：先生閒居，獨笑不已。問安所笑，笑我非爾。物之相物，我爾一也。先生又笑，笑所笑者。笑笑之餘，以竹發妙。竹亦得風，天然而笑。

他預備功課時，忽小林來訪，各談別後情事。小林在失意中，時有安慰自己的話。

小林自經商起家後，信用昭著，儼然為一方商界領袖。現因國內戰爭，數年不息，商店皆已倒閉。他既無室家子女，遂收拾餘產，攜帶收藏的木匣，預備回鄉尋樂。他的住宅，恰在孟吉的學校附近。所以到家之日，即欣然來訪。

次日，孟吉往訪小林，小林正在門前買花。忽見一群小孩，追一個衣服襤褸的人，要他唱山歌取樂。他們一見大驚，原來是從前同學的竹蓀，遂邀到屋裏去坐。

回憶他們年幼同學，為一校翹楚。追隨春神的事，歷歷如在目前。今皆由少而壯，由壯而老。各人遭遇不同，少年時夢想的快樂，所得幾何。今日同聚一處，正不知作何感想。

小林說："竹蓀兄，怎如此潦倒，想是把鮮花浪費了。"竹蓀說："也許是少年荒唐，把花瓣擲得太快一點，但是我並不後悔。小林兄呀，我現在境遇雖不好，當擲花瓣時，却是很快樂的。"

小林說："我的仙花，現在還沒有用哩。只要摘下數瓣，便得到你當時浪費的快樂。"

竹蓀說："留到現在，還能使用嗎？"

小林說："我收藏在木匣裏，絲毫沒有碰壞。你們等着，看我取出仙花來吧。"

　　小林揚揚得意，取出木匣來。从大束鑰匙中，挑出一个小鑰匙，開那木匣的鎖。木匣開後，小林顏色陡變，倒在椅子上歎息。竹蓀孟吉走近來看，那裏有甚麼仙花，只剩下滿匣灰塵，僅僅未搖動的地方，留着幾片雛菊花的行迹。

　　小林忿忿的說："甚麼仙花，原來是玩弄我們的。"說到這裏，空中隱隱有音樂之聲。樂聲止後，彷彿說道："我沒有玩弄你們，這兩枝雛菊，不是真花，是你們的青春。竹蓀呢，毫不經心，把青春浪費了，所以現在這樣潦倒。小林呢，不知道人生真正趣味；那青春的生機，就完全枯槁了。"

第三册

目　　次

一　籠裏的八哥 …………………………………… 3305
二　城 ……………………………………………… 3306
三　爲的甚麼 ……………………………………… 3308
四　這是一塊甚麼地方 …………………………… 3309
五　旅行 …………………………………………… 3311
六　平原中的聞見 ………………………………… 3312
七　喜鵲 …………………………………………… 3314
八　可憐的小女孩 ………………………………… 3315
九　一個失業的理髮匠 …………………………… 3317
一〇　大河東南的第一名勝 ……………………… 3319
一一　共和得來的就是這些嗎 …………………… 3320
一二　一塊餅的大陸 ……………………………… 3322
一三　甚麼是國 …………………………………… 3324
一四　好秀麗的山景 ……………………………… 3325
一五　開放自由的人 ……………………………… 3327
一六　甚麼是想得到的 …………………………… 3329
一七　歐洲北部一塊土地 ………………………… 3330
一八　八哥散布的種子 …………………………… 3332

一　籠裏的八哥

"八八，""八八，"當小主人發出這種喚聲，那籠中一隻鳥兒，便站在橫木上，拍拍翅膀，叫幾聲人們常説的語言；或是跳上跳下，張開兩篇白嘴殼，伸出籠外，等候小主人給他的食物。

這籠中鳥兒，是一隻八哥，遍體黑毛；兩隻金圈眼睛，閃閃發光；兩條肉紅腿，細似柳條，向下斜伸；張開四個鳥爪，三爪向前，一爪向後，站在一個精美的鳥籠裏。那籠是嫩竹削成一條一條編的格欄，頂上嵌一把金晃晃的銅鈎，挂在朱漆雕花橫欄上面。籠內面積雖不大，却擱着一個碧玉水盂，裝滿清水，映得和荷池水色一樣；兩個瑪瑙盒，正好裝同樣顏色的食料；還有淡藍色的綢幕，罩在籠外，是預備夜晚蒙下的。

八哥剛學得會飛，就被一個農夫捉來，送給這慣養鳥兒的人家。那空中高飛，山裏尋食——鳥類的自由生活，他未曾享受一日。自關到籠裏以後，喝的水，是濾清的江水。吃的食，是小主人早晚親手餒的。高興時便叫，或是把頭伸在水盂裏，打水洗澡。整天這樣過去，像是很舒服的。

有時小主人和他玩耍，把人們的語言教他；他學會一句，小主人喜得跳起來。時常引些同伴來看，説道："你們聽我的八哥説話。"他唱一句，同伴們都拍手喝采一陣，他想人們自己的語言，人們都會説的，他張口唱了幾句，有甚麼好聽呢。只是小主人待他好，又高興聽他唱，也就提高嗓子，把學會的短語，接連不斷的，叫了又叫。

八哥整天所聽所見的，都是這一家人們的事情。有個兒童，比小主人年紀大些，整日在家裏掃地，抹窗户，做各種勞苦的事。小主人却非常安逸，除餒八哥以外，甚麼事都喚這兒童去做。人們情形，爲何這樣不同，八哥真猜想不透了。

八哥到夜晚時，把頭縮在翅膀裏睡覺，常被這家的人聲驚醒。當燈光將息,那天上發亮的曉光,已穿透窗幔,微微映到籠上綢幕裏,停了一會,外間車馬行路聲,賣早食的叫喚聲——聲音嘈雜,一陣一陣送進來,八哥忍禁不住,叫了又叫;這家的人們,還沒有一點聲息。他想:吸取外間新鮮空氣,引進溫和陽光,何等快樂;人們却喜晏起,只有半天能享受。這也是他不明白的事。

一日,小主人提了鳥籠,走到河邊綠楊樹下,他望見一群小鳥,從深藍的天空下面飛到樹上,一唱一和。他正感籠中生活,很不自由;忽然小主人拾取一塊石子,向樹上一拋,那一群小鳥,立刻飛往隔岸河邊,歇在岸上,向這拋石子的人,望了又望,纔一齊叫起來。他想:小主人這樣餵養我,為何又打他們呢。就在籠裏亂跳亂叫,於是小主人提着鳥籠回去了。

二　城

八哥在這家裏生活,從來沒有甚麼改變。近幾天內,常有接連不斷的聲響,震得房屋發抖;門和窗關得緊緊,空氣既不流通,陽光又照不進來。真悶得要發昏了。

這樣過了多日,喝的水味變澀了,吃的食沒有肉了,沒有豆腐了,就是稻子和米飯,也不照常供給。小主人整日不出門,也不和他玩耍。他有時見人們來,想博得人們的歡笑,就把學會的語言,閃起翅膀來叫,人們也像沒有聽見的樣子。

這家人們的顏色,本來是很蒼白的,近來格外消瘦了。好像和他一樣,挨餓,餓得沒有一點氣力。一天,老主人走下樓來,很不高興的説道:"把八哥放了去吧,讓他自己去逃生。"小主人走到籠前,望了一會,發出一種淒慘聲音,喚道:"八八,我的八八。"便把籠門開了。

八哥繞屋飛了一回,穿過一扇半開的門,從天井中,飛到屋頂上,望天空,廣大無邊,浮着幾點白雲,像江中帆船盪漾。他看得出神,歇了一會,沿着城裏街市,且飛且看,家家大門緊閉,街上行人也少;那人們遊覽的公園，花木很多，從來不許攀折的，現在樹枝折斷了，花朵打落了。太陽煦煦的和光，雖仍舊照在園裏，也引不出生趣來，惟有城上周圍，擠滿了武裝兵士，靠着垛墻，常從缺口向外探望。

這一座古城，是很堅固的城。四圍墻壁，用磚石砌成。合縫處，盡是石灰，泥土，和着桐油，砌得極其牢固。繁盛街市，都在城內；富商大戶，平時也喜在城內居住，以爲這裏是最安全地方。城門樓上，八哥住在鳥籠裏時，常由小主人攜帶上去，遇見遊人不少，現在情形一切都變了。

八哥飛得乏了，將飛到菜園裏，找菜葉吃。嚇，菜葉是一點沒有了。只見許多面黃肌瘦的人們，歪歪倒倒的，在那裏挖草根，剝樹皮。互相訴說道："這坑陷人的城，幾時得開啦，我們快要餓死了。"

忽然一陣呼呼的響，駭得面黃肌瘦的人們，驚驚慌慌，往家裏跑。守城兵士，也急忙從城上跳下，到搭着頂棚的土壕裏躲去。他仔細一望，原來空中飛來一個怪物，比老鷹還大幾十倍；發出呼呼的吼聲，比狂風吹來還響。他想空中有這樣的怪物，老鷹正不敢稱雄了。世界真變得可怕，他憶起老主人談話，拿一張飛機圖，講給哥兒姐兒們聽，這莫非就是飛機吧。這怪物繞城轉着圈子，飛了幾次，突有呼，呼，呼——轟的聲音，降到地面震得耳聾。那地上一所高大樓房，便炸得粉碎了。

八哥飛行空間，雖然毫無窒碍；他却忘不了城內人們的事情。飛到城外，又回到城內，忽聞"城開了"，"城開了"，一陣喊聲，這是人民請願得的結果。城內人們像蜂擁一般，塞滿街上。只見一個城門，開了一條小小門縫，守城兵士站在兩旁。人們爭先恐後，由門縫擠出。有些短裝男子，擠到婦女前面，兵士們提起槍托來打，仍是阻攔不住。只聽得種種擁擠聲音，雜在呼號聲裏。逃出城來的人數，真是不少啊，肩相連，胸背相磨，人擠人，如同人山人海一般。有時一種啞聲音，在衆人之中高喊："莫擠呀，踹死了人哩。"

三　爲的甚麼

劈拍，劈拍，接連不斷的響聲中，夾着隆隆的響聲。每當天將破曉，便有這樣驚天動地的響聲，連放數小時。不僅人們聽了，藏在屋裏不出；那飛禽走獸，都向反對方向，遠遠逃避；小蟲們也伏在草間，連低吟小唱，也被隆隆震動之聲懾住了。

這時候，正是細雨濛濛，滿天雲幕，把地面景物罩得昏暗不明；那平原小草，山嶺雜樹，長得生氣勃勃的，也帶了愁慘氣象。好像一種恐怖預兆，伏在大地上面。八哥從城內飛出，向深山裏去，越過多少鄉村，都是靜悄悄的，沒有聲息。但見許多兵士，提起一桿槍，卻散布在有遮蔽的地點，躲躲藏藏的，探望些甚麼。離這裏不遠的對面，又有服色帽章不同的兵士，或繞山邊，或沿鐵道，向這裏前進。他們臉色沉重，在泥濘地上行走，愈顯得周圍景物，都現出緊張樣子。

劈拍響了幾聲，接連大聲隆隆，劈拍，劈拍，就響個不住。空中浮起礮烟，像雲一般，房屋和樹林，被四處槍烟籠住，如罩在濃霧裏面；並且受了震動，抖得瑟瑟的響。有些房屋着了火，火光上沖，把昏暗的空間，很有幾處，變了殷紅彩色。末了槍聲漸稀，一陣殺，殺，殺，喊聲陡起，只見人頭攢動，白晃晃的刀劍，染得和初生爐火的顏色一般。八哥受了這種驚駭，頭也暈了，眼也花了，幾乎從空中跌下地來。

八哥飛到遠處山頭，許多鳥雀，伏在林裏。有幾個小鳥叫道："這些人們，沒練習槍法嗎？怎麼放了半天，却沒有一槍打中我們呢？"烏鴉說："人們對面放槍，沒向空中放，莫非打地上走獸嗎？"麻雀說："不是，——人和人相打呀。"黃雀說："人們爲何自殘同類呢？"斑鳩說："好吧，讓他們自相殘殺，殺得不留一人，就沒有傷害我們的了。"老鷹悄悄的飛到這裏，也應聲叫道："我們同類的鳥，被異類的人傷害，這仇是不可忘的。只要沒有人們來傷害，我吃的小鳥，是很少的。"烏雀聽的，一聲不響。

種種響聲，突然停止，兵士們向城邊移動，並且整隊移動，不像先前埋伏和零亂的樣子了。八哥休息許久，又飛回城裏去看：進城的軍隊，奏起得勝軍樂，興高采烈。家家懸旗慶祝，各團體開會歡迎，很熱烈的鬧了數天。然而房屋塌了，什物毀了，學校沒有讀書聲了，工廠機器聲停了，商店關門的也不少。尤其沿途死亡的兵士和人民，在青草地上泥水溝裏躺着許多，沒有收埋。有些由紅十字會合葬的，白骨露在黃土外面，只被野狼常來咀嚼，鳥雀們在土堆上跳躍。還有缺手斷腳的人，是當時誤中流彈的，有的在丈夫墳上哭泣，有的看着兒子的相片歎息着，却沒有人來灑同情的眼淚。

人類戰爭，爲的甚麼，得到甚麼，八哥是不解人類事情的動物，必須眼中看得見的，纔可以動他的感覺。過了幾天，他又見慶賀戰勝的人們，爲陣亡的兵士，開了一個追悼大會，誇獎他們的勇敢。這就是過去已死者的安慰，也是鼓勵未來犧牲者的宣傳。

四　這是一塊甚麼地方

從城內逃出來的人們，走到江邊，只有幾隻掛着紅十字旗的船，由南岸渡過北岸。那北岸江面，十餘隻外國兵艦，停靠着，烟筒還冒着灰色烟。沿兵艦往來的划子，扯起小白帆，激盪浪花，好像船頭噴出串串珍珠。還有點水的白鷗，忽上忽下，啄那遊出水面的小魚；老鷹也在空中盤旋——都是自由自在，沒覺得南岸有非常事情。

北岸靠江一帶，樓房排列數里。前有寬大的馬路。馬路之外，留着五六丈寬的空場，鋪上草皮，和綠絲地毯一樣；兩旁槐樹，桐樹，枝葉掩映，在頂上張起天棚。一色綠油漆的鐵欄杆，緊靠江邊，預備遊人憑欄眺望。熱鬧地方，點綴着這樣風景，八哥歇在枝頭，玩賞一會，也覺得非常幽雅——這究竟是一塊甚麼地方！

接連這街道的地方，也有不少商店。可是江邊並不留一點隙地，街道既窄，又不平坦，行人擁擠不堪。一輛人力車，轉動兩個輪子走，擦着行人身邊而過，濺的滿身泥水。那人正要生氣，拉車的人，便放開脚步，把輪子轉得飛快，向前跑去，坐在車上的人，還嘻嘻的笑。到了這個街頭，那車便停住了。

人力車停住，或者是拉車的人氣力乏了，他倒沒覺得停在這一塊地方，究竟因爲甚麼。忽見坐車的人，給了幾文錢，車夫便回頭去拉別人，這人又雇了一輛車走。這個車夫彎着背脊，兩脚脚尖，纔一點地，又提起來；頭屢屢向前衝，又屢屢昂起來吐氣；漲得面孔通紅，額上汗珠滲出來，如雨點滴下；這坐車的人，還逼着車夫快跑。

馬路之上，行人分左右往來。當中站着大漢，頭纏紅布，聽見汽車號聲，伸出一隻手來；指揮行人讓路。有個鄉人走到路口，要往江岸去。那大漢喝道："這裏不許走。"却是身穿洋服的人，在裏面行走的很多，或是坐在椅上休息。還有幾個中國婦女，推着搖籃小車，靠鐵欄杆路旁慢慢的走，車中坐的，都是外國人的小孩。又使他想起這一塊地方究竟是甚麼地方。

有一段馬路，站着中國巡警，江岸空地上，也有小草鋪的地毯，高樹撑的天棚，和那塊不許走的地方一樣。但是憑着欄杆望江，坐在椅上休息的，儘多穿中國衣服的人。有人問到："同是一樣江岸，爲甚麼那裏不許走呢！"

"一二，一二"。一隊中國兵到了。他們肩扛着槍，腰帶裏裝滿子彈，吹着軍號，雄赳赳的，經過許多街道，路上行人，都是避開中間的路，讓他們整隊行走，到了那停車街頭，却被紅頭大漢喝住，不許通過，兵士們雖然忿忿不平，然而不得不繞道而去。這究竟是一塊甚麼地方，他越發不明白了。

那些逃難人們，走到街裏小巷內，挨戶找出租的房子。人們空着自己房子不住，却到這裏來，出很大的房價，租小房子住。這究竟是一塊甚麼地方，印在八哥眼裏心裏。不過八哥現在得了自由，地面發生如何事變，阻礙不了他空間行動。這裏既無田野，又無森林，雖然有遮陰的樹，供人玩賞的花草，總不是鳥類长住的所在。他振起兩翅，把學會的人語叫了幾聲："去吧，去吧。"——就向廣大的空間飛去。

五　旅行

　　八哥開始作長途旅行了，他經過大大小小的平原，高高低低的山嶺，緩緩急急的河流。渴了，到河邊喝水。餓了，到山裏田間尋食。乏了，到大樹枝頭歇息。地面景物，各處種種不同。惟有廣大天空，浮的雲彩，滴的雨點，發光的月和星兒，沒有改變，也沒有人來改變他。

　　當夜裏休息，一色蔚藍的天空，放出月兒白光，籠罩地面。小蟲們奏幾曲安眠樂歌，清幽可聽。偶然幾朵浮雲擁出，月兒的面孔，被雲影遮住，一會兒再現出來，吻他的眼睛，吻他的羽毛，格外親切。他就在這甜蜜的夜景中，睡着了。夜將告終，空間又流出新鮮空氣，引得肺葉翕翕的動。他張開小嘴，和着別的鳥兒，叫喚太陽出來。在從前關在籠裏，同人們住在一處，是不能得到這樣美滿生活的。

　　他樂極的，飛到一個山頭。閃起翅膀，不住的叫，學各種鳥兒叫聲，學洋鼓洋號"的的達達"的鼓吹聲，還夾雜叫出幾句人語。引得山中鳥兒們，都飛到這山頭來，在石岩上一跳一叫。有個鳥兒，叫得格外好聽，形狀和他差不多，只是眼後有黃肉冠子，脚是黃的，嘴是赤的。世人呼爲秦吉了。白居易有一首《秦吉了詩》，錄在下面。

　　　　秦吉了，出南中，彩毛青黑花頸紅。耳聰心慧舌端巧，鳥語人言無不通。昨日長爪鳶，今日大嘴烏。鳶捎乳燕一窠覆，烏啄母鷄雙眼枯。鷄號墮地燕驚去，然後拾卵擭其雛。豈無鵰與鶚，嗉中食飽不肯搏。亦有鷺鶴群，閒立高颺如不聞。秦吉了，人言爾是能言鳥，豈不見鷄燕之冤苦。吾聞鳳凰百鳥主，爾竟不爲鳳凰之前致一言，安用噪噪閒言語。

　　八哥能叫的人語雖不多，懂的却很多。因爲要了解人類事情，常飛到屋簷上，聽人們說話，看人們動作。有一次小學生正在講文，他詳細聽過了，從此歇息時，對人們很小心防備。他聽的一篇文章，是戴名世的《鳥說》：

> 余讀書之室，其旁有桂一株焉。桂之上，有聲喧喧然者，即而視，則二鳥巢於其枝幹之間，去地不五六尺，人手能及之。巢大如盞，精密完好，細草盤結而成。鳥雌一雄一，小不能盈掬，色明潔，娟皎可愛，不知其何鳥也。雛且生矣，雌者覆翼之，雄者往取食。每得食，輒息於屋上，不即下。主人戲以手撼其巢；則下瞰而鳴。小撼之小鳴，大撼之大鳴。手下，鳴乃已。他日，余從外來，見巢墮於地，覓二鳥及雛皆無有。問之，則某氏僮奴取以去。嗟乎，以此鳥之羽毛潔而音鳴好也，奚不深山之適而茂林之棲，乃託身非所，見辱於人奴以死；彼其以世路為甚寬也哉。

六　平原中的聞見

中國土地真廣大呀。這塊大平原，茫茫望不見邊界。八哥飛了幾天，還飛不到盡頭。

同城一般的土墻圍着層層平頂房屋，都有樹木遮掩，尤其是棗樹最多。這村莊前後，接連一片田野，種的豆和麥子。豆莢的肚皮，凸得不滿，麥穗也不低下頭來——大約是缺雨水和肥料的緣故。有兩個農夫，坐在那裏歎息。

一個說："現在世界真變了。下種下肥料，仍是照老法子做，和往日一樣；可是收成一年不如一年了。蟲荒，水荒，旱荒，也一年比一年多。"

另一個說："是呀，人也變了。他們住的，穿的，用的，都改了新樣。要圖舒服了；小孩們尤其變乖巧了。"

那個又歎息一聲，正色説道："現在年青人們，身體小了，氣力弱了，又吃不住辛苦；乖巧於他有甚麼好處呢。我們種田人家還好一點，那些有錢有勢的人家，他們的子弟，身體又小，又瘦，又弱，毫没有威武氣概，簡直不中用了。"

農夫們片面觀察的話，不是全没理由；八哥却没工夫領會。就離開此地，向田間覓食去了。正當這時候，看見一個很奇怪的人，在田間搖動手裏的東西，覓食的小雀們看見了，都避開他。八哥早晚經過那裏，見他直挺挺的站着，不離開原位一步。也不吃飯，也不睡覺，便坐下歇息一會，也没有的。這樣勤苦的人，却是從來没見過。

八哥覺得很怪，便從他的頂上飛過。仔細看去，原來站在田間的人，是細竹紮的身架，披着麥草編的衣服，頭上戴一頂荷葉帽，遮蓋着分不出眉眼口鼻的面孔。没有指頭的手拿一把破蒲扇──其實不能算拿，只是線纏住了扇把，繫在手裏罷了。

他站在田間，順風搖動扇子，發出瑟瑟的微響，驅逐那些飛來的小雀，爲農夫看守麥田；没有索些許報酬，也不知道甚麼要求和拒絕，任是小蟲們如何喧鬧，蝶兒們如何飛舞，他概不理會；只有星兒張開媚眼笑他，月兒露出面孔看他，太陽放出金線來圍繞他。八哥覺得他太静默了，太痴呆了；就飛到他的肩上，叫了又叫；然而不知道用甚麼言語，纔能轂叫出他的應聲來。

八哥飛到黄沙迷漫的地方了。大風刮起沙來，把一塊草地蓋上塵土；幾棵挺直樹幹，埋得不見，只剩下疏疏落落的枝葉，隨風搖擺。在風沙迷漫裏面，一條由南往北的大路上，突然現出一個怪物，像一條數十丈長的蜈蚣，飛快的在路上爬；張開大口，噴出黑烟，沖到空間，八哥飛行時，還嗅着一種煤烟氣味。那怪物爬到一個山頭，大叫幾聲，便不見了。不過幾分鐘，聽得又有叫聲，又從那邊山頭爬出，停了一會，就爬到大河橋上，慢慢過去了。

這河比長江更寬，水流得更急，攪着泥沙土石，從上遊洶洶流下，淤積成許多沙灘。兩岸築有大堤，是防春夏之交，水漲起來，漫到堤外田地的。但是河身淤積，比堤外田地還高。假使八哥能懂人類事情，那水荒一年比一年多的緣故，當然可以推想而知了。

七　喜鵲

當天雨之後，樹上葉是濕的，枝是滑的。八哥從晴空飛來，在一家屋頂歇息。見這家後園有棵大樹，幾個喜鵲，歇在枯枝上，對着風起的方向，翹起長而且扁的尾巴，嘎嘎的叫。一個年輕婦女，抱起三歲小孩出來，含笑說道："昨夜燈花開，今朝喜鵲叫。你的父親快回來了，一定帶東西回來給你玩的。"

八哥見喜鵲模樣並不美麗。他的叫聲，總是嘎嘎的一種單調聲音，也不會說人們語言，和老烏哇哇的叫，一樣沒有抑揚婉轉。但是人們聽老烏哇哇的叫，就拾起石子來打。聽喜鵲嘎嘎的叫，就高興的了不得，還取名喜鵲，究竟喜在那裏。

古書有說喜鵲的一段話，錄在下面：

鵲作巢，知風之所起爲户。先物而動，先事而應。見人有吉事之徵，則修修然；有凶事之徵，則鳴啼。

舊曆七月七日，是古昔傳下來的佳節，稱爲七夕。相傳這晚牛郎織女相會，喜鵲飛到天空，繞頸相接，在天河上搭成一道橋，渡他們過去過來。凡不能上去搭橋的，就不得成爲神鳥。

衆星凝結之氣，散布在一條道上，透出光來，俗名天河。相傳河東有星名織女，河西有星名牽牛。織女是天孫，天空的彩雲，就是他織成的錦衣。自嫁牽牛後，職工停了，天帝發了怒，罰他們夫妻分居，只許每年七月七日，想會一次。

到了七夕，月兒的臉，一半遮住，一半放出清光。當月兒從雲裏穿出，光輝皎潔，照得地面通明。舊式家庭的小孩們，拿出繡花針和五彩絲線，把針孔迎着月光，穿着五彩絲線。說是穿過去的人，從此會增長智慧，名爲乞巧。

七夕的次日早晨，有個喜鵲飛到一家屋簷上，嘎嘎的叫，頸毛都脫落了。有人見了，說道："這是昨夜搭橋的喜鵲。"不過叫聲急促，還現一點驚惶狀態。他們知道喜鵲叫聲，和平常報喜聲音不同，就不免皺起眉毛，露出不安的面容。假使是哇哇叫的老烏，他們早拾起石子打走了。然而不敢這樣做，因爲得罪了神鳥，更要生出不幸的事來。

喜鵲叫了一會，仍回到原來做巢的地方，傍着這家後園，繞着這棵大樹，且飛且叫。原來他的巢，昨晚被鳩占住了，他敵鳩不過。頸上脫落的毛，就是鳩來占巢時，被鳩啄掉了的。雖然老巢是回不去了，然而依戀老巢不忍舍去，所以繞樹飛鳴。他的叫聲急促，他的狀態驚惶，並不是對人們警告。

八　可憐的小女孩

一年最末的一夜——除夕，八哥飛到街市上去，見僻靜的拐角地方，有一棵很大的樹；就歇在樹上過夜。

天氣很冷，微細的雪屑，雜在雨絲中，若斷若續的落下。因爲是一年最末的一夜，街上還很熱鬧，店夥成群的在街上急走，空閒無事的人，却在玩花燈。

一個可憐的小女孩，光着頭，赤着脚，在街上走。他出來的時候，原是穿着鞋——是一雙破舊的鞋，他走到僻巷裏，兩脚陷在泥中，把鞋底陷脫了；所以現在赤着脚走，脚已凍得發紅發腫了。

"火柴喲"，"火柴喲"。他拿一條舊圍巾，兜着許多火柴，手裏也拿一匣，沿街叫喚，却整天沒有一個人買。

可憐的小女孩，凍餓得瑟瑟發抖，雪屑和雨絲，落在蓬蓬亂髮的頭上，破藍布襖也漸漸浸濕，他毫不感覺。但是家家點着明晃晃的燈火，烤肉香味，透出戶外，在今天大年夜裏，却使他望着呆想。

两所房子，前後接連。其間有一個拐角，他便在那裏曲身坐下，把腳縮緊，雖覺得愈冷，却不敢回家，因爲没有賣掉一匣火柴，没有一個錢拿回去，一定要挨父親的一頓打。而且他的家，住在隄上一個破蘆席棚裏。風從縫裏呼呼吹進去，也是很冷的。

他的小手，幾乎凍僵了。倘從匣裏抽出一支火柴，擦來烘烘手，該可得點暖氣。他便抽出一支，霎的一聲，火柴便燃燒了。他兩手圍在上面，彷彿捧着一個盛熱水的橡皮袋，兩手烘得發熱。他喃喃的説："這火，燒得真好，而且真是快活。"但是火光息了，橡皮袋也不見了。只有燒剩的火柴梗，留在手裏。

第二支又在墻上擦着，火光照到牆上，覺得牆變了透明，看見屋裏，正開晚餐，桌上鋪着白布，上面排着銀製杯筷，一盆清燉鴨子，熱氣騰騰，而且看了一會，那盆竟又自動起來，帶了一雙筷子，一個湯匙，移到他的面前。一霎時火柴息了，他的手仍扶在堅硬冰冷的墻上。

他又擦支火柴，這回他坐在一所金碧輝煌的屋裏。暖氣管通到各室，桌上鋪着繡毯，椅上鋪着狐皮褥子。還有幾盆紅梅，排在几案上，正開放新鮮花朵——和在富商家玻璃窗裏望見的一樣。女孩把手一伸，火柴就息了。只見玩花燈的人們，正走過這條街頭，有一個人縶的一隻仙鶴，點着蠟燭，舉得最高，燈光照到這裏來了。女孩想道："女人死了，是騎這樣的仙鶴嗎！"因爲他已死的母親，是唯一愛他的人，曾告訴他説："凡是積福的女人，死了就騎仙鶴升天。"

他接着又擦一支，在這火光裏，站着他的母親———一副和藹面孔，望着他笑。他喃喃説道："母親，你帶我同去。我曉得火柴息時，你就要去了。就要同這温暖的熱水袋，肥美的清燉鴨子，好看的花朵，一齊都不見了。"他忙將整匣火柴擦燃，要留住他的母親。火柴燒得多，比太陽光還照得明亮。他歡歡喜喜，躺到母親懷裏，就在這光明快樂中，静默無聲了。

次日早晨，小女孩仍舊坐在拐角裏，靠着墻。兩頰緋紅，口邊含着笑容，在舊年除夕凍死了。他手裏拿着火柴，其中一匣已經燒過了。有人說："他想自己取暖。"但他怎樣看見美景，怎樣在靈光中，同他母親享新年快樂，只有八哥歇在樹上，從火光裏，聽到他的喃喃數語，因而理會出來。

九　一個失業的理髮匠

這個理髮匠，八哥在空中飛行，看見他許多次了：第一次他在一個商埠，挑着擔子；第二次在小市鎮上叫化；第三次被巡警綑到局裏去。

理髮匠住在這繁盛街上多年，總是挑起擔子，歇在大户人家門口石階上，或是巷口門樓下。每天早晨出去，只要理四五個人的髮，就可安穩度一日的生活。他靠手藝生活，是一個很勤苦而且安分的人。

理髮匠靠手藝生活，對於勞資問題，沒有甚麼激烈爭執。要增加工薪，只有增加理髮價目，取償於要理髮的人。於是新成立的理髮工會，議定價目，並設些辦事員，處理事務，兼辦公民應做的事。因此又議定：凡是理髮工人，每人每月要分攤八百文，供給會費。

工會組織細密，監察極嚴，一切要照章實行。這個理髮匠，手藝不高，因爲他取價很廉，所以照顧的人還多。現在價錢劃一了，每天冷冷清清的停在門口巷口，還要月出會費八百文。加以物價突然高漲，生活一天比一天艱難，他就因此不能安穩度日了。

他想別的小市鎮上，應該容易生活，就挑起這謀生活的擔子，投奔前去。但是人地生疏，每天理髮的收入，夠不了一日的用度。他爲求生活起見，就決定勿論甚麼工作，都要去做。他做了幾次挖土，劈柴，煮飯的工。因爲他學的是理髮手藝，別的工作，更做不來。雇主又多有挑剔，並且慳吝工價。所以每種工作，做不到幾天，就被雇主辭退。

他現在有一個多月，甚麼工作，都沒找着。擔子和理髮器具，都換錢用掉了。只有沿街叫化，靠着施捨的人，給幾個銅元，買個把餅子充飢。他求過許多工廠，商店，公館，只求幫工換碗飯吃，都不睬他。巡警還來干涉，說他是外來的無業遊民，不許逗留此地。

夜深了，天上的月兒，被黑雲層層罩住，大風呼呼，搖得樹枝發抖。商店關了門，路燈昏昏無光，巡警也離了崗位，走入守望所内。舉目無親的理髮匠，腿酸，腹空，膽喪，穿一件短褂袴，靠着一家門樓下的牆壁，緊緊握着兩拳，聳起兩肩，全身不住的顫動。

　　好容易等到天亮，太陽出來，把夜露浸濕的衣服，漸漸晒乾。身上得了暖和，氣力自然強壯一點。但是他餓極了，餓得發昏，神思也就混亂了。他伸長腿子，開大步走，想到田野沒有人見的地方，掘些生蘿蔔吃，或是掘些芋頭，找幾條枯枝，用火燒熟了吃。

　　他尋不到工作，受了人們的冷眼，揶揄，種種情形，浮在心頭。走路時，忿忿的説：＂可憐我呀，只求一點工作呀。你們這些飽食暖衣的人，竟看着一個理髮匠挨餓嗎。＂他説時咬牙切齒，對於命運不平等，不禁使他忿怒。並不知道世上所謂不正當的行爲，甚麽是強暴，甚麽是掠奪，只像闖進他人屋裏，驅逐人們，占有人們食案前的位置。

　　一個提到食盒的小孩，從對面走來了。他的飢餓作用，獷野放肆的飢餓作用，在他的忿怒中鼓動了他。他就搶上幾步，奪取食盒。任小孩哭啊，喊啊，他毫不理會，只有洋洋自得，一面跑，一面取出食盒内的東西，一大口一大口的吞。

　　哭喊的聲音，驚動了街警，立刻跑來五六個警兵，追上了他，把他兩手綑住。巡長瞪着眼睛説：＂你這外來的流氓，我早知道你是一個壞人，今天落在我的手裏了，該死的東西。＂

　　他進警局時，局前看的人擠滿了。大家隨便問答，這人到底是謀財，還是害命。有個曾當過兵的屠夫説：＂這是開小差的逃兵。＂錢店的徒弟却説：＂他是早晨使用假票子的人。＂當鋪的掌櫃又説：＂這是殺傷事主在逃的兇犯。＂

　　唉，到底是誰害了他呢。

一〇　大河東南的第一名勝

八哥飛到大河邊，折向東方飛去。飛了多日，望見崇山疊嶺，橫亙東北。沿途樹木很多，常有數百年的古槐，古松，古柏，枝幹屈曲，突出圍墻以外。及到山下，巍然一座牌坊，豎在大道之中。一棵很大很高的老樹，半斜的遮在坊上。由此穿城洞的紅門，經天然的石橋，越山過嶺，那插在懸岩上的大樹，掛在峭壁間的瀑布，隨處皆是。到了半山之中。瀑布汩汩下瀉，積成無底深潭。上架一橋，兩旁安設朱色欄杆。憑欄聽松聲泉聲，轟轟如大街年節，萬家鑼鼓之聲，一齊並作。再進到山峽盡頭處，岩石壁立，一條上山的小道，高有數里，步步鑿成石階，陡得和梯一般。越過石階不遠，就有長方形的没字碑，高立廟前。院內一塊地方，石塊錯落凸起，朱欄圍繞，便是這山最高的頂，也是大河東南的第一個名勝。

當春秋佳日，雨後新晴，夜間霧氣不重。遊山的人，等候天空微現白色，僅有金星、水星寒光朗照，北斗星、牛女星依稀可見的時候，他們站在山頂，面向東方，見遠遠一綫紅光，漸放漸大，忽紅，忽黃，忽赭，在似白似藍的天空之邊界，襯出五色雲采。不過數分鐘間，就有一條紅色弧形突然湧現，忽而成了半圓，忽而快成正圓，直至像一個大紅毬，熱騰騰的一躍而出，便射出千百條的火箭來。那周圍雲采，被強烈光綫壓迫，都成了淡淡顏色。下面紅光閃爍，鋪在地面上，微微盪漾，好像數百道小瀑布，由山岩下瀉，匯成大湖。又像平原千萬畝麥田，麥穗初黃，被風捲起浪來。

由此往北，經過些高地之後，陡然山嶺截斷，成了廣坦平原，就是一個很繁盛的城市。環城的河，水清見底。幾個大長方池，都有婦女坐在石上搗衣。有個大池，却是一個石頭雕的老虎，噴出一道泉來。從池子這面，沖到池子那面，然後轉到兩邊，向城河流去。這泉又分兩股：一股往東，通到一個衙署中，在平地湧出泉來，像無數的大珠小珠，落在白玉盤裏。一股往西通到一個廟前,分爲三脈,同時湧出,都有一尺多高,如放花火。還有一個學校裏面,石砌一個方池,泉源滾滾,由池西側面望去,彷彿一條遊絲,金晃晃的放出光來,在水面飄動。

城內西北角,有十幾道泉水,會合一處,成了一個大湖,面積差不多占全城四分之一。湖的南岸橋邊,靠着幾隻畫舫,有些遊人從那裏上船,盪往湖裏去。當初秋微涼,荷花滿湖,船行時,香氣撲鼻,兩旁荷葉,將船夾住,擦得嗤嗤的響,煞是有趣。朝北不遠,有一個最古的亭子。由亭子往西,是個祠堂。大門內柱上,掛一副對聯,寫的上聯是"四面荷花三面柳",下聯是"一城山色半城湖"。在這裏遠望山色,近看湖景。那對面城外山上幾所廟宇,和蒼松翠柏,高下相間。紅的火紅,白的雪白,青的靛青,綠的碧綠。更有幾株紅葉楓樹,夾在裏面——倒映在和鏡子一般的湖水中,格外分明。

一一　共和得來的就是這些嗎

八哥飛過北京西便門時,有個鄉下老頭兒,從高低不平的道上,上坡經過商店零落的街市,步行入城。兩脚在城門內大街走,彷彿踏在滅了火的炭盆裏,灰塵揚起來,把他的灰布夾襖,撲滿了灰印,密密點點,像堆起同色的花紋一樣。許多賣破舊東西的人,蹲在街邊地上,排設攤子,招攬主顧,有的還高聲叫喚。他在民國元年以前,曾到北京城裏來過一次,那時候街上情形,還沒有髒到這樣。他正在默想,忽聽有人叫道:"大叔,大叔。"

這位方老頭兒偏過頭來,順着聲氣一看。道旁小茶館裏,走出一個中年男子,一身藍布褲褂,正是他族人方大漢。他就答應道:"是大漢嗎?自你出門後,十幾年沒有見了。"

大漢説道:"是呀,我那年當兵出來,説是打革命軍去的。後來宣布了共和,年年還是打仗。我現在在印刷局排字,早不當兵了。"他一面説,一面挽着方老頭兒的手。又説道:"你老是很難得進城的,請到茶館裏歇歇兒。"

北京小茶館裏，上面總設一個小小平臺，有人站在臺上說書，說的多半是武俠故事，也有夾在中間唱幾齣戲。一般窮苦勞動人，無事時，上茶館喝茶，兼聽說書。他們兩人入座時，正唱《空城計》二六板的一段：

我正在城樓觀山景，耳聽得城外亂紛紛，旌旗招展空翻影，却原來是司馬發來的兵。我也曾差人去打聽，打聽那司馬領人往西行。一來是馬謖無謀少學問，二來是將帥不和，失守了我的街亭。你連得我三城多僥倖，貪而無厭又奪我的西城。諸葛亮在城樓把駕等，等候你司馬到此，咱們談談談談心。進得城來無別敬，我只有羊羔美酒，美酒羊羔，犒賞你的眾三軍。左右琴童人兩個，又無有埋伏又無有兵。你休要胡思亂想心不定，你就來、來、來，請上城樓，聽我撫琴。

在喝茶時候，大漢問道："你老田裏工作很忙，怎麼今天肯進城來逛逛呢？"

方老頭兒說："現在鄉下的田，雇人種是做不來了。我租的田都退了，只種了自己幾畝地，倒還不忙。民國鬧了十幾年共和，我們鄉下一點也看不見。聽說今天是國慶日，城裏慶祝共和，辦得很熱鬧，我特來看熱鬧的。"

大漢說："別的沒有甚麼可看，只添了些遊玩地方——中央公園啊，北海啊，歷史博物館啊，古物陳列所啊，都是從前宮殿改的。今天還是開放的日子，看的人，不花一文錢。這總算改了共和得到的好處。可是不到京城的人，就看不見了。"

方老頭兒說："共和得來的，就是這些嗎。城裏慶祝共和，也就是為這些嗎。哎呀，城裏得到這些好處，倒還罷了。我們鄉下，兵呀，匪呀，比往日格外多了，連田都不能種了。那些魚肉鄉民的痞棍，從前來了一個好官，還可以設法懲辦；現在……"

　　他們說到這裏，門外一陣喧擾聲，驚動了聽書的人們。他們同出來看，原來是青年宣傳隊，高唱口號——打倒帝國主義，打倒軍閥，打倒貪官污吏，打倒土豪劣紳。工農商學，都聯合起來。大家努力，各人自己努力。

　　這一陣叫喊聲，重復疊唱。那學會幾句人語的八哥，聽得熟了，也隨聲叫道："起來，起來，努力，努力。"這方老頭兒却是默不一言，只對他們點頭微笑。

一二　一塊餅的大陸

　　八哥由中國南部，飛到海濱。望見無數島嶼，排列海中，如衆星散布天空。他飛行時，可以在相當路程中，得着休息地方。於是冒險飛去，經過馬來半島，南洋群島，到了像一塊餅的大陸，——這是澳洲大陸。

　　澳洲走獸，內地未見過的有袋類很多。袋鼠最大的，有二三丈高，前腿很短，走路時，全靠後腿和尾巴用力。有人蓄養袋鼠，教給拳法。他和拳師比賽，招架的姿勢，打出的門路，一進一退，都很得法。

　　飛鳥也很特別。有種笑鳥，渾身灰白，形狀約有貓頭鷹大。將叫時，眼睛不住的轉動。轉動一會，便張口發出笑聲，又像譏笑，又像歡笑。老鴉更是乖巧，據地方傳說，有人帶了一支槍，裝死躺在樹下，引誘老鴉飛來。後來老鴉來了，在那人周圍不住的跳。看見那人不動，又飛到他的頭頂的樹上，對準面部，拋下一段樹枝，看他怎樣。

　　不落葉的樹，在內地很少，這裏却很多。冷時只脫樹皮，不脫樹葉。膠樹最多，有種白色膠樹，嫩皮的顏色，和小女孩手臂一般，又有一種枝條樹，當太陽照到樹上，枝葉生趣勃勃，開着金絲花朵。太陽落下了，枝條便垂下來，比夜合花更是奇特。

　　外拉台花尤爲地方人所重視。花梗高一丈多，每梗開一朵花，緊緊簇成一團形狀和心一般，大似梨子，比玫瑰花還豔。因爲喜生長在被火燒過的林裏，所以開放花朵，常伸到焦黑樹枝間，襯出灼灼紅色，格外鮮明。遠遠望去，好像燒焦了的樹枝，在周圍離地一丈以上，吐出火燄來。

土人就沒甚麼可稱道了。顏色很像內地挖煤炭的。額闊，身體細長，筋肉雖發達，却是愚蠢極了。穿的衣服，油漬滿身，總不換洗。他見白人戴高帽子的，很是尊貴；有人給他一頂，便歡喜極了，不肯再脫下來。因爲土人如此不開化，所以澳洲土地，都是白種人殖民以後，纔開墾出來的。

當初殖民精神，很可稱道，現在且說出一個故事來：

一個雄赳赳的白人，名叫及姆斯東。也不把帽子取下，也不做一種諂媚神氣，大步走過來，問另一個白人道：

"老大哥，替我找到事沒有？"

"實在沒有機會，你還是到別處找吧。"

"我一心一意，想找點事做，這日子真難過呢，你從前曾替我找過事，現在還是費你的心吧。"

兩人說話地方，在中部昆士蘭大牧牛場裏，就在鐵路附近。這時候正交夏季，酷熱非常。那人聽了斯東的話，想了一會，開口道：

"好吧，斯東，我想把一樁事拜託你做一二個月，你看怎樣？"

"這還有甚麼話說呢；謝謝你，我就去做嗎？"

"且慢——我雇了幾個人。到百里外挖掘池子。那地方是在東北，你能彀找着他們紮帳篷的地方嗎？"

"能彀的。"

"那麼很好，你現在駕着牛車，把糧食裝到那裏去。如有帶回來的東西，就順便帶回來。"

"好，牛在甚麼地方。"

"你從這裏去，約二十里光景，有三隻馴牛，在一條小河旁邊。"那人說話時，順手向遠遠有幾棵樹的地方指去："你把這三隻牛套上，再向右走幾里，便看見一大群牛。把最大的選七隻，就可以合成一群了。"

"知道了，車在那裏？"

"車在鐵匠小屋後面，但是没有輒頭。快到那裏找些鐵條和木頭，打成輒頭。鏈條却有一根現成的，再用籬笆上的鐵絲，另外做一根，就彀用了。"

"我都知道了。"

後來他把這樁事，做得完完全全。他一身做了監工的人，鐵匠，牧人，還要做很麻煩的一切事——這就是當初澳洲移民代表的人物。

一三　甚麼是國

山呀，水呀，草木呀，散布在地面上；都是聽人遊覽，任人玩賞。八哥在内地旅行，眼中所看見的，省和省的區劃，人和人的交涉，没有特別不同的事情；不知道甚麼是國。

他也經過内地關卡，見過了檢查貨物。海關上驗稅，總是外國人指揮一切。出口貨抽稅，比進口貨重過數倍。那抽釐稅的員司，更是如狼似虎。他們瞪着兩眼，站在局前，站在路口，呼喝過路的人。或是在驗稅處，翻開箱籠；旅客好言請求，他們口中只哼哼作聲。然而狡滑的商人，倒可以從中取巧。

他聽說内地人苛稅太重，人民很受痛苦。柳宗元《捕蛇者說》，是說得很沉痛的：

> 永州之野，產異蛇焉，黑質而白章。觸草木盡死；以咬人，無禦之者。然得而腊之以爲餌，可以已大風，攣踠，瘻癘，去死肌，殺三蟲。其始太醫以王命聚之，歲賦其二。募有能捕之者，當其租入。——永之人爭奔走焉。有蔣氏者，專其利三世矣。問之，則曰："吾祖死於是，吾父死於是；今吾嗣爲之十二年，幾死者數矣。"言之貌若甚戚者。余悲之，且曰："汝毒之乎，余將告於官，更汝役，复汝賦，則何如？"蔣氏大戚，汪然出涕曰："君將哀而生之乎？則吾斯役之不幸，未若復吾賦不幸之甚也。"

八哥在空間飛行，沒有爬不過的山，渡不過的水。就是戰場上的電網，也阻攔他不住。他在一個不平的田野，看見一重低矮的橫柵欄，不知道是甚麼用處。不過覺得比普通田產的疆界，停車場周圍的設置，情形更為重要一點。

　　穀子和草木雖然隔着柵欄生長，因風的媒介，或是蟲兒的媒介，自由傳送花粉，這柵欄內外，便有許多同樣種類，僅僅生長地方不同罷了。尤其是彩色蝴蝶，把翅膀一張一斂，到柵欄上歇了許久，無事的飛出欄外，又安然飛回欄內，一點不受阻攔。

　　他現在看見特別情形了。有一條河道，從柵欄下橫穿而過。河中汽船靠了碼頭，凡是外國人到了此地，都取出護照來，檢查人查了又查，若是有一點不合式，便不許登岸。檢查中國人，更是嚴厲，由陸路進去，到了這橫柵欄阻攔地方，也是如此。──這是外人入境，一定免不掉的例規。

　　旅客上岸時，又要到驗稅處檢驗。衣箱行李，都要查看。若是攜有外國帶來的貨物，抽的稅，比原價還要加倍。照單繳價，從外國帶來的貨幣，也不能使用。

　　再看離這柵欄不遠，兩方都布置要塞，駐紮軍隊。雖然兵士相見，彼此表示敬禮。都是各守原防，不得侵占一步。──這又是國防重地，比甚麼地方，形勢都要嚴重。

　　在這交界地方，山是相連的；水是相通的；天空的太陽，也是一樣普照。然而有了甚麼是國的界限，人們隔界相處，語言不同；旗幟不同；制服和標識也不同；便發生種種交涉，種種歧視。只有八哥飛行空間，感受不着甚麼不平等的待遇。

一四　好秀麗的山景

　　好秀麗的山景啊，雪峰高插雲表，一層一層的鋪滿了綠色草氈。點綴着各種各色的花堆。把一座像白銀的塔頂，突出在彩色包圍裏面，實在可愛。尤其是落日西沉的時候，玫瑰色的紅光映在潔白的雪上，愈顯得山色明媚。又有千百條小河，如銀絲盤繞，從山的四周流出，滙成藍色湖水。任是如何畫工，也描摹不出這樣美景。這就是山色湖光，風景明秀，著名於全世界的瑞士。

八哥飛到這裏，時當夏季，正值舉行山會，算是此地一年中最重要的季節，各村老幼男女，成群結隊，引家畜上山，家畜都繫着鈴，繫大鈴的在前引路，角上插滿了花。當爬山時，鈴聲丁當丁當的響，與人們歡笑聲，小孩們歌聲相和；山谷間潺潺的泉聲，也幫着助興。不僅是初次上山的小孩，格外快樂；那家畜平常關在欄裏悶久了，一旦解放出來，登高眺遠，呼吸新鮮空氣，也莫不跳跳躍躍，顯出高興樣子。

八哥因為風景好看，一直住到冬季。這時候山上山下，都被大雪封鎖。山脚沿邊，許多流下的冰塊，聯成一條河道。有些地方，冰上現出極美麗的淺藍色，還有罩着雪幕，頂上白而發亮，裏面藍色更深得好看。——原來這是冰河的裂縫，上蓋薄冰，下面是無底深潭。水積滿了，就白而發亮。因為陽光反射，所以映出光采。在冰河上行走的人，稍不留心，便要落下潭底了。

八哥渴了，見有點點滴滴的水，若斷若續，流過冰河上面。他飛下來喝了幾口清水。順流走去，便見許多小流，滙成一條小河。河水透明，如藍色玻璃。兩岸積雪，在陽光裏閃出白光。水一跳一跳的，流得很急，並且閃閃發光。再往前去，急流洶湧有聲，在此處一衝，就流入積水洞裏，安安靜靜，睡在裏面，和泥土混在一處。

過了冰河，見有許多人上山。有一處上山的人，一共五人，兩個外國人，三個本地人引路，都套着一雙鐵架子的鞋，鞋底有六個尖釘。手裏拿一根手杖，約一丈多長。杖頂嵌一把斧，杖底嵌一個鐵錐。走到最陡地方，人們都用繩子束在腰間，人和人相隔，約兩三丈遠。本地人一個在前，一個在中間，一個在後，夾着兩個外國人走。那前面引路的人用斧來鑿踏步，鑿了一步又鑿一步。後面的人挨步上去，每次只許一人移動。這人移動，其餘的人都是牽着繩子不動，到了雪脊上面，前面的人轉過頭來，把兩個指頭放在嘴邊；後面的人便一聲不響，把杖底按在冰上，緊緊挽住繩子，現出極吃緊的樣子。

他們快到山頂時，包圍在雪花裏面，眼也張不開。雷聲轟轟不住，震得他們全身顫動，後來到一座百丈高的冰牆腳下，挨着鑿的踏步一步一步，向上爬去，好像五個蒼蠅，撲玻璃窗一樣。過了冰牆，再走幾個山坡，便是山頂。那邊的雪，向下面沉下，周圍風景都到眼底。這上山的人們，便跳躍起來了。前面引路的人，拿出一面小旗，在山頂盪漾。山谷裏許多望遠鏡，對準山頭觀望。那遠遠綠色地面，便有隆隆礮聲，大約是慶賀他們到了山頂了。

一五　開放自由的人

瑞士不僅風景好，人民也極自由。這裏人們，常講射蘋果的故事。這射蘋果的名叫忒爾，是最先開放瑞士自由的一個人。

在今六百年前，瑞士在奧大利亞統治下，都督革斯勒極虐待瑞士人。他在琉森湖附近街上，豎了一根木柱，把他的帽子掛在柱上，要瑞士人路過時，對那帽子，行鞠躬禮。

忒爾是瑞士善射的勇士，走到柱前，昂頭過去。革斯勒知道了，立刻捉了忒爾，又把他的兒子捉來，綁在樹上，頭上放一個蘋果，當作靶子，要忒爾射。

忒爾想了一會，要求用兩支箭射。他把兩支箭，並擱在弦上，只放了一箭，蘋果平分爲二，他的兒子並沒受傷。革斯勒追問拿兩支箭的緣故，他不肯說。後來允許赦他不死。忒爾便說道："我放出第一箭，如果射傷了我的兒子，就用第二支箭，射穿你的心。"

革斯勒怒極了，因爲有言在先，不便處他的死罪。在那邊湖岸上，有個地穴，預備把忒爾關在穴裏囚禁終身。便綁了他，由都督的船解過去。剛到湖心，忽來了狂風暴雨，湧起大浪，眼看船快要翻了。水手們知道忒爾會掌舵，請求革斯勒松他的綁，幫助駕船。及至船出了危險，將在一個大石旁邊靠岸。他把船向石上一衝，乘機拿了弓箭，縱到岸上，便逃走了。

革斯勒進城時必須經過森林旁邊。忒爾躲在林裏，聽得馬蹄得得聲，探頭一望，果然是革斯勒騎馬來了。他放了一箭，革斯勒翻身落下馬來，只喊了一聲，"這是忒爾的箭"。便倒在地上死了。

在忒爾一百年後，又有一個小英雄，名彼得。一天，夏季晚間，他在湖裏洗澡後，倒在岸上睡覺。忽見一隊奧兵，由身旁經過。一面走一面低聲講話，彷彿是談攻城的事。

彼得等奧兵走過後，便躲躲閃閃，跟在後面。走到離城不遠的沙灘上，那些人忽然不見。這時候除了風聲和水聲，在暮色蒼茫裏，奏天然的音樂，沒有別的東西。他東張西望，左聽右聽，見近處有一點火光。他放輕腳步，前去查看，火光原來從一個小洞口射出；於是爬進洞內，聽見賣國賊冉得馬爾脫斯正和奧兵計議，要乘天未明時，攻進城去。

他聽完了話，剛要出來，忽後面走進一人，抓住他的肩膀，提到講話的地方叫道："奸細，奸細。"

奧兵聽了，都拔出劍來。見是小孩，便收住了。可是那個賣國賊勃然大怒，大聲喝道："你怎樣會到這裏來的。"

彼得說："我睡在湖岸邊上，被你們驚醒了，就跟你們走進來。"

賣國賊說："我不信，定有人差你來作偵探。——誰差你來的。"

彼得說："沒有人，我不騙你。"

賣國賊說："你騙我們。"隨喝道："快告訴我，誰差你來的。"他一手抓住彼得肩膀，按在地下。又喝道："限你兩分鐘，再不說，就要你的命。"

兩分鐘時間是很容易過的，彼得默想父母和全城的人，危險就在眼前，始終沒說一個字。

賣國賊說："把他砍了吧。"

但是奧兵不贊成，說道："不不。——小孩的血，是無罪的血。我們在幹大事前，先見無罪的血，是於我們不利的。教他宣一個誓：此事永遠不對活人道半個字——讓他去吧。"

彼得就照奧兵的話，鄭重宣誓。

他得了自由，使盡兩隻小腿，如飛的跑回家去。他的父親，正在廳內，和別人商議守城的事。他想了一會，走到火爐前，高聲說道："我今晚聽見最緊急的事情，是不能對活人講的。火爐，我對你說吧。"

廳內的人，最初以為他發了瘋。後來聽到奧兵攻城的計畫，都注意了。立刻集合大衆，准備防守，因此把奧兵打退了。

一六　甚麼是想得到的

八哥旅行歐洲，在凡爾塞故宮屋頂，大叫其中國語。在蘇格蘭富商家園裏，和不種農產物的大草場上，啄了許多花草種子。看見羅馬聖彼得教堂，地面長七十二丈，寬五十丈，鋪滿了大理石。禮拜堂的大屋頂，高三十餘丈。撐屋的四根石柱，每根周圍十餘丈。他飛上最高一層，看黑衣教士們恭恭敬敬，從禮拜堂前，一步一步，踱上石階；並且在花崗石的尖塔頂，門外數丈高的石表上，欄杆上最寶貴的一對小石柱上，拍起翅膀來跳舞。又飛進一所廟宇，環繞屋樑，伸起一直烏爪，對準教皇像的面部，抓那嵌金剛石的眼珠。像八哥這樣高興的事，是人們所想不到的。

一天，他飛進一家園裏，望見對面墻上的東西，倒使他迷惑了。

那墻上甚麼顏色都有，更夾着種種混合色彩。上方是天空，除太陽近旁外，全襯青色。下方是水面，除因太陽而返光的幾點鱗片狀外，也是青色。太陽旁是強光的紅黃合色，漸遠漸淡。幾條如線的雲彩，右半是黃紫色，漸左漸深，微帶灰綠色——大約受着太陽光的緣故。

再看小塊小點，近太陽的，紅黃中含青色。遠的紅含綠色，比含青的分量重，但每塊向太陽的一邊，總是留強光的紅黃色。離太陽最近與最遠的，有些小點，全是深青色。——這都是在太陽前面的。那在太陽後面的，遠的是紅赭色，近的紅中含黃色，都發強光，被淡青和淡黃的天襯出。左上方一塊，是灰色中帶紫赭綠色；近旁小塊，略淡薄些。

再看小雲塊與水面間，是太陽的一角，紅黃赭合色，紅與赭的分量都不很多。水波的鱗片，愈遠愈小，紅黃的分量也加重。留出青的皺紋外，都是青綠色。——這就是背日光一面。他的波峰更深藍，由峰至谷，都深附着幾條藍色的線。最近的波峰上，現出雞冠狀的浪花，並跳起大大小小的水珠，都是白的，無色的。

他在海邊，看見水和天連成一色，日光在水面蕩漾，襯着雲彩；正和牆上景物一般。他看得出神，彷彿重到海上，不會想是一幅油畫。

下錄一篇《觀巴黎油畫記》，是薛福成作的：

余遊巴黎蠟人館，見所製悉彷生人。形體態度，髮膚顏色，長短肥瘦，無不畢肖。自王公卿相，以至工藝雜流，凡有名者，往往留像於館。或立，或臥，或坐，或俯，或笑，或哭。驟視之，無不驚為生人者，余甚歎其技之奇。譯者稱西人絕技，尤莫逾油畫。乃偕行至油畫院，觀普法交戰之圖。其院為一大圜室，四周懸巨幅，由屋頂放光入室。人在室中，極目四望。則見城堡岡巒，溪澗樹林，森然布列。兩軍人馬雜沓，馳者，伏者，奔者，追者，開槍者，燃礮者，搴大旗者，挽礮車者，絡繹相屬。每一巨彈落地，則火光迸裂，煙燄迷漫。其被轟擊者，則斷壁危樓，或黔其廬，或赭其垣。而軍士之折臂，斷足，血流殷地，偃仰僵仆者，令人目不忍覩。幾自疑置身戰場，忘其在一室中者。其實則壁也，畫也，皆幻也。余問："法人好勝，何以自繪敗狀，令人喪氣若此。"譯者曰："所以昭炯戒，激衆憤，圖報復也。"則其意深長矣。

一七　歐洲北部一塊土地

八哥從歐洲北部，通過海峽，飛到陸地上。沿岸不長草木，只有漁人茅屋，散處海濱，一種油漆的紅顏色，映到眼底。及至船到碼頭，旅客們紛紛由船上傳達電話。岸上安設的電線，層層交錯，好像空中布的球網一樣。野外田場裏，街上小涼亭裏，都可以接線通話。

由此沿水道前進，一條細而且長的河流，外與海洋相通，內通大大小小的湖。兩岸石崖峻峭，山縫中伸出綠色樹林，掩映疏疏落落的村莊。瀑布傍着工廠，由斜坡汩汩下瀉。還有淺水地方，水平如鏡，可以望見河底石盤。白色汽船，緩緩駛過，盪開寬而且平的浪，隨處表現悠閒和平景象。

一座美麗的城，現到眼底了。街道廣闊，每街通到一個碼頭，交通極其便利。各處空場，種滿了樹木花草。全市面積，差不多一半是公園和花園。賣花的商店，是多極了。各種買賣，要算花的生意，最是發達，種種人事工作，都掩映在自然景物之中。把城市塵囂氣息，一掃而空。還有露天市場，魚都是賣活的。賣魚的人，提取大桶養的活魚，任人挑選。

酒館也設自動機，不用跑堂的人。館內排設餐桌。每方牆上，有各種各樣的缺口，上面貼着籤條，例如茶，咖啡，牛乳，等等。客人把錢放在缺口裏，又把杯放在龍頭下。要吃的東西，就送上來了。

製造火柴，是這裏一種重要職業，是用完全機器做的。先用一個機器，把火柴原料剖開。再把原料放在完全機器的一頭，頃刻之間，裝成整匣的火柴，就從另一頭出來了。用不着一個工人，動一點手工；十一個鐘頭，這機器能裝成四萬匣的火柴。

夏至節，是他們最重要的日子。每天天快要亮，鳥兒們都是要叫的，人們却不會都起得這樣的早。只有這天，八哥正開始要叫的時候，滿街的人，都起來了。年青男女，紛紛出門。或到山上，或到野外，或到園裏，采許多花草和樹枝。尤其是銀色的赤楊樹枝，每人必攀折幾條。他們把採來的東西，拿回家去，紮成花柱。各家房子，裏裏外外，遍插着碧綠樹枝。電車，輪船和一切處所，也裝飾得一樣好看。並且每匹馬頭，也纏着樹枝和葉子。小孩們也每人手裏，拿着一束花，最普通的是拿一枝花柱。中國清明節插楊柳枝,端陽節插艾和菖蒲,年節插柏枝,沒有裝飾得這樣美麗。

花柱紮成了,音樂齊奏,人們就圍成一個圓圈,跳舞起來。年老祖母,也和三歲小孫女,同在一起跳舞。人人興高采烈,一直鬧到天亮。那種快樂神情,甚麼煩惱,都要忘掉。比中國除夕守夜,更是熱鬧。

一八　八哥散布的種子

汪洋的海面,和晴空蔚藍顏色一般。當海航的船走過時,衝開一條水道,濺起銀花;好像白雲飛行,隨風蕩漾;真是水天相映,一色無邊。在遠遠地方,突有銀色石壁,高聳在水平線上。只有層層波浪,向石脚往復衝擊,互相應答。

石壁高數百丈,上面平坦地方,只生雜草,連鳥獸形影,也見不着。小蟲伏在草間低唱,一種淒涼聲音,恰和荒島景象相應。

八哥飛到島上,玩賞風景,正是一所世外桃源。惟穀子和果實,遍覓不得。恰好海潮退時,島邊現出海汊,有一隻斷桅的帆船,不知何時漂流到此,沖入汊内,擱淺不能行動。艙内掛一個布袋,雖已潮溼,却嗅得一種食糧氣味。他啄了多次,便有花,穀,果實各樣種子落下。他一粒一粒,啣到島上,散布各處。當他離開此地,未吃完的,確是不少。

散布的種子,被雨水流下的沉澱作用,壓在土内。日久透出茸茸的綠芽,占住雜草生長的地面。年復一年,樹木成了林,葡萄結了實;垂瓜的藤子,生穗的麥草,已布滿全島了。尤其是石岩上面,破土出來的草梗,開種種色色的花朵,與綠樹相間生長。那種新鮮畫景,點綴在浩浩蕩蕩的大觀裏面。比平原上突出一座青山,更覺可愛。

往來海上的鳥兒,都飛到島上來,啄食穀子和果實,享受自然生活。航海的人,經過此地。望見了風景,嗅了香氣,聽了和悅鳥聲,人人覺得美不可言。有人邀約同伴,開了一條入島的路。從此往來海上的人,都到島上遊覽,玩賞一回,看這屹立海上的石壁,海水迴繞激盪,幽閒自在，真可以脫去一切煩惱。

當八哥未散布種子以前，一個荒涼小島，誰也不去理會。現在却造了房屋，修了公園，開了停船碼頭。並且居住島上的人，自由管理，不受何國干涉。每當盛暑天氣，辦公的人，放了暑假，到島上避暑的，也一年比一年多。

數年之後，八哥再從這裏經過。環島四周，都有白石砌成的牆壁，掩映在綠樹陰裏。每所房屋，都有一塊草場，設置鞦韆浪船等器具。小孩們在場裏遊戲，撲鼻的花香，悅耳的鳥聲，隨處引人快樂。從前孤寂寂静悄悄的荒島，竟變成最美麗最繁盛的地方了。

荒島變成現在情形，是八哥想不到的。更想不到變成現在情形，就是他散布種子得來的。假使開闢此地的人到了，人們不知要用如何儀式，開會歡迎，表示非常敬慕的神情。然而人們享受現在快樂，對於當初散布種子的八哥，並無一人知道。只有架上鸚哥，正學著人語，叫道"客來了，客來了，"引得人們發笑。那寒蟬也在樹上，高聲叫道："知了，知了。"

第四册

目　　次

一　青年的病⋯⋯⋯⋯⋯⋯⋯⋯⋯⋯⋯⋯⋯⋯⋯⋯⋯⋯⋯ 3339
二　不值日的巡警⋯⋯⋯⋯⋯⋯⋯⋯⋯⋯⋯⋯⋯⋯⋯⋯⋯ 3341
三　列那狐（一）⋯⋯⋯⋯⋯⋯⋯⋯⋯⋯⋯⋯⋯⋯⋯⋯⋯ 3343
四　列那狐（二）⋯⋯⋯⋯⋯⋯⋯⋯⋯⋯⋯⋯⋯⋯⋯⋯⋯ 3344
五　我的叔父（一）⋯⋯⋯⋯⋯⋯⋯⋯⋯⋯⋯⋯⋯⋯⋯⋯ 3346
六　我的叔父（二）⋯⋯⋯⋯⋯⋯⋯⋯⋯⋯⋯⋯⋯⋯⋯⋯ 3348
七　影⋯⋯⋯⋯⋯⋯⋯⋯⋯⋯⋯⋯⋯⋯⋯⋯⋯⋯⋯⋯⋯ 3351
八　小學生與小蟲（一）⋯⋯⋯⋯⋯⋯⋯⋯⋯⋯⋯⋯⋯⋯ 3353
九　小學生與小蟲（二）⋯⋯⋯⋯⋯⋯⋯⋯⋯⋯⋯⋯⋯⋯ 3354
一〇　爲了不幸的人們⋯⋯⋯⋯⋯⋯⋯⋯⋯⋯⋯⋯⋯⋯⋯ 3356
一一　自然不是好愛的啊⋯⋯⋯⋯⋯⋯⋯⋯⋯⋯⋯⋯⋯⋯ 3359
一二　和平之國（一）⋯⋯⋯⋯⋯⋯⋯⋯⋯⋯⋯⋯⋯⋯⋯ 3360
一三　和平之國（二）⋯⋯⋯⋯⋯⋯⋯⋯⋯⋯⋯⋯⋯⋯⋯ 3362
一四　沙漠間的三個夢（一）⋯⋯⋯⋯⋯⋯⋯⋯⋯⋯⋯⋯ 3364
一五　沙漠間的三個夢（二）⋯⋯⋯⋯⋯⋯⋯⋯⋯⋯⋯⋯ 3366
一六　階級問題⋯⋯⋯⋯⋯⋯⋯⋯⋯⋯⋯⋯⋯⋯⋯⋯⋯⋯ 3369
一七　人類演進的問題（一）⋯⋯⋯⋯⋯⋯⋯⋯⋯⋯⋯⋯ 3371
一八　人類演進的問題（二）⋯⋯⋯⋯⋯⋯⋯⋯⋯⋯⋯⋯ 3372

一　青年的病

一個十四歲的青年，黃帽藍服，左肩下繫月形符號，下綴白線四條。他是童子軍的隊長，隨營工作的。因為冒暑從軍，在工作中，感受很大的刺激，得了一種熱症，於是送回家裏調治。

他家正當大道，大道之外，一片廣大田野，映帶河流，綠楊樹遮住兩岸，風景清幽，這是於養病很相宜的。然而多方醫治，總不見效。

偶然聽到路上軍隊往來的步聲，宣傳隊的喧呼聲，他便在牀上自言自語道："全人類解放了。——人類平等，弱小民族自由。……宇宙之內，皆兄弟也。"

他的母親說："兒呀，你靜養吧，不要想這些事。"

他雖然安睡；聽到聲響，便喃喃自語。忽然大聲喊道："母親呀，那裏來的哭聲、歎息聲？"

他的母親說："兒呀，你囈語吧。現在只有田野裏的杜鵑叫聲，楊柳被風吹的搖擺聲。別的聲音，甚麼也沒有。"

他伸着拳頭，厲聲道："正是革命軍戰勝時候，為甚麼杜鵑還哭，楊柳也在那裏歎息？叫獵人槍斃所有的杜鵑吧，叫樵夫斫去所有的楊柳吧，這都是怯懦的慈悲的一類東西，不要讓他存在。"

母親安慰了他一番，悟到他的病症，不是醫藥所能醫治的。便想把鄰居王先生請過來，每天講些故事給他聽，使他的精神得到一點安慰。和他說了，他也同意。

安慰青年的精神，必須明白他現在的心理。王先生腹中的故事雖多，但從何處講起呢。他開始便說了一段《儒林外史》：

　　話說元朝末年，有個人姓王，名冕。七歲亡了父親，他母親做些針線，供給他到村學裏讀書。看看三個年頭，王冕已是十歲了。母親喊他到面前，說道："兒啊，不是我有心耽誤你，只因你父親亡後,年歲不好,柴米又貴。只靠着我做針線生活,如何供得你讀書。如今沒奈何,把你僱在隔壁人家放牛,明日就要去了。"

第二日,母親同他到隔壁秦家。秦老留着吃了早飯,牽出一條水牛來,交與王冕。指着門外道:"就在我這大門過去兩箭之地,便是七泖湖。湖邊一帶綠草,各家的牛,都在那裏打睡。又有幾十顆合抱的垂楊樹,十分陰涼。牛要是渴了,就讓他在湖邊飲水。小哥,你只在這一帶頑耍,不必遠去。我家每日兩餐小菜飯,是不少的,早上還折兩個錢,與你買點心吃。只是凡事勤謹,需要急慢。"他母親謝了擾回去。

王冕自此在秦家放牛,每日點心錢,也不用掉。聚到一兩個月,偷空走到村學裏,就買了幾本書,坐在柳樹陰下去看。過了數年,看書也著實明白了。

那日天氣煩躁,王冕放牛倦了,在綠草地上坐着。須臾濃雲密布,一陣大風過了,那黑雲邊上,鑲着白雲,漸漸散去,透出日光,照耀得滿湖通紅。湖邊山上,青一塊,紫一塊,綠一塊;樹枝上都像水洗過一般。尤其可愛的,湖裏有十多枝荷花,花苞上清水滴滴,葉上水珠滾來滾去。王冕看了,心裏想道:"古人說,'人在畫圖中',可惜這裏沒有一個畫工,把這荷花畫他幾枝。"過了一會又想道:"天下那有學不會的事,我何不自畫幾枝呢。"

自此聚的錢不買書了。託人向城裏買些胭脂鉛粉之類,學畫荷花。初時畫得不好,到三個月後,那荷花的精神顏色,無一不像。只多着一張紙,就像是湖裏長的,又像纔從湖裏摘下來,貼在紙上的。鄉間人見畫得好,也有拿錢來買的。一傳兩,兩傳三,一縣的人,都曉得王冕是個畫沒骨花卉的名手。

說到這裏,這位少年,眼睛漸漸合起來了,也不側着耳朵去聽。

二　不值日的巡警

王先生見中國舊小說的趣味，感動不了現時代的青年，想了一會，隨即說道：

這是一個日本巡警的故事，就是山田巡警。有一天，他對新識的一位朋友說："明天我不值日，一定請過來，我們這樣談天吧。"他說時，還用手做出喝酒的樣子。並且再三說："一定請過來。"於是他的朋友，到了明天下午一點鐘左右，便去拜訪。

小作坊的樓上一間房，正當陰暗的板廊，就是他的住室。他的朋友，從小作坊旁邊很狹的樓梯上去。他見了，急忙站起來，說道："呀，來了嗎，請裏面坐，請。"他這時正在飲酒，已經是略有醉意了。順手拿了一個墊子，拋在火爐那邊。復又四面探望，好像搜尋甚麼，忽然將面前酒杯，一口喝乾了，又斟上了酒，說道："喝一杯吧，若是已經吃過飯，單喝酒吧。"

這房間很狹小，壁上糊的紙，都是補綴的。席子烏黑，紙窗也熏黑了。但到處却打掃得很乾淨，器具也排得整齊，書箱上還放了兩三盆花。他的朋友，在遞還酒杯時，說道："到底是警官，很清潔哩。"他哈哈笑道："也不算清潔，是我的脾氣，是不大好的脾氣。別人做的事情，總不中意。尤其是食具，叫別人洗了，不大放心，所以一切都是自己動手做。"

接續又說了些話，他一面獨酌，一面說話，有時也勉強他的朋友趁熱喝一杯。他的眼睛，迷迷蒙蒙，確有點瞌睡的樣子。忽而笑道："你是多才多藝的。我呢，只會喝幾盅酒，醉了便睡。要是同你一樣能做文章，也有許多事情，想寫出來，可是不成。"

他閉了眼睛，沉默一會，又微笑說道："啊，有了，有一件要請你看的東西。"便從書桌抽屜裏，拿出五六張草稿，選了一張，放在朋友面前。原來是一篇漢文，題曰《警察法》。他用了一種聲調，將漢文朗誦起來："夫警察之法，以無事爲至，治事次之，——如何——以無功爲盡，立功次之。故——如何——故日夜奔走而治事，千辛萬苦而立功者，非上之上者也。"他的朋友突然插嘴笑道："這樣，所以睡着的嗎。"

他哈哈一笑，說道："請你再聽下去。"隨即唸道："最上之法，非在治事，非在立功。常視於無形，聽於無聲，以制其機先。——如何？是名論吧。——是故善盡警察之道者，無功名，無治迹，神機妙道，存乎其人，愚者所不能解也。子曰：'人莫不飲食也，鮮能知味也。'——文章雖拙，意思如何？"他接着很得意的說："神機妙道，存乎其人，愚者所不能解也嗎。哈哈哈。——先喝了酒，養足精神，以制其機先吧。——趁熱再喝一杯。"

他的朋友說："我儘夠了，此外還有甚麼妙文，像詩這一類的東西。"他說："詩嗎，說是有的，未免太尊嚴了。只能叫作幼學便覽成績的，却還不少。"他拿出四五張謄正的稿子出來，却又說道："不，給你看了很見笑，我來誦一首吧。"他翻着草稿，隨後突然誦道："故山好景久相違，斗米官遊未悟非。杜宇呼醒名利客，聲聲喚道不如歸——哈哈，終於說出本懷來了。"他哈哈笑了幾聲，隨即閉着眼睛，打着瞌睡。

他的朋友靜等一會，也不便叫醒他。便悄悄的站起來，走出房外去了。

從小作坊出來，走幾十秒，便是十字路。他的朋友，走到那裏，向後回顧。却見鬚髮蓬鬆的臉，出現在小作坊的樓窗口，向着他只是點頭。

這青年聽了這篇講演，懶懶的斜看了王先生一眼。大約覺得這樣生活，在人生意義上，得不到甚麼真實解決。

三　列那狐（一）

王先生想把這青年的情感，引到理智方面去。便說道："歐洲中世紀有一部《列那狐史》，列那狐最狡獪，他不論作甚麼壞事，都辯得有理，現在摘講幾段吧。"

列那狐同獾豬林巴一路走，告訴獾豬說："我曾和伊賽格林狼同走，看見一隻紅馬，帶着一隻小黑駒，又好又肥。狼餓極了，要我到馬那裏，問這個小駒賣不賣。我跑到馬身邊去問，他說要有現錢纔賣。我說：'要賣多好錢？'他說：'價錢寫在我的足上，如果你認得字，能彀看得出，你便來看吧。'我猜出他的心思了，便說道：'不，我不認得字，我也不想買你的孩子，伊賽格林叫我來問價錢的。'他說：'那麼叫他自己到這裏來，我叫他得些知識。'"

"我說：'好的。'於是跑回伊賽格林那裏，說道：'他說價寫在他的足上，要我去看，但我不認得字，你要吃這小駒嗎，如果你認得字，便可以去買了。'伊賽格林說：'我住過學校，懂得各種文字，我要到他那裏，看看這小駒的價錢。'於是叫我等候，獨自跑到馬那裏去看。馬舉起後足，正好踢在他的頭上。馬蹄鐵是新換的，還釘有六個尖釘。他被踢後，倒在地上呻吟。"

"我走近去，說道：'你把小駒肉吃夠了嗎？你是吃飽了便睡嗎？那馬足上寫的，是散文還是韻文。我想必是一首詩，因爲遠遠地已聽見你在唱。——你極博學，沒有比你讀書讀得更好的。'狼道：'我求你再不要開玩笑了。我看他的字，不料他踢我一下，把頭上踢了六個傷痕。這樣的文字，我永遠不想再讀了。'我說：'你告訴的話真嗎？我以爲你是現今最大文人之一，現在我纔曉得，最好的文人，不必是最聰明的人，他們不聰明的原因，就在於研究死知識太多，因此變成愚人了。'"

"伊賽格林的妻也上過我的當。有一次，井上有兩隻籃子，繫在繩的兩端，繩就扯在一個滑車上。我走到一隻籃子中，便落在井裏了。母狼走到井邊，問我：'怎麼在井裏。'我說：'有許多好魚吃。'母狼問：'怎樣下去的？'我說：'你跳在井邊一隻籃子中，就會下來了。'愚蠢的母狼，果真跳上籃子，立刻沉了下去，我便升起來了。我起來怎樣呢，我獨自去了。還說到：'一個升起來，一個沉下去，正是世界的常理。因爲他沉下去，纔救了我。但我却給了他一個好教訓，下次萬不可匆促的相信別人，不管是親戚，或是朋友，各人都是求自己利益的。凡是遇着危險時候，如果不騙人以自救，那麼一定是個傻子。'"

四　列那狐（二）

還有一段列那狐和獾猪的談話，內容是狼說列那狐向母猴賣了他，使他吃母猴的虧。

列那狐說："有一次，我和狼同在叢林裏走，狼很飢餓。我聽見洞中有瑟瑟聲音，不知道有甚麼東西。我說可到洞裏去看看，也許有甚麼可吃的，我知道那裏有東西。狼不肯爬進去，却說我機警些，要我先去看看。"

"我走到洞裏，見一個大母猴，他的兩隻大眼睛，像火燄發光。大嘴中長着長牙，足上手上都是尖爪。身邊躺着三個小猴，也是一個模樣。我很害怕，但是業已進來了，只好低頭下心，説些好話。説道：'嬸母，你好，孩子們都好。他們真美，真可愛，每個都是王子一樣。我聽見你生產了，所以特來看你。'母猴說：'你居然會找到這裏來，謝謝你。你必須把你的聰明，教給我孩子們一點，使他們知道應做的事。'我聽了這話，真是快活，值得開頭叫他爲嬸母。實則我和他毫無親戚關係。只得隨口答道：'嬸母，我極願把我所知道的，都教給他們。'"

"說完了話，動身出來，還把母猴給的一塊肉，帶來給狼吃了。狼問道：'洞裏有甚麼東西吃，我要餓死了。'我說：'洞裏住的是我的孀母和他的孩子們，你進洞去，如果瞞了真情，編一篇大謊，便可得許多吃的。不然，還怕要吃苦。'"

"我是這樣警告過的，誰知粗魯的狼，全不懂得機警，冒冒失失，走到洞裏，一見了他們，開口便說生得醜。因此惱了他們，用長爪來抓他，抓得血從眼角流下，一隻耳朵也幾乎撕掉了。誰叫他直說，挨打是活該的。有的時候，要曉得謊話比真話好。那些比我們聰明的，強壯的，都是這樣做。"

獾豬格林巴說他太作惡了。他却辯道："誰經手拿蜜的，只肯吮吮指頭嗎？有時我也覺得應該敬神超乎一切，愛同胞如自己，做事都要與倫理，法律相合。但內心的理性，與外界的慾望，總相衝突。有時我想洗滌一切罪惡，努力爲善，但這不過是獨居時所想。到了世界與我相見，便覺我的路上，有許多石塊，又見那有財產的有權威的行動，於是我爲慾望所驅使了，便失掉了我的一切善念。我聽見那裏在唱，在笑，在吹笛，在遊戲，一切是快樂。我見許多的人所說的話，全與他們所想的所做的不同，於是我也說謊，謊話在政府中最流行，貴人，政客，學者，那一個不說謊，並且作假呢？"

"因此現在的人，必須到處說謊，哄騙，尋求每個人的弱點。因爲永遠說真話的人，在現今世界上，是不能通行的。甚麼人說真話，他的路上，便有許多阻礙，當必要時，人不妨說謊，待以後再設法補救——在所有殺害之中，有憐憫在——最聰明的人，有時也要爲一個愚人。"

這青年張起耳朵聽講，到講得起勁時，有時眼便閉着。他這樣閉着眼，大約是默默有所思了。

五　我的叔父（一）

舊時代所謂體面人家，必要的是甚麼。就是經營資產，裝飾場面，這純是一種自私心虛僞心養成的。要打破舊家庭制度；不改造這種心理，有甚麼益處呢。所以王先生講演，選了莫泊桑《我的叔父》一篇。

約瑟戴冷石同他的朋友散步。有一個鬚髮全白的老人，向他們討錢。戴冷石給了一個值一百蘇的銀幣，他的朋友很詫異。他説：

這個受苦的人，使我想起要向你講的故事。我爲了紀念這故事，常常抱着隱痛，請你聽吧。

我家原籍在哈佛爾，並不富足。父親在一個事務所辦公，收入不多。那時我還有兩位姐姐。

母親對於生活窘迫，很覺痛苦。常常對父親説幾句尖刻話，有時還把軟釘子給他碰。他永没有回答過，總把手心摸着額角，同揩隨乾隨出來的汗一樣。我們大家也極力節省，姐姐們的衣服，都是自己縫的。有時我掉了紐扣，或是撕破褲子，他們一定對我很嚕囌的。

但是每逢星期日，全家的人，一定要穿着整齊衣服，到外面遊逛。不過每當出門時候，總在父親方襟禮服上，發現了油膩痕迹，便要他趕緊脱下，用布條醮着揮發油去擦。

到了路上，都照着禮貌走。姐姐們都到了嫁人的年齡，挽着胳膊在前同走，好在繁盛之區，露露面目。我呢，挽着母親的左手走，父親挽了右邊。到了現在，我對父母星期散步的莊嚴態度，依然記得很清楚。他們好像有件要緊事情，要靠這樣外表來維持的。

在散步時，看見那些從遠道進海口的船，父親每回總説道："嚇，倘若我們的舒爾在這船裏頭，那纔令人驚喜呀。"

舒爾是我父親同胞兄弟，是我的叔父。我家唯一希望，就是他。

他未往美國以前的事情，我在幼童時代，雖然人家只是細聲的說，却已聽得很詳細。

他從前行爲，有點像不端正，因爲虧空了別人的款項，這就是貧苦家庭中頂大的禍水。富家子弟胡亂用錢，社會上不過說他是個紈袴。貧寒子弟呢，要是浪費家裏的錢，就成了壞人和乞兒了。雖然行爲是一樣，評論就要分別，因爲結果是定行爲輕重的東西。

我的舒爾叔父，他用完了自己最後一個蘇後，連我父親應得的遺產，也被他耗了許多。有人勸往美國，他便由哈佛爾乘船到紐約去了。

他到了那裏，開了一家我們不知詳情的鋪子。不久他寫信來，說是賺了一點錢，並且希望償還欠我父親的債。這封信，在我家中就發生一種深沉的情感。人家從前說得一錢不值的舒爾，一下就變成正人了，有良心的孩子了。

此外有一位船主，告訴我家，說他租了一所大店，經營一件重要商業。

兩年以後，又來第二封信。信中說：「我親愛的斐利浦哥哥，我告訴你，我身體安適，事業也很如意。明天我要到南美洲長期旅行，許有幾年不能寫信給你，請你不要罣慮。我把產業置好，就回哈佛爾了。我希望時間不至過長，並且我們舒舒服服一齊過活……」

這封信，在我家中，簡直成了寶物了。大家時時刻刻看，並且送給別的人看。

十年光陰，忽忽過去了，舒爾叔父永沒有信來。但是時間越久，我父親希望越大。並且母親也常常說道：「等得我們的舒爾來了，我們的地位，不也變更嗎，真是一個能幹人。」

父親不但是每值星期日散步，看見進海口的海船，總要重述那句永遠不忘記的話，並且和大家討論他回家後應做的事；父親很把這問題當件大事，在心裏盤算。

大家等着他，等他對父親搖手巾喊斐利浦的那一天。

我家大姐有了二十八歲，二姐二十六歲，都没有嫁人，這是家中極不稱意的事。

有位對二姐想求婚的人，是商店夥計，雖没多錢，人却很正派。他很相信我的叔父，有天晚上，我拿叔父的信給他看，於是他去掉一切遲疑心，毅然決定了。

我家承認他的要求，並決定結婚後，我們全家，和他到葉西島旅行。

葉西島是英屬小島，去哈佛爾不遠，只坐輪船渡海，便到了外國地方。在經濟不充足的人，這是旅行最好的處所。

這種旅行，這時成了我們專心的事，唯一等候的事。末了，居然出發了，在這平靜如綠色大理石的海面行走，我們是樂極了。

我父親挺着肚子，站着望海。穿了那天早上拭去油漬的方襟禮服，一股揮發油氣，四面散着，這便使我記得那天是個星期日。

六　我的叔父（二）

陡然看見兩位裝束入時的女客，有兩位男客，請吃牡蠣。一個衣服襤褸老態龍鍾的水手，用刀子撥開牡蠣殼，送到顧客的手中。父親被這出色的樣子引動了，便走到母親和姐姐們跟前，問道："你們要我請吃牡蠣嗎？"

母親因爲要用錢，不免遲疑一會，但是姐姐們馬上答應了。母親用反對口吻說道："我恐怕吃了肚子疼呀。你給孩子們吃吧，但是不要多吃，多了就使他們難受。"

後來又向我說："約瑟，你可以不必吃呀。弄壞了男孩子，是不應該的。"

我只好站在母親身邊，覺得這種分別，是不公平的。我瞧着我的父親很莊嚴的帶了兩個女兒，一個新女婿，走到那衣服襤褸老態龍鍾的水手跟前去了。

一會兒，父親忽向我們這邊走來。我覺得他面色發青，兩隻眼睛也不自在。只低聲向我母親說："這真是意外呀，那個開牡蠣的人，很像舒爾。"

我母親不免愣住了。問道："那個舒爾？"

父親接着說："就是我的兄弟呀。倘若我不知道他在美國有好事情，我就一定相信是他了。"

母親不自然的說："你發了瘋嗎！既然知道不是他，為甚麼說出這樣可笑的話來呢？"

父親堅執說道："那麼你去看看吧，我情願你用自己的眼睛，使你自信。"

母親便向姐姐們那邊走去，我也跟去。我注意瞧這水手，他是年老的，齷齪的，面皮都起了皺紋，因為他在做事，人家注意他，也不理會。後來母親轉到原坐地方，滿身發抖。向父親說："我相信是他。你去向船主打聽吧。不過要格外小心，免得這光棍又跌到我們身上來。"

父親走到船主那裏，我也跟去。父親向前和他寒暄，隨即問葉西島情形，問本船情形。末了，用顫動聲音，問道："那個開牡蠣的人很有趣呀，你知道他的底細嗎？"

船主有點不耐煩，乾脆的答道："這是一個法國人，流落在美洲，我把他帶回本國。他像有親族在哈佛爾，因為欠他們的錢，不願意去見他們。他叫舒爾，……舒爾戴冷石，大約是這個名字。他從前在美洲，有一時代很像賺了錢，現在你可以看見他又弄光了。"

我父親這時目瞪口呆，勉強說道："啊，啊，對呀，很對呀，這是常有的事……我謝你，船主。"

父親說了便走，船主還愣着眼睛釘着他。他走到母親身邊，完全掃興了。只說道："是他，的確是他。"

母親突現怒不可遏的樣子，說道："我常疑心這個賊徒，甚麼也不能做，並且一定仍跌在我們身上來。"

父親這時又用手摸額，他受母親埋怨時候，總是這樣。隨後瑟縮的問道："那麼，我們怎樣辦呢？"

母親沉着臉說："叫孩子們離開些，既然約瑟通通知道，就叫他去喊他們過來。但是要小心點，尤其不要使新女婿動疑。"

接着又說："拿點錢給約瑟，叫他去會賬，免得那個乞丐認識我們，這個關係在船上的臉面哩。"

他們立刻站起來，拿了一個百蘇銀幣給我，便避開那個水手，向船的那頭走去了。

姐姐們還等着父親，我說是母親有點頭暈，便支吾過去了。又向開牡蠣的人問道："我們該給多少錢？"

這時我幾乎失聲喊道："我的叔父。"

他答道："兩個半佛朗。"

我拿出銀幣，他便找錢。我瞧他的手，完全是裂痕，臉上也現愁容。私自想道："這就是我的叔父，我父親的兄弟，我的叔父呀。"

我給他半個弗朗做酒錢，他向我道謝。我姐姐問我端詳，並且詫異我的慈善態度。

隨後我向父親交還兩個佛朗，母親驚問道："那去了三個佛朗嗎，這是不會有的事。"

我低聲說："我給了半個佛朗做酒錢。"

母親兩眼瞅着我，怒道："你發瘋嗎，把半個佛朗給……"

父親指着女婿做手勢，便止住不說了。大家也都默然。

等得到了碼頭，我心中動一種熱念，想去看一回我的叔父，並且想走到他的跟前，安慰他一番。但是這時候，沒有人吃牡蠣了，他也不見了，大概他到下艙住宿苦工的地方去了。

後來我們回來，另換了一隻船，免得和他相遇。然而母親還是擔心。

從此以後，我父親的兄弟，我永遠沒有遇見過他了。

我拿百蘇銀幣給失業人，就是因為這個原故。

七　影

王先生覺得人生是一個謎，要自己去解決的。於是選了一篇波蘭普路斯的著作，題目是個"影"字。

每當天上日光隱滅時候，黃昏便從地下起來。這黃昏——一個夜的強大軍隊，自不可記憶的年代以來，與世界相反抗。每朝敗走，每晚得勝。從日入以至日出，是他爲主。在白天裏，被打破了，躲在秘密處所等候着。

他等候着——在山裏深處，在湖裏暗處，在村市地窖裏，在樹林濃密處。他等候着，躲在永久的土窟裏，在礦洞裏，在空穴裏，在人家的屋角。他被趕散，似乎不在了，其實伏在一切秘密處所。他在樹皮各個的裂縫裏，在人的衣服褶疊裏；他躲在最小的沙礫地下，黏在最細的蛛網絲上——等候着。在一處受了驚駭，便跑到別處，利用各種機會，要回到被驅逐出來的那邊去。先攀登空間地位，再漸漸伸展到地面上來。

太陽隱滅時候，黃昏的軍隊，便排成密集隊伍，出了隱藏處所，沉默而且謹愼，迅速前進。他占滿了人家的廊下，門庭，和不甚明瞭的地方。放棄原在箱櫃和桌子底下的地位，爬在房屋的中間，坐在窗簾的上面。從地窖的風孔，或從玻璃窗縫間，擠出去，到街道上，寂靜無聲。他攻擊牆壁與屋頂，又坐在頂尖，安靜休息。等到紅色小雲，在西方漸漸的變了蒼白。

再過一刻，那極大的黑暗勢力，便突然發展了，一直達到天上。野獸躲到自己窠裏，人們逃回家去。一切色與相，都流入於無。於是恐怖，過失與罪惡，便主宰世界了。

這時候那空虛的街上，現出一個奇怪的人來。頭上帶一個小小火燄，急速的在街上走，好像黑暗緊緊追他。他在每個燈臺前面，暫時停住，點上快活的燈光，便不見了，正如影一般。

奇怪的人啊，你從那裏來，又回到那裏去？我們不曾看見你的面貌，也不曾聽見你的聲音，你有妻或母親，等候你的回去嗎？或者有兒女們，把你的小燈，放在屋角後，爬到你的膝上，抱你的頸項嗎？你有朋友，可以對他們講你的幸福與苦惱；或者有相識的人，可以談你每日的事情嗎？你有家嗎，我們可以到那裏尋你。有名字嗎？我們可以呼喚你。你有各種需要與感覺，和我們一樣嗎？或者你真是無形之物，沒有聲音，也不可了解。只在黃昏裏出現，點上燈光，隨後不見了，正如影一般嗎？

有人仔細探訪，聽說他真是一個人，並且住址也探聽明白了。便去訪他，他却不在那裏。只見他住的一間小屋，緊緊關着。從窗外望去，靠着牆壁有一張破牀，牀邊有一個插在長竿上的小燈。鄰舍的人還説："他日裏總不在家，我們也不很認識他。"

半年以後，又去訪他。問道："點燈的人在家嗎？"

鄰舍的人説："他不在，也不會在了。我們昨天已經將他埋葬了，他死了。"

這人探聽一點詳情，便到義塚山上去，找看山的人。問道："請你指示我，有個點燈的人，是昨天埋的，埋在那裏？"

他説："點燈的人呀，誰知道他呢，昨天埋了一共三十多人。"

"點燈的屍身，是用蘆席裹着的。"

他説："這樣的也有十幾個。"

點燈的人呀，面貌沒有見到，姓名沒有聽到，墳墓也沒有尋到。於是他在死後休息，同在生前一樣，只有在黃昏裏，可以看見。沒有聲音，沒有形相，正如影一般。

在人生黃昏裏，那不幸的人類，摸索迷途，禍患，困苦與憎惡，緊緊相追。那時在人生黑暗的路上，有點燈的急急走來，使每人頭上，都帶着一個小小火燄，在自己走的路上，點上燈光——他生存不為人所知，工作不為人所賞，隨後不見了，正如影一般。

八　小學生與小蟲（一）

　　王先生窺這青年神色，覺得他因前課激動，似對於世界起了憎惡心。於是采取法人馬爾格利特一篇著作的大意，作爲講演材料。

　　羅生是一個神經質的小孩，他的思想，往往超過年齡。年纔八歲，便極好學。那小說體的故事，冒險的遊記，最能激動他。他喜歡在牆角欄邊走動，有時攀上樹間，懸想魯濱孫，便可以在那裏過許多時。

　　這種對於幻想的傾向，自不免使他父母罣慮。可是他很聰明，同他年齡一樣大的孩子，沒有一個能及他。所以家裏的人，不大責備他，然而也不知道怎樣指導他。

　　這孩子長得很快，猶之野草一樣。瘦瘦的腿子，長長的身軀，白白的面孔，兩隻黑白分明的眼睛，如秋水澄清一般，頭髮也翦得平平的。雖然很好清潔，但指頭上常染些墨迹。

　　聽他自然發育的結果，却在他身體上，留了隱疾。是甚麼，就是一種凌亂舉動。小腿又常抽筋。起初是憂鬱，繼而是熱病，竟把他的身體，弄得衰弱了。因而他常覺飢餓，有時貪食欲望，非常強烈。他又喜嗅香氣，又喜用好奇眼光來窺探人，窺探一切事物。但是被別人看見了，他又紅了臉。

　　他的性情，本來固執，但外表却很溫柔很膽怯的。他便帶着這種性情，任意而行。要是有人損害了他，或是損害了他的東西，他是一定不寬恕的。這不是一個快樂孩子，但他也不愁苦的。這樣又沉鬱又活潑的精神，真是極可驚詫的事。

　　他對於這身外的世界，對於周圍的幻景，對於日常所見的生物，種種色色，激刺到他的覺官裏，總覺得都是應屬於他的，或爲他的一體。他那兒童自私心，便把一切知覺力，做了自私的引導。

他的生命，居然活着。他也覺得自己生命，是活着的。這種念頭，常常使他狂亂。每每凝神自省，聽見心房滴克達克的響，便自覺得身體也雄偉了，氣力也倍增了。他那真實生命和靈魂，都從他的身上，反射到無邊際的地方，然而他却只信現在所有的。並且死亡這件事，在他看來，却是不應該的，不可能的，最奇特的。

但是他已疑懼死亡了。雖然不了解這事，然而夜色便使他生恨。那銷聲匿迹的黃昏好像是一種重大壓迫，從各方面將他壓着。彷彿有些又甜蜜又愁苦的事物，從心裏迸發出來，每晚總要迴環往復一次。醒時所想，往往構成夢裏的幻景，夢裏所見，又在醒時留些印象。於是發生了一種杳茫的恐怖。他既怕孤寂，便要和亮光相近。睡覺時，定要把牀下看一看，或是撒嬌的投到母親懷裏，抱吻一次。並且說道："告訴我，我做得到好夢嗎？"

他的母親，只用一種溺愛的心情，將順他的意思，隨聲答道："是的，好孩子，你做得到好夢。"

九　小學生與小蟲（二）

這一次，羅生在房裏温課，他的紛亂思想，從書本上飛起，穿過窗子外，浮到地面景物上。樹上的綠芽，雨中的陽光，水面的波紋，都成了他的化身。

一個小小生物，隨着一縷太陽光線進來。

這在陽光中飛動的，直是一個小黑點子。偶然落在羅生書上，正像筆頭滴下了一點墨汁。羅生大爲驚異，便帶着一種遊戲的好奇心，低下頭去，觀察這小生物，見黑背上有兩個藍色小點，和針尖一樣；頭只有蒼蠅三分之一大，脚比絲還細。

這小生物正在裝死，平伏在紙面上，曲着脚，縮着頭。羅生輕輕吹着，便悉悉索索的，那脚又動起來了。一會兒，全身走動，左右搖擺，彷彿搖槳而行的船一樣。簡直可以說是博學的小蟲，正在趕快讀書，急於要把書讀完似的。不幸呵，他剛走到書緣上，便仰面跌下來了。

羅生注意去看，看他究竟是怎樣情形。他背負細甲，從細如頭髮的裂縫中，長出些幾乎不可看見的黑絲，作為腳用，數來共有三雙。頭上一對，大約是個觸角。

羅生看得有趣，想玩弄他，藉以取樂。便用力將這不幸的生物壓着，使他不能翻過身來。他遂搖着腳，有時亂絞，有時抓住了觸角，用力拖出來。極似被壓迫的人們，極力掙扎的情狀。羅生不免起了慈悲念頭，把他翻過來，遞一支筆管給他，他便在筆管上散步起來。

這可憐的小生物，對着羅生鼻端走去。羅生便發生一種厭惡——一種幼時摸着昆蟲的恐怖。立刻將筆管拿開，心中起了許多思想。雖然沒有甚麼惡意，那小學生們的好奇心，殘酷性，却不知不覺的，混合發洩出來。便想把這小生物浸在墨水中，看他怎樣，或是把他壓扁了看看，也好。對於這細微的生命——沒能力自衛的生命，不值甚麼的生命，這樣處置，在小朋友看來，本算不了一回事。

羅生被好奇心引誘，殘酷性驅使，要把這無害的生物處死。於是站起身來，把他放在石階上。他雖得了自由，但在雨溼的石階上，腳却被水點膠住了。過了一會，羅生的惡劣衝動，不可遏抑。這衝動是不善的根源，在好人中，有時也發洩出來。所以羅生毫不遲疑，便取些火柴，圍在這小生物的四周，點起火來。並且拿好奇的眼光看去。

可憐的小生物，便失望的動彈起來，張開兩翅要飛，可是被火燒着了。於是墜在火燄中，乾縮了，化成石灰質了。那燒餘的灰末，就隨風吹入了大千世界。

羅生暴戾的慾念過去了，仍然站在那裏，漸漸現出不自安的神情。他為甚麼要做這件事，不能不說是惡劣的衝動，不能不說是被残酷性勾引。然而這野蠻行爲，在這罪惡中，誰又能澈底解釋呢？

他的心跳得很利害，茫然自語道："啊，我正活着，我還活着，永遠活着，但是那小生物却死了。"

小生物啊，怎麽死得這樣快啊，人也同這一樣的死法嗎？現今世界，正在用壓迫，拘禁，損害，殺戮，種種殘酷手段，擺布人類。他看見這小生物死，因而使他想起家中，親友中，有許多被迫的，被騙的，無緣無故的死，並且有種種殘酷事情。他全身便如被冷水浸着，立刻寒戰起來。這時候，除了小生物和火柴燒餘的灰末外，窗外所有景物，樹芽啊，陽光啊，水波啊，早成了過去的影子。一無所見。只覺得他的結局，也怕有一天同這小生物一樣，或在目前就要實現。他駭得要暈倒了。

幸而房門開了，他失神叫道："媽媽。"

於是投在他的母親懷裏，放聲大哭。一面把剛纔所做的事，説了出來，並且説他怕立刻要死。

那溺愛兒子的母親，撫摩愛兒，勉强帶笑，用許多溫柔的話，來安慰他。不過他的父母，從此以後，也漸悟到要醫治兒子的病，在作有益的運動了。

一〇　爲了不幸的人們

这篇大意，是採取俄人安特来夫的著作。

病人脱去裏衣，露開胸前。醫生安上聽診筒，静心去聽——大的，過於擴張的心臟，發出空虚音響，撞着肋骨，跳得很急。摇一摇頭，口頭却這樣説："你應該避去傷感的事纔好。看起來，現在正做甚麽太疲勞的工作吧。"

病人微笑的答道："我正著一本書。怎麽，危險嗎？"

醫生皺着眉説："危險啊，還説不定。不過總要少用心纔好。"

醫生去後，病人翻着他的書稿，頁數非常多，行行填滿了細字，覺得一滴一滴的，全是自己的精神。他用瘦得露骨的手，反覆的翻。口唇上含着溫和的不安的微笑。但是蒼白的臉色，凹下的眼圈，襯着這塗抹的紙面，愈顯出黯澹景象。他的妻，站在身旁，帶着哭聲説：「唉，你的心，全耗在這裏了。若是病得不起，我在世界上，只剩孤身了。」説道「只剩孤身」，便哀哀的哭了。

病人拉着妻的手，説道：「你看。」又重復的説：「你看，這是我的心要同你永久存在的。」他説時，眼圈兒也紅了。他妻的眼光，被淚水浸昏了。書稿上行行細字，反射在眼裏，若斷若續，忽低忽昂，像波浪搖動。

病得要死的人，想活在自己的著作上，太可傷心了。妻的眼淚更其多，更濃厚了。伊所要的，是活的心。一切的人們——無緣無故的人們，冷淡的人們，没有愛的人們，這些人們，勿論誰所讀的死書籍，在伊是用不着的。

書籍付給印刷所了，書名是《爲了不幸的人們》。

排字的工人們，拆散原稿，各拿自己所擔任的書頁去排版。拆散的原稿，常有一語從中途起首，不成意義。例如「親愛」這個詞，「親」字交在這一人手裏，「愛」字却分在別一人手裏了。然而這完全没有礙，因爲他們檢字，決不要讀文句的。

一個年青工人絮叨的説：「這半文不值的著書人，這是甚麽胡裏胡塗的字。」他因爲討厭這個字，用一手遮着眼皮去看。手指被鉛色染得烏黑，臉上也罩着鉛色黑影。簡直帶着死人的顏色。

又一個排字工人，也是年青男子——這裏是用不着老人的——像猴子那樣的敏捷靈巧，檢出幾句文句，便低聲哼起曲子來：

哎，哎，這是我們黑的運命嗎。

在我是鐵的重擔啊，重擔啊……

以後的句子，他不知道了，調子也是這人隨意捏造——是一種單調，像秋葉在風裏吹噓，無可寄託的聲音。

别的工人都沉默，或者咳嗽，或者吐出暗色唾沫，都爲這印刷稿件的事，感着疲勞。那停止的大機器，却充滿了含蓄的精力和隱藏的音響與力量，現一副沈重而且煩躁的模樣，正等着排出的稿子。

書印成了，和種種不同的書籍，並堆在黑暗的屋裏，排得没有立足之地了。疊在其間的人類思想，無從表現；這樣相擠相壓，也不能有真的平安，和真的寂静。

一個穿西裝的男子，站在電話門口，很恭敬的不知和誰談了幾句，隨即擺出嚴重樣子，吩咐工人，取出一大包書籍來。然後大聲喊道："來一個徒弟，送書去。"

走來一個孩子，用兩手去捧包，那包不聽話。

那男子板起面孔，屬聲道："好好的拿。"

孩子好容易捧起包來，扛在他的脊梁上，向街上走去，擠着往來的行人。那沉重的大包，忽從脊梁上溜下來，孩子急得要哭，被書包碰了的人，很是嘈嚷。一個拿木棍的巡警，匆匆忙忙的跑來，把這孩子和書包，都帶到警署去了。

值日的警官，從寫字簿上擡起臉，問道："怎麽？"

那位巡警踹了書包一脚，隨把孩子推上前去。便説道："這是背着大包的。"

警官斜着眼睛，把孩子從頭到脚看了一遍。問道："你是甚麼人？那裏來的？姓名叫甚麼？背的甚麼？"

孩子一一答應了以後，警官走近書包，伸手去摸書籍。包皮一角已擦破了，於是取出一本書來，讀那書名——"《爲了不幸的人們》"。

警官用很驚異的口吻，説了一聲"号"，隨即指着孩子説："你讀一讀。"

孩子説："我不認識字。"

警官笑起來了："哈，哈，哈"。

另外出來一個穿短衫的人，攜着一包文件，睡眼還朦朧似的，也一樣的笑："哈，哈，哈"。

以後他們便做起供詞來，這孩子在末尾押了一個小小的十字。

一一　自然不是好愛的啊

這所選的是近人一篇遊記：這位作者主觀，是要人類戰勝自然的：

戰氛瀰漫着太空，並不是悲慘事情。好戰原是生物本性，也是生物所以能進化的原因。戰氛儘瀰漫着好了，只要不殘殺同類。

生物中有同類自相殘殺的，最厲害的莫如人類了。我們做人類的一分子，應該消除這同類自相殘殺的戰氛。並且為生物本有的好戰性質，找一個相當對象。我以為這對象，便是自然。

自然固然可愛，但不是好愛的啊。這回淮水南北被水災的人們，可謂飽受自然之賜了。幾千幾萬的人們，那怕你不願意，也硬要你與自然同化了。人不殺自然，自然便要殺人了。

江北的人們，只知拔幾根自然的汗毛來蓋屋，對於自然可謂是愛護極了。但他們住的草屋，到第二年拆卸下來，盡是三寸來長的軟蟲。就此一端，已經夠可怕了。倘使剝下自然的皮來蓋屋，三寸來長的軟蟲就不會光降了。

這是江北人對於自然的和平態度，戰氛之薄，可謂幾等於零了。但是他們人與人相互間的待遇，又怎樣呢。我離開浦鎮前一天的晚上，一個慘痛的消息傳來了。

工廠裏工頭，要薦一個私人入廠，却沒有空閒位置。他一看，只有揚州老五，是個孤幫，還可以使點手段。但是當江北一帶生計窘迫的局面，要找工作，何等為難，諷他辭退，是沒有希望的。於是妙想天開，對廠中同道夥計，都暗暗說好了。一待老五下工時候，有意同他尋釁；不問皂白，先把他打個半死不活。然後鑽出和事人來，把他擡到醫院。

夥計們遵命辦了，到醫院時，他們問他："你辭工嗎？要辭工，我們可以替你代辭的。"

"不辭，一辭便沒有飯吃了，女人小孩子都要餓死。"

"你的性命都沒有了，還要管女人小孩子。"

"我不辭，我要問工頭……"

夥計們一聽，再沒有話可以同他講，大家都溜走了。工頭却就將私人叫來，在廠中先行工作。數天以後，老五的傷痕，漸漸好了。走出醫院，和工頭理論前事。工頭老實對他說："難道你吃了這個教訓還不夠，一定要把兩個眼珠斷送的嗎？"

老五想起兩月前一件事，甚麼事，就是一個外幫工人，被挖去眼珠的事。只得忍氣吞聲走出，一切的事都完了。

這是他們人與人的相待。

凡是放棄自然的人，他的好殺天性，一定要找同類來發洩。同類相殺的人，只配一輩子住草屋的。因為他們把愛人類的愛情，誤愛了自然。對於自然，連掘一點黃泥來燒瓦的殘忍心都沒有了。

天下惟至弱至愚的人，纔殺人，好漢應該殺自然。

一二　和平之國

這位青年聽了多次講演，漸漸悟到社會愈紛擾，人們的精神生活更要平淡。本課采取的大意是德人卡門栖爾法所著《和平之國》。

和平住在一個湖上，這湖深不可測，一幅蔚藍顏色，永遠與天空照映。四周層層圍繞的，都是從未踏過的瑩潔岩石，和從未斫過的常綠森林，煩惱，奮鬬，都不曾到那裏。風也尋不到進路。連冬天的雪片，也從未飄飄撒下，因為湖裏是溫暖源流，寒冷沒有管他的權力。沿岸花卉散布，四時不斷。鳥聲從此岸傳到彼岸，尤其清婉可聽。

和平住在平靜的湖面時，花香和鳥語，都引到他那裏來。太陽還用和煦的臂兜住他。他有時輕輕踱過湖邊，青苔觸着他的脚步，綠葉摸到他的面額，都喜得發抖起來。麋鹿在溪邊瞧見他，不眨眼的遠遠張望。仙女和神童們，又常夢想着他。他是這麼一個可愛的青年，所以圍繞着他的，都親愛他。

　　可是一天哭泣和歎息聲，飛過森林，驚醒了這位安靜的睡人。他很驚訝，四面張望，却是一位女子，面色蒼白，眼有餘淚，走到他的跟前，便倒身下拜。

　　他問道："你是誰？"

　　這女子答道："我是煩惱，母親忍耐，吩咐我到你這裏來。"

　　和平説："誰是母親忍耐，誰是煩惱，我從未聽過這種名詞。"

　　煩惱説："你還有許多不曾聽過，因為你還不認得世界。"

　　和平微笑説："你認得世界嗎？"

　　煩惱歎了一口氣，點頭説道："你瞧我，長得美麗嗎？"

　　和平靜心去看，並在這女子眼眶裏，默讀全世界的歷史。煩惱站在面前，覺得很榮幸，心裏一分分的加熱起來，愛情也用全力灌輸進去。等到天晚時，和平已讀完了，使他起了戰慄的感覺。説道："你不美麗。"

　　煩惱的心，靜悄悄的停止，低聲説道："那麼你不同我走嗎？"

　　和平説："不，——不同你走啊，這裏多麼好哩。"

　　煩惱説："這裏確是非常好。可是仙女中最智慧的那位，也唸過生活的書，教我對你説，你的國似乎太小，你該有一回統治世界。"

　　和平沉思的向湖裏望去，隨即説道："可是我的國，要合我的意呢——我是沒有虛榮心的，用不着甚麼榮譽和權力，現在我使用的一切都有。"

　　煩惱説："倘使全世界同這裏一樣，那更好了。你只須表現你的本來面目，就會戰勝一切了。"

　　和平説："我要親眼看看，世界認不認得我，會不會要我。如果招呼我，我就來。世界上可否建設我的國，我要試試看，可是我決不同醜陋的奮鬪。再見吧，煩惱。"

煩惱還站着出神瞧他，他已在眼前隱去了。只見一隻鳥兒，振起兩翅，離開原來地方，飛入晚天裏去了。這時湖水現出深黑色，歎息聲震透了森林。這可憐的女子，猶如風裏一葉，也戰慄起來。

在這和平之國裏，誰也不曉得煩惱心裏悲痛。"你不美麗"的聲音，從森林裏，從水裏，從自己心房裏，響了出來。

這時候忍耐母親也來了，只見煩惱獨自一人站着。問道："你同和平幹甚麼，你將他趕走了嗎？我罰你，教你永遠尋找他，却不得再見他，你去吧。"

煩惱像樹林訴苦的風一樣，往世界裏去找和平，連忍耐那裏也不再到了。

一三　和平之國（二）

和平却飛到世界，看看奮鬪們擺布人類，甚麼帝國主義者，甚麼資產階級，甚麼弱小民族聯合，甚麼無產階級聯合，各演各的慘劇。他瞧見流血地方，剛見第一批屍身，便眩暈得要墜落下來。他見這些被侮辱的人，受種種殘酷，心裏好像有個創口，於是乎急急向前飛去。

他飛到一處，見一所幽靜房子，屋頂微微透出像燐火之光。屋裏坐着一個顏色蒼白的人，用長而且瘦的手寫字。喃喃的說道："我要建立不朽事業，必如此激動人類，纔有辦法。我覺得心裏有許多火花，腦子裏有一道火光，將照耀世界。"

和平想道："可憐的蠢物，虛榮挑撥你到死，你還不覺悟。"

在一大街上，見商店歇了業，工廠停了工，所有高大房屋和學校，都住的是托槍的人們，正在操演衝鋒，齊聲喊道："殺，殺，殺。"

另在一處，有個美麗女子，從垂簾側邊張望，好像仙女模樣，便飛進去看，可是這一看，使他多麼失望啊。花卉和衣服，凌亂的放着。這女子力誇昨晚跳舞會，曾費盡媚工壓倒別人。姊妹們都咒罵一切。大家喧嚷，把他鬨出來了。

和平飛到這裏，所見一切，不是貴人們沉淪于遊蕩生活，就是狡獪和兇橫的人們，作欺騙和強占的事情。飛到那裏，所見一切，又是無休息無止境的求贏逐利，或是爭攘權勢，鬧到沒有一處安靜地方。他環遊地球，見奮鬥到處都是造成苦痛。於是回到湖上，打算不再離開他的小國了。

可是他回來一看，多麼驚訝呀，那湖邊已有一所廣大房屋，既像舞台，又像會場，也有點像神殿，都是大方石建造的，看來很舊，似乎太古時代已有了。和平想道："我該是出去很久了。"

他走進屋去，正屋後面，有石砌的一間秘密室，窗戶洞開，側面向着平和之湖，後壁靠着紅霞渲染的石岩。廊下排列書架，堆着散亂書籍。裏面却是陰氣沉沉，還現出一種不定的浮光，似血花飄盪。一對青年男女，正在裏面議事。女的坐在風琴旁邊，一面按琴，一面用驚心動魄的音調唱着，似乎要把他的心潮，傾吐出來，告訴與牆壁聽哩。男的兩眼灼灼，張着大口，兩手伸出拳頭，有時捧着頭腦，彷彿有所沉思。他們正在私語，忽然牆壁震動，透出一種沉重音響，破了他們的秘密。他們吃了一驚，都悄悄的走出去了。

和平靠在書架旁邊，哀哀的哭道："全世界都是奮鬥：連我的唯一故居，他們也占去了。再見吧，我的靜悄悄的湖。"他說着，隨又飛入世界裏去了。

他經過廣大田野，見無數農村男女，正在割稻。却走出幾個不耕而食的人來，強迫他們，放棄農事，做他們所不懂及不願意的事。他歎道："連這裏也住不得了。"他對此茫茫平原，望見墳墓纍纍。有座荒蕪的墓，墓土早已塌下，墓前碑文，亦看不見。却有青葱蔓藤，交互纏繞，表現生物的愛，圍蓋這座墓上。和平說："這是我的國啊。"他說時,就在蔓藤間鑽進去了。

煩惱走遍世界,尋找他所永不能忘的和平,但是到處訪問,總沒找着。雖曾經過墓地,只沿着新墓走去。這座荒蕪的墓,却未去拜訪。

一四　沙漠間的三個夢(一)

這篇是采取南非須萊納爾女士的著作。他寫人生,是在黑暗歷程中,抱着無限光明的希望:

在亞非利加旅行時候,太陽灼灼的照着,我牽馬到睡樹下,卸了鞍,放馬到深林叢莽裏吃草。左右兩旁,都是黃灰色的土。天氣非常酷熱,沿地平綫的空氣,突突的跳動。我坐在樹下,覺得渴睡,抱頭靠着馬鞍,便睡着了。於是得了一個異夢。

我覺得站在大荒野的邊界,飛沙瀰漫。見有兩個動物,一個伏在沙上,一個站在旁邊。那伏着的,背着一個重擔,身上堆積厚沙,似乎已積了幾百年了。

我看得很詫異,另一個人也站在我近旁邊。我問他說:"這睡在沙上的大動物是甚麼?"

他說:"這是女人,在伊身上養育人類。"

我說:"這裏四面都堆着沙,伊為甚麼睡在這裏不動呢?"

他答道:"聽我告訴你,伊睡在這裏許久了。最古的生人,沒有見伊動過。最古的書,都說伊從前睡在沙裏,同現在一樣。可是在比最古的書更古的'言語岩石'——破碎的'古俗'的硬泥上,却發見伊的足跡,並且知道和站在伊旁邊的那個生物,相並而行。"

我說:"伊現在何以睡着呢?"

他說:"待我說來:在腕力時代,伊彎身下去哺乳的時候,背脾很寬,所以他的負擔,便放在伊的背上,又用不可免的'必然'的闊帶束住了。伊向天看，向地看，知道沒有希望了，所以帶了這擺脫不下的擔子，睡在沙上。歲月如流水的過去，那不可免的'必然'的帶子，終於沒有割斷。"

我看時，見幾世紀以來的忍耐，都藏在伊眼裏，地面全被眼淚浸溼了，從伊的鼻孔噴起沙土。

我說："伊沒有想動嗎？"

他說："有時一肢也略略動彈，但伊背了重擔，起立不得。"

我說："那站在伊身旁的，爲甚麼不離開伊，獨自前進呢？"

他說："他不能。你看……"

我見地上有一條闊帶，從這邊繞到那邊，把他們繫在一起。

他說："伊睡在這裏的時候，他也只得站在身旁。"

我說："他知道自己爲甚麼不能動嗎？"

他說："他不知道。"

突然聽到破裂聲響，我看時，見綑住伊背上的索子，已經裂斷了，負擔落在地上。

我說："這是甚麼事？"

他說："世界已由腕力時代，變到腦力時代。伊悄悄用人工創造的刀，割斷了綑着負擔的索子。那個不可免的'必然'破了，伊可以起立了。"

我見伊仍然睡在地上不動，只是張着眼睛，伸長了頸子，彷彿向荒野極邊，尋求一樣東西，但他總沒有來的日子。漸漸伊的身體發抖了，眼睛閃出光來，正像一道日光，射進黑暗屋裏。

我說："這是甚麼事。"

他輕輕的說："不要作聲，伊正在打算現在可否起來。"

我又見伊的頭，從沙面擡起來，多年放頸子的地方，有一個窪留在沙上。伊向地看，又向天看，又向站在伊旁邊的他看，但他仍然向荒野看。伊身體發抖，用前足踏地，血管條條綻起。我叫道："伊將站起來了。"

但單是伊的腰脊抖了幾下，依然睡在原來地方。不過伊的頭已經擡起來了。站在我旁邊的人說："伊很衰弱，伊的腿被壓了這許多年了。"

我見伊極力掙扎，身上都滲出汗來。便說道："那站在伊身旁的，應該可以幫助伊吧。"

他說："他不能幫助伊，伊應該自助，任意掙扎著，等待自強時候。"

我喊道："他總不至妨礙伊吧。你看他站遠一點，拉緊了中間的帶，又將伊拖倒了。"

他說："他現在還沒有知道呢。伊一動，牽動了繫住他們的帶，使他覺得不安，所以站開一點。他有一日能明白事理，知道伊所做事的意義，在伊跪著掙扎時，便會站近來，拿同情的眼看伊。"

伊伸長頸子，汗從身上滴下。卻在地面站起一寸又倒了。

我喊道："咢，伊還非常衰弱，不能走啦。許多年，已將氣力耗盡了。伊將永遠不能動嗎？"

他說："你看伊的眼光。"

慢慢的，伊跪著掙扎起來了。

一五　沙漠間的三個夢（二）

我醒了，從東到西，荒土茫茫，都是枯槁叢莽。日光灼灼的照著，螞蟻在紅沙中奔走。我從稀疏的樹枝中間，仰頭望天，回想剛纔夢中所見。頭枕著馬鞍，又在惡熱中睡著了，又得了一個夢。

沙漠中來了一個女子，走到黑暗的河岸上，那岸又險又高。一個白髮老人，拿一支嵌著"理性"的拐杖，前來接伊，問伊做甚麼來。

伊答道："我來尋自由國土。"

他說："這便在你面前。"

伊說："我的面前，只有黑暗河流，又險又高的岸上，有幾處裂縫，中間堆積沙土，此外不見甚麼。"

他說："那邊呢。"

伊說："我看不見，但我用手遮着眼皮望去，彷彿見那山邊，有山有樹，太陽明晃晃的照在上面。"

他說："那便是自由國土。"

伊說："我怎麼能到那邊去呢？"

他說："這裏有一條路，是唯一的路。向'勞工岸'走去，經過'苦難河'。此外沒有第二條路了。"

伊說："沒有橋嗎？"

他說："沒有。"

伊說："這河深嗎？"

他說："深——勿論何時，都要防失足，一失足便沒救了。"

伊說："有人渡過沒有？"

他說："有幾個人試過了。"

伊說："那裏有足迹，可以指出徒涉地方嗎？"

他說："曾經有過。"

伊望了一望，說道："我願去。"

他說："你要脫去在荒野所穿的衣服，凡是穿這衣服渡河的人，都被這衣服拖下去了。"

伊歡歡喜喜脫去"成見"的外套，因為衣領束得太緊，兩襟又太寬博了，伊又解下"裝飾外觀"的束帶，脫下"依賴"的鞋子，幾乎全然裸體，只留一件貼身的白衣。

他說："這衣服到水裏是浮起的，你可以穿着。在自由國土，也穿衣服的。"

我見這衣服上，露出"真理"。一見陽光，格外明顯，因為平常被別的衣服遮住了。

他又說："你把這杖緊緊捏住，放在面前，尋求你的路。到了探不到底的地方,也不要踏下去。如果失掉這杖,你便沒救了。"

伊説:"我預備了,讓我去吧。"

他説:"不——且住,這在你胸前的是甚麽?"

伊默然不語,及至解開衣服,有個有翅子的小東西,正在吃奶。額上的黄色卷螺髮,緊貼胸前;兩膝抵着伊的身體,兩手捧住乳房。

他説:"把他放下。"

伊説:"他睡着了,他吃奶呢。我想帶他到自由國土去。他的大白翅子,可以庇護我。我帶了許久,還是一個孩子。他在沙漠中,只是切切對我説道'情愛',希望到了那裏,或者會懂得'友愛'了。"

他説:"他在你胸前,不會成長。你放了他,他將展開兩翅飛去,比你先到自由國土,那時他會變成一個成人的。將到那裏的人,見有從岸上伸手來援的,第一個便是他。"

伊從他嘴裏取出乳頭,他便咬伊,血流滿地。伊把他放在地上,自己包好傷痕,又彎下去摸他的翅子。我見伊的頭髮如雪一般白,已由少年變成老年了。

伊站在岸上,説道:"我爲甚麽走這樣遠路,到没有人到過的地方去呢。唉,我很孤獨,我真是全然孤獨了。"

他説:"静聽,——你聽到甚麽。"

伊細聽一會,隨即説道:"我聽到脚步聲,千千萬萬的脚步聲,都向這裏走來。"

他説:"這些脚步聲,都是跟你走來的。你引到徒涉地方,印出深深足迹,便有接連不斷的人,沿這足迹過去,將要填成一道橋的。"

伊説:"這填成的橋上,有誰過去呢。"

他説:"全人類。"

於是女子緊緊捏住那支杖,直向黑暗河流走去。

我醒了,下午黄色日光,找到乳白色的叢莽枝條上。我的馬站在旁邊，靜悄悄的吃草，無數螞蟻在紅沙裏奔走。我想下午稍涼，已可走路。但又覺得渴睡，便睡熟了。又做了一個夢。

我夢見的地方，是在山上，有許多強健男女，正當努力工作後，同坐在綠樹蔭下泉邊休息。往來的人，都帶着笑容，互相招呼。

我問旁邊的人道："這是甚麼地方？"

他說："這是天上。"

我說："在甚麼地方？"

他說："在地上。"

我說："什麼時候纔實現？"

他說："在將來。"

我醒了，周圍都是落日的光，太陽落在小山上，愉快的涼氣，散布在萬物之上，螞蟻慢慢的回去了。我向馬那邊去，馬仍然靜悄悄的吃草。於是太陽落到山後去了，但我知道他明日又將起來。

一六　階級問題

到了此時，這位青年向王先生有請求了。甚麼請求，就是要王先生把實際問題，用論述式的說法，再講幾次，以下便依照這個辦法。

現今世界將爆發的大戰爭，就是勞動者對於資本家的抵抗，引起的一種階級爭鬥。

階級制度，本是人類都曾經歷的過程。我國在春秋前，約離今二千五百年前，人民階級不平等，確是很厲害：

楚芊尹無宇有曰："天有十日，人有十等。……王臣公，公臣大夫，大夫臣士，士臣皁，皁臣輿，輿臣隸，隸臣僚，僚臣僕，僕臣臺。"

《曲禮》有曰："禮不下庶人，刑不上大夫。"

照這樣看來，人民階級不同，即在法律上，身分亦不平等。不過界限並不嚴，地位亦非固定。這在春秋時代，已有事實可考：

鮑文子，齊之執政也，嘗爲隸於魯施氏。欒，却，胥，原，狐，續，慶，伯，降在皁隸。

特殊階級所以不能固定的緣由，大概因我國是大平原農業國，人民受一廛爲氓，自耕自食。在這種經濟組織底下，自不適於使用農奴，和歐洲古代國家，起自地小人多的市府不同。所以我國在封建衰落時代，各國皆以地廣人稀爲病，誰招致的人民多，誰就強盛。這確是當時實情：

《梁惠王篇》："鄰國之民不加少，寡人之民不加多，何也？"

《商君書·來民篇》："來三晉之民，而使之事本。"

因爲這樣情形，特殊階級要永遠壟斷政權，也就不可能了。這也有事實可考：

齊之陳氏，本羈旅之臣，卒專齊政而有齊國。

孔子祖父在宋爲大夫，孔子在魯爲平民，嘗爲委吏乘田，即庶人在官者流，然其後則爲魯司寇，參大政。

即就用語來說，亦有痕迹可尋。古時貴族稱"百姓"，賤族稱"民"，後來統稱爲"民"。古時"君子"指貴族，"小人"指平民，爲身分上對待語，後來則變爲人格分別的用語。

到了秦代，廢除封建，貴族制度，便完全打破了。後來朝代變更時候，雖亦嘗大封功臣，然爲時不久，也就消滅。

魏晉之時，以九品中正用人，當時曾有人說："上品無寒門，下品無士族。"士族幾成了特殊階級。然這只是一種舉士方法，等級亦可以隨時升降。所謂閥閱世家，不過是一時的，極少數的，其實士何曾能自成爲族哩。至於外族入主中國，如元，如清，人民顯分階級。那又是一時的特別情形，現今已不會成爲問題。

隋唐以來，開科取士，誰能考取，誰就有取得政權資格。因爲這樣情形，社會上就很尊重士人——簡言之就是讀書人——然士人不是生成的，也不能世襲的。所謂"士之子弟爲士，農之子弟爲農，工之子弟爲工，商之子弟爲商"，簡直是一句廢話。近則士人早已不爲世俗所重，假使不農不工不商，純靠筆墨生活，就要算人類中最不幸的人。

不但是取得政權，沒有甚麼固定階級。就是社會上資產貧富，也是靠人的勤勞和才力，或者碰着機會。因此資本家與勞動者，時常互相變更地位。俗語說得好，"十年興敗許多人"，這雖有種種原因，但是人民沒有固定階級，却很的確。至於從前民治機關，以資產和身分，限定資格，當然要打破的。所以中國社會問題，是政制與人心的問題，不是階級問題。

一七　人類演進的問題（一）

解放全人類，不是成了今日最重要的問題嗎？究竟人類是一個甚麼東西。

人類是由獸類演進來的。地球上有了動物，不知幾百萬年了。演進爲人，到今亦有幾十萬年，可是有歷史可考的，至多四五千年，這不過是人類開化以來一點記載。我國傳說天地開闢，至春秋獲麟之歲，凡二百二十六萬七千年。上古天皇地皇人皇等，各歷世紀，有一萬多年或數千年。可見人類出世，離有史時代，是很久很久了。

各種動物，最初爭生命的生存，互相排擠，互相殺害，一直到有了人類，許多動物已絕種了。有人估計動物種類，曾經生存而後來完全消滅的，比現在存留的，有二十至一百倍之多。我們日常經過的石堆，都是許多大墳地，曾經埋葬無數動物，現今只成塊塊化石了。

在最初動物中，人也算是一類。蓬鬆不剪的髮，毛茸茸的身體，和其他獸類沒有多大分別。住的是岩石中的洞穴，和樹枝搭成的窠。吃榛實，水果，種子，草根，又殺戮旁的獸類，生食其肉。常常爲攫取食物，和旁的獸類爭鬭，恰是野獸中一種。古者嘗說上古人飲血茹毛，又說鳥獸食人，到了禹王時代，猶有治水馴服鳥獸之說。至於稱伏羲蛇身人首，神農人身牛首，更可證明當時人類，尚未完全脫離野獸形體。

人沒有獅子老虎那樣的巨齒利爪，亦不及野馬兔子會跑，也不能像毒蛇一樣的放射毒汁，在動物中總不算最利害的，然而却能戰勝旁的動物。這爲甚麼，就是因爲他的拇指對生，能握住器具來打。雖然當時所用器具，只是一根樹枝或一塊石頭，却也能使旁的動物不能近他，而他能打倒旁的動物。

動物中如猿猴一類，也是拇指對生的，能握住器具，四肢比人還要靈活，何以不能同人類一樣進化呢？即就使用器具來說，人不單是能握住樹枝石頭，選擇較合用的器具；尤其能把樹枝削了又削，石頭磨了又磨，使敵容易被這器具打着，並且一定受傷。這樣改變器具的原狀，使更能適用，決不是拇指對生的能力，而是心靈具有一種神秘作用。人所以爲萬物之靈的，就在這點作用。

要全靠戰鬪殺戮，謀得人類幸福，只有人和獸類相爭時代，是這樣情形。以後生活，所謂腕力戰鬪，殘酷殺戮，已爲人類所禁忌。即如動物，能幫助工作的，就養爲家畜。最先是養狗，看守柵欄，幫助打獵。次則養牛馬駱駝，馱運東西。又次則養蜂釀蜜，養蠶吐絲。凡有用的動物，無不利用他來作事。

再進一步，就選取植物種子，耕種田地，食物便不慮缺乏了。自然界各物被利用的越多，物質生活就日益豐富，日益便利。直到近代，發明各種機器，使用風水汽電各力。人工勞力日省一日，物質文明的進步也日新一日。人類竟成支配世界的主人了。

一八　人類演進的問題（二）

物質文明既這樣進步，人類還有甚麼不滿足呢，何以世界和平還不能實現呢？這便使我們想起人類來源，是甚麼東西變成的。

人是獸類變成的，當然帶有獸性。自私，猜忌，仇恨，殘忍，好爭鬥，是獸性的特質。所以人類經營世界，不免留些污點，造出種種罪惡。今日所謂文明人類，仍未完全脫去獸性，有時從衝動中發現出來。這種根性，在野蠻人和獸類，尤其明顯。

　　我們常見家中的狗，在地毯上，或是磚地上，用腳爪爬搔。有些狗，還在將睡時打許多圈。這爲甚麼？就是因爲狗是狼變的，他做狼的時候，在山林雜草中睡，非先爬搔踐踏不可。到了被人畜養，有平坦軟和的地方睡，那老脾氣還要發洩出來。又常見一群狗在門外打架，家中的狗，聽到同類鬧鬧聲，就不住的叫，或且要衝出去，加入戰團。必待出去以後，身上受了傷，纔拖着尾巴回來。像這樣無用而或且有害的習性，留着未去，爲做一切無聊和荒謬舉動的根源，人類也是如此。

　　野蠻人以勇敢，盡忠團體，能得公衆稱讚，爲唯一高尚的事。不過他們的性質，受感情和衝動的驅使，不受理性的支配。感情也不是調和的，而是一起一伏的。對於事物，只看表面，不追尋根由。時常向別部分人挑戰，過着捕捉生物藉以餬口的生活，生命中充滿了危險恐懼。承認強權即公理，不知甚麼是道德法律。在對待本團體中人，大家認爲不善的行爲，如仇恨，殘酷，欺騙，劫掠，侮辱，殺戮，種種事情，如果加在本團體以外的人，就認爲當然，甚至以爲應該獎勵。所以敵人如受了欺騙侮辱，或是被壓服了，便以爲極暢快的事。而本團體中人，就要互相信託，若是有人洩漏消息或不誠心做大衆所取決的事，勿論是善是惡，都以爲有罪。

　　再舉幾個事例，西烏克司印度人，以偷竊，劫掠，放火，強姦，殘殺爲得意的事。青年人從幼時，即受這種教育，在跳舞及宴會中，背誦他們所做的這些事情，以爲榮幸。東非洲人不認人有良心，所謂反悔，不過是錯過了犯罪的機會。南美極南費奇亞人飢餓時，寧殺老人，不肯殺狗。他們說："老人沒有用，狗能殺死水獺。"還有許多野蠻部落，連同情，公平，節制，人道，羞恥，感恩，寬恕，憐憫，這類名詞，他們簡直不曾聽到過。

我們生在這流動變遷的宇宙中，人類和各種東西一樣，是漸漸改變的。有許多早應舍棄的根性，因爲還未修正，便產生不少的罪惡。不論占在何種地位的人類，都是一樣。所以現在文明，雖然很有進步，然而還是一層表皮；人性的内心，依然帶野蠻性質，發生種種不良的衝動。不過善於做作的外表，比存在内心的裝得光明些，動人些。因此，這種人性的弱點，伏在各個人的心裹。和平的危險，也就伏在全世界的人類中了。

唉，獸性不消滅净盡，物質文明，究竟得到甚麽。連努力，奮鬭，也成了作惡的工具哩。

說到這裏，這位青年，一隻眼睛張着，一隻眼睛却睡着了。一隻耳朵聽着，一隻耳朵却睡着了。這樣睡着，大概他的精神，已得到一點安慰了。王先生的講演，也就告了一個結束。隨即喚醒這位青年，同到田野散步。那河流迴繞，緑楊下垂，都在這静默時間裏，表演天然景色。他們見了，也覺得悠然自得。

《初等小學國文教授書》（第一册），與向大錦合作編纂，萬聲揚、張繼煦、王式玉校閱，武昌共和編譯社 1912 年 11 月初版，1913 年正月再版，供初小第一學年第一學期教師用。據初版本整理。

教授書編輯大意

一、近出各教授書所定教案，非本實驗，義復單簡，預定答辭施之實用亦多不合，僅足供教授之參考。鄉間教師材力不齊，鮮貫通抉擇之能，且以一教師擔任全班教授，預備教案時間甚少，臨時運用頗難變化。編者曩曾視察學務，參觀各處小學，深知各書局教授書不合吾國現在教師之用。本書參以歷年經驗，義求精審，語求普通，復實施於教授，斟酌取舍，錄爲教案，足供實用。

一、吾國言文歧異，以倉卒時間用俗語解釋文字，恆難精當，毫釐之差，謬以千里。又兒童於學術上用語不易了解，非多方比喻終致隔膜。本書有鑑於此，全用白話體，經編者慘澹經營，復由同人更番討論，編爲定本，俾教師持書教授，但有語法次序之變更，無文字翻演之煩難。各教師臨時試用，比較他書，自能分判。

一、五段教授法本極精密，惟過泥形式，兒童反難領悟。本書取新式教授法之精意，純用啟發式，而講義亦不過略。各段教授循序引導，多方變化，但期適用，不拘定式。

一、各學期教授法均詳見本冊。

一、本書多待匡正，各教師用書教授時，遇教材及教案有不合之處，尚希隨時函示，以爲修改資料。

教授要例

　　一、授課之初，教師應將問答方式仔細說明。教師發問，學生能答者舉右手為號，不能答者不舉手；如同時舉手者多，教師應細察學生態度，指定一生全答；如所答合當，續問全班是否再加判決；如所答不合，再令他生續答。未指定者不准攙言，惟宜隨時輪指，不可專指數人。

　　二、本書預備問答，專取學生所習知者，應多方設法使學生必如所答，而後己提示問答。勿論學生所答合否，即令全班表決，教師再加判定。接續講解，答是者重復申說，期於全班明曉，答否者即行更正，不必限定學生恰如所答。應用問答僅舉其例，教師可審時限長短，隨時增損，迎機啟發。

　　三、本書預備及應用發問，令學生能知者舉手，由教師擇令一生對答。提示中發問有連問十數次者，全依舉手例就誤時限必多。其發問繁者，可由教師審察學生能力，以問題難易指名分令對答，並令全班表決；發問簡者仍依舉手例，應由教師斟酌本課發問繁簡，隨時運用適宜方法。指名問答本非善法，但偶用於適宜之時，且令全班表決，實無不合。

　　四、合讀全文時，宜令優生先讀，他生後讀。合讀亦分全班合讀、分排合讀兩種，用分排合讀法，一排讀畢，他排再讀，迄全讀而止，由教師隨時施用。

　　五、本書所設問答及講說，現在語言尚未統一，各處土語不同，語法次第稍有歧異。教師可隨時變通，務合兒童口吻，期于明曉，不必泥定原文，但不宜與大旨抵觸，致失教授本義。

　　六、教師發問或講說時，遇有名詞為兒童不能領悟，及當最注意之處，應反覆申明。

　　七、教師講說勿論何課，凡有形可指者必指形，有式可作者必作式，說話宜慢，講説稍長，須分段停頓。如數名詞相連，每説一句詞，必略停頓。

八、教科書於預備問答前，即令揭開，因小學教具難盡完全，有時預備問答，即指圖發問，不得不然。若使兒童注意黑牌，是在教師隨時留心。

九、本書中大字及作（）式爲指示教師語，由教師自行演述；作""式爲答辭，餘均向學生講説之辭；……連點爲不確定之答，提示項下答語均綴連點，係爲教師留講説地步。

第一學年第一學期教授上之心得

一、本册教材單記名詞，預備段在識名，提示段在識字識義，如教材虛實字相間，預備段在引起零碎舊觀念，以資提示段之講說。

二、本書用啓發式，兒童初時入學知識極爲幼稚，故本册提示段多就習見習聞事實，以引導新授之知識。

三、本册單記名詞，各課教材單純提示一段，分讀法講解爲二，聯字成句，各課教材較爲複雜，隨讀隨講，均爲兒童容易領受起見。

四、本册應用段多用練習法，俾兒童初時識字得以堅其記憶。

五、本册形似音近義通之字，均爲揭開，俾兒童易于分辨。

第一課

教材　人

預備　持教科書，令學生揭開本書第一課（凡講某課，即令學生揭開某課，並持書示之）。指圖中人問："這畫的是甚麼？"學生答曰："人"（下省稱答）。問："畫的人有男人女人嗎？"答："有男人有女人。"問："畫的人有大人有小孩嗎？"答："有大人有小孩。"問："你們是不是人？"答："是。"問："我是不是人？"答："是。"

提示

　　讀法　書人字於黑牌上，以教鞭指示學生，朗讀三遍，隨令學生仿讀若干遍。

　　講解　問："飛的雀子可以叫做人嗎？"答："不可。"問："走的貓子狗子可以叫人嗎？"答："不可。"雀子是飛鳥，飛鳥不是人。貓子狗子是走獸，走獸也不是人。不是人，就不能叫他爲人。

问:"人的形像和雀子貓子狗子是一樣嗎?"答:"不是一樣。"人的身是直的,頭在上,脚在下。那飛的雀子、走的貓子狗子,頭在前,身子在後,是橫的,和人的形像不同。

问:"人做的事雀子貓子狗子也能去做嗎?"答:"不能。"人没有翅膀,不如飛鳥能飛;没有四支脚,不如走獸會跑。但是,人比飛鳥走獸聰明些,因爲人能讀書,學些本領,飛鳥走獸是不能彀的。所以世上的事,都是人做成的。

问:"人有大小男女不同,都叫做人嗎?"答:"都叫做人。"只要成了人的形像,不論是男人、是女人、是大人、是小孩,都是叫他爲人。

應用　(在黑牌上寫人字十餘个,大小參錯,指令學生辨認)

问:在地上生長的都是人嗎? 问:人不讀書學本領算得有用的人嗎?

第二課

教材　口

預備　指自己之口,向學生问:"這是甚麼?"答:"口。"问:"你們都有口嗎?"答:"有口。"

提示

　　讀法　(照前課教式)

　　講解　问:"你們吃飯喝茶用甚麼去吃,用甚麼去喝呢?"答:"用口。"口能吃飯,口能喝茶,人假若没有口,就不能生活了。

问:"你們説話是從哪裏説出來呢?"答:"從口裏説出來。"口能説話,所以自己的意思,能彀説與別人知道。

问:"慌話罵人的話可以説嗎?"答"不可以説。"慌話罵人的話不可以説,所以口能説話,却不可以亂説。

问:"把吃喝的東西吃得太多、喝得太多,肚子裏好過不好過呢?"答:"不好過。"

问:"吃不得喝不得的東西錯吃了錯喝了有害没有害呢?"答:"有

害。"多吃多喝不好，錯吃錯喝更不好，所以口能吃喝，却不可以亂吃亂喝。

應用　（在黑牌上寫口字十餘个，大小參錯，指令學生辨認。再間隔抹去數个口字，參入人字，通令辨認，以期溫習純熟。）

問：口有甚麼用處？問：用口說話、用口吃喝都要小心嗎？

教材　手　耳

預備　問："前課講的口是能說話的，譬如我現在用口說話，你們用甚麼來聽呢？"答："用耳。"問："又講過口能吃喝，假若有一盌飯一杯茶放在棹上，應該用甚麼去拿呢？"答："用手。"問："個個人都有耳有手嗎？"答："都有。"

提示

讀法　先授手字，後授耳字。每字朗讀三遍，令學生仿讀二三遍，再合讀二三遍。

講解　先講手，問："貓子狗子有手嗎？"答："沒有。"問："雀子有手嗎？"答："沒有。"問："人有手嗎？"答："有。"貓子狗子沒有手，雀子沒有手，只有人是有手的，所以人能彀做事。

問："手生長在人身上甚麼地方呢？"答："在膀臂上。"人身上的膀臂，有上膀，有下膀，手是和下膀連着的。（指形講示）手的用處多，能拿物件，能寫字，能做器具。所以人做的事，多半是靠手做出來的。

講耳，問："耳生長在人身上甚麼地方呢？"答："臉上。"問："用極小的聲音向着聾子說話他聽得明白嗎？"答："聽不明白。"耳生在臉上的兩旁，能聽聲音。假若是耳受有傷，聲音聽不明白，就和聾子一樣。小孩們要小心的，一防着極大的聲音震了耳朵，遇着打雷和放礮的時候，要用兩手貼耳；一耳內發癢的時候，不可亂挖，一有水貫進耳內要擦乾，又用重力打耳朵，拉耳輪（作式），都是不可的。

應用　（在黑牌上將手、耳兩字從橫參差，各書多字，指令學生辨認。再間隔抹去若干字，參入人、口兩字通同練習）

問：手和口的用處有甚麼不同？問：耳和口的用處有甚麼不同？

第三課

教材　日　月

　　預備　指講堂日光，問："這照到屋裏來的是甚麼光？"答："日光。"（日俗稱太陽，又稱日頭。若遇本天無日或下雨，當問陰天不及晴天亮，是天上有甚麼東西纔亮的。）問："夜裏有時候天上發出亮來好像日光，那是甚麼？"答："月。"（俗稱月亮）問："看這畫的有個圓圈像球，有一彎像人的眉毛（作式），哪是日哪是月呢？"答："圓的是日，一彎的是月。"

提示

　　讀法　（照二課手、耳教式）

　　講解　問："我們不論到甚麼地方都看得見日都看得見月嗎？"答："都看得見。"日光月光照到地上，只要沒有遮着，是無一處不有的。問："日光月光都是一樣大嗎？"答："日光大。"日光大，月光小，所以日間做事，祇有日光，都看得見。夜裏寫字，做針綫，還是要燃燈。問："日光月光都是一樣熱嗎？"答："日光熱。"日像火球，光大些，又熱；月光小些，不熱。問："日出來的時候天是甚麼樣，日落土的時候天是甚麼樣？"答："日出來天亮，日落土天黑。"日出有光，天就亮了。日落土，沒有光，天就黑了。從日出到日落的時候，謂之一日，又謂之一天。從今日日落土到明日日出來的時候，謂之一夜。問："月是像日一樣總是圓的還有時候缺的？"答："月有時候缺的。"月亮初起像人的眉毛，漸漸的放大。滿了十五日，纔是圓的。圓的時候，同日一樣。圓過了十五日，又漸漸缺了。再過十五日，就還了初起時候的原樣。

應用　練習認字。照第二課手、耳教式。惟課愈多，則參入熟字愈多，溫習時間必過久，總以參入接近數課熟字，漸舍去最前各課爲是。

　　問：日和月有甚麼不同？問：夜裏何以沒有白天裏亮呢？

注意　（口日形似）本編注意定例，凡本課正文，有與前課形似音近之字，特行揭出，由教師分別指示，或令學生辨認。

教材　山　水

預備　用杯盛水並一空盤置講棹上，問："你們看見過山嗎？"答："看見過。"問："這畫的像山嗎？"答："像山。"問："你們看見過水嗎？"答："看見過。"持盛水的杯問："杯裏裝的是甚麼？"答："是水。"

提示

　　讀法　（照二課手、耳教式）

　　講解　講山，山從平地突起出來，高高向上，有土山，有石山，有土和石湊成的山。問："各處的山都是一個樣嗎？"答："……"山的高低大小不一，高的有高到半空中的，低的有比屋高的；大的有繞着周圍走幾天，還走不盡頭的，小的有像土堆的。

　　講水，出水的地方不一，有河水，有井水，有泉水，有塘堰的水。

　　問："水可用缸用桶裝着嗎？"答："可以。"問："水能彀用空手拿着嗎？"答："不能。"水是流動的，可以用器皿裝着，不能用手拿着。又沒有一定的形體，用四方的器皿裝水，水就是四方的，用圓的器皿裝水，水就是圓的。不論用甚麼裝着水，水面總是平的。假若放一塊木頭瓦片在水裏，水就分開，這木頭瓦片，就占着水的地方了。（以杯中水轉注盤中，按上文講授次第，分段指示其能變形，能成平面，能容物之種種實狀。）

　　問："水有甚麼用處？"答："……"水的用處狠多，不乾淨的物件，必用水洗。田裏種的穀麥，園裏長的花草樹木，一定要用水潤着。人的口乾了，也要喝水。但是冷水喝了，容易生病，定要把水用火燒成開水，纔能喝。

應用　（練習認字，參照二課手，耳三課日、月教式）

　　問：上山要用梯子嗎？問：水能彀向高處流嗎？問：甚麼山纔能出樹木呢？問：甚麼地方出魚出鰕子呢？

第四課

教材　米　布

預備　備稻米麥米各一勺布一段。持稻米，問："這是甚麼?"答："稻米。"（俗叫穀米）持麥米，問："這是甚麼?"答："麥米。"問："人吃的米祇有稻米和麥米嗎?"答："……"持布，問："這是甚麼?"答："布。"問："你們看見的布都和這布一樣的嗎?"答……"

提示

　　讀法　（照二課手、耳教式）

　　講解　講米，問："米是從甚麼出來的?"答："……"稻米是把稻子去了殼的，麥米是把麥子去了皮的。問："人常吃的是甚麼米?"答："稻米。"人常吃的，大概都是稻米。鄉間大麥黃的時候，有的吃麥米。又山多的地方，有的吃包谷米（即玉蜀米）。乾田多的地方，有吃粟米的。麵食都是小麥米做的。

　　講布，問："布是甚麼做的?"答："……"布是綫織成的，棉綫織的爲棉布，絲綫織的爲絲布，麻織的爲葛布夏布，常用的大概都是棉布。問："各樣的布都是一樣的顏色嗎?"答："……"本色的布是白色，加染就成各種顏色，用紅的染就成紅布，用藍的染就成藍布，又用花樣印花，就成印花布。

應用　（練習認字照二課手、耳及三課日、月教式）

　　問：米有甚麼用處? 問：布有甚麼用處?

第五課

教材　刀　尺

　　預備　預取刀尺各一具，問："裁紙用甚麼?"答："用刀。"問："切菜用甚麼?"答："用刀。"持刀問："這是甚麼?"答："刀。"問："你們家裏有尺嗎？"答："……"持尺問："這是甚麼？"答尺。"
提示

  讀法 （照二課手、耳教式）

  講解 講刀，指圖說小的是裁紙刀，寬大的是菜刀，長的是軍刀。問："刀是甚麼做的？"答："……"刀是鐵匠用鋼鐵在火裏燒煉，用錘錘，用鑢鑢口纔成的。問："刀能割傷人嗎？"答："能割傷人。"刀口又硬又薄，能割傷人，拿刀要拿刀把，軍官的刀用套子套着，是妨割傷了手，亦有不開口的。

  講尺，尺上有記號，分一尺爲十寸，每寸又分爲十分。（就圖指示）問："尺是甚麼做的？"答："……"尺是極堅結的木料做的。問："尺是做甚麼用的？"答："……"尺是量長短的，譬如有一疋布，不曉得有多少長，用尺一量，就曉得是幾尺幾寸幾分了。還有別的物件，要曉得長短，都可以用尺量的。

應用 （練習認字照二課手、耳，三課日、月教式）

  問：刀口可用手拿嗎？問：尺有長短不同嗎？

第六課

  教材 土 田

  預備 問："地上是土嗎？"答："是土。"問："地上有田嗎？"答："有田。"問："田裏是不是土呢？"答："是土。"

提示

  讀法 （照二課手、耳教式）

  講解 問："不論甚麼地方都有土嗎？"答："都有土。"地是土積成的，人住的地方無一處不有土。問："地上的土可以生長東西嗎？"答："可以生長。"土是鬆的，灌水就成濕土，又能生長各物，所以花草樹木、一切有根的，都是土裏生長出來。問："田裏的土同地上的土是一樣嗎？"答："是一樣。"田是就地上的土，劃成塊段可以耕種的。田裏能長稻麥，凡做田的，都是地上的好土。問："田裏長的各處是一樣嗎？"答："不是一樣。"各處的土不一樣，田裏長的就不一樣，有肯長稻穀的，有肯長大麥小麥的，有肯長豆子的，有肯長棉花的。大概水田出稻穀，乾田出麥豆棉花。

應用　（練習認字照二課手、耳，三課日、月教式）

　　問：土能出些甚麼？問：地上都是田嗎？

教材　石　火

預備　取石塊並燃紙煤置講棹上，問："你們看見過石嗎（俗稱石爲石頭）？"答："看見過。"持石，問："這是甚麼？"答："石。"問："你們看見過火嗎？"答："看見過。"吹燃紙煤，問："這紙煤發出來的光是甚麼光？"答："火光。"

提示

　　讀法　（照二課手、耳教式）

　　講解　講石，問："水不能用手拿，石能用手拿嗎？"答："能用手拿。"（此時示以手拿石之狀。）石能用手拿，所以石是有一定的形體。問："木頭瓦片放在水裏就分開，把木頭瓦片放在石上，石能分開嗎？"答："不能。"（此時示以置物石上之狀）石有一定的形體，在一處地方放着石頭，假若沒有空地，就不能另放他物。問："在土上灌水，水能灌到土內嗎？"答："能。"問："在石上灌水，水能灌到石內嗎？"答："不能。"（此時示以水灌石之狀）水能灌到土內，因爲土是鬆的，水不能灌到石內，所以石比土堅結些。

　　石堅結，能經久不壞，可以砌墻、填路、做橋，又可以雕成器具。

　　講火，問："燈用甚麼點燃呢？"答："用火。"火可以燃燈，日光月光照不到的地方，照不到的時候，有火照着，纔能明亮。問："煎茶煮飯用不用火呢？"答："用火。"茶要火煎，飯要火煮，所以火是人日日不能少的。問："火有害處嗎？"答："有害。"人假若隨意玩火，被火燙着，就要燙傷了。若是燒着了物件，就易燒到房屋上去了。所以，小孩們是萬不可以玩火的。

應用　（練習認字照二課手、耳，三課日、月教式）

　　問：石有甚麼用處？問：火有甚麼用處？問：火可以玩嗎？

第七課

　　教材　父　母

　　預備　問："你們都有父親母親嗎？"答："有。"問："人有大人有小孩，父母和兒女在一處，那個是大人那個是小孩呢？"答："父母是大人，兒女是小孩。"指書上圖，問："書上畫的一家人有大人有小孩，這兩個大人應該是小孩的甚麼人呢？"答："是他的父親母親。"問："穿長衫短褂的是小孩的甚麼人？"答："父親。"問："穿裙的是小孩的甚麼人？"答："母親。"

提示

　　讀法　（照二課手、耳教式）

　　講解　問："兒女是誰生的？"答："是父母生的。"父母是對兒女的稱呼，即是生兒女的人。

　　問："在外賺錢來養你們的是你們的父親嗎？"答："是父親。"問："你們小時不能說話的時候喂你們的乳，替你們穿衣，是你們的母親嗎？"答："是母親。"問："你們現在吃飯穿衣是靠那個呢？"答："靠父母。"兒女初生的時候，不能說話，父母想到兒女身上的冷，就替他穿衣，熱就替他脫衣。想到女兒的口乾、肚子餓，就喂茶喂飯。父母的心，是沒有一時一刻不記着兒女的。兒女的年紀漸漸長大，飲食衣服，還是要靠父母照護。父母慢慢的養，慢慢的教，纔能成人。照這樣看來，父母的恩真是大極了。

　　問："父母生養兒女辛苦不辛苦呢？"答："辛苦。"問："父母生養兒女的恩是不是要報答呢？"答："要報答。"問："父母待你們好不好呢？"答："好。"問："旁人待你們有父母這樣好嗎？"答："沒有。"問："你們愛不愛你的父母呢？"答："愛。"父母不比旁人，生養兒女極辛苦，待兒女極好，兒女是應該愛父母、報父母的恩的。

應用　（練習認字照二課手、耳，三課日、月教式）

　　問：不聽父母的話不敬重父母，這樣的人好不好？問：那個待你們有最大的恩是一生不可忘的？

注意　（父火形似）

教材　男　女

　　預備　問："人有大人有小孩嗎？"答："有。"問："大人有男人女人嗎？"答："有。"問："小孩有男孩女孩嗎？"答："有。"問："這畫的穿長衫短褂的是甚麼人？"答："是男人。"問："穿裙的是甚麼人？"答："是女人。"

提示

　　讀法　（照第二課手、耳教式）

　　講解　問："家裏有父親母親那個是男那個是女呢？"答："父是男，母是女。"問："家裏有兄弟有姐妹，那個是男那個是女呢？"答："兄弟是男，姐妹是女。"問："家裏有哥哥嫂嫂，那個是男那個是女呢？"答："哥哥是男，嫂嫂是女。"問："家裏有伯伯叔叔，有伯母嬸母，那個是男那個是女呢？"答："伯伯叔叔是男，伯母嬸母是女。"照這樣看來，男女不同，稱呼即不同。所以聽人的稱呼，就曉得是男人，是女人。

　　問："男女穿的衣服是同樣嗎？"答："不同。"男女的衣服不同樣，所以看人的衣服裝扮不同，就曉得是男人、是女人。

　　問："男人做的事同女人做的事是一樣嗎？"答："不一樣。"男人在外做事的時候多，女人在家裏做事的時候多。種田、做買賣、當兵、做官，大概是男人做的事；紡綫織布、做針綫、做茶飯，大概是女人做的事。男女做的事，都是要緊的。世上祇有男人不可，祇有女人亦不可，所以男女是一樣貴重的。男女的稱呼、裝扮以及做事，雖種種不同，但同是一個人，都是要讀書的，能讀書纔算得是一個完全的人，所以女人也不可不讀書。

應用　（練習認字照二課手、耳，三課日、月教式）

　　問：世上的人不是男人就是女人嗎？問：男女都要讀書嗎？問：女人不讀書能算一個完全人嗎？

第八課

教材　衣　巾

預備　取手巾一條，問："你們身上穿的是甚麼？"答："衣。"問："你們今日穿的幾件甚麼衣服？"答："……"（以引起學生就所穿衣服，如長衫短襖等類一一舉出爲是）。持手巾，問："這是甚麼。"答："手巾。"（手巾又叫手帕，又叫手袱，須告以可專稱巾）問："你們今日那個拿的有手巾呢？"（令學生有手巾者持示他生）

提示

　　讀法　（照二課手、耳教式）

　　講解　講衣，問："人爲甚麼要穿衣呢？"答："……"飛鳥走獸，滿身上都是毛護着，人身上沒有那許多的毛，假若不穿着衣服，到了天氣冷的時候，身上一定熬受不住。況且人是最顧羞恥的，身上沒有遮蓋，赤身露體，是狠難看的。問："衣是甚麼做成的呢？"答："……"把織成的布，用剪去裁，用針綫去縫，就成了衣服。問："衣是甚麼樣子？"答："……"衣有領，有扣鈕，有袖。新式的衣是對襟，長不過膝，比洋衣一樣。衫子、袍子、襖子皆有大襟小襟，是很長的。還有馬褂、背褂，樣子更多。（就學生所穿各樣衣服指示）

　　講巾，問："你們洗臉洗澡用水把甚麼打濕去洗呢？"答："手巾。"問："你們見有人以布纏頭的嗎？"答："……"人常用的是乾手巾，用手拿着，擦手擦臉，不用水打濕。洗臉洗澡的布，是和水去洗的，也叫做手巾。纏在頭上的是頭巾，有軍人挽的頭巾，有工人挽的頭巾。問："巾是甚麼做的？"答："……"做巾的材料，同衣服一樣，有布的，有絲綢的，有棉紗的。

  應用　（練習認字照二課手、耳，三課日、月教式）

  問：鳥獸不穿衣爲甚麼不怕冷呢？問：甚麼叫手巾？問：甚麼樣叫頭巾？

第九課

教材　天　地

預備　問："人望日月要向那裏望，纔能看得見呢？"答："向天上望。"問："我們不論到甚麼地方都看得見天嗎？"答："都看得見天。"問："我們腳踩的是甚麼？"答："是地。"（如屋有地板或磚，學生不即答地者，當續問地板下或磚下是甚麼）問："我們不論到甚麼地方腳踩的都是地嗎？"答："都是地。"

提示

  讀法　（照二課手、耳教式）

  講解　問："屋頂是在我們的頭上嗎？"答："是在頭上。"問："天也是在我們的頭上嗎？"答："也是在頭上。"問："屋頂在上屋的四圍，是不是有牆壁有柱頭撐住嗎？"答："是的。"問："天在上，我們看見天的四圍有撐住的沒有？"答："沒有。"天是氣，塞滿空中，沒有甚麼撐住的。這個氣，又多、又清、又遠。因爲多，所以望着天成了一塊。因爲清，所以望着天是極清淡的色。因爲遠，所以望着天很高。問："你們看天像甚麼樣子？"答："……"問："你們望天是那裏高些？"答："天頂上高些。"天像一個極大的圓頂，罩着地上，人不論到甚麼地方看天，都像鍋罩着的，中間極高，四圍漸漸向下低，差不多和地相連。

  問："地是平的嗎？"答："……"地面上是土，高的是山，低的是水，沒有山沒有水的地方是平的。問："地上出些甚麼？"答："……"人和飛鳥走獸、草木土石，無一樣不是生長在地上的。

  應用　（練習認字照二課手、耳，三課日、月教式）

問：和天對面的是甚麼？和地對面的是甚麼？問：天是甚麼成的？地是甚麼成的？

第十課

教材　牛　羊

預備　問："你們看見牛嗎？"答："……"問："你們看見羊嗎？"答："……"問："你們家裡喂的有牛羊嗎？"答："……"

提示

　　讀法　（照二課手、耳教式）

　　講解　（就模型或圖）指牛，說這是牛，牛有黃牛水牛，黃牛小些，水牛大些。指羊，說這是羊，比牛小些，有角的是山羊，沒有角的是緜羊。指圖，說牛和羊都有角，山羊的角，從頭頂上長出，向後彎。牛的角，長在頭的兩旁。緜羊沒有角，有一種母緜羊，也有角，和牛一樣，但是不多看見。問："牛羊有幾支脚呢？"答："四支。"牛羊有四支脚，凡是走的獸，都是四支脚。問："牛羊的眼睛長在甚麼地方？"答："在臉的兩旁。"牛羊的眼睛，是長在臉的兩旁，不像人的眼睛，是長在臉的前面。問："牛羊是養在家裡的是生長野外的呢？"答："畜在家裡。"牛羊是畜在家裡的，不是野獸，有時候放在野外吃草，一定要有人去照護。

　　問："家裡喂牛羊有甚麼用處？"答："……"牛能耕田，牛的乳可以吃，極養人。羊的毛，可以做衣，又可以做筆。牛羊的肉都可以吃。

　　應用　（練習認字照二課手、耳，三課日、月教式）

　　問：做甚麼事的人家必要養牛呢？問：羊的肉比毛是那樣用處多些呢？問：羊有些甚麼？牛有些甚麼？

教材　狗　馬

預備　問："你們家裡喂得有狗嗎？"答："……"問："你們家裡喂得有馬嗎？"答："……"（就模型或圖）指狗，問："這是甚麼？"答："狗。"

指馬，問："這是甚麼？"答："馬。"
提示

　　讀法　（照二課手、耳教式）

　　講解　問："馬比牛是大些是小些？"答："……"問："狗比羊是大些是小些？"答："……"馬比牛些微小點。狗比羊些微小點。問："牛羊吃草，狗馬吃甚麼？"答："……"馬吃草，和牛羊一樣。狗吃糧食，喝水是用舌去餂的。問："狗馬有甚麼用處？"答："……"馬可以拖車，可以騎人，可以駝物件。狗見生人就叫，可以守門，可以守夜。

應用　（練習認字照二課手、耳，及三課日、月教式）

　　問：狗比馬那個大那個小？問：狗比牛是大些是小些？問：狗比羊是大些是小些？問：狗馬是家裏養的獸是野獸？

第十一課

教材　左手　右手

預備　（書手字令學生辨認）問："人有幾隻手？"答："兩隻手。"問："兩隻手都長在一邊嗎？"答："不是。"問："你們拿筆寫字的是那一隻手？"問："你們吃飯的時候用那一隻手拿筷子？"問："哪一隻手拿盌呢？"（上三問均令全班學生舉手，誤者矯正之）

提示

　　讀法　書左右二字，照二課手、耳教式。再照教材本文，補書手字，令學生合讀二三遍。

　　講解　問："吃飯的時候，拿盌的手，和拿筷子的手，是共一隻手嗎？"答："……"拿盌的是左手，拿筷子的是右手。（示以手式）問："拿筆寫字的手，就是拿筷子的那一隻手嗎？"答："是。"拿筷子的是右手，寫字的也是右手，右手比左手靈便，所以人做事用右手的時候多些。但是做事的時候，還是要左手一起用。譬如寫字，不用左手，本可以寫。假若左手不動，就不方便，所以左右兩隻手是一隻不可少的。問："手的左右，你們認得清楚，假若是要分別方向的左右，曉得不曉得呢？"答："……"分別方向的左右，要看手的位置。譬如你們的座位，靠左手的是左邊，靠右手的是右邊。譬如操體操，向左看必是望着左手的方向看，向右看必是望着右手的方向看。

應用　（練習左右字照二課手、耳、三課日、月教式，手字是熟字不必練習，下仿此）問：那是右手（令學生舉手）？問：那是左手（令學生舉手）？問：耳有左右嗎？問：眼有左右嗎？問：脚有左右嗎？

注意　左右（形似）

第十二課

教材　房　屋

預備　問："人日裏夜裏在野外沒有一點遮蓋的地方住着可不可呢？"答："不可。"問："要有遮蓋的地方纔可以住人嗎？"答："是。"問："有遮蓋可以住人的地方是叫甚麼？"答："是屋。"問："你們常住在屋內嗎？"答："是。"問："屋內有房嗎？"答："有。"問："屋內有些甚麼房呢？"答："……"

提示

　　讀法　（照二課手、耳教式）

　　講解　問："甚麼叫做房甚麼叫做屋？"答："……"用樹木紮起架子，旁面用磚土做牆，上面蓋瓦或鋪草，以遮蓋風雨，這就是屋。屋內劃出地界，或用牆隔着，或用板隔着，隔成一間一間的，這就是房。問："人住的屋各處都是一樣嗎？"答："……"各處的屋不一樣，有瓦屋，有草屋，有土屋。有做樓高到三層四層的，有前後相連深到三重四重的。尋常人家的屋，大概祇一二重，沒有樓的。問："屋內有間隔的地方都叫做房嗎？"答："……"屋內有間隔的，不一定盡是叫房，大概中間的爲堂屋，在兩旁的爲房。房的稱呼也有分別，在正屋兩旁的爲正房，又叫上房，在正屋前後天井兩旁的爲廂房，還有廚房、門房也是叫房。

應用　（練習認字照二課手、耳、三課日、月教式）
問：房和屋有甚麼分別？問：人爲甚麼要做房屋？

教材　門　窗
預備　指門，問："這是甚麼？"答："門。"：指窗，問："這是甚麼？"答："窗。"問："不論甚麼房都有門有窗嗎？"答："都有。"
提示
讀法　（照二課手、耳教式）
講解　問："你們上講堂，從那裏進來纔到屋裏呢？"答："從門裏進來。"門是爲人便于出進做的，假若講堂没有門，在講堂外的人，就不能進來，在講堂内的人，就不能出去。問："講堂黑暗，要放光進來應該怎麼樣呢？"答："開窗。"開窗可以放光進屋裏來，所以講堂要開窗纔有光。窗還可以透氣，這就是窗的作用。問："門開在屋的甚麼地方？窗開在屋的甚麼地方呢？"答："……"開門的地方，要在屋脚平地方，通着走路，人纔便於往來。開窗的地方，要在壁的中間，人的眼睛可以平着看去，又要當空的地方，纔有光進來。

門是通出進的，但不能長開不關，所以有門的地方，必做門框、門扇、門閂。上下兩旁的木板是門框，可以關可以開的是門扇，專爲關門用的是門閂。（就講堂門分别指示）窗也是做門扇，可以關可以開的。
應用　（練習認字照二課手、耳，三課日、月教式）
問：門有甚麼用處？問：窗有甚麼用處？

第十三課

教材　棹　椅　几
預備　預取茶几一張置教室内，問："你們的書擱在甚麼地方呢？"答："棹上。"問："你們坐的甚麼？"答："椅。"指几，問："這是甚麼？"答："几。"問："你們家裏都有棹有椅有几嗎？"答："有。"問："你們在別處

看見的棹椅几和現在看見的樣子有不同的嗎？"答："……"（宜誘起學生將所見各種式樣一一說出）

提示

　　讀法　（照二課手、耳教式）

　　講解　問："棹有些甚麼樣子？"答："……"問："棹有些甚麼用處？"答："……"棹用以擱物件，寫字吃飯，都少不了的。有方棹，有圓棹，有條棹，都叫做棹。問："椅有些甚麼樣子？"答："……"問："椅有些甚麼用處？"答："……"椅用以坐人，有有靠的，有沒有靠的。有靠的也有兩樣：一樣是只有後面可以靠背的，一樣是兩旁有靠可以擱手膀的。問："几是甚麼樣子？"答："……"問："几有甚麼用處？"答："……"几像棹子，比棹子小，放在兩椅中間，專爲同客坐着談話的時候，擱茶杯用的，所以又叫做茶几。問："棹椅几是甚麼做成的？"答："……"棹椅几大概是木的。茶几和椅也有用竹子做的，也有用藤子做的。茶几和棹子也有嵌石的，椅子有用布用皮幔着的。

　　應用　（練習認字照二課手、耳，三課日、月教式）

　　問：棹椅和几有甚麼不同？　問：棹和椅有甚麼不同？

第十四課

教材　馬一尾　牛二角。

預備　（書"馬、牛"令學生辨認）問："第十課講牛羊，說牛長在頭的兩旁，山羊從頭頂上長出向後彎的是甚麼？"答："角。"問："牛羊狗馬你們都看見過的，那牛馬股後拖的比羊狗都長些是甚麼？"答："尾。"問："馬有幾個尾？"答："一個尾。"問："牛有幾個角？"答："二個角。"

提示

　　讀法　（照十一課左手、右手教式）

　　講解　獸有尾的多，有角的少。有尾的總衹一個尾，有角的多半是二個角。問："獸的尾是甚麼樣子？"答："……"尾拖在身子後，有長的，有短的。短的粗，長的細。伸手一指，問："這是幾個?"答："一個。"伸手二指，問："這是幾個?"答："二個。"問："一加一是幾個?"答："二個。"一是起頭的數，二是二個一合成的數。問："馬的尾巴是什麼樣子?"答："……"馬的尾巴是粗毛，一根一根的和綫一樣，不能豎起。走獸都是一尾，所以馬是一尾。

問："獸的角是甚麼樣子?"答："……"角突出頭上，比骨一樣，極堅硬。角的秒是尖的。問："牛的角是甚麼樣子?"答："……"牛的角有直的，有彎的。牛的性子蠻蠢，力大，有時用角牴人。走獸物多半是二角，牛也是二角。

應用　（練習一尾二角照第二課手、耳，三課日、月教式）

問：人有幾個口？問：人有幾隻手？問：人有幾支耳？問：牛角有甚麼用處？問：馬尾有甚麼用處？

第十五課

教材　父出門　母在家

預備　書父母門分令學生辨認，問："前講男女説那個在外做事的時候多，那個在家裏做事的時候多呢?"答："男在外多女在家多。"問："父親母親那個是男那個是女呢?"答："父親是男，母親是女。"問："你們家裏是那個出外做事那個在家做事呢?"答："父出外，母在家。"

提示

讀法　（照第十一課左手、右手教式）

講解　指圖，問："你們看那屋門前站的是大人是小孩?"答："門前站的是小孩。"問："拿傘提皮包出門往大路上走的，該是小孩的甚麼人?"答："是小孩的父親。"問："他父親爲甚麼出門呢?"答："他的父親想是出外做事出的。"問："門内是甚麼地方?"答："是小孩的家裏。"問："在家的該是小孩的甚麼人?"答："是小孩的母親。"問："小孩的母親在家做甚麼事?"答："小孩的母親在家裏織布。"問："住家的地方是屋嗎?"答:"是屋。"問:"屋是家不是?"答:"不是家。"屋可以住家,不能說屋就是家。問:"自己沒有屋的人可以在別人的屋裏住家嗎?"答:"可以住。"問:"假若自己沒有屋,在別人的屋裏住家,這屋就算是自己的嗎?"答:"不是自己的。"問:"這住的家是不是自己的呢?"答:"是自己的。"在別人的屋裏住家,屋是別人的,家是自己的,可以見得屋不是家。照這樣看來,凡是磚瓦木石做成的叫做屋,一家人住的地方叫做家。

門可以進,可以出,出門是從門裏出去了,出門和進門是相反的。在家是住在家裏,人住的地方,就是人所在的地方,放物件的地方,就是物件所在的地方。

應用　（練習出在家照二課手、耳,三課日、月教式）

　　問:門祇可以進去的嗎?　問:你們不來學校的時候是在那裏?
注意　在左（形似）

教材　三隻狗　四疋布
預備　（書"狗、布",令學生辨認）伸三指,問:"這是幾個?"答:"三個。"伸四指,問:"這是幾個?"答:"四個。"問:"人家喂狗有喂二隻三隻的嗎?"答:"有。"問:"人家買布有買三疋四疋的嗎?"答:"有。"
提示
　　讀法　（照十一課左手、右手教式）
講解　問:"二個加一個是甚麼數?"答:"二加一的數是三。"指圖,問:"這畫的有幾隻狗?"答:"三隻。"問:"三隻就是三個嗎?"答:"三隻是三個。"問:"一雙是幾隻呢?"答:"二隻。"三隻即是三個,二隻爲一雙,所以隻是成單的數。問:"三個人可以說是三隻人嗎?"答:"人不可以稱隻。"問:"狗是走獸嗎?"答:"是走獸。"問:"飛鳥和走獸都不是人嗎?"答:"鳥獸都不是人。"三個狗稱三隻狗,狗是走獸,走獸和飛鳥都不是人。所以稱飛鳥走獸的數,都可稱隻,譬如雞幾隻,羊幾隻,是和狗一樣記隻數。

問："三個加一個是甚麼數？"答："三加一的數是四。"問："二個加二個是甚麼數？"答："二加二的數也是四。"問："布鋪架上擱的布是每一疋布做一捲嗎？"答："每一捲布是一疋布。"指圖，問："這畫的是幾疋布？"答："四疋。"問："各種的布每疋長短都是一樣嗎？"答："……"各種的布，每疋長短，各處不同，有四五十尺的，有二三十尺的。但是同出在一個地方的布，必是有一定的尺碼。問："織布的是不是織成了一疋纔割斷呢？"答："……"織布的是按原定每疋的長短，打墨，做記號，織成了一疋就割斷，所以一疋布必是一個整的。

應用　（練習三隻四疋照二課手、耳，三課日、月教式）

問：張家有一隻狗，王家有二隻狗，兩家共有幾隻狗？問：一個人有一疋布，一個人有三疋布，兩個人共有幾疋布？問：第一日買二疋布，第二日又買二疋布共買了幾疋布？

注意　山三（音近）

第十七課

教材　左右手　一手五指。

預備　（書"左右手一"，分令學生辨認）教師舉手，問："這是甚麼？"答："手。"伸手一指，問這是甚麼？"答："指。"（教師從小指遞伸至大指，令學生從一數至五，每加伸一指。問學生有幾指。）

提示

讀法　（照十一課左手、右手教式）

講解　問："那是手腕？"問："那是手背？"問："那是手掌？"問："那是手指？"（令學生伸手，各指手之部位，誤者正之）合手腕、手背、手掌、手指，統叫做手。（教師就本人手之部位一一指示）

指有五個，第一是大指，第二是食指，又叫二指，第三個是中指，第四個是無名指，原沒有名字，有叫四指的。第五個是小指。（教師就本

人手指——指示）

　　問："那是左手？"問："那是右手？"（均令學生舉手爲式，誤者正之）左手是一手，右手又是一手。問："左手有幾指？"答："五指。"問："右手有幾指？"答："五指。"左手是五指，右手也是五指，人人都有二手，每一手必有五指。問："手的指有甚麼用處？"答："……"用手抓物或拿物（作式）都是用指。

應用　（練習五指照二課手、耳，三課日、月教式）

　　問：左腳右腳各有幾趾？問：四加一是甚麼數？問：三加二是甚麼數？

第十八課

教材　樹六根　七根

預備　問："從地上一根根長起來的比屋還高有枝有葉是甚麼？"答："是樹。"問："學校前面（或內或外或附近某處）的樹你們都看見過嗎？"答："……"兩手伸六指，問："這有幾個？"答："六個。"兩手伸七指，問："這有幾個？"答："七個。"

提示

　　指圖上樹，問："這是甚麼？"答："……"（書樹字授音）凡授音均令全班學生仿讀二三遍。（下依次例）樹從土裏長出來，在土面向上長的，是樹的幹，多半是直的。從幹上旁生的是樹的枝，附着枝上的是樹的葉。指圖，問："這圖上左邊的樹有幾根？"答："六根。"（接書"六根"授音）問："右邊的樹有幾根？"答："七根。"（接書"七根"授七字音）樹的幹枝葉，是從根上發生出來的，根在土內，樹越大，根越深，沒有無根的樹，所以記樹的數目說幾根。（合讀教材，全文合讀若干遍，以及用分班讀法，或用合班讀法，由教師隨時酌定）

應用　（練習認字照二課手、耳，三課日、月教式）

　　問：五根加一根是幾根？問：四根加二根是幾根？問：三根加三根

是幾根？問：四根加三根是幾根？問：五根加二根是幾根？問：六根加一根是幾根？

教材　花八朵九朵。
預備　取花一枝或數朵，問："你們看見過花嗎？"答："看見。"問："開的花有些甚麼顏色？"答："……"問："開的花同樹枝子同不同呢？"答："不同。"問："開的花同樹葉子同不同？"答："不同。"問："開的花是甚麼樣子呢？"答："一朵朵。"伸八指，問："這有幾個？"答："八個。"伸九指，問："這有幾個？"答："九個。"
提示
　　持花，問："這是甚麼？"答："花。"（書花字授音）問："草上和樹上都有花嗎？"答："都有花。"草上的花，是開在梗上或葉間，樹上的花是開在枝頭上。指圖上，問："這圖上左邊的花有幾朵？"答："八朵。"（書八朵授八字音）問："右邊有幾朵花？"答："九朵。"（書"九朵"授九字音）問："成朵的花甚麼樣子呢？"答："……"成朵的花，有像盌的，有像碟子的，有像鐘或搖的鈴。大朵花有大的像杯盤的，小朵花有小的像指頭的，還有一些細點撮合成塊成片的，有像絨綫散着，見風就飛動的，有一顆顆像細米的，這都不算是成朵的花。（均作式並舉時花以示之）（合讀教材全文）
應用　（練習認字照二課手、耳，三課日、月教式）
　　問：七朵加一朵是幾朵？問：六朵加二朵是幾朵？問：五朵加三朵是幾朵？問：四朵加四朵是幾朵？問：八朵加一朵是幾朵？問：七朵加二朵是幾朵？問：六朵加三朵是幾朵？問：五朵加四朵是幾朵？

第十九課

教材　杯　盌　盆　盤
預備　預置杯盌盆盤各一二具，問："喝酒的時候用甚麼東西裝酒呢？"

答："杯。"指杯，問："這是甚麼？"答："杯。"問："吃飯的時候用甚麼東西裝飯呢？"答："盌。"指盌，問這是甚麼？"答："盌。"問："洗臉的時候用甚麼東西裝水呢？"答："盆。"指盆，問："這是甚麼？"答："盆。"問："你們家裏請客擔菜的時候用甚麼東西裝菜盌呢？"答："盤。"指盤，問："這是甚麼？"答："盤。"

提示

  讀法　（照二課手、耳教式）

  講解　問："杯子有甚麼用處？"答："……"有裝茶的杯，有裝酒的杯。問："盌有甚麼用處？"答："……"有裝飯的盌，有裝菜的盌，亦可以裝茶。問："盆有甚麼用處？"答："……"有洗臉的盆，有洗澡的盆，有裝菜的盆。問："盤有甚麼用處？"答："……"有裝果品的盤，有擔菜擔茶的盤。問："杯盌是甚麼做的？"答："……"問："盆盤是甚麼做的？"答："……"杯盌都是用白泥在窰裏用火燒燒成的瓷器，但杯有玻璃的，盆盤亦有瓷的，但是木做的最多。

應用　（練習認字照二課手、耳，三課日、月教式）

  問：杯比盌大小何如？問：盆比盤大小何如？

第二十課

教材　一二三四五六七八九十

預備　（分令學生書一二三四五六七八九十字於黑板上，再令他生辨認）（令學生就本圖證明各字之數，每一總圖及分圖分數必與旁方數字相符，宜逐一指令學生按圖證數）

提示

  讀法　（照十一課左手、右手教式）

  講解　問："九加一是甚麼數？"答："十。"問："八加二是甚麼數？"答："十。"問："七加三是甚麼數？"答："十。"問："六加四是甚麼數？"答："十"。問："五加五是甚麼數？"答："十"。九加一，八加二，七加三，六加四，五加五，都是十。問："一二三四五六七八九十這十個字是做甚麼用的？"答："……"這十個字都是數目字，數數、記賬是必要用的。問："勿論記甚麼物件的數，都是要用這數嗎。"答："……"勿論人物草木鳥獸，如有數可數，都是用這數，記數亦是用這十個字。問："這十個數那是單數那是雙數呢？"答："……"一三五七九爲單數，二四六八十爲雙數。

應用　問：十比九多幾個？問：十比八多幾個？問：十比七多幾個？問：十比六多幾個？問：十比五多幾個？問：十比四多幾個？問：十比三多幾個？問：十比二多幾個？問：十比一多幾個？

第二十一課

教材　紙　硯　筆　墨

預備　置筆墨硯各一具，寫字紙一張。問："你們寫字要用些甚麼？"（宜設法令學生將筆墨紙硯四項答全，如一問即全答，不必再問，若僅答一二項，當續問還要甚麼，至答全而止）。持紙，問："這是甚麼？"答："紙。"持硯，問："這是甚麼？"答："硯。"持筆，問："這是甚麼？"答："筆。"持墨，問："這是甚麼？"答："墨。"

提示

　　讀法　（照二課手、耳教式）

　　講解　持寫字紙，問："這紙是做甚麼用的呢？"問："紙的用處祇可以寫字麼？"答："……"紙不僅可以寫字，還可以包物，可以糊窗，可以印書。問："寫字的紙都是一樣嗎？"答："不一樣。"寫字的紙，是極細極光滑的紙。包物的紙極粗。印書的紙和寫字的紙差不多。問："寫字紙上是用甚麼去寫呢？"答："用筆寫。"問："筆是甚麼做的？"答："……"筆管是竹木做的，筆毫是毛做的。問："紙上寫的字爲甚麼是黑的？"答："……"墨的色是黑的，所以寫出來的字亦是黑色。問："墨是甚麼做的？"答："……"墨是薰的烟做成的，以松烟墨爲最好。問："墨要用甚麼裝着纔可以研呢？"答："硯是研磨用的。"問："硯是甚麼做的？"答："硯是石鑿成的，亦有用磚的，但用磚做硯，墨容易乾，不及石硯好。"

應用　（練習認字照二課手、耳，三課日、月教式）

　　問：你們現在用的是甚麼紙？問：你們現在用的是甚麼筆？問：你們現在用的是甚麼墨？問：你們現在用的是甚麼硯？

　　注意　紙指（音近）

第二十二課

教材　頭上　脚下

預備　問："帽子戴在那裏？"答："頭。"問："鞋子穿在那裏？"答："脚。"問："天是在上是在下呢？"答："在上。"問："地是在上是在下呢？"答："在下。"

提示

　　指頭，問："這是甚麼？"答："……"問："頭是不是在上呢？"答："在上。"（書頭上二字授音）。問："頭生在人的身體甚麼地方呢？"答："……"頭是人身最上一部，在頸項上，腦殼及臉面（就頭的部位指示）相合爲頭。問："頭在人身上有甚麼用處呢？"答："……"腦在人的頭上，人的聰明，都從腦發生，所以眼睛、耳朵、鼻孔、口，一切有用的，都生在頭上。

　　指脚，問："這是甚麼？"答："……"問："脚是不是在下呢？"答："在下。"（書脚下二字授音）問："脚在人的身體甚麼地方呢？"答："……"人的下體，分上腿、下腿、脚三部，脚是最下的一部，與下腿相連。（就下體各部位指示）問："脚有甚麼用處呢？"答："……"人身體是直的，惟脚是橫的，人能站得穩，快跑不蹉，皆靠着脚。

　　問："甚麼樣爲上甚麼樣爲下？"答："……"不論甚麼物件，都有上下，大概是在高處爲上，在低處爲下。人要望高處，頭必向上。要望低處，頭必向下。

應用　（練習認字照二課手、耳，三課日、月教式）

　　問：人爲甚麼以頭爲最尊貴呢？問：脚的用處比手甚麼樣？問：眉毛在眼睛的何處？問：口在鼻孔的何處？

注意　上土（形似）

教材　胸前　背後

預備　問："人的乳子是長在身上那裏呢？"答："胸前。""人身的前面是胸，後面是甚麼？"答："背。"問："屋有前後沒有？"答："有。"問："一群人走路走的人有前後沒有？"答："有。"

　　提示

　　指胸，問："這一塊是叫甚麼？"答："胸。"（書胸字授音）問："胸在人的身體甚麼地方？"答："……"人身的中部是體幹，體幹下半部爲肚子，上半部爲胸。胸前有筋骨分排兩旁。（就胸的部分指示）問："胸是不是在前呢？"答："在前。"（書"前"于胸字下授音，兼合讀胸前二字。）在教授中截句合讀至多以三遍爲限（餘依次例）。

　　指背，問："這是甚麼？"答："背。"（書背字授音）。問："背在人的身體甚麼地方呢？"答："……"背在胸的後面，上連肩膀，下連腰。（就背後部位指示）問："背是不是在後呢？"答："在後。"（書"後"于背字下授音兼合讀背後二字）。問："你們能看見胸嗎？"答："能"。問："你們能看見背嗎？"答："不能"。正面爲前，反面爲後。正面是眼所看見的，反面是眼所不能看見的。眼能看見胸，所以胸在前，眼不能看見背，所以背在後。

應用　（練習認字照二課手、耳，三課日、月教式）

　　問：呼吸的時候胸動不動呢？問：背若是常向前彎舒服不舒服（就校內坐位及器具發問，令學生證明前後）？

第二十三課

教材　算盤　書包

預備　取書包算盤各一具（書盤字令學生辨認），問："做買賣的人要把賬算清用甚麽東西去算呢？"答："用算盤。"持算盤，問："這是甚麽？"答："算盤"。問："你們上學都拿書嗎？"答："拿書"。問："你們拿的書用甚麽東西包着呢？"答："用書包"。指書包，問："這是甚麽？"答："書包。"

提示

　　讀法　（照十一課左手、右手教式）

　　講解　算盤是算賬要用的，不惟做買賣的要用，就是平常記數，亦不可少。因爲算盤上的顆顆子，像珠子一樣，所以叫做珠算。持算盤，問："這算盤，每格上格有幾顆子下格有幾顆子？"答："……"上格二顆子，下格五顆子。問："算盤上的子是甚麽用法？"答："……"下格的子每顆當一個數，上格的子每顆當五個數。（設數用算盤動子示之期於明曉）

　　指圖，問："這圖上畫的書包是甚麽樣式？"答："……"這書包的樣式，上繫着帶，可以掛在背上，或提在手裏。下面做的荷包，可以裝書及各項要用的物件。問："上學放學的時候你們拿着許多的書，若不用東西包着是不是容易失落呢？"答："容易失落。"問："挾書走路不用東西包着是不是容易擦壞呢？"答："容易擦壞。"書不用東西包着，既容易失落，又容易擦壞，所以學生上學放學的時候，定要把書放在包裏。纔没有失落及擦壞的事。

應用　（練習算書包照二課手、耳，三課日、月教式）

　　問：上學放學學生用書包有甚麽益處（持算盤就十位以内之數動子逐一指問學生）？

第二十四課

教材 樹上雀　水中魚

預備 問："貓子狗子能飛不能飛呢？"答："不能飛。"問："能飛的是甚麼？"答："雀鳥"。問："常在樹林裏竹園裏飛飛叫叫的是甚麼？"答："雀子"。問："在屋簷角做窠的是甚麼？"答："雀子。"問："雀子可不可以放在水裏養着呢？"答："不可。"問："常在水裏遊來遊去的是甚麼？"答："魚。"問："有鱗的是甚麼？"答："魚。"

提示

（書"樹、上"指令辨認）指圖上雀，問："這是甚麼？"答："雀子。"問："常飛到樹上去的是甚麼？"答："雀子。"（書雀字於上字下授音兼合讀樹、上、雀三字）雀是飛的小鳥，兩腳兩翅都短小，不能高飛，飛的時候亦不久，叫的聲音，極清朗好聽。問："雀子何以能飛呢？"答："……"雀有翅膀，所以能飛。問："你們常看見雀子在甚麼地方呢？"答："……"雀常在有人家的地方樹林裏、竹園裏飛飛叫叫，做窠必在屋簷角，或大樹的洞穴，歇息必擇樹間有遮蔽的處所，亦有時歇在樹上。

問："魚在哪裏？"答："在水中。"（書水字指令辨認）指圖上魚，問："這是甚麼？"答："魚。"（書"中、魚"于水字下授音）問："魚的形像與雀子同樣嗎？"答："不同。"問："魚的形像與走獸同樣嗎？"答："不同。"魚身有鱗，行動時，用鰭撥水，用尾掉水，不飛不走，與飛鳥走獸的形像都不同。

中可就上下兩旁相比出來，譬如黑牌，有上有下，有兩旁，不在上，不在下，又不在兩旁，就是黑牌的中間。中又可就前後比出來。譬如座位，有前有後，若不在前，亦不在後。就是中間，水中是比較上下說的，魚浮的時候，不能全出水面。沉的時候，必在沙土上，或浮或沉，總在水中。

應用　（練習"雀、中、魚"照二課手、耳，三課日、月教式）

　　問：大鳥可說是雀子嗎？問：魚沒有翅膀又沒有脚，何以能在水中行動呢（任就事物實地指示，依上下前後比較，使學生明了中之位置）？

　　注意　中巾（形似）

第二十五課

教材　筆套　墨盒

預備　取筆套墨盒各一具（書筆墨指令辨認），問："筆寫完了字要用甚麼筒着呢？"答："用筆套。"（筆套或稱筆筒，各處名稱不一）持筆套，問："這是甚麼？"答："筆套。"問："硯池研出來的墨要留着慢慢的用，是甚麼裝着呢？"答："用墨盒。"持墨盒，問："這是甚麼？"答："墨盒。"

提示

　　讀法　（照十一課左手、右手教式）

　　講解　筆套是筒筆的套子，不論甚麼東西，都可以做套子，不祇筆有套子。問："筆套中間是空的嗎？"答："是空的。"中間不空，筆如何能縠筒得進去？問："小套筒大筆，大套筒小筆，相合不相合呢？"答："不合。"照這樣看來，勿論甚麼的套子，中間必是空的，在空的中間、形式大小必合那物一樣。如這筆套，口圓，恰可容筆，從口到底，漸漸小，同筆尖相合。問："筆不用套子筒着隨手濫放，那筆上的墨易污壞別的物件嗎？"答："易污壞。"問："筆不用套子筒着放在書包裏，那筆毛容易擦壞嗎？"答："容易擦壞。"筆不筒着筆套，那筆毛既容易擦壞，又易污壞別的物件，所以筆是不可不用筆套筒着的。

　　墨盒是裝墨的盒子，凡裝甚麼的，即叫甚麼的盒子。墨盒裏有絲棉，研出來的墨，滴在盒內，泡着絲棉。寫字的時候，開盒就用。問："墨盒下有底上有蓋子嗎？"答："有底有蓋。"有底所以能裝着墨，有蓋子所以墨裝在盒中，纔不易乾。問："墨盒的面與盒底大小是一樣嗎？"答："一樣。"照這樣看來，凡是盒子，上必有蓋子，下必有底，上面與底下大小必是一樣。

應用　（練習套盒照二課手、耳，三課日、月教式）

　　問：筆套有甚麼用處？問：墨盒有甚麼用處？

教材　茶杯　飯盌

　　預備　取茶杯飯盌各一（書"杯、盌"指令辨認），問："杯是裝甚麼用的呢？"答："裝酒裝茶。"持茶杯，問："這是裝甚麼的杯？"答："茶杯。"問："盌是裝甚麼用的呢？"答："裝飯裝菜。"持飯盌，問："這是裝甚麼的盌？"答："飯盌。"

提示

　　讀法　（照十一課左手、右手教式）

　　講解　問："茶比水是不是一樣？"答："……"茶是水燒開了，用茶葉泡出來的，是水泡的，却比水不是一樣。問："飯比米是不是一樣？"答："……"飯是米淘凈了，和水放在鍋中，用火煮熟的，是米煮的，却比米不是一樣。

　　問："甚麼叫做茶杯，甚麼叫做飯盌呢？"答："……"專是裝茶的叫做茶杯，專是裝飯的叫做飯盌。

　　問："茶杯飯盌有些甚麼樣子呢？"答："……"茶杯飯盌有全是白磁的，有紅綠花的，有描金的。飯盌比茶杯大些，飯盌的口大底小。茶杯有和飯盌同樣的，有口和底大小一樣的，還有有把可以拿的。

應用　（練習茶飯照二課手、耳，三課日、月教式）

　　問：茶用甚麼泡成的？問：飯用甚麼煮熟的？問：用盒裝飯叫甚麼盒？問：用壺裝茶叫甚麼壺？

第二十六課

教材　青菜　白菜

預備　取青菜白菜各一兜，持青菜，問："這是甚麼？"答："青菜。"持白菜，問："這是甚麼？"答："白菜。"（如無白菜或青菜可指圖問，不能答者明告之）問："這菜你們都吃過的嗎？"答："吃過的。"問："你們吃的菜是買的是自己園裏栽的？"答："……"

提示

　　讀法　（照二課手、耳教式）

　　問："白菜和青菜的樣子是一樣嗎？"答："……"白菜的葉子薄些，梗子嫩些，花是黃的。青菜的梗子不及白菜柔嫩，葉子厚些，略卷起來，且有點點刺人的毛。

　　問："白菜和青菜是甚麼樣生長的呢？"答："……"白菜青菜都是種在園裏，下種子十餘日，長成菜秧，然後分栽的。

　　問："白菜比青菜的顏色是一樣嗎？"答："……"白菜帶白色，菜梗子是純白的，青菜的葉子梗子都帶青色。

　　問："白色比青色有甚麼不同呢？"答："……"白色是本色，青色是略帶綠色的。

應用　（練習青白菜照二課手、耳，三課日、月教式）

　　問：菜的葉比樹的葉同不同樣？問：菜有花嗎？問：石灰是不是白色？問：草是不是青色？

注意　白日（形似）

教材　黃豆　綠豆

預備　盛黃豆綠豆各一盤，持黃豆，問："這是甚麼？"答："黃豆。"持綠豆，問："這是甚麼？"答："綠豆。"問："黃豆綠豆都是可以吃的嗎？"答："是。"問："綠豆比黃豆大小甚麼樣呢？"答："黃豆大，綠豆小。"

提示

　　讀法　（照二課手、耳教式）

　　講解　指圖説第三格是黃豆苗，苗上長的扁扁形，像刀子的是黃豆莢，剝去莢的外殼，就是黃豆。

指圖説第四格是緑豆苗，苗上長的，比黄豆莢窄些，是緑豆莢，剥去莢的外壳，就是緑豆。豆米是圓的，不是扁的，比黄豆小。問："黄豆都是黄色，緑豆都是緑色嗎？"答："……"緑豆都是緑色，黄豆的種，有黄豆、青豆、黑豆三樣，但是外皮雖有青的黑的，豆米都是黄的，所以統叫黄豆。

　　問："黄豆有些甚麽用處，緑豆有些甚麽用處呢？"答："……"黄豆緑豆都是日常可以吃的，黄豆用處最大，用磨子磨出來，可做豆腐，最養人，用榨壓出來的汁做油，可以點燈，亦可以吃。渣滓做餅，可以肥田。緑豆和米可以煮粥，可以做豆皮，可以做糕，又可以做藥料。緑豆黄豆用水浸出芽子，可以做菜。

應用　（練習黄豆緑豆，照二課手、耳，三課日、月教式）

　　問：牛有黄的嗎？問：樹葉是緑的嗎？問：最養人的是甚麽？

注意　緑六（音近）

第二十七課

教材　起風　落雨

　　預備　問："樹枝子是甚麽吹得動呢？"答："風。"問："天陰出門，爲甚麽要拿傘呢？"答："怕下雨。"問："今日有風嗎？"問："今日有雨嗎？"（兩答均不定）

提示

　　讀法　（照二課手、耳教式）

　　講解　問："没有風的時候，樹枝子動不動呢？"答："不動。"問："没有風的時候，地上的灰塵飛不飛起來呢？"答："飛不起來。"樹枝子本不動。風吹就動。灰塵本飛不起來，風吹就飛起來。問："熱天起風人身上覺得涼快嗎？"答："覺得涼快。"問："冷天起風，人身上覺得冷嗎？"答："覺得冷。"問："風吹得樹葉子響，人在屋裏聽得到嗎？"答："聽得到。"問："風有形像可以看見嗎？"答："……"風是氣，無影無形，是看不見的；但是一起了風，人就覺得有風，人就聽得有風。

問："風看不見雨看得見嗎?"答："雨同水一樣能看得見。"問："雨是甚麼樣落的呢?"答："……"從上向下落，成些細點子，同那茶壺蓋上的汽水一樣。問："落雨的時候天上有雲嗎?"答："有雲。"雨是從雲裏出來的，所以要下雨的時候，天上必先有雲。問："雨有甚麼用處呢?"答："……"雨的用處甚大。草木和穀麥，都要得雨，纔能生長的。問："甚麼樣叫做起甚麼樣叫做落呢?"答："……"不論甚麼事情，甚麼東西，開首一動，都叫做起。說風起也是這樣的意思。不論甚麼物件，從上向下，都是叫做落。說雨落也是這樣的意思。

應用　（練習認字照二課手、耳，三課日、月教式）
　　問：風和雨是甚麼樣不同？問：空中起的祇有風嗎？問：空中落的祇有雨嗎？
注意　雨女（音近）

第二十八課

教材　粉筆　黑牌
預備　書筆字令學生辨認。持粉筆問："這是甚麼?"答："粉筆。"問："你們寫字的筆和這筆同不同?"答："不同。"指黑牌，問："這是甚麼?"答："黑牌。"問："你們寫字，墨是黑的嗎?"答："是。"問："墨色同這牌的色是一樣的嗎?"答："是"
提示
　　讀法　（照十一課左手、右手教式）
　　講解　講粉筆，問："米用磨子磨出來成甚麼?"答："……"米磨成粉是極細的末子。問："粉筆是用甚麼細末子做成的筆呢?"答："……"粉筆是熟石膏研成細末子和水做成的。問："粉筆比毛筆用處同不同?"答："……"毛筆和粉筆都可以寫字，但是粉筆是硬板上用的，毛筆是在紙上寫的。毛筆寫字要墨。粉筆是把粉當墨用的。
　　講黑板，問："牌是甚麼做的?"答："……"牌是極乾的木板做的。黑板是做成的木板用漆漆黑的。問："牌都是黑的嗎?"答："……"門前掛的牌是白的。教室用的牌是黑的。問："教室內爲甚麼要用黑牌呢？"答："……"黑牌上的字，是要用粉筆寫的。粉筆是白的。白字寫在黑板上，纔明顯。問："紙上寫的字抹得去嗎？"答："抹不去。"問："牌上寫的字抹得去嗎？"答："抹得去。"墨是濕的，紙能吃墨，所以寫的字抹不去。粉是乾的，黑牌用漆漆光了，沒有一點縫，粉擦在面上，吃不進去，所以寫的字可以隨時抹去。

應用　（練習粉黑板，照二課手、耳及三課日、月教式）

問：黑牌何以不用毛筆寫字？問：粉筆可在紙上寫字嗎？

第二十九課

教材　紅　黃　藍　白　黑

預備　書"黃白黑"分令學生辨認。就圖上國旗指黃色，問："這是甚麼色？"答："黃色。"指白色問："這是甚麼色？"答："白色。"指黑色問："這是甚麼色？"答："黑色。"指紅色，問："這是甚麼色？"答："紅色。"指藍色，問："這是甚麼色？"答："藍色。"

提示

讀法　（照十一課左手、右手教式）

講解　紅黃藍白黑都是色的名字，指國旗，問："我們的國旗有幾色？"答："國旗有五色。"問："國旗第一條是甚麼色？"答："第一條是紅色。"問："第二條是甚麼色？"答："第二條是黃色。"問："第三條是甚麼色？"答："第三條是藍色。"問："第四條是甚麼色？"答："第四條是白色。"問："第五條是甚麼色？"答："第五條是黑色。"問："顏色祇有五種嗎？"答："……"紅黃藍白黑爲正色，祇有五色，各色參和成雜色，雜色多得很。

應用　（練習紅藍照二課手、耳，三課日、月教式）

問：藍色在國旗第幾條？問：紅色與黑色相隔幾條？問：與紅色相連的是甚麼色？與黑色相連的是甚麼色？

注意　藍男（音近）

第三十課

教材　土壁　木柱

預備　書土字令學生辨認，指壁，問："這是甚麼?"答："壁。"問："壁是甚麼做的?"答："……"任指室內木器（如棹椅類），問："這是甚麼做的?"答："是木做的。"問："做房屋用不用木料呢?"答："用木料。"指柱，問："這是甚麼?"答："柱。"（如無柱，可問："那從地上竪起來撐着屋梁的是甚麼?"）

提示

　　讀法　（照十一課左手、右手教式）

　　講解　問："木就是樹嗎?"答："是。"問："柱是木做的嗎?"答："是木做的。"問："木是樹，柱是木做的，木柱可叫爲樹柱嗎?"答："不可。"在地上生長的叫爲樹，用做材料的叫爲木，所以樹做成的物件，都稱是木的。問："柱都是木的嗎?"答："……"柱都是木的，用杉木的最多，亦有用松木的，但寺觀廟宇有安設石柱的。問："壁都是土的嗎?"答："壁有土築的，有土磚做的，有灰磚做的。"

　　問："柱有甚麼用處？壁有甚麼用處？"答："……"屋的四面都是要做壁的，有了壁，四面纔有遮蔽，上面又可以撐着屋頂。壁是實心的，屋內空處，不能都是做壁。若空處太大，沒有甚麼撐着，那屋頂就要榻下了，所以安設柱撐着屋梁。若是有樓的屋，這柱格外要多。

應用　（練習壁木柱，照二課手、耳，三課日、月教式）

　　問：柱有不是木的沒有？問：壁有不是土的沒有？

注意　壁筆（音近）

教材　高屋　低牆

預備　書屋字令學生辨認，問："屋有壁，是不是爲遮蔽屋內做的呢?"

答:"是。"問:"若要格外謹慎,在屋的壁外還可以做甚麼圍着屋呢?"答:"牆。"問:"若在屋外有一塊園子,圍着園子的四方做的矮小壁子那是叫甚麼?"答:"牆。"問:"山水是你們知道的,山和水是那高那低些?"答:"山高水低。"問:"上下是講過的。在上的與在下的是那高些那低些?"答:"在上高在下低。"

提示

　　讀法　(照十一課左手、右手教式)

　　講解　問:"牆是甚麼做的?"答:"……"有土築的,有磚砌的。問:"牆祇有圍着屋的嗎?"答:"……"有圍着屋的牆,有圍着園的牆。問:"牆有甚麼用處呢?"答:"……"牆可以做遮蔽,又可以防盜賊。問:"在屋外做牆,牆比屋的高低甚麼樣呢?"答:"屋高牆低。"問:"屋都是高的嗎?"答:"屋有高有低。"問:"牆都是低的嗎?"答:"牆有高有低。"問:"高低有一定的嗎?"答:"……"高低沒有一定的,譬如三尺高的牆,與四尺高的牆比,是四尺的高些;四尺高的牆,與五尺高的牆比,是四尺的低些。高屋低牆,是就本圖的屋與本圖的牆相比。

應用　(練習照二課手、耳教式)

　　問:屋都是有牆的嗎? 問:牆是爲甚麼纔做的呢?(就教室內物任指各物相比,令學生分別高低)

第三十一課

教材　開門　掃地　吃飯　喝茶

　　預備　取掃帚一,問:"你們家裏的大門早晨有人起來把門甚麼樣呢?"答:"打開。"問:"地上有灰塵,要甚麼樣纔没有灰塵呢?"答:"要掃。"問:"你們肚子餓的時候想甚麼?"答:"想吃。"問:"你們口乾的時候想甚麼?"答:"想喝。"

　　提示

　　(空一字)凡書某字,上文尚有字未講,應留空白,視空若干字,即空若干白。（書門字指令辨認）就教室門作開門式，問："這是做甚麼？"答："開門。"（書開字於門字上授開字音再令合讀開門二字）凡單句合讀約二三遍。若遇長句，可加讀若干遍。問："門是常開的嗎？"答："……"教室的門，必要上課的時候纔開的，家的大門，白日裏是要開的，旁門、後門，白日裏也有關閉的。

（書地字指令辨認）就教室作掃地式，問："這是做甚麼？"答："掃地。"（書掃字於地字上授掃字音再令合讀掃地二字）問："地爲甚麼要掃呢？"答："……"地若不掃，滿屋都堆的是灰塵，那屋裏還能乾淨嗎？所以地是每日要掃的。（書飯字指令辨認）問："飯是做甚麼用的？"答："吃的。"指書上圖，問："這站起來的小孩是做甚麼？"答："吃飯。"（書吃字於飯字上授吃字音再令合讀吃飯二字）問："人爲甚麼要吃飯呢？"答："……"飯是養人的，人沒有飯吃，肚子餓了，就沒有力量來做事，所以飯是人每日要吃的。（書茶字指令辨認）問："茶是做甚麼用的？"答："喝的。"指書上圖，問："這邊坐的男人手拿茶壺是做甚麼？"答："喝茶。"（書喝字於茶字上授喝字音再令合讀喝茶二字）問："喝茶有甚麼好處？"答："……"茶能清心，吃飯後喝茶，肚子裏消化更快。問："吃的樣子同喝的樣子同不同呢？"答："……"吃與喝的樣子不同，吃是要用牙齒嚼的，喝是到口即吞的。所以吃的物件，必是乾的，喝的物件，必是清的。

問："人一日到晚就祇吃飯喝茶嗎？"答："……"人能做事，每日吃三餐飯，喝幾回茶，纔不是空吃空喝。像你們上學的時候，必要肚子讀餓了去吃飯，口裏讀乾了去喝茶，纔是好學生。

（合讀教材全文）
應用　（練習開掃吃喝照二課手、耳，三課日、月教式）

問：有鎖的門用甚麼去開呢？問：掃地是用甚麼去掃呢？問：人吃的東西祇有飯嗎？問：人喝的東西祇有茶嗎？

注意　吃七（音近）

第三十二課

教材　打毬　跳繩

預備　取毬繩各一，問："有甚麼物件丟在地上能拋得起來呢？"答："毬。"問："你們遊戲的時候打過毬沒有？"答："打過。"問："你們打的是甚麼毬？"答："……"問："挑擔子的人用甚麼東西繫着擔子呢？"答："繩。"問："你們遊戲的時候跳過繩子沒有？"答："跳過。"問："你們跳繩的時候是幾個人跳呢？"答："……"

提示

　　指毬，問："這是甚麼？"答："……"（書毬字授音）問："毬是甚麼樣子呢？"答："毬是圓的。"問："毬是甚麼做成的呢？"答："……"繡毬是綫纏的，皮毬是橡樹熬成膠，把橡膠做成毬，和皮一樣。指圖打毬式，問："圖上男孩低着身子用手去做甚麼？"答："打毬。"（書打字於毬字上授打字音再令合讀"打毬"）問："毬是甚麼樣打法呢？"答："……"一個人打，是用空手向地下拍去，亦有用脚踩的，數人對打，是用木棒橫着打去。（作式）

　　持繩，問："這是甚麼？"答："……"（書繩字授音）問："繩是甚麼做成的？"答："繩是用蔴搓成的。"問："繩是甚麼樣子呢？"答："……"有長有短，有粗有細。指圖跳繩式，問："圖上女孩用雙手在做甚麼？"答："跳繩。"（書跳字於繩字上授跳字音再令合讀"跳繩"）問："繩是甚麼樣跳法呢？"答："……"扯着繩子兩頭，前後擺動，成一個圓圈，人的身子在圓圈中跳動。這圖上畫的，是一個人拿着繩子跳的，還有別人牽着繩子，一個人或二個人同時在繩子中間跳的。

應用　（練習照二課手、耳，三課日、月教式）

　　問：皮毬是甚麼做的？問：一個人跳的繩子比二個人跳的繩子長短甚麼樣呢？

教材　踢毽子

預備　取毽子一，問："你們天天在遊戲場祇打毬嗎？"答："……"問："祇跳繩嗎？"答："……"持毽子，問："這是不是可玩的呢？"答："是。"問："這叫甚麼名？"答："毽子。"問："你們踢過毽子沒有？"答："踢過。"

提示

　　讀法　（照二課手、耳教式）

　　講解　指圖上毽子，問："這是毬嗎？"答："不是毬，是毽子。"問："這個兒童腳在做甚麼？"答："在踢毽子。"問："毽子是甚麼做的？"答："是布綫或銅錢夾着鷄毛做的。"問："他能踢毽子能打毬不能呢？"答："能。"問："能跳繩不能呢？"答："能。"問："你們踢過毽子嗎？"答："踢過。"問："踢毽子與打毬同不同呢？"答："不同。"毬多是手打，毽子多是脚踢。問："與跳繩同不同呢？"答："不同。"繩是雙脚去跳，毽子是一隻脚去踢，用雙脚踢的最少。問："每天祇踢毽子好不好呢？"答："……"每天只踢毽子，容易生厭，所以到了遊戲的地方，或打毬，或跳繩，或踢毽子，都是可以隨便的。

　　踢毽子與打毬跳繩，雖是遊戲事，但是可以活潑人的血脈，可以增長人的體力，所以學生沒有功課的時候，可以去做這些遊戲。

應用　（練習照二課手、耳教式）

　　問：踢毽子、打毬、跳繩於人的身體有甚麼益處？問：時時刻刻打毬、跳繩、踢毽子好不好呢？

注意　子字（形近）子紙指（音近）

第三十三課

教材　公雞知時

預備　問："前講過牛羊狗馬是不是人家常喂的呢？"答："是。"問："以前講過鳥雀是不是有翅膀呢？"答："是。"問："家裏喂的和牛羊狗馬在一塊，又有翅膀和鳥雀一樣是甚麽？"答："雞。"問："天將亮及中午時有甚麽每日都是要叫的呢？"答："雞。"問："頭上長的有大紅冠子的雞子，你們家裏喂的有這樣的没有？"答："……"問："雞的毛尾比别的雞格外長些，你們家裏喂的有這樣的没有？"答："……"

提示

指圖，問："這圖上畫的是甚麽？"答："是雞。"（書雞字授音）問："雞比牛羊狗馬是不是一樣呢？"答："……"牛羊狗馬是走獸，雞是兩隻脚，又有翅膀能飛，與走獸不同。問："雞比鳥雀是不是一樣呢？"答："……"鳥雀是在野外樹林中做窩的，飛得狠高。雞是家裏喂的，雖有翅膀，飛得不高，與鳥雀是野物不同。

指圖上公雞，問："這是甚麽雞？"答："是公雞。"（書公字於雞字上授音再令合讀"公雞"）問："甚麽叫做公雞？"答："……"人有男有女，雞亦有公有母，公雞就是同人中男的一樣。問："公雞是甚麽樣子呢？"答："……"公雞比别的雞格外大些，翅膀極好看，頭上有大紅冠子，脚爪極尖，狠利害的，毛尾亦比别的雞子長些。問："公雞有甚麽用處？"答："能叫。"問："叫有一定的時候没有？"答："……"叫有一定的時候，天將亮的時候，中午時吃飯的時候、每日都是按這時候叫的。所以人聽得雞叫，可以曉得是甚麽時候。公雞的用處，就是能知道時候。（書知時二字於公雞下授音）時就是時候，一日有十二個時候，二點鐘爲一個時候。知時是知道時候，公雞按一定時候叫，所以説雞能知時。問："公雞能彀知時，人在世上是不是要知時呢？"答："要知時。"人有事隨時去做，不耽擱當做事的時候，就是知時。

（合讀教材全文）

應用　（練習照二課手、耳教式）

問：雞都是公的嗎？問：不是公雞，能叫不能叫？問：鐘錶是不是按時候纔打呢？問：人要甚麽樣纔算知時呢？

教材　母雞生蛋

預備　取雞蛋一枚，問："你們家裏喂的有公雞還有什麽雞呢？"答："有母雞。"問："公雞是能叫的，還有不叫的雞沒有？"答："母雞不能叫。"問："雞生出來的東西外面有，殼內的汁子有黃有白是甚麼？"答："雞蛋。"

提示

　　（書"母雞"指令辨認）指母雞圖，問："這是甚麼雞呢？"答："母雞。"問："母雞比公雞有甚麼不同呢？"答："……"母雞不能叫，生得矮小，冠子比公雞小，毛尾比公雞短些。持蛋，問："這是甚麼？"答："……"（書蛋字授音）問："蛋是甚麼樣子呢？"答："……"是長圓形，外殼極薄。殼包着蛋白，蛋白又包着蛋白，蛋白又包着蛋黃。問："蛋可以吃嗎？"答："……"蛋可以吃，極養人，但吃的時候，不必太煮熟了。問："蛋是公雞生的嗎？"答："母雞生的。"（書生字於蛋字上授音）問："母雞是不是要比公雞多喂些呢？"答："……"多喂母雞，可以賺錢，因爲母雞能生蛋，喂養得法，一個母雞，一年可生二百幾十個蛋，這利益是很不小的。問："蛋衹有吃的用處嗎？"答："……"把生的蛋，用母雞抱二十一天，就有雞兒破殼而出。蛋的用處，不衹可吃，又可抱雞兒。

　　（合讀教材全文）

應用　（練習照二課手、耳，三課日、月教式）

　　問：多喂母雞是甚麼緣故呢？問：蛋有甚麼用處？問：多少天雞兒纔破殼而出？問：蛋殼中是些甚麼？

第三十四課

教材　頭戴帽　脚穿鞋

　　預備　問："前二十二課講的是甚麼在上甚麼在下呢？"答："頭在上脚在下。"問："人不論甚麼時候都是光頭嗎？"答："戴帽。"問："人都是赤脚嗎？"答："穿鞋。"問："人戴的帽穿的鞋都是一樣嗎？"答："不一樣。"問："大人戴的帽穿的鞋比小孩的同不同呢？"答："不同。"問：

"不論甚麼時候都戴一樣的帽子穿一樣的鞋子嗎？"答："……"

提示　（書頭字指令辨認）任取一帽，問："這是甚麼？"答："……"（書帽字授音）問："帽有些甚麼樣子呢？"答："……"帽的樣子很多，大概分便帽禮帽兩種。（校內如有便帽禮帽可取以示之）問："帽是些甚麼材料做的呢？"答："……"熱天的帽，有草打的，有紗羅的。冷天的帽，有氈呢的，有絲緞的，有布的。問："帽是做甚麼用的呢？"答："戴在頭上的。"（書戴字於帽字上授戴字音再合讀本句）問："頭爲甚麼要戴帽呢？"答："……"可以護着腦壳，熱天不怕日晒，冷天不怕風吹。又出外去，必要戴帽，纔有禮。問："遇着熟人帽仍是戴着不取嗎？"答："遇着熟人要脫帽行禮。"

（書脚字指令辨認）任取一鞋，問："這是甚麼？"答："……"（書鞋字授音）問："鞋有些甚麼樣子呢？"答："……"鞋的樣子很多，大概分有皮梁、無皮梁兩種。還有做花的。（取校內各生之鞋不同樣者示之）問"鞋是些甚麼材料做的呢？"答："……"鞋有緞的、呢的、布的。雨天穿的有泥鞋，又叫釘鞋。冷天穿的有棉鞋。現在新樣的皮鞋，晴天雨天都穿得。問："鞋是做甚麼用的？"答："穿在脚下的。"（書穿字於鞋字上，授穿字音，再合讀本句）問："脚爲甚麼要穿鞋呢？"答："……"可以護着脚，便於走路。問："帽有脫的時候，鞋亦有脫的時候嗎？"答："……"白日裏穿鞋，夜間睡的時候脫鞋。

（合讀教材全文）

應用　（練習照二課手、耳，三課日、月教式）

　　問：戴帽有甚麼好處？問：穿鞋有甚麼好處？

第三十五課

教材　單衫　夾襖

預備　問："十二課講過衣，人爲甚麼要穿衣呢？"答："……"問："熱天的衣與凉快時候衣同不同呢？"答："不同。"問："熱天的衣是單的好是夾的好？"答："單的好。"問："凉快時候衣是單的好是夾的好？"答："夾的好。"問："單的做成長衣叫甚麼名？"答："叫單衫。"（俗呼爲長衫或布衫）問："夾的做成長衣叫甚麼名？"答："叫夾襖"（俗呼爲夾袍或夾衫）

提示

  讀法 （照二課手、耳教式）

  講解 指圖上單衫，問："這是甚麼衣？"答："單衫。"這衣是單層無裏子的。指夾襖，問："這是甚麼衣？"答："夾襖。"這衣有裏面兩層，中間未裝棉的。問："單衫是甚麼時候穿的？夾襖是甚麼時候穿的呢？"答："……"單衫是天熱的時候穿的，夾襖是天凉的時候穿的。問："單的只有衫子嗎？"答："……"凡單馬褂、單背褂、單汗褂、單袴，都是熱天最相宜的。

  問："夾的只有襖子嗎？"答："……"凡夾馬褂、夾背褂、夾緊身、夾套袴，都是凉快時穿的。

應用 （練習認字照二課手、耳教式）

、 問：天氣熱，何以要穿單的呢？問：天氣凉快何以要穿夾的呢？問單衫夾襖是甚麼樣不同呢？

  注意 山三衫（音近）

教材 棉袴 皮袍

  預備 問："熱天穿單的好凉快時候穿夾的好，前已講明。冷天穿單的好不好呢？"答："不好。"問："冷天穿夾的好不好呢？"答："不好。"問："冷天應穿甚麼衣纔好呢？"答："棉衣或皮衣。"問："年老的人在極冷的天氣以穿甚麼衣爲最暖和呢？"答："皮衣最暖和。"

提示

  讀法 （照二課手、耳教式）

  講解 指棉袴圖，問："這畫的是甚麼？"答："棉袴。"這衣有裏面兩層，中間鋪有棉絮。指皮袍圖，問："這畫的是甚麼？"答："皮袍。"

這衣也是兩層，以皮爲裏，皮貨各種各樣，但是穿羊皮的最多。問："袴子盡是棉的嗎？"答："不是。"有單袴、夾袴，老年的人、北方極冷的地方，冬天有穿皮袴的。問："袍子都是皮的嗎？"答："不是。"有單袍、夾袍，小兒年紀輕，氣血旺，家貧的人，苦於無錢，冬天也只穿棉袍子。問："棉的只有袴子嗎？"答："……"棉袍、棉馬褂、棉背褂、棉緊身、棉腿袴、棉襪，都是冬天穿的衣服。問："皮的只有袍子嗎？"答："……"皮袴、皮馬褂、皮背褂、皮緊身、皮褥子都是冷天用的。

應用　（練習認字照二課手、耳教式）

問：棉袴是甚麽做成的？問：皮袍是甚麽做成的？問：冬天何以要穿棉衣皮衣呢？問：小兒爲甚麽不必穿皮袍呢？問：家貧的人爲甚麽冬天只穿棉袍呢？

注意　皮疋（音近）

第三十六課

教材　對鏡穿衣　當窗看書

預備　問："第八課講的有巾還有甚麽？"答："有衣。"問："第十二課講的有房屋有門還有甚麽？"答："有窗。"問："第三十四課講的脚做甚麽？"答："穿鞋。"問："女人梳頭是對着甚麽去梳呢？"答："對鏡。"問："你們這讀的是甚麽？"答："是書。"問："你們讀書眼睛是看着甚麽？"答："看着書。"問："看書是不是要找明亮的地方呢？"答："是。"

提示　（書"穿衣"指認）問："你們家裏都有鏡子嗎？"答："有。"（書鏡字於穿字上授音。"問："鏡是甚麽做的？"答："……"鏡是玻璃做的，玻璃反面糊着水銀，把光反射出來，所以能把人物的形像映在鏡內。問："人用鏡照是不是要對着鏡呢？"答："是對着。"（書對字於鏡字上授音再合讀本句）問："人在鏡的旁邊，鏡可以照着人嗎？"答："照不着。"人在鏡旁便照不着，要對着鏡照，纔能照見，所以對的樣子，必是正正當當，纔是相對的。問："穿衣的時候對着鏡照有甚麽好處呢？"答：

"……"自己穿衣，要穿得周整，必對着鏡照，纔看得清楚。（書窗字指認）問："窗是可以放光進來的嗎？"答："是。"問："當着窗的地方是不是比別處明亮些？"答："當窗是明亮些。"（書當字於窗字上授音）問："在窗的旁邊是不是當窗？"答："不是。"當窗必是正向着窗的。

（書書字指認）問："在黑暗的地方讀書能看見不能呢？"答："在黑暗的地方讀書不能看見。"（書看字於書字上授音再令合讀本句）

問："人用甚麼去看書？"答："用眼睛去看。"眼睛本是能看的，但是黑暗的地方，仍是看不見的，就是不黑暗或是光小了，雖能看，亦不明瞭。所以教室內多安設窗子，就是把光放進來，使學生好看書的。

（合讀教材全文）

應用　（練習認字照二課手、耳，三課日、月教式）

　　問：戴帽要周整要用甚麼去照呢？問：寫字學畫要找甚麼地方纔亮呢？

第三十七課

教材　牀上有被　有枕

　　預備　問："你們到夜間要睡的時候在房的那裏睡呢？"答："牀。"問："你們睡的是甚麼牀？"答："……"（宜多問數生，俾將各樣牀式備述）問："你們睡在牀上身體蓋不蓋甚麼呢？"答："蓋被。"問："你們睡在牀上頭是平的躺着還是有甚麼靠着？"答："靠在枕頭上。"

　　提示

　　指圖，問："這畫的像牀嗎？"答："像牀。"（書牀字授音）問："牀是甚麼做的？"答："……"牀是樹木做的，亦有鐵做的，用鐵做牀的架，鋼絲做牀的鋪，叫鐵床。（書上字於牀字下指認）問："你們睡的牀有被沒有（俗稱被卧）？"答："有被。"（書有被於上字下授有被二字音）問："被是做甚麼用的？"答："……"被是蓋的，人睡着的時候，可以遮着身體，不致受涼。問："熱天同冷天的被同不同？"答："……"熱天蓋的單被或是夾被，冷天蓋的是絮被。問："你們睡的牀上有枕沒有（俗稱枕頭）？"答："有枕。"（書有枕二字於被字下授枕字音）問："枕是做甚麼用的？"答："枕是靠頭的。"問："熱天冷天的枕同不同？"答："……"熱天用的是竹枕、藤枕或是草打成的枕，冷天用的是布枕。問："你們早晨起來是不是將被疊好枕放好呢？"答："……"被褥是最要疊好的，枕頭是最要放好的，你們年輕時候，事事要求整齊，不可隨便。

（合讀教材全文）

應用　（練習認字照二課手、耳教式）

問：木牀比鐵牀是那一樣人用的多些呢？問：絮被和布枕是甚麼時候用的？問：竹枕、藤枕和單被、夾被是甚麼時候用的？

第三十八課

教材　門前路　人去　人來

預備　問："一課講的是甚麼？"答："人。"問："十二課講的有房屋有窗還有甚麼？"答："門。"問："二十二課講胸在哪裏？"答："在前。"問："你們從家裏上學天天走的是甚麼？"答："路。"問："你們走的路有不有別人走呢？"答："有別人走。"問："別人走這條路是不是都向一方走呢？"答："不是。"

提示

（書門前二字指認）問："各人家的門前有路沒有？"答："有路。"（書路字於前字下授音）問："路有甚麼用處呢？"答："……"路是可以通到別處的，人走的時候必向路上走。問："路都是一樣的嗎？"答："……"有大路，有小路，有修的極平整的路。問："路是不是人走的？"答："是人走的。"書人字於路字下指認，問："門前有路，出門走的人是來的是去的？"答："是去的。"（書去字於人字下授音）問："門前有路，回家的人是去的是來的？"答："是來的。"（書人來二字授來字音）門前有路，去的人，身子必是背着門走的，來的人，必是向着門走的。

（合讀教材全文）

應用　（照二課手、耳，三課日、月教式）

　　問：街上的路比鄉間的路甚麼樣？問：兩個人對走，這一個人是來的，那一個人是不是來的？問兩個人對走，這個人是去的，那一個人是不是去的？

注意　來夾（形似）

第三十九課

教材　日光　燈光　月色　花色

預備　（書"日月花"令學生辨認）問："前講的日月花你們都記得嗎？"問："日光和月光照着人的身上那一樣熱那一樣不熱呢？"答："日熱月不熱。"問："白天做事有日照着，夜裏寫字做針綫要用甚麼纔能看見呢？"答："燃燈。"問："紅黃藍白黑是分別甚麼的字呢？"答："分別顏色的字。"問："花有些甚麼的顏色呢？"答："……"

提示

　　讀法　（照十一課左手、右手教式）

　　講解　問："燈是火燃的嗎？"答："是。"問："火是熱的嗎？"答："是。"問："燈不燃有光沒有呢？"答："沒有光。"燈是火燃的，火是熱的，燈不燃着就沒有光，可見得光是從火發出來的，所以有光的物是熱的。

　　日是有光的，日光是熱的，所以日比火一樣。月不熱，也有光，月光是映着日光返照出來的，不是月自己的光，所以月的光不熱。問："白天沒有日，夜裏沒有燈，能不能做事呢？"答："不能。"白天沒有日，夜裏沒有燈，就是沒有光，沒有光照着，就不能看見，怎能彀做事？

　　問："日光是甚麼色？月光是甚麼色呢？"答："日光是紅色，月光是白色。"日比火一樣，火是紅色，所以日光和燈光都是紅色。月不比火一樣，所以是白色，這紅色白色都是光的色。問："花有種種顏色，有光沒有?"答:"没有。"問:"花的顔色好看嗎?"答:"好看。"花的顔色雖好看,但是没有光的。

　　日月的光有色,花的色没有光,可見得能照見亮的是光,好看的是色。

應用　(練習認字照二課手、耳,三課日、月教式)

　　問:日光從甚麼東西發出來的?問:月的光爲甚麼不熱呢?問:日光燈光爲甚麼都是紅色呢?問:光和色是甚麼樣分別?

注意　色包(形似)

第四十課

教材　日西落　月東升

預備　問:"日出來在那一方?"答:"……"問:"日落土在那一方?"答:"……"問:"月出來的時候是不是在日出來的那一方呢?"答:"是。"

提示

　　(書日落二字指認)問:"日落土的那一方叫甚麼?"答:"西方。"(在日字下、落字上書西字授音)(就教室指示何爲西方)問:"日落是甚麼時候?"答:"是天晚的時候。"問:"日落土是甚麼樣子?"答:"……"日將落還没有落的時候,天上有回光返照出來,天的西方現出紅的光彩,日已落土,天便黑了。(書月字指認)問:"日落在西方,日出來的那一方叫甚麼?"答:"東方。"問:"月也是從東方出的嗎?"答:"是。"問:"月出來時是不是漸向上升呢?"答:"是。"(書東升二字授音)(就教室指示何爲西方)落是從上向下,升是從下向上,東西是方向,東方與西方相對,前後左右可以隨人的位置改動,方向是没有改動的。人要曉得東西方向,看日月就可以知道,因爲日月都是從東方起,西方落的。

　　(合讀教材全文)

應用　(照二課手、耳,三課日、月教式)

問：在我們學校的大門前那一方爲東那一方爲西呢？問：我們教室內那一方是東那一方是西呢？

注意　升生（音近）

第四十一課

教材　用筆和墨寫字紙上

預備　問："前講過筆墨紙，你們記得是做甚麼用的？"答："寫字用的。"問："祇有筆沒有墨能不能寫字呢？"答："不能。"問："祇有筆有墨沒有紙能不能寫字呢？"答："不能。"

　　提示

（書筆墨二字指認）問："寫字是不是要用筆和墨呢？"答："用筆和墨。"（在筆字上書用字，在墨字上書和字，均授音）問："筆墨能不能自己寫字呢？"答："不能。"筆墨不能自己寫字，要人用他，纔能寫字，祇有筆不能寫字，祇有墨也不能寫字，所以寫字是用筆和墨的。（在墨字下書寫字二字授音）問："你們看書上的字是不是一個個呢？"答："是一個個。"書上印的都是字，把字聯攏纔能成句，把句聯攏纔能成文章，所以字都是一個個。問："人說的話，字可以寫出來嗎？"答："可以寫出來。"人說的話，字能寫出來，所以一個字有一個字的意思。問："字是甚麼樣成的？"答："……"字是寫成的，用筆纔能去寫，用墨纔能寫得出來。問："字是寫在甚麼地方呢？"答："寫在紙上。"（書紙上二字於字字下指認）

（合讀教材全文）

應用　（練習認字照二課手、耳，三課日、月教式）

　　問：筆用甚麼和甚麼做的？問：棉袍用甚麼和甚麼做的？問：書上的字是寫的嗎？問：粉牌上的字是寫的嗎？

注意　用田（形似）

第四十二課

教材　前門向南　後門向北

預備　問："第四十課講的是甚麼方向呢？"答："是東西。"問："方向祇有東西二方嗎？"答："還有南北。"問："東西是相對的方向，在東方西方兩旁的是甚麼方向呢？"答："是南北。"

　　提示

　　（書前門二字指認）學校的大門就是前門，各家的大門都是在前的。問："各家的門有向南的嗎？"答："有向南的。"（書向南二字授音）向是對着那一方的，向南是對着南方的。（就教室指示何方爲南）問："大門是在前的，在屋後有開門的沒有？"答："有，在後開門的。"（書後門二字指認後字）後門是屋後的門。問："屋前後都開的有門，若是前門向南，後門向那一方呢？"答："向北方。"（書向北二字授北字音）（就教室指示何方爲北）東西兩方是相對的，南北兩方也是相對的，南方北方是東方西方兩旁的方向，南方在東方的左首，北方在東方的右首，人曉得日出的是東方，又曉得左右，就可知道那是南方，那是北方。

　　（合讀教材全文）

應用　（練習認字照二課手、耳、三課日、月教式）
問：屋祇有前後的門嗎？問：前門都是向南後門都是向北嗎？問：前門向北後門該向那方呢？

注意　南藍男（音近）

第四十三課

教材　樹結果　藤生瓜

預備　問："吃的桃子李子是不是都有一顆核呢？"答："有核。"問："吃的梨子橘子是不是有子呢？"答："有子。"問："吃的栗子是不是有硬殼子包着呢?"答:"有硬殼子。"問:"吃的瓜是不是比桃子李子都大些?"答:"大些。"問:"可以生的吃是甚麼瓜呢?"答:"……"問:"要煮熟纔能吃的是甚麼瓜?"答:"……"問:"果子是生長在那裏呢?"答:"樹上。"問:瓜是不是生長在樹上呢?"答:"不是。"

提示

　　(書樹字指認)問:"樹有開花的還有結果的沒有?"答:"有結果的。"(在樹字下書結果二字授音)果有乾果子,有有汁的果子。乾果子殼子是硬的,如栗子是。有汁的果子又有兩種,一種是內有一顆核,如桃子李子是,一種內有許多子,如梨子橘子是。結果是果子繫在樹上,相連不斷,和那繩索繫着一樣。指圖上瓜問:"這是甚麼?"答:"是瓜。"(書瓜字授音)瓜的形有圓的,有長的,有扁的,都可以吃。問:"瓜同果子都是生的吃嗎?"答:"……"果子都是吃生的,瓜多半是要煮熟了吃的,亦有可以生的吃的。問:"果結在樹上瓜生長在那裏呢?"答:"瓜是生在藤子上的。"(在瓜字上書藤生二字,先指認生字,再授藤字音)問藤子和樹的樣子同不同呢?"答:"不同。"樹的幹是直的,藤像粗繩子,倚傍樹木或欄杆,彎彎曲曲牽上去的。

　　(合讀教材全文)

應用　(練習認字照二課手、耳,三課日、月教式)

　　問:甚麼果子殼是硬的?甚麼果子是有核的?問:瓜有些甚麼樣子?問:籐子是甚麼樣子?

第四十四課

教材　書一本　圖多字少

預備　問:"你們讀的是甚麼?"答:"是書。"問:"書是甚麼做成的?"答:"紙做成的。"問:"用紙做書是不是要把紙裁成一頁?"答:"裁成一頁。"問:"書訂成了本子,書頁子是不是散的?"答:"不是散的。"問:"你們讀的書,書上祇有字嗎?"答:"有圖。"問:"一個與二個比那多些?"答:"二個多些。"問:"二個與三個比那少些?"答:"二個少些。"
提示

持書問:"這是甚麼?"答:"……"(書書字指認)把人要知道的事情物件。都用文字做出來,這就是書。持一本書,問:"這是多少書呢?"答:"一本。"(接書一本二本字授本字音)把已裁的紙一頁頁疊好,用綫訂載,就是本子。問:"書上印出來的畫叫甚麼?"答:"圖。"(接書圖字授音)把各種各樣的風景人物描畫出來,這就是圖。問:"你們讀的書爲甚麼要圖呢?"答:"……"要讀書必要認字,但是字容易忘記,畫出圖來,看那圖,就認得是甚麼字。問:"你們讀的書圖多不多呢?"答:"多。"(書多字授音)問:"書上祇有圖嗎?"答:"有字。"指本課圖,問:"八課與九課圖比字那多些那少些呢?"答:"字少"。(書字字指認,再書少字授音)圖多字少,因爲書上的地方,圖占的多,字占的少。

(合讀教材全文)

應用　(練習認字照二課手、耳,三課日、月教式)

問:書有圖有甚麼好處呢?問:本日讀的課是圖多是字多呢?問:本日讀的課是生字少些是熟字少些?

注意　頭圖(音近)　米本(形似)

第四十五課

教材　照鏡有影　人動影動

預備　取鏡一具,問:"三十六課講的穿衣是對着甚麼呢?"答:"對鏡。"問:"前講鏡裏的光是甚麼出來呢?"答:"反射出來。"問:"三十九課講的光是甚麼用處?"答:"能照見。"問:"人在太陽底下站着,那日光照到人身上有甚麼映到地上來呢?"答:"人影。"

提示

(書鏡字指認)問:"要看自己相貌是不是要對着鏡子照呢?"答:"對鏡照。"(在鏡子上書照字授音)有光纔能照,鏡有反射的光,所以能照見人物的相貌。問：“人對着鏡子照，那鏡裏有甚麼沒有？”答：“有影。”（書有影先指認有字再授影字音）問：“鏡中影子比照鏡的人的形像是不是一個樣呢？”答：“是一樣。”問：“影子可捉得住可摸得到嗎？”答：“捉不住摸不到。”問：“人可捉可摸嗎？”答：“可。”影子同人的形像一個樣。人可捉摸，影子捉不住，摸不到，因爲影子是人的身體被光照着映出來的，不是真人。問：“人的影子是不是隨人動呢？”答：“隨人動。”（接書人動影動授動字音）動是沒有一定的樣子，譬如人原來坐着，忽然站起來，這站起來就是動，原來站着，忽然坐下，又是動。影子是人的形像照出來的，鏡子能照見人的影子，所以人動，影子亦動。（持鏡照令學生作種種形狀，證明人動影動）

（合讀教材全文）

應用　（練習認字照二課手、耳，三課日、月教式）

　　問：人在鏡中的影子比在日中的影子甚麼樣？問：人與鏡近，那影在鏡後是甚麼樣？問：人與鏡遠，那影子在鏡後是甚麼樣？

第四十六課

教材　昨日　今日　明日

預備　（先將七曜日書于牌上說明某日爲某曜）問：“今日是木曜日嗎？”答：“是。”（木曜、水曜、金曜皆假定之日，須就當時爲何曜日發問。若本日是火曜日，第二問當問上次月曜日是幾時，第三問改金曜爲水曜）問：“水曜日是幾時呢？”答：“昨日。”問：“金曜日是幾時呢？”答：“明日。”問：‘昨日是在今日前，明日是在今日後嗎？”答：“是。”

提示

　　（書日字指認）日本是太陽的名稱，因爲每二十四點鐘爲一日，所以把日的稱呼當作時候計算。（在日字上書今字授音）今日是現在的日，已來了，還沒有過去。（在今字上書昨日授昨字音）昨日是纔過去的日，是今日的前一日。（接書明日授明字音）明日是將來還沒有來的日，是今日的後一日。

（合讀教材全文）

應用　（練習認字照二課手、耳，三課日、月教式）

問：昨日是今日前幾日呢？問：明日是今日後幾日呢？問：昨日的功課今日是不是要記得呢？問：明日的功課是不是要比今日加多呢？問：今日若是耽擱了功課，是不是枉過了一日呢？

教材　我們　你們　他們

預備　問："人同人講話對自己稱呼若是不稱名姓有甚麼稱呼呢？"答："稱我。"問："對人的稱呼比對自己的稱呼同不同？"答："不同。"問："對同講話的人的稱呼比對不同講話的人的稱呼有分別沒有？"答："有分別。"問："對一個人的稱呼比對一群人的稱呼有分別沒有？"答："有分別。"

提示

問："兩個學生講話，自己稱甚麼？"答："稱我。"（書我字授音）人本來是都有姓名的，不稱姓名，就不能不有代姓名的稱呼，我就是代自己的姓名的稱呼。問："對人講話不稱人的名姓應稱甚麼？"答："稱你。"（在我字下空一字書你字授音）同人講話，不稱人的姓名，就稱你，你就是代人的姓名的稱呼。問："對講話的人，指不同講話的人，不稱名姓，應稱呼甚麼呢？"答："……"對這一個人，指那一個人，不能用同樣的稱呼，不稱那人的名姓，就稱他，他就是代那人姓名的稱呼。

問："若是我有一群人，你有一群人，他也有一群人，應用甚麼稱呼呢？"答："稱我們你們他們。"（在我你他下各書們字授音）我們是對自己一群人的稱呼，你們是對同講話的一群人的稱呼，他們是對不同講話的一群人的稱呼。

（合讀教材全文）

應用　（照二課手、耳教式）

問：講話的人可以用你的稱呼嗎？問：對自己個人可以用我們的稱

呼嗎？問：對現在講話的人可以稱爲他們嗎？

注意　他地（形似）

第四十七課

教材　教室有椅　我坐在前

預備　問："前課講的稱自己應稱甚麼呢？"答："稱我。"問："二十二課講胸在那裏？"答："在前。"問："十三課講的有桌有几還有甚麼呢？"答："有椅。"問："椅是做甚麼用的呢？"答："坐的。"問："你們坐在這屋裏是做甚麼？"答："讀書。"問："我到這屋裏來是做甚麼？"答："講功課。"

提示

問："你們現在坐的地方叫甚麼？"答："教室。"室就是房屋，教室是教功課的房屋，因爲教師在這室內教功課，學生在這室內聽教功課，所以叫做教室。問："學生在教室內坐的有甚麼？"答："有椅。"（接書有椅指認並令合讀本句）問："學生的座位有前後沒有？"答："有前後。"指在前坐學生，問："你坐在那裏？"答："我坐在前。"（接書我坐在前四字指認我在前三字另授坐字音）學生聽講功課的時候太長，若不坐着，人受不住，所以學生聽講，都是坐在椅上，坐在前的聽講最方便。照學校的規矩，有因年紀小坐在前的，有因眼睛近視坐在前的，有因功課好坐在前的。

（合讀教材全文）

應用　（練習認字照二課手、耳，三課日、月教式）

問：聽講爲甚麼要坐椅子呢？問：教習教功課該在甚麼地方教呢？問：在教室內坐在前面有甚麼好處？

第四十八課

教材　習體操

預備　問："四十五課講過人的影子。人影是人的甚麼映出來的呢？"答："人的身體。"問："做事的人身體是不是要强壯呢？"答："要强壯。"問："人要做事，精神是不是要爽快呢？"答："要爽快。"問："學校的功課有能彀運動身體的是甚麼功課呢？"答："體操。"

提示

問："人的身體都是有骨有筋肉有皮膚的嗎？"答："都有。"問："人的身體都是有頭有頸項有胸和肚子有手膀和脚和腿的嗎？"答："都有。"（書體字授音）體就是人的身子。人的全體，是骨撐起來的架子，貼着骨的是筋肉，包着筋肉的是皮膚，外面分爲三部：頭爲上部，頸項胸肚子爲軀幹部，手和膀，脚和腿，爲四肢部。（均指形）問："你們一日到晚都不動，身體爽快不爽快呢？"答："不爽快。"問："人的身體若是時常不動能不能强壯呢。"答："不能强壯。"一日不動，身體便不爽快，時常不動，身體便不能强壯，人的身體，是萬不可不動的。問："用脚踢人用手扯壞物件這樣動法好不好呢？"答："不好。"身體是要動的，却是不可亂動，任性妄爲的。問："人的身體僅頭能動，不許別處動，身體舒服不舒服呢？"答："不舒服。"問："若是手脚能動不許頭動（頭）能彀舒服嗎？"答："不舒服。"人的身體，是頭、軀幹、四肢三部合成的，人要活動的時候，必須全體運動得到，然後没有不舒服的地方。問："若是要人的全體都能活動須用甚麼法子呢？"答："體操。"（在體字下書操字授音）體操是身體操動，操法有一定的規矩，不得亂動。用體操的法子，人的全體，都是運動到的，要精神爽快，要身體强壯，體操是萬不可不學的。問："體操有一定的操法，這操法是甚麼樣知道的？"答："先生教的。"問："先生教的操法要甚麼樣纔記得呢？"答："學習。"（在體字上書習字授音）先生做出來的樣子，學生照樣做去，這就是學習，習體操就是習先生所教的操法。

（合讀教材全文）

應用　（練習認字照二課手、耳，三課日、月教式）

　　問：人的身體分幾部呢？問：體操有甚麼好處呢？問：沒有習過的功課能知道不能呢？

教材　站成一排

　　預備　問："學生上操的時候是同在教室內聽講一樣都是坐着的嗎？"答："站着。"問："習體操的時候祇一個人習嗎？"答："不祇一个人。"問："習操的不祇一個人，操的時候是隨便站着還是要整整齊齊呢？"答："要整齊。"問："你們體操的時候是站成甚麼樣子呢？"答："……"

提示

　　指圖"問："這圖上畫的學生都是站着嗎？"答："站着。"（書站字授音）站的樣子，人的身體，都是直的，不向下彎的。問："這圖上的學生是甚麼樣站着呢？"答："站成一排"（接書成一排授成排二字音）問："圖上的男學生和女學生同不同一排呢？"答："不同一排。"男學生是一排，站在前。女學生又是一排。站在後。問："一人站着成不成排呢？"答："不成排。"一人是單獨的，不能成排。要多人站着纔能成排。問："一群學生站在一塊地方東一個西一個是不是排的樣子呢？"答："不是。"一群學生站在一塊，必要整整齊齊，接連站着，從排頭到排尾，成一條綫，方算是排的樣子。人數排齊為排，把沒有排齊的人排得齊齊整整，為成排。問："排可不可變換呢？"答："可變換。"大排分開可成數小排。數小排合攏，又可成一大排。

（合讀教材全文）

應用　（練習認字照二課手、耳，三課日、月教式）

　　問：一人站着身體是甚麼樣子呢？問：排是甚麼樣站成的呢？問：人字僅寫一撇，這人字寫成沒有？問：你們體操成排的時候，是不是應該整整齊齊呢？

第四十九課

教材　早飯　午飯　晚飯　一日三餐

　　預備　問："日出來是甚麼時候呢?"答："早時。"問："日當頂是甚麼時候呢?"答："午時。"問："日要落土是甚麼時候呢?"答："晚時。"問："三十一課講的喝的茶，吃的甚麼?"答："飯。"問："你們一日吃幾餐飯呢?"答："……"

　　提示

　　（書飯字指認）問："你們早晨要不要吃飯呢?"答："要吃飯。"（書早飯授早字音）日出來不久是早時。早晨做了事，不吃早飯，就要餓，所以日出來不多時候，就吃早飯。問："早飯後到日當頂還不吃飯，餓不餓呢?"答："餓。"（接書午飯授午字音）日當頂為午時。午時吃飯為午飯。問："日當頂吃過飯，到日要落土的時候，要不要再吃呢?"答："要再吃。"（接書晚飯授晚字音）日已偏西要落土的時候為晚時，晚時吃飯為晚飯。問："早時午時晚時都要吃飯，這一日吃了幾餐呢?"答："三餐。"（書一日三餐授餐字音）每吃一頓飲食為一餐。三餐是吃過了三頓飯的。問："人一日祇吃一餐飯，餓不餓?"答："餓。"問："從早到晚時常吃飯好不好?"答："不好。"吃飯的餐數不可太少，亦不可太多。一日三餐，是與人的身體最相宜的。問："三餐飯是接連着吃的嗎?"答："不是。"早時一餐，中時一餐，晚時一餐。這分配的時候是極妥當的。

　　（合讀教材全文）

應用　（練習認字照二課手、耳，三課日、月教式）

　　問：吃飯的時候該甚麼樣分法？問：你們吃過三餐飯後還吃雜食不吃？問：吃飯有一定的時候，做事是不是應有一定的時候呢？

注意　餐吃（義通）（但餐字可作實字用）

第五十課

教材　盤中果　栗子　梨子　橘子　柿子

預備　用盤盛梨橘柿各一枚栗二枚問："十九課講的除杯盌盆外還有甚麼呢？"答："盤。"問四十三課講的樹是結甚麼的呢？"答："結果。"問："前講果子說乾果是甚麼樣子呢？"答："乾果是硬壳子。"問："前說有汁子的果子是甚麼樣子呢？"答："有汁子果子中間有核或有子。"

　　提示

　　持栗子問："這是甚麼？"答："……"（書栗子授栗音）問："栗子是硬壳子不是？"答："是。"凡是硬壳子的都是乾果子

　　持梨子問："這是甚麼？"答："……"（接書梨子授梨音）

　　持橘子問："這是甚麼？"答："……"（接書橘子授橘音）

　　持柿子問："這是甚麼？"答："……"（接書柿子授柿音）

　　問："梨子橘子柿子是不是都有子呢？"答："有子。"凡有子的都是有汁子的果子。（持實物教授時教師可將形色味隨時說明）

　　持盤問："這盤中裝的是甚麼？"答："栗子梨子橘子柿子。"問："栗子梨子橘子柿子都是果子嗎？"答："是。"（在橘字上書盤中果指認）

　　（合讀教材全文）

　　應用　（練習認字照二課手、耳，三課日、月教式）

　　問：栗子比梨子橘子柿子大些小些？問：梨子比橘子柿子顏色同不同？問：柿子比橘子的汁子多些少些？

注意　柿四（音近）

第五十一課

教材　哥哥大　弟弟小

預備　問："你們都有哥哥沒有？"答："……"問："你們都有弟弟沒

有?"答:"……"任指一生問:"你今年幾歲?"答:"……"又指一生問:"你今年幾歲?"答:"……"(須就年歲不同學生指問)問:"一個七歲一個八歲,年紀是誰大些誰小些?"(七歲八歲係假定年歲,應就學生當時所答不同之歲發問)

提示

問:"你們同學的年紀比你大些的叫他為甚麼?"答:"哥哥。"(書"哥哥"授音)問:"年紀比你小些的叫他為甚麼?"答:"弟弟。"(書"弟弟"授音)指圖問:"圖上兩個學生一大一小,誰是哥哥誰是弟弟?"答:"大的為哥哥,小的為弟弟。"(在哥字下書大字,弟字下書小字,授音)問:年紀大些有不叫為哥哥的沒有?"答:"……"問:"年紀小些有不叫為弟弟的沒有?"答:"……"同輩的人年紀大些叫哥哥,年紀小些叫弟弟。若是不同輩的人,或是前輩,或是晚輩,勿論年紀大些小些。就不能用哥哥弟弟的稱呼了。

(合讀教材全文)

應用　(練習認字照二課手、耳,三課日月教式)

問:人是有哥哥弟弟的好些是沒有的好些?問:為哥哥的是不是要親愛弟弟呢?問:好玩的東西不分與弟弟玩是不是親愛呢?問:為弟弟的是不是要恭敬哥哥呢?問:有吃的東西把少的給哥哥自己吃多的是不是恭敬呢(任就教室內事物指令學生分別大小)?

注意　大火　小少(皆形似)弟地(音近)

教材　手牽手　進學校

預備　問:"人都要讀書嗎?"答:"要讀書。"問:"讀書應該要在甚麼地方讀呢"答:"進學校。"問:"你們有哥哥弟弟同在一個學校讀書的沒有?"答:"……"問:"哥哥弟弟若同在一個學校讀書,上學的時候是不是同伴來呢?"答:"同伴來。"

提示

(書手字指認)指圖問:"圖上兩個學生背着書包,手是甚麼樣子呢?"答:"手牽手。"(接書牽手授牽字音)這人捉住那人的手,那人也捉住這人的手,就是手牽手的樣子。問:"握手你們知道嗎?"答:"……"(如學生不知,可示以式並加說明)問:"牽手與握手同不同呢?"答:"……"牽手與握手不同。握手是講禮。牽手有兩種意思,一種是親愛,一種是指引。(須舉例證明)問:"你們看圖上的兩個學生手牽手到那裏去的呢?"答:"到學校去的。"(書學校授音)住家的房子叫做屋。教書的屋叫做校。校內是學習功課的,所以叫做學校。問:"人要讀書是不是要進學校呢?"答:"是"。(在學字上書進字授音)進是往前去的意思。問:"這兩個學生為甚麼為甚麼牽着手走呢?"答:"……"這兩個學生,大的是哥哥,小的是弟弟。同伴上學,手牽手,進學校裏來,是極親愛的情形。

(合讀教材全文)
應用　(練習認字照二課手、耳,三課日、月教式)
　　問:牽手和握手的意思是甚麼樣不同?問:同是一樣的房屋為甚麼叫做學校?問:人為甚麼要進學校呢?

第五十二課

教材　國文功課
預備　問:"你們是那國的人?"答:"中國人。"問:"你們寫的字是不是本國的字呢?"答:"是本國的字。"問:"你們説的話可不可用字寫出來呢?"答:"可用字寫出來。"問:"寫出來的文是不是一句句做成的呢?"答:"是。"問:"懂文理的人比不懂文理的人是不是明白事情些呢?"答:"懂文理的人明白些。"問:"國文教科書是不是分的有課呢?"答:"是分的課。"問:"學習國文是不是做功課呢?"答:"是。"
提示
　　(書課字授音)把學生應學習的事,按時候分派出來為課。每日應學習的事,是每日的課。每點鐘應學習的事,是每點鐘的課。(在課字上書功字授音）一課有一課的事情。學一課有一課的功勞，所以對於教的書說爲課，對於學的人説爲功課。問："現在講的是甚麼功課呢？"答："國文功課。"（書國文授音）字聯攏成句。句聯攏成文。口説的話，用字寫出來，就是文。國文是本國的文，不是外國的文。問："國文有甚麼用處？"答："……"認得字就能讀書。懂得文理纔可做事。做官的是要深通文理的。做工人，做商人，做農人，都要懂得文理，纔能寫信記賬。所以國文是很要緊的，勿論男女都要學習的。

（合讀教材全文）

應用　（練習認字照二課手、耳，三課日、月教式）

　　問：不懂國文有甚麼不好呢？問：功課不學習能懂不能懂呢？問：學校的功課祇有國文嗎？

注意　功公（音近）

教材　先認字　後講解

預備　問："四十一課講的寫在紙上是甚麼？"答："字。"問："四十二課講的向北方的是甚麼門"答："是後門。"問："你們上教室的時候在前面走的是不是先進來？"答："先進來。"問："沒有看見過的人你們認得不認得呢？"答："不認得。"問："沒有教過的字你們認得不認得呢？"答："不認得。"問："先生講功課是大略講好懂些是詳細講好懂些？"答："……"問："先生講功課是純是説話還有時做樣子給學生看呢？"答："……"

提示

　　（書字字指認）問："你們已讀過的書所有的字都認得嗎？"答："認得。"（接書認字授音）凡已見過的，已教過的，纔能認得。問："國文的字都有意思沒有？"答："有意思。"問："要學生懂得字的意思應該甚麼樣呢？"答："講解。"（書講解授音）先生教授學生的事情，用口説出來爲講。把事情分得清清楚楚。詳細講出來。話説不出的，做樣子給學生看，爲講解。問："我教你們的國文認字和講解那一項先教那一項後教呢?"答:"先認字後講解。"問:"講已認得的字比講不認得的字是那容易懂些呢?"答:"講認得的字容易懂些。"問:"對着字講比不對着字講是那容易明白些呢?"答:"對着字講容易明白些。"講已認得字容易懂,對着字講就容易明白,所以國文功課,是要先認字後講解的。

（合讀教材全文）

應用　（練習認字照二課手、耳,三課日、月教式）

　　問:書上的字若沒有人教能不能認得呢?問:先生講書若不用心去聽能不能記得呢?問:算學功課先做甚麼後做甚麼?

注意　先光（形似）　先前（意通）　（有形可證的用前字,如前門後門是。無形可指用先字,如先認字後講解是。大概先字比前字用處較窄,惟屬于時間範圍用之）

第五十三課

教材　放學回　哥哥前行　我後走

　　預備　問:"你們天天甚麼時上學?"答:"早晨上學。"問:有放學時沒有?"答:"有。"問:放了學往那裏去呢?"答:"回家去。"問:"回家去是向家裏這路上走嗎?"答:"是。"指有兄弟學生問:"你們回家是不是同走?"答:"是同走。"問:"走路時那個在前?"答:"……"問:"那個在後?"答:"……"

提示

　　問:"學校功課每日講完了就甚麼樣呢?"答:"放學。"（書"放學"指認學字授放字音）放學就是散學,因為功課完了,先生命學生散,不是學生自己散。散去後仍是要再來的,所以稱放學。問:"放了學學生還是在學校裏嗎?"答:"不在學校。"放了學就要回家（接書回字授音）從自己住的地方,往別處去,再轉來,為回。問:"回去的學生是一路行的嗎?"答:"……"有行不同路的,也有同路的。指有兄同學的學生問:"你放學回家必要同路的是那個呢?"答:"是哥哥。"問:"哥哥同路是不是在前面走呢?"答:"在前。"（書"哥哥前行"四字,指認哥前二字授行字音）行就是走。問："哥哥爲甚麼前行呢？"答："……"哥哥是大的，行路應該在前。問：你是不是跟着哥哥走？答："是跟着哥哥走。"問：跟着走是在後嗎？"答："是在後。"（書我後走三字，指認我後二字，授走字音）問："爲甚麼在後走呢？"答："……"比哥哥小些，所以在後走。

　　（合讀教材全文）

應用　（練習認字照二課手、耳，三課日、月教式）

　　問：同哥哥坐席是不是讓哥哥在上？問：同父母走路是不是讓父母在前？問：哥哥弟弟是不是要親愛？

注意　向回（形似）

第五十四課

教材　回家中　向父鞠躬　向母鞠躬

　　問："你們上學見先生是行敬禮嗎？"答："行敬禮。"問："先生是在學校教你們嗎？"答："是。"問："在家教養你們的是甚麼人呢？"答："父母。"問："見着父母是不是要行敬禮呢？"答："要行敬禮。"問："你們放學回家見着父親行過敬禮沒有？"答："行過敬禮。"問："見着母親行過敬禮沒有？"答："行過敬禮。"

提示

　　問："學生上了學，在學校放了學，在那裏呢？"答："家中。"（書"回家中"指認）問："放學回家是不是要見父親呢？"答："要見父親。"問："向着父親甚麼行禮呢？"答："行鞠躬禮。"（書向父親鞠躬四字，指認向父二字，授鞠躬二字音）躬是人的身子。把身子向前向下彎爲鞠躬。（作鞠躬式示之）作揖叩頭，是我國的古禮。現在民國，把從前的禮改變了。三鞠躬是極大的禮。一鞠躬是大禮。向父親行鞠躬禮，是行的大禮。問："放學回家見過父親還要見母親嗎？"答："要見母親。"問："向着母親是不是也行鞠躬禮？"答："……"父母恩情是一樣的，向着父行鞠躬禮，向着母自然行鞠躬禮。（接書向母鞠躬指認）

（合讀教材全文）

應用（照二課手、耳，三課日、月教式）

問：鞠躬是不是要脫帽呢？問：見着先生是不是行鞠躬禮呢？問：向着祖父母是不是要鞠躬呢？問：向伯叔父母是不是要鞠躬呢？問：見父母同輩的人是不是要鞠躬呢？

注意　橘鞠公功躬（皆音近）躬體（意通）（體字含有人身構造之義，凡有形象之物，均可稱體，躬是專對人身說）

第五十五課

教材　早起洗臉　梳頭　漱口

預備　問："做事勤快的人比不勤快的人誰起來得早些？"答："勤快人起來早些。"問："愛潔淨的人比不潔淨的人是誰好些呢？"答："潔淨的人好些。"

問："臉上有灰塵和汙穢潔淨不潔淨呢？"答："不潔淨。"問："頭髮蓬的像亂麻潔淨不潔淨呢？"答："不潔淨。"問："口裏有臭氣潔淨不潔淨呢？"答："不潔淨。"

提示

（書早起二字指認）問："你們每日起來早不早呢？"答："……"人起來得早，神氣清爽，最好做事，所以勤快的人必要早起。問："早起是不是要洗臉呢？"答："要洗臉。"（書洗臉二字授音）這是臉。（指形示）洗臉是用水和手巾摩擦洗去。（作式示）問：臉爲甚麽要洗呢？答："……"臉上有灰塵和汙穢，若不洗去，便不潔淨，所以臉是每日要洗的。問："臉潔淨就洗，頭要潔淨，該甚麽樣呢？"答："要梳。"（書梳頭二字，指認頭字，授梳字音）問："頭是甚麽梳法呢？"答："……"用梳子把頭髮梳理。又用篦子篦去灰塵，便是梳頭的法子。問："頭髮有洗的時候沒有？"答："……"洗臉時候就可以洗頭，問："洗臉梳頭都是愛潔淨的意思，口是不是要潔淨呢？"答："要潔淨。"問："甚麽樣口纔潔淨呢?"答:"要漱口。"(書漱口二字,指認口字,授漱字音)問:"口是甚麼漱法呢?"答:"……"用清水漱口。(作漱式示之)還有用牙粉牙刷兼洗牙齒的。

（合讀教材全文）

應用　（練習認字照二課手、耳，三課日、月教式）

問：不早起好不好呢？問：不洗臉有甚麼不好呢？問：不梳頭有甚麼不好呢？問：不漱口有甚麼不好呢？

注意　走起　洗先（皆形似）

第五十六課

教材　大哥當軍官　騎高馬　掛長刀。

問："你們看見當兵的人沒有？"答："……"問："你們看見軍隊沒有？"答："……"問："軍隊出來的時候兵都托槍有掛刀的人跟着走，你們看見過沒有？"答："……"問："軍隊出來的時候有掛刀的軍人騎馬在軍隊的後面走，你們看見過沒有？"答："……"（如學生沒有見過軍隊，教師可先述軍隊大概）

提示

問："有當兵的人即有帶兵的人，這帶兵的是甚麼人？"答："軍官。"（書軍官二字授音）做官的人，位分比別人高些，在軍營中位分高些為軍官，軍官是帶兵的人，兵是要服從他的號令的。問："甚麼纔能當軍官呢？"答："……"要有軍事學問，纔能當軍官，或是當兵多年，積有勞績，亦可漸漸陞爲軍官。問："當軍官的人身體是不是要強壯呢？"答："要強壯。"問："當軍官的人氣象是不是要威武呢？"答："要威武。"

指圖問："這圖上畫的像不像軍官呢？"答："像軍官。"問："這軍官騎的甚麼？"答："馬。"問："軍官要威武，騎一匹又矮又小的馬，威武不威武呢？"答："不威武。"軍官要威武，騎的馬必要高大，方顯得威武的氣象。（接書"騎高馬"指認"高馬"，授"騎"字音）人坐在馬背上用兩腿分開貼着爲騎。（作騎式）問："這軍官腰間掛的甚麼？"答："刀。"問："這掛的刀長不長呢？"答："長。"（接書"掛長刀"授"掛長"音）把東西繫着爲掛，（作掛式）帶的刀是指揮軍隊用的，指揮的刀，要長刀纔合用。（在軍字上書大哥當三字指認）指圖說："這軍官是小孩的大哥，小孩看見他的大哥，騎的高馬，掛的長刀，比別人格外威武些，是很高興的。"

（合讀教材全文）

應用　（照二課、三課教式）

問：平常人出門是不是騎馬呢？問：平常人是不是掛刀呢？問：你們家裏有做軍官的人沒有？問：你們將來想當軍官嗎？問：要當軍官是不是先要當兵呢？問：要當軍官是不是要學軍事學問呢？

第五十七課

教材　我看書　妹寫字　姐姐做手工

問："三十六課講的當窗做甚麼？"答："看書。"問："四十一課用筆和墨在紙上做甚麼？"答："寫字。"問："字是手寫的嗎？"答："是。"問："手祇能寫字嗎？"答："……"問："哥哥弟弟都是男的嗎？"答："是男的。"問："哥哥弟弟是同輩的人嗎？"答："是。"問："同輩的人有女的沒有？"答："有。"問："同輩的人年紀大些的小些的祇有男的嗎？"答："有女的。"

提示

（書我看書三字指認）指圖，問："這圖上的小孩有看書的沒有？"答："有。"問："看書和讀書同不同？"答："不同。"讀書是用口讀，看書是用眼睛看。問："這圖上的小孩那一個最小那一個最大呢？"答："……"在看書的小孩左首坐着的最小，右首站着的最大。問："一個最小一個最大的都是不是女孩呢？"答："是女孩。"問："年紀比你們小些，男的叫弟弟，女的叫甚麼？"答："妹妹。"（書妹字授音）同輩的女人年紀小些爲妹妹，這左首坐着的，是男孩的妹妹。問："這小女孩在做甚麼？"答："寫字。"（接書寫字指認）問："寫字和認字同不同？"答："不同。"認字是用口說的，寫字是用手寫的。問："年紀比你們大些，男的叫哥哥，女的叫甚麼？"答："姐姐。"（書姐字授音）同輩的女人年紀大些爲姐姐，這右邊站着的，是男孩的姐姐。問："這大女孩在做甚麼？"答："做針綫。"問："針綫是用手做嗎？"答："是。"問："不學針綫的人能做極好的針綫嗎？"答："不能。"問："我們學校有手工功課沒有？"答："……"（接書"做手工"，指認手字，授做工音）把所學的藝做得極好爲工，用手做的工爲手工，針綫是手工的一種，實在去幹事爲做。譬如用針綫縫衣爲做衣，用針綫繡花爲做花。

（合讀教材全文）

應用　（練習照二課、三課教式）

問：妹妹比姐姐年紀大些嗎？問：姐姐比妹妹年紀小些嗎？問：妹能寫字是不是還要做手工呢？問：姐能做手工是不是還要能寫字呢？

注意　土上工（形似）

第五十八課

教材　教室内　先生問　站起答話

問："四十七課講的有椅坐的是甚麼地方？"答："教室。"問："你們稱呼我爲甚麼？"答："先生。"問："我講功課是不是坐着？"答："不是坐着。"問："你們聽講是不是坐着？"答："是坐着。"問："你們答我的話是不是坐着？"答："不是。"

提示

（書"教室"指認）問："講功課是在教室内是在教室外呢？"答："在教室内。"（接書内字授音）内與外是有分別的，即如教室，人沒有進來是在外，既進來就是在内。問："講功課的人應該稱呼甚麼？"答："稱先生。"（接書先生二字指認）問："先生的年紀是不是比學生長些呢？"

答："年紀長些。"問："先生的學問是不是比學生好些呢?"答："學問好些。"問："學生對先生是不是要恭敬呢?"答："要恭敬。"凡年紀長的，學問好的，都可稱爲先生。對於年紀長的，學問好的，都是應該恭敬的。問："先生講功課有問學生時沒有?"答："有。"（接書問字授音）向人説話要人回答的爲問。問："先生爲甚麼問學生呢?"答："……"先生教授的事情，恐學生不盡明白，問學生就能知道實在明白沒有，或者從前教的事情，學生已經明白了，恐其日久忘記，問學生就可知道記得不記得，問："先生問學生，學生是不是要回答的呢?"答："要回答。"（書答字授音）對人問的事情，一一回復他爲答。問："先生同學生問答是講話不是?"答："是講話。"問："話是不是用口説呢?"答："是。"（接書話字授音）用口説的爲話，功課的問答，有用筆記的，但是用話問答，一定是用口説的。問："學生答先生的話應該是甚麼樣子呢?"答："站起。"（書"站起"指認）（作站起答話式示之）學生聽講都是坐着，站起來答話，一是恭敬先生，一是同沒有答話的學生有分別。

（合讀教材全文）

應用　（照二課手、耳，三課日、月教式）

　　問：學生有問先生時沒有?　問：先生有答學生的話沒有?　問：先生不問可以隨便答話嗎?　問：先生問，不能回答好不好?　問：先生問話，若是不站起來答，恭敬不恭敬?

　　注意　問開（形似）　屋室（義近）（但屋字義廣名稱又普通。屋可以包室，如學校房舍可通稱屋，學校內可分別某處爲某室，如教室即學校之一部是）

第五十九課

教材　鳥有二翅能高飛

　　問："二十四課講的樹上是甚麼?"答："是雀。"問："三十三課講的知時和生蛋的是甚麼?"答："雞。"問："雀子能飛不能飛?"答："能飛。"問："雞子能飛不能飛?"答："能飛。"問：雀子雞子是有甚麼纔能飛呢?"答："有翅。"問："雀子雞子有幾個翅呢?"答："二翅。"問："雞子有雀子飛的高沒有?"答："雞子沒有雀子飛的高。"

提示　（書鳥字授音）雀子雞子都是鳥，鳥的種類很多，空中飛的，不祇雀子，如燕子、鶯子都算是鳥。家中喂的，不祇雞子，如鴨、鵝、都算是鳥。問："你們看見的飛鳥都是有翅的嗎?"答："有翅。"（書翅字授音）鳥都是有翅的，可見得鳥能飛，全是翅的用處。問："飛鳥的翅是甚麼樣子呢?"答："……"翅上的毛，比身上別處長些。飛的時候，把翅張開。問："你們看見的飛鳥有不是二翅的沒有?"答："沒有。"（在"翅"上書有二字指認）問："把飛鳥折去一翅能飛不能飛?"答："不能飛。"翅是張開飛的，一邊有翅，一邊沒有翅，即飛不動，所以飛鳥一定是二翅。（接書"能高飛"，指認高字，授"能飛"音）問："鳥飛的時候是在地上走不是?"答："不是。"在空中行動爲飛。問："沒有翅的物要飛可做得到做不到?"答："做不到。"凡可以做到的是能。問："雞子何以不及雀子飛得高呢?"答："……"雞是家中喂的，可以不用翅做甚麼事，身體又肥重，所以不像野鳥飛的高。

（合讀教材全文）
應用　（練習認字照二課手、耳，三課日、月教式）
　　問：牛羊狗馬有翅沒有？問：沒有翅的能飛不能？問：家裏喂的鴨能高飛不能？
注意　字翅（音近）

教材　獸有四脚能快走
　　問："十課講的是甚麼?"答："牛羊狗馬。"問："牛羊狗馬是鳥不是?"答："不是。"問："鳥雀有牛羊狗馬的脚多沒有?"答："沒有。"問："鳥雀有牛羊狗馬會走沒有?"答："沒有。"

提示
（書獸字授音）牛羊狗馬都是獸類。問："牛羊狗馬有幾隻脚呢?"

答："四隻。"（接書"有四脚"指認）獸類很多，不祇牛羊狗馬，凡有四隻脚的都稱獸。問："脚是做甚麼呢？"答："是走路的。"問："獸有四脚是不是能走路呢？"答："能走路。"問："人有脚沒有？"答："有脚。"問："人有幾隻脚呢？"答："二隻脚。"問："人的脚也能走嗎？"答："能走。"問："人走路有獸走得快沒有？"答："沒有。"人是二隻脚，獸是四隻脚，四脚比二脚走得快。（接書能快走三字，授快字音）快是對慢說的，在地上走的，祇有獸是四隻脚，所以獸能走得最快。

（合讀教材全文）

應用　（練習認字照二課手、耳，三課日、月教式）

問：獸的毛是不是同鳥一樣呢？問：鳥有四隻脚沒有呢？問：獸能飛不能呢？問：本學期的國文功課是不是快完呢？問：功課完了是不是快放假呢？

第六十課

教材　今日放假　我們回家　溫習功課

問："學校裏有不上課的日子沒有？"答："有。"問："不上課的日子學生都是玩嗎？"答："……"問："已認得的字不再看能記得不能？"答："不記得。"問："已讀的書不再讀能熟不能？"答："不能熟。"

提示

（書"今日"指認）問："甚麼日是不上課的呢？"答："放假日。"（接書"放假"，指認放字，授假字音）不上課的日為假期。問："放了假學生還是在學校嗎？"答："不在學校。"問："不在學校往那裏去呢？"答："回家去。"問："學生都是回家嗎？"答："都是回家"（書我們回家四字指認）問："學生回家講的功課是不是帶回呢？"答："帶回。"問："幾樣功課是有課本的呢？"答："……"修身、國文、算術是有課本的。問："帶回去的課本是不是要溫習呢？"答："要溫習。"（接書"溫習功課"，指認"習功課"，授溫字音）問："甚麼樣纔是溫習呢？"答：

"……"溫習是在不上課的時候，把已習的功課重復學習，如國文、修身功課，在家裏自己再讀再看，算術功課，在家裏自己演算，這就是溫習。問："溫習功課有甚麼好處？"答："……"溫習讀過的書，不記得的可以記得，不熟的可以熟。

（合讀教材全文）

應用　（照二課手、耳，三課日、月教式）

問：不放假是不是要上學呢？問：放假回家有玩的時沒有？問：放假是幾日一次呢？問：放學期假比平常的時候長些短些？問：溫習功課的比不溫習功課的誰記得熟些呢？問：你們當放假時是不是應該溫習功課呢？

新小學教科書國語
文學讀本教授書

（初級　第一册）

《新小學教科書國語文學讀本教授書》(初級 第一册),中華書局1925年9月初版。

凡　例

一、本册各課教案，由著者編定，先試教於湖北省立模範小學一年級，再根據經過情形之記錄，加以修正。

一、各課教學進程，視教材之內容與組織以及應需時間，爲適當之支配，打破拘泥形式過程之弊。

一、各課新詞練習，除補充教材外，尤注重閃爍片，以謀教學時間之經濟，認識變換之便利，與兒童學習之興趣。（閃爍片教者亦可自製，製法見後。）用者於二次以後之授課時間有餘，或經過一次練習尚未純熟，均得隨時以至短時間行之。

一、根據反覆練習之原則，凡課文新字復見次數不勻稱者，均於每課最後之教學時間內，列聯絡練習之補充教材。每新字在相當練習期內，至少必復見二次。

一、各課提示新詞，於課前語言問答中示之。未盡者，於讀文時示之。亦有先誦課文，後認文字者，但所示者均在就形讀音，無講解之必要。

一、各課內容之意義，由聯合語言，聯合動作，聯合實物而演釋之，使思想與文字結合爲一。

一、各課教學項目及問語之次序，均計程而進；每一次教學事項，於全與分之配置，動作之變換，頗爲注意。教者如有增損顛倒，應體察及此。

一、爲減少文字及各地方語言便利，均用文言說明；關於教學中之問題提出，由教者查照說明原文而運用之。

一、教者宜參閱著者之讀本說明書。

一、授本册讀本之前，至少須有一週，引導兒童遊戲談話，於不正式授課中，用文字自然教學法，提示文字，引起兒童識字之觀念。

附　閃爍片製法舉例

正面寫漢字，背面寫注音字母。凡有形體之名字，應於背面繪圖。正面底角，標識冊數課數，如一冊一課，其標識爲一・一。

單字片約長一寸五分，寬一寸二分；二字片長二寸，寬一寸二分；三字以上，寬一寸；每加一字，應加長八分。

一——跑啊　跳啊　來跳　來跑　不來　跳　來　不　啊　跑

二——跑得遠　跳得高　高遠　馬兒得

三　跑來了　回去了　小　轉　傘　回　去　了

四——小寶寶　面皮老　打一打　跳一跳　打　寶　面　皮　老　一　重

五——老鴿子叫　小鴿子叫　老鴿子笑　鴿子　叫　咕　見　笑　鴿　子

六——小鳥大了　大鳥老了　唧食　鳥　大　吃　給

七——拉拉手　拉成一个圓圈　拉成圓圈團團轉　拉　手　成　个　圓　圈　團

八——哥哥果果　排坐果哥留我

九——有面沒有口　有脚沒有手　有菜不吃　有酒不喝　有　口　沒　脚　菜　酒　喝

十——小雀兒　你來吃　你來喝　你來吧　這裏有食　這裏有水　這裏　雀　吧　你　這　裏　水

十一——你拍拍　你拍毬　我拍拍　我數數　拍　毬　數　二　三　四　五

十二——摸不着　摸着了　我在這裏　你往那裏　那裏　瞎　摸　在　逃　着　再　往　那

十三——翅膀　四隻　怎麽翅膀隻說怎麽用貓

十四——同去看貓　我去看貓　你不要去　都不去了　往那裏去　老鼠　不要　鼠　狗　碰　看　同　要　都

十五——屋裏有牀　牀前有椅　椅前有架　架上有衣　睡大牀　睡

小牀　坐大椅　坐小椅　穿大衣　穿小衣　屋　牀　睡　椅　前　架　上　衣　穿

　　十六――貓捉大老鼠　貓捉小老鼠　貓追到大牀上　貓追到小牀上　躲在大牀上　躲在小牀上　捉　躲　追　到　也

　　十七――蟬在樹上　螳螂來了　螳螂去了　黃雀飛了　蟬　螳螂　黃雀　知　飛　樹　黃　聲

　　十八――白貓來吃魚　黑貓來吃魚　花貓來吃魚　快來　咪嗚　魚　黑　花　白　快　嗚

　　十九――坐在地上　伸出舌頭　伸出脚爪　舐舐面　擦擦面　伸出　舌　爪　頭　擦　舐　地

　　二十――狼　虎　和尚　鼓　背　和　尚

　　二十一――　做　樣　雙　哎呀　張　開　呀

　　二十二――風來了　雨來了　風不起了　雨也停了　風　雨　姐　起　停　咦　們　門

　　二十三――樹上落了葉　水上起了浪　風在門縫裏　風在窗縫裏　落　葉　浪　縫　窗　呼　噓　的

　　二十四――天要亮　天亮了　公雞　天亮喔　天　亮　籠　早　歌　唱

　　二十五――月亮高高　月亮光光　別處也要走去　別處也要照去　別處　到處　月　下　走　別　光　照　好

　　二十六――麻屋子　紅帳子　住一個白胖子　麻　紅　帳　住　胖

　　二十七――他這麼粗的腿　他這麼大的肚　陡坡　腿　肚　粗　歪　慢　從　他

　　二十八――小小車　光光頭　團團面　脚踏踏　磁娃娃　我摸摸他　我親親他　扯到樹下去摘花　拉到花下去摘瓜　娃娃　車　瓜　磁　跌　扯　摘　踏　親　話　娃

　　二十九――蘆花　飛入　片　又　六　七　八　九　蘆　入

　　三十――十個加十個　十個減十個　也是十個　十　是　加　減

目　次

課數

一	3461
二	3462
三	3463
四	3464
五	3465
六	3467
七	3468
八	3469
九	3470
十	3471
十一	3472
十二	3473
十三	3474
十四	3476
十五	3477
十六	3478
十七	3480
十八	3482
十九	3483
二十	3485
二十一	3486
二十二	3487

二十三 …… 3488
二十四 …… 3489
二十五 …… 3491
二十六 …… 3493
二十七 …… 3493
二十八 …… 3495
二十九 …… 3496
三十 …… 3497

一

教材 來來　來跑　跑啊　不來不來　來來　來跳　跳啊　來來來

目的 引起兒童選擇運動之心情。

時間 二次。

第一次

（一）示圖問答　先問圖作何狀。次問找同學來跑來跳，作何言語（分兩次問）。再問同學找你來跑來跳，你答應跑跑或不跳跑，作何言語（分問）。

　　注意　問圖作何狀時，學生說到"跳"、"跑"二字，分書於黑版示之。問作何言語時，學生說到"來跑""來跳"，分書"來"字於"跳""跑"字上示之。說到"來""不來"時，分書"來""不來"示之。說出"啊"字時，書"跑啊"、"跳啊"示之。如兒童未說出時可於讀文中特別提示之，不限於一定說出。書生字以詞爲主。每示一詞，範唱一二遍。

　　（二）展書誦習　展書後，即說明這是學生呼喚他生來跑來跳時問答的話。本課係開始授課文，展書誦習時，分段讀及讀全文，皆用範讀式。

　　（甲）分段讀　分二節，每節二句。每讀一句，宜稍停頓。本課在範讀前，教者先以說做並行示一次。第一節一問一答。如第一句說"來來"，即作招手狀。說"來跑"，即腰稍曲脚跟稍起作跑勢。第二句說"跑啊"，作目向問者而思索狀。說"不來不來"，作手稍搖狀。演畢，範讀二三遍。第二節一問一答。法同上。惟於問語作跳勢，答語微點頭而說，不作思索狀。（此係應言語時之自然情態，不可忽視。）

　　（乙）讀全文　分組全體均用。

第二次

　　（一）試讀全文　（此係考驗能讀與否）約兩三遍。斟酌情形指名讀之，每人只宜一遍。

（二）內容問答　應如何而跑？應如何而跳？來跳，不來跑，何故？

（三）示筆順　舉"不"字爲例。（一横，丿撇，｜直、、點。）

（四）新詞辨認　合詞"跑啊""跳啊""來跳""來跑""不來"，單詞"跑""跳""來""不""啊"，調換令辨認之。先認合詞，後認單詞。無閃爍片，可於黑板書示。但用片較省時間，且助興趣。

（五）齊讀　先分組，後全體。

二

教材　馬兒　跳跳　馬兒　跑跑　跳得高　跳跳跳　跑得遠　跑跑跑

目的　使兒童想像遊戲之快樂。

時間　二次。

第一次

（一）示圖問答　問圖作何狀。次問兒童平時騎竹馬之跳跑情狀。於問答中書示"馬兒""高""遠"等新詞。

（二）試讀（初讀）　分二節，每節二句。一、"馬——跑。"二、"跳得——跑。"特別提示"得"字。指名讀之，讀不合時範讀。

（三）聯合動作讀文　教者讀第一句，略作跳勢。讀第二句，略作跑勢。讀第三句，示高跳狀。讀第四句，示速跑狀。演時須雙手作攜物狀，如騎竹馬式。演畢，然後範讀二三遍。

（四）讀全文　不標明讀式者，由教者酌用。下準此。

第二次

（一）讀全文　在二次以下，開首用此標題，只宜二三遍。下準此。

（二）新詞辨認　合詞"跑得遠""跳得高"，單詞"高""遠"，"馬""得""兒"，調換令辨認之。

（三）分組讀

（四）聯絡前課練習　書"馬兒來跳，來不來。馬兒來跑，來不來。

馬兒啊，跳得高。馬兒啊，跑得遠。"令讀之。

三

教材　來了　來了　馬來了　馬跑來了　小兒轉轉傘　馬跑回去了
目的　使兒童想像臨機應變之情狀。
時間　二次。

第一次

（一）示圖問答　指圖問：馬作何狀？小兒持何物——作何狀？馬同小兒在一條路上，成何樣的方向？馬何以不對着小兒跑呢？於問答中書示"小兒""傘""轉""回去"等詞。

（二）聯合語言讀文　分二節：一、"來——跑來了。"二、"小兒——去了。"讀前節，先問小兒在路上碰着馬而驚駭，作何語言。俟兒童答後，然後依課文而讀之。後節讀第一句，先問小兒作何事。讀第二句，先問馬見小兒轉傘後如何。讀法同上。

（三）新詞辨認　合詞"跑來了""回去了"，單詞"小""轉""傘""回""了"，調換令辨認之。

（四）試讀全文

第二次

（一）讀全文　至多三遍。

（二）問答大意　小兒在路上，遇着跑馬，心中如何？如果馬直衝過來，如何？小兒為何持傘而轉？如果不持傘而轉，馬回跑否？這小兒如何？

（三）分組讀文

（四）示筆順　舉"來"字為例。（前例之外，增㇏捺，亅直帶鉤。）

（五）聯絡前課練習　書"馬兒高高，傘轉來轉去，馬跑得遠了。"令讀之。

四

教材 小寶寶　面皮老　打一打　跳一跳　打得重　跳得高（打皮毬）

目的 引起喻物與思索之興趣。

時間 二次。

注意 凡先讀文後識字者，每句皆用句片，以便識字時提示。

第一次

（一）課前指示　先就兒童平日曾猜謎，或聽人猜謎否問之。次略說明猜謎之情狀。

（二）猜謎　教者口述課文，令猜何物。俟猜得後，持毬示之。

（三）背誦課文

（四）文字認識　先問此謎之語，共有幾句。次問第一句何語，俟兒童說出後，告以兒童喜毬，稱之爲"小寶寶"。以第一句片示之。問第二句何語，答出後，告以毬不怕打，"面皮"可稱爲"老"。以第二句片示之。問第三句第四句何語，答後，教者打毬，示一打一跳之狀，加以說明。以"打一打"、"跳一跳"兩片示之。問第五句第六句何語，答後，教者打毬，示重打高跳之狀，加以說明。以"打得重"、"跳得高"兩片示之。

（五）試讀

（六）新詞練習　書"小寶寶來打，重重打，高高跳，面皮老不老。"令讀之。

第二次

（一）分句辨認　本課句片，用抽插式調換令讀之。

（二）單詞辨認　"打""寶""而""皮""老""一""重"，調換令辨認之。另比較"回""面"，二字。

（三）分組讀全文

（四）示筆順　舉"打"字爲例。（增/趕例。）

（五）聯絡前課練習　書"小寶寶，轉轉打，轉轉跳，打不重，跳不高。""小寶寶回來，得了傘，不遠跑。"令讀之。

總練習　用游戲練習法，不限於在教室內。若在教室內，須將桌椅移動，分配兒童成組，準各課情形爲之。時間須在三十分以外，六十分以內。

第一課練習法，教者依前者說做並行之法，示範說明。然後選較靈敏者二人爲一組，演時對立，一問一答。語言與動作聯合之方式，查照第一課第一次第二項甲目分段讀中說明。如是演至三四組後，全體合演一次。

第二課練習法，查照第二課第一次第三項，至少須五人一組。

第三課練習法，一生作馬，一生持物作轉傘之小兒，一生讀文，三人爲一組。讀者與作者須互相照應，使動作與語言，合爲一致。

三課演畢，選能打謎者說謎猜之，以助餘興。最後背誦第四課課文一遍。

五

教材　老鴿子叫　咕咕咕　小鴿子叫　咕咕咕　小鴿子不見了　老鴿子叫　咕咕咕　小鴿子回來了　老鴿子笑　咕咕咕

目的　激動兒童欣賞老鴿子親愛小鴿子之心情。

時間　四次。

第一次

（一）示圖問答　問：圖上畫的何物？是何情狀？鴿子叫作何聲？就兒童平時所見老鴿子小鴿子親愛之情形談話。於問答中書示"老鴿子""小鴿子""叫""咕"等新詞。

（二）初試讀　分三節：一、"老鴿子——咕。"二、"小鴿子不——咕。"三、"小鴿子回——咕。"應特別提示"見""笑"二字。

（三）大意問答　小鴿子不見了，老鴿子何以叫？小鴿子回來了，老鴿子何以笑？

（四）練習試讀

第二次

（一）讀全文

（二）分句與新詞辨認　句片"老鴿子叫""小鴿子叫""老鴿子笑"，詞片"鴿子""叫""咕""見""笑"，調換令辨認之。又"了""子"，令比較辨認之。

（四）分組讀

第三次

（一）朗讀

（二）齊讀　凡但標齊讀者，或分組，或全體，或並用，由教者酌之。下準此。

（三）示筆順　舉"了""叫"爲例。（增⼀⼁折，⼅彎左鉤。）

（四）聯絡前課練習　書示："小寶寶去了，小寶寶不見了，小寶寶回來了，小寶寶跳，小寶寶笑。"令讀之。

第四次

（一）讀全文

（二）表演初步試習　如仿鴿子叫聲，鴿子飛狀，老鴿子不見小鴿子而不安之狀，老鴿子見小鴿子回而歡喜之狀。

（三）表演　先討論表演每組人數。（作老鴿子一人，作小鴿子至少四人。）次討論鴿子所在地方。（即用小桌椅隔離，以表示內外之分。）再次討論表演方式。演第一節，作鴿子者均往所設桌椅之內。作老鴿子者先叫咕咕咕。作小鴿子者隨之同聲而叫。演第二節，作小鴿子者作外出而遊玩之狀。（不限於全數，宜從桌上而出。）作老鴿子者，即往桌上四面張望，面帶憂色而叫。演第三節，作小鴿子者作飛回狀，作老鴿子者作歡喜狀而叫，小鴿子有表示依戀之狀。

（四）全體齊讀

六

教材 小鳥小　大鳥啣食來　給小鳥吃　小鳥大了　大鳥老了　小鳥啣食來　給大鳥吃

目的 激起兒童對於小鳥大鳥母子親愛之感想。

時間 二次。

第一次

（一）聯絡前課問答　先就上課鴿子親愛情狀問答。次告以鴿為鳥類，為家畜，鳥類之母子相親愛者，不只鴿子為然。

（二）示圖　問：圖上所畫者何物？其情狀如何？兒童不識鳥者，可說明之。於問答中書示"鳥""大""吃""啣""食"等詞。

（三）試讀　分二節：一、"小鳥小——給小鳥吃。"二、"小鳥大了——給大鳥吃。"特別提示"給"字。

（四）大意問答　小鳥與大鳥的關係。小鳥初生未久，情狀若何？大鳥既老，情狀若何？大鳥何以替小鳥啣食？小鳥何以替大鳥啣食？

（五）齊讀

第二次

（一）讀全文

（二）新詞與分句辨認　句片"小鳥大了""大鳥老了"，詞片"啣食""鳥""大""吃""給"，調換令辨認之。又"鳥"，"馬"，令比較辨認之。

（三）分組讀

（四）聯絡前課練習　書示"小鴿子吃食，老鳥啣去吃。小鳥吃食，老鴿子啣不來。""小鳥不見了，老鳥叫。小鳥回來了，老鳥笑。"令讀之。

七

教材 拉拉手　拉拉手　拉成一个圓圈　拉拉拉拉拉拉拉　拉拉手　拉拉手　拉成圓圈團團轉　拉拉拉拉拉拉

目的 引起兒童想像公同遊戲之快樂與規律。

時間 五次。

第一次

本課先作遊戲，教室桌椅固定者，可於教室外行之。先令站成圓圈，加以說明。然後隨唱隨作，至學生能自唱自作而止。

分兩節演，第一節唱作演熟後，再演第二節，然後合兩節演之。

第二次

二次三次重在認識文字，認識法同第四課。

（一）示圖　就圖上情狀，與前次遊戲比較問之。

（二）唱誦課文

（三）文字認識　問：第一節唱歌共幾句？（四句。）問：第一句第二句兩句連唱爲何語。學生答後，以"拉拉手"句片示之。問：第三句何語。答後，以"拉成一个圓圈"句片示之。以下同。

（四）大意問答　要成圓圈，如果站得不整齊，如何？如何纔站得整齊？（繞圈而立，左右均隔一手寬。）有一人之手不拉好，如何？

（五）試讀

（六）分句及新詞辨認　句片及詞片"拉""手""成""个""圓""圈"，調換令辨認之。

第三次

（一）讀第一節課文

（二）唱誦第二節課文

（三）文字認識　問：第二節唱歌共幾句？第一二句何語？展書令讀之。第三句第四句同上。惟"團"字係新字，宜注意。

（四）大意問答　拉成圓圈，如何而轉？何以要團團而轉？如何轉而後能成圓圈？有一人脚步不齊，如何？

（五）展書試讀

（六）新詞辨認　"圈""圓""團"，並列一處，前後顛倒，令辨認之。

第四次

（一）讀全文

（二）分組讀

（三）示筆順　舉成字爲例（增丁左折帶鉤，乀斜鉤。）

（四）朗讀

（五）聯絡前課練習　書示："老馬跑，跑成一个大圓圈，團團轉。小馬跑，跑成一个小圓圈，團團轉。"令讀之。

第五次

（一）句片練習

（二）字片練習

（三）表演

八

教材　排排坐　吃果果　哥哥吃大果　我吃小果　哥哥不吃　留一个給我

目的　引起兒童友愛之心情。

時間　二次。

第一次

（一）課前問答　就兒童在家兄弟姊妹共食情狀相問答。

（二）示圖讀課文　先就圖上大體發問，次就兒童並坐情狀及手持何物發問，書示"排排坐，吃果果"，令讀之。再就大小兒童吃果情狀發問，書示"哥哥吃大果，我吃小果"，令讀之。後就哥哥給果發問，書示

"哥哥不吃，留一个給我"，令讀之。

（三）試讀

（四）示筆順　舉吃字爲例。（增乙右折帶鉤例。）

（五）新詞練習　書示："哥哥排坐，我吃果子，留一个不吃。我排坐，哥哥吃果子，留一个不吃。"令讀之。

第二次

（一）　讀全文

（二）大意問答　坐應如何排法？哥哥何以吃大果？弟弟何以吃小果？哥哥何以留一个不吃？

（三）分組讀

（四）新詞辨認　合詞"哥哥""果果"，單詞"排""坐""果""哥""我""留"，調換令辨認之。又"我""成"，令比較辨認之。

（五）聯絡前課練習　書示："哥哥團團面，我拉哥哥手，坐成一排，哥哥不坐，拉我轉一个圓圈。"令讀之。

總練習

用讀文比賽法，與識字比賽法，分二次行之。每次三十分。但二法可以同時並用。讀文比賽法，將所有學生分爲四組，每組抽讀二課，以某組齊讀無誤，句讀分明，聲調諧和者爲優點。識字比賽法，將已練習之單詞、合詞、短句，合在一處。每生任抽一紙片，即時當衆讀之，由全體矯正。已抽出者另置他處，以免重複。

九

教材　有面沒有口　有脚沒有手　有菜不吃　有酒不喝（打桌子）

時間　二次。

第一次

（一）復述前課　令口述第四課打皮毬之謎語。

（二）猜謎　教者口述課文，令兒童猜之。

（三）背誦課文

（四）文字認識　本課文四句。認識文字法，同第四課，但無實物動作可聯絡耳。

（五）試讀

第二次

（一）讀全文

（二）分句及新詞辨認　將原文各分句片及詞片"有""口""沒""脚""菜""酒""喝"調換令辨認之。

（三）分組讀

（四）聯絡前課練習　書示："哥哥排坐，留我喝酒，留我吃菜。我不吃不喝，哥哥笑。"令讀之。

十

教材　小雀兒　你來吧　這裏有食　你來吃　這裏有水　你來喝　小雀兒　你來吧

目的　激起兒童親愛動物之心情。

時間　二次。

第一次

（一）示圖問答　就圖中小兒與小雀情狀問答。於問答中書示"小雀""吃食""喝水"，等新詞。

（二）語言揣測　問：試想小兒喚小雀來吃食來喝水，當作何語言？俟學生種種答話後，然後口述本課全文，令兒童聽之。口述後，書示"這裏"、"吧"等新詞。

（三）試讀

（四）大意問答　小兒喚小雀何意？小雀對於給食給水，其心中如何？小雀究竟來否？你們見可愛之小雀，心中如何？

（五）新詞練習　書示："小雀，你來這裏吃食吧，你來這裏喝水吧。"令讀之。

第二次

（一）讀全文

（二）分句及新詞辨認　句片"小雀兒""你來吃""你來喝""你來吧""這裏有食""這裏有水"，詞片"雀""吧""你""這""裏""水""這裏"，令辨認之。又"大""水"，令比較辨認之。

（三）分組讀

（四）示筆順　舉你字爲例。（增一橫帶鈎例。）

（五）聯絡前課練習　書示："鴿子，老鳥，小雀，有面，有口，有脚，沒有手。""老鳥啣食來這裏吃，來這裏喝水。小兒見老鳥叫，小兒笑。"令讀之。

十一

教材　拍拍毬　你拍拍　我拍拍　你拍毬　我數數　一二三四五　我拍毬　你數數　一二三四五

目的　引起兒童拍毬記數之興味。

時間　三次。

第一次

（一）復讀前課　讀第七課，引起游戲之動機。讀第四課，引起游戲中拍毬之動機。

（二）示圖問答　毬如何拍？拍毬的多少，如何知之？如何數法？於問答中書示"毬""拍""數""數數""二""三""四""五"等新詞。

（三）試讀　分三節：一、"拍——拍。"二、"你——五。"三、"我——五。"注意"數數"不同之音讀與意義。

（四）讀全文

第二次

（一）伴讀全文

（二）大意問答　拍毬有何樂趣？獨拍與比賽之樂如何？賽毬何以要記數？

（三）新詞練習　書示："小兒拍皮毬，數毬數；一个，二个，三个，四个，五个。"令讀之。

（四）分組讀

第三次

（一）讀全文

（二）分句及新詞辨認　句片"你拍拍"，"你拍毬"，"我拍拍"，"我數數"，詞片"拍""毬""數""二""三""四""五"，調換令辨認之。

（三）齊讀

（四）聯絡前課練習　書示："這裏有毬，你來拍吧。拍得重，跳得高。你不拍毬，這裏有圓圈，你來轉吧。"令讀之。

十二

教材

拍手拍手　摸瞎兒　我在這裏　來了　逃　逃　摸不着　再摸

拍手拍手　摸瞎兒　我在這裏　來了　逃　逃　摸着了　你往那裏逃　你往那裏逃

目的　引起兒童遊戲之興味。

時間　四次。

第一次

作摸瞎遊戲，先告以摸瞎之規則及語言。扮摸人者用布遮眼作瞎子，扮畢，被摸諸人一齊拍手，並說"我在這裏"。瞎子開始摸時，互相警告，說："來了，逃逃。"摸不着時，說"再摸"。如摸着了，則瞎子說："你往那裏逃。"既已說明，然後實行摸瞎。

第二次

（一）示圖問答　就圖中所示情狀，比較前次摸瞎遊戲情狀相問答。

（二）認識文字　問：前次作何遊戲？答後，即書"摸瞎兒"示之。問瞎子扮畢，被摸者如何，答後，即書"拍手"示之。作何語言，答後，即書"我在這裏"示之。問摸不着時如何，答後，即書"摸不着再摸"示之。問摸着了，瞎子如何説，答後，即書"摸着了你往那裏逃"示之。

（三）試讀　分二節讀，每節四句。

（四）齊讀

第三次

（一）伴讀全文

（二）分組讀

（三）練習新詞　書示："你摸瞎，我拍手。我逃往那裏，我逃在這裏。摸着了，摸不着，摸摸。"令讀之。

第四次

（一）讀全文

（二）分句及新詞辨認　句片"摸不着""摸着了""我在這裏""你往那裏"，詞片"那裏""摸""瞎""在""逃""着""再""往""那"，調換令辨認之。

（三）朗讀

總練習

用排字成句法，每課皆有新字詞片，取其可以排本課之一句或二句者，去不能排成句之字，令兒童用字排成原文。練習時，先舉一課，示例説明。須預備大紙一張，橫黏紙條若干格，可以插片。排時教者口述某句，令取字排之。（此法與上項練習法，以後每隔若干課，可以酌用。）

十　三

教材

雀有翅膀　貓有四隻脚　貓怎麼没有翅膀　哥哥説　貓有四隻脚

用不着翅膀　雀怎麼没有四隻脚　哥哥説　雀有翅膀　用不着四隻脚

目的　發展兒童用自己特長之思想。

時間　四次。

第一次

（一）示圖問答　問：圖上何物？雀用甚麼飛？雀有幾隻脚？貓呢？貓怎麼不能飛？於問答中依次書示"貓""用""翅膀""四隻脚""怎麼"等新詞。

（二）試讀　分三節：一、"雀——脚。"二、"貓怎麼——着翅膀。"三、"雀怎麼——着四隻脚。"特別提示"説"字。

（三）讀全文

第二次

（一）讀全文

（二）分段默讀及研究

默讀第二節後，問：貓何以要四隻脚？貓何以用不着翅膀？默讀第三節後，問：雀的翅膀有幾隻？如何構造？有何作用？何以雀用不着四隻脚？

（三）分組伴讀

第三次

（一）讀全文

（二）分句及新詞辨認　合詞"翅膀""四隻""怎麼"，單詞"翅""膀""隻""説""怎""麼""用""貓"，分句"用不着""摸不着"，調換令辨認之。

（三）分組讀

第四次

（一）朗讀

（二）示筆順　舉怎字爲例。（增ㇹ　彎上鉤例。）

（三）齊讀

（四）聯絡前課練習　書示："鴿子有翅膀，老鳥有翅膀。""瞎貓啣鴿子，哥哥用傘打貓，打得重，貓跑遠了。"令讀之。

十　四

教材

　　大老鼠　小老鼠　同去看貓　碰着狗

　　狗說　大老鼠　你往那裏去　大老鼠說　我去看貓　狗說　你不要去

　　狗說　小老鼠　你往那裏去　小老鼠說　我去看貓　狗說　你不要去

　　大老鼠　小老鼠　都不去了

目的　接連三課，皆引起兒童想像動物趨避之情狀。

時間　三次。

第一次

（一）課前問答並示圖　問：前課有四隻脚者何物？貓有何用處？貓怕何物？再就圖上情狀發問。於問答中依次書示"老鼠"、"狗"等詞。

（二）試讀　分四節：一、"大——狗。"二、"狗說大——去。"三、"狗說小——去。"四、"大——了。"讀第一節，特別提示"同"、"去"、"看"、"碰"等字。讀第二節，特別提示"要"字。讀第四節，特別提示"都"字。

（三）範讀全文　本課課文較長，故於試讀後，再用範讀。

第二次

（一）伴讀全文

（二）大意問答　老鼠看見貓，如何？狗何以要老鼠不去看貓？老鼠何以聽狗的話？

（三）分段讀

（四）新詞練習　書示："這裏有酒有菜，老鼠要去看，碰着貓。貓要去看，碰着狗。老鼠同貓，都看不成了。"令讀之。

第三次

（一）分組讀

（二）分句及新詞辨認　句片"同去看貓""我去看貓""你不要去""都不去了""往那裏去""往那裏逃"，詞片"老鼠""不要""鼠""狗""碰""去""看""同""要""都"，調換令辨認之。"看""着"，亦令比較辨認。

（三）示筆順　舉"去""鼠"，爲例。（增厶撇連趨，丨直連趨例。）

（四）聯絡前課練習　書示："老鼠拍毬，怎麼拍，用一隻脚拍。貓打傘，怎麼打，用一隻脚打。狗摸瞎，怎麼摸，用一隻脚摸。"令讀之。

十　　五

教材

貓來了　大老鼠　小老鼠　都往屋裏逃

屋裏有牀　大老鼠睡大牀　小老鼠睡小牀

牀前有椅　大老鼠坐大椅　小老鼠坐小椅

椅前有架　架上有衣　大老鼠穿大衣　小老鼠穿小衣

時間　三次。

第一次

（一）聯絡前課問答　前課是幾個甚麼老鼠？要去看甚麼？狗説的甚麼話？聽了狗的話，大老鼠小老鼠都怎樣？

（二）聯合語言讀文　分四節：一、"貓——逃。"二、"屋——小牀。"三、"牀前——小椅。"四、"椅——小衣。"

讀一節前，問：老鼠不去看貓，能禁貓不來否？老鼠見貓來，將如何？答畢，書示"屋裏"，即令試讀一節。

讀二節前，指圖上牀問：這是甚麼？答畢，書示"牀"字。牀在何處？牀是一樣否？牀作何用？答畢，書示"睡"字。令試讀二節。

讀三節前，指圖上椅問：這是甚麼？答畢，書示"椅"字。椅在牀之何處？答畢，書示"牀前"。椅是一樣否？椅作何用？答畢，即令試讀三節。

讀四節前，指圖上架問：這是甚麼？答畢，書示"架"字。架在椅之何處？答畢，書示"椅前"。架上有甚麼？答畢，書示"衣"字。衣是一樣否？衣作何用？答畢，書示"穿"字。令試讀四節。

（三）試讀全文

第二次

（一）伴讀全文

（二）分句及新詞辨認　句片"屋裏有牀""牀前有椅""椅前有架""架上有衣""睡大牀""睡小牀""坐大椅""坐小椅""穿大衣""穿小衣"，詞片"屋""牀""睡""椅""前""架""上""衣""穿"，調換令辨認之。

（三）齊讀

第三次

（一）分組讀

（二）書空練習　任選二三生字，下準此。

（三）聯絡前課練習　書示："老鼠睡牀上，坐椅上，穿架上衣，同去屋前看，不要碰着貓。"令讀之。

十　六

教材

貓捉大老鼠　大老鼠逃去　躲在大牀上

貓捉小老鼠　小老鼠逃去　躲在小牀上

貓追到大牀上　大老鼠逃去　躲在大椅上

貓追到小牀上　小老鼠逃去　躲在小椅上

貓追到大椅上　大老鼠跑到架上　穿着大衣不見了

貓追到小椅上　小老鼠跑到架上　穿着小衣　也不見了

時間 四次。

第一次

（一）聯絡前課問答　前課屋裏有甚麼？牀前有甚麼？椅前有甚麼？架上有甚麼？

（二）聯合語言分段試讀　分三節：一、"貓捉大——小牀上。"二、"貓追——小椅上。"三、"貓追到大椅——也不見了。"

讀一節前，問：貓見老鼠怎樣？老鼠逃去做甚麼？答畢，書示"捉""躲"，令試讀一節。

讀二節前，問：貓見老鼠逃走將如何？答畢，書示"追""到"，令試讀二節。

讀三節時，特別提示"也"字。

（三）試讀全文

第二次

（一）分段讀

（二）伴讀全文

（三）新詞練習　書示："貓捉老鼠，狗也捉貓。老鼠躲到屋裏，貓追去。貓躲到屋裏，狗也追去。"令讀之。

第三次

（一）分組讀

（二）分句及新詞辨認　句片"貓捉大老鼠""貓捉小老鼠""貓追到大牀上""貓追到小椅上""躲在小牀上""躲在大椅上"，詞片"捉""躲""追""到""也"，調換令辨認之。

（三）書空練習

第四次

（一）復讀十四課

（二）復讀十五課

（三）復讀本課

（四）連讀三課課文

（五）聯絡前課練習　"五个老鼠吃菜，貓捉了一个，數數，一个老鼠，二个老鼠，三个老鼠，四个老鼠。貓再捉一个，數數，一个老鼠，二个老鼠，三个老鼠。"

總練習

類集形似字，先任意答，班決訂正。認畢，再每一類指一生問之。類集如下：

鳥馬　看着　酒沒　脚啣　往得　我成　雀隻　那都　傘食　了子手　用再有　團圈圓

這逃遠追　同回四口面　小个不大水

拍拉打排捉摸　吧吃咕叫啊喝

十　七

教材

蟬在樹上　一聲一聲叫　知了知了

螳螂來了　蟬逃　黃雀來了　螳螂逃

螳螂去了　黃雀也飛了　蟬在樹上　一聲一聲叫　知了知了

目的　引起兒童想像螳螂黃雀之妨害他物與欣賞蟬自得之情狀。

時間　四次。

第一次

（一）示圖　指圖上各物問何物。於問答中書示"蟬"、"螳螂"、"黃雀"等詞。

（二）課前問答　平時曾見過蟬、螳螂、黃雀否？蟬比螳螂孰大？螳螂比黃雀孰大？蟬能敵螳螂否？螳螂能敵黃雀否？蟬常歇在何處？作何叫聲？於問答中書示"聲""知了"等詞。

（三）試讀　分三節：一、"蟬——知了。"二、"螳螂來——蟬逃。"三、"螳螂去——知了。"讀三節，特別提示"飛"字。

（四）齊讀全文

第二次

（一）伴讀全文

（二）大意問答　蟬爲何而逃？螳螂去了，蟬何以不叫？螳螂爲何而逃？黃雀何以飛去？蟬何以又在樹上叫？

（三）讀全文

（四）分句及新詞辨認　句片"蟬在樹上""螳螂來了""螳螂去了""黃雀飛了"，詞片"蟬""螳螂""黃雀""知""飛""樹""黃""聲"，調換令辨認之。

第三次

（一）讀全文

（二）新詞練習　書示："樹上有蟬，樹上有螳螂，樹上有黃雀。螳螂來，蟬不知。黃雀來，螳螂不知。"令讀之。

（三）分段默讀及研究　令默讀一節後，問：試想蟬叫時之心中如何？令默讀二節第一句後，問：試想螳螂將捉蟬時，作何態度？樹上之蟬，此時作何態度？令默讀二節第二句後，問：試想黃雀將捉螳螂時，作何態度？此時之螳螂，比來時態度如何？令默讀三節後，問：試想黃雀飛去時，比來時態度如何？此時之蟬，又在樹上叫，心中如何？

（四）朗讀

第四次

（一）分組讀

（二）朗讀

（三）比較字義　先書示"來了""去了""飛了""知了"，令辨認之。後比較說明"知了"之"了"字義。

（四）書空練習

（五）聯絡前課練習　書示："黃雀來了，螳螂逃。貓來了，黃雀逃。狗來了，貓逃。螳螂怎麼逃，跳去了。黃雀怎麼逃，用翅膀飛。貓怎麼逃，用四隻脚跑。都逃了，都躲了，都追不到了，都沒有了。"令讀之。

十 八

教材

咪嗚　白貓來吃魚　快來快來

咪嗚　黑貓來吃魚　快來快來

咪嗚　花貓來吃魚　快來快來

白貓來了　黑貓來了　花貓没有來　白貓不吃

咪嗚咪嗚　黑貓也不吃　咪嗚咪嗚

花貓來了　白貓吃魚　黑貓吃魚　花貓也吃魚

目的　使兒童對於貓之愛同伴激動情感。

時間　四次。

第一次

（一）示圖問答　問：屋内何物？屋内有幾貓？何樣？書示"白貓""黑貓"。屋内有幾个貓吃之碗？屋外有何樣之貓？書示"花貓"。屋内之二貓作何狀？貓最愛食何物？書示"魚"。貓叫作何聲？書示"咪嗚"。見過一家養數貓否？——養數貓皆争食否？

（二）試讀　分五節：一、"咪嗚白——來。"特別提示"快"字。二、"咪嗚黑——來。"三、"咪嗚花——來。"四、"白貓來了——咪嗚。"五、"花貓來了——吃魚。"

（三）試讀全文

第二次

（一）讀全文

（二）大意問答　前課是幾個何樣之貓？喚貓何事？貓見有魚，如何？白貓黑貓何以不吃？白貓黑貓何以叫喚？

（三）伴讀

（四）分句及新字辨認　句片"白貓來吃魚""黑貓來吃魚""花貓來吃魚"，詞片"快來""咪嗚""魚""黑""花""白""快""嗚"，調換令辨認之。

第三次

（一）分組讀

（二）深究問答　白貓黑貓見花貓未來時，心中如何？花貓聞白貓黑貓之叫喚，心中如何？花貓既來，三貓心中各如何？假使白貓未來，花貓當如何？黑貓未來，花貓當如何？

（三）朗讀

（四）新詞練習　書"貓叫，咪嗚咪嗚。啣白鼠，吃黑魚。看見了小花狗，快快逃。"令讀之。

第四次

（一）分組讀

（二）朗讀

（三）書空練習

（四）聯絡前課練習　書："貓不要坐椅，不要睡牀，不要穿衣，跑到樹上捉蟬，躲到屋裏捉老鼠，跳到架上咪嗚叫。"令讀之。

十　九

教材

白貓吃了魚　坐在地上　伸出舌頭　舐舐面　伸出前脚爪　擦擦面

黑貓吃了魚　花貓吃了魚　也坐在地上　伸出舌頭　舐舐面　伸出前脚爪　擦擦面

目的　引起兒童愛潔淨之心情。

時間　四次。

第一次

（一）復讀前課

（二）示圖問答　前課是幾个何樣之貓？貓如何洗臉，見過否？指圖上伸出舌頭，伸出前脚爪分問之。於問答中書示"坐在地上""舌頭"

"脚爪""伸出""舐面""擦面"等新詞。

（三）試讀　分二節：一、"白貓——擦面。"二、"黑貓——擦面。"

（四）試讀全文

第二次

（一）讀全文

（二）大意問答　貓如何舐面？何以用舌頭舐？如何擦面？何以用前腳擦？舐了擦了之後，比沒有舐沒有擦時，毛色如何？貓之所以潔凈爲何？

（三）伴讀

（四）新詞練習　書："地上有貓，團團面，吃了食，伸出脚來，用爪擦，也用舌頭舐。"令讀之。

第三次

（一）分句及新詞辨認　句片"蟬在樹上""坐在地上""伸出舌頭""伸出脚爪""舐舐面""擦擦面"，詞片"地""伸""出""舌""爪""頭""擦""舐"，調換令辨認之。

（二）分組讀

（三）深究問答　三個貓吃魚，一個沒有來，就不先吃，舐而擦面應如何？沒有白貓先舐先擦，黑貓花貓應如何？貓爲何而舐，爲何而擦？假使貓不潔凈，人對他如何？

（四）朗讀

第四次

（一）朗讀

（二）合前課朗讀

（三）總結問答　前課不先吃魚，叫喚花貓同吃者，爲何貓？本課先舐先擦者何貓？你們最愛何貓？何以最愛白貓？黑貓花貓何如？

（四）書空練習

（五）聯絡前課練習　書："貓在地上，伸出舌頭舐兒手，伸出脚爪摸皮毯。看見螳螂跳來了，貓要去追。看見黃雀飛來了，貓要去捉。"令讀之。

二　十

教材
狼來了　虎來了　老和尚背着鼓來了
目的　警醒兒童好哭之非。
時間　二次。
第一次
（一）課前問答　就嬰兒好哭，家人作何式用何語驚嚇之，或作何式用何語安慰之，令各述所見所聞。
（二）口述課文　唱作並行。唱"狼來了"，兩手作撲狀；唱"虎來了"，兩手比大口吃人狀；唱"老和尚背着鼓來了"，作聳背曲腰兩手向背上打鼓狀。唱畢，令兒童隨唱。
（三）背誦課文
（四）文字認識　令兒童唱第一句，書示"狼"字。唱第二句，書示"虎"字。唱第三句，書示"和尚""背鼓"。
（五）內容問答　示狼虎圖，說明其動作情狀。問和尚之裝束與生活情形。問鼓之聲音及形狀。
（六）試讀
第二次
（一）讀全文
（二）新詞辨認　詞片"狼""虎""和尚""鼓""背"，調換令辨認之。又"尚""上"，音近義異，宜比較示之。
（三）分組讀
（四）聯絡前課練習　書示："鼓在架上，狼在那裏，虎在那裏，和尚在這裏。""黑狼伸出舌頭來舐，白虎伸出爪來擦。和尚不吃魚，不喝酒，在屋裏打大鼓。"令讀之。

二十一

教材

伸出雙手　做个手樣　哎呀　老虎來了　張開一個大口

目的　使兒童想像幼時作樣可以相嚇，悟人類對事物之見解與年俱進。

時問　二次。

第一次

（一）復讀前課　讀後略問其意義。

（二）示圖問答　就圖中兒童作何狀，其狀何意問之。前課如何表演虎來之狀？於問答中書示"雙手""做樣""張開"等新詞。

（二）試讀　分二節：一、"伸出——樣。"二、"哎呀——大口。"

（四）大意問答　做樣何以僅比老虎之大口？非真老虎是否可怕？幼兒見做老虎樣子，何以怕之？兒童年稍大，見做樣相嚇，是否怕之？其不怕之故爲何？

（五）讀全文

第二次

（一）伴讀

（二）新詞辨認　詞片"做""樣""雙""哎呀""張""開""呀"，調換令辨認之。

（三）分組讀

（四）聯絡前課練習　書示："三个老虎，一个黑老虎，一个白老虎，一个花老虎。老虎張開口來，要吃和尚。和尚伸手打虎，沒有打着，虎打着狼了。"令讀之。

二十二

教材

風來了　雨來了

姐姐說　風呀　你不要起　雨呀　你停停吧

咦　風不起了　咦　雨也停了

風不起了　雨也停了　我們出門吧

目的　使兒童想像風雨停息而外出之快樂心情

時間　四次。

第一次

（一）課前問答　就授課前最近有風有雨之情狀相問答。（當時有風雨更佳）有風雨時出門如何？將出門時，風雨停息如何？於問答中書示"風""雨""起""停""門"等新詞。

（二）試讀　分四節：一、"風——來了。"二、"姐——停吧。"三、"咦——停了"四、"風不——門吧。"特別提示"姐"、"咦"等詞。

（三）試讀全文

第二次

（一）讀全文

（二）大意問答　風為何而起？（空氣因冷熱不均而流動。）雨為何而下？（水受太陽熱而蒸發，遇冷則化為水。）小兒何以不要風起，不要下雨？

（三）分句及新詞辨認　句片"風來了""雨來了""風不起了""雨也停了"，詞片"風""雨""姐""起""停""咦""們""門"，調換令辨認之。又"衣""咦"，音近義異，應注意。

（四）伴讀

第三次

（一）讀全文

（二）推想問答　試想小兒不要起風下雨時，作何想像？見風不起雨也停時，心中如何？出門時心中如何？

（三）分組讀

（四）朗讀

第四次

（一）朗讀

（二）分組讀

（三）書空練習

（四）聯絡前課練習　書："雨打着傘，風轉起傘來，碰着瞎子，摸摸頭，拍拍背，拉拉手，同到屋裏，排排坐，吃菜喝酒。"令讀之。

二十三

教材

風來了　風來了

風在那裏　風在樹上　樹上落了葉

風在那裏　風在水上　水上起了浪

風在那裏　風在門縫裏　風在窗縫裏

風起的大　呼呼呼　風起的小　噓噓噓

目的　引起兒童想像風之微妙。

時間　四次。

第一次

（一）課前問答　前課來了的爲何？雨有形，風如何？風來時，樹上如何？風來時，水上如何？風如何進到屋裏來？風之聲音如何？於問答中依次書示"落葉""起浪""門縫""窗縫""呼""噓"等新詞。

（二）試讀　分四節：一、"風——來了。"二、"風在——葉。"三、"風在——浪。"四、"風在——噓。"特別提示"的"字。

（三）伴讀全文

第二次

（一）讀全文

（二）詳讀　讀二節試想落葉之狀。讀三節試想起浪之狀。讀四節前二句試想風穿進門縫窗縫之狀，後二句試想呼聲與噓聲之狀。（所想者，可斟酌情形令兒童口述。）

（三）分句及新詞辨認　句片"樹上落了葉""水上起了浪""風在門縫裏""風在窗縫裏"，詞片"落""葉""浪""縫""窗""的""呼""噓"，調換令辨認之。

（四）齊讀

第三次

（一）分組讀

（二）朗讀

（三）深究問答　風如何而落樹上的葉？如何而起水上的浪？如何而穿進門縫窗縫？如何而成呼呼之聲？如何而成噓噓之聲？

第四次

（一）朗讀

（二）分組讀

（三）書空練習

（四）聯絡前課練習　書："哎呀，窗門張開了一个縫。咦，伸出一隻手來，打大鼓。風聲，雨聲，水聲，狼聲，虎聲，雀聲，樹落葉聲，都起來了。"令讀之。

二十四

教材

公雞叫　喔喔喔　喔喔喔

喔喔喔　天快要亮　喔喔喔　天亮了

天亮了　鴿子要出籠　咕咕咕

天亮了　雀兒都起來　同唱早歌

目的　使兒童警覺雞應天亮而鳴，各動物莫不早起。

時間　四次。

第一次

（一）示圖問答　指圖問：何物？作何狀？叫的爲何樣之雞？叫的何聲？爲何而叫？於問答中書示"公雞"、"天亮"、"喔"等新詞。

（二）試讀　分四節：一、"公——喔。"二、"喔——了。"三、"天——咕。"四、"天——歌。"特別提示"籠""唱""早""歌"等詞。

（三）試讀全文

第二次

（一）伴讀

（二）大意問答　天快要亮，是何狀？天亮了，是何狀？鴿子何以要出籠？雀兒何以同唱歌？

（三）讀全文

（四）新詞練習　書："天亮，公雞喔喔叫，鴿子出籠，雀兒唱歌，都早起。"令讀之。

第三次

（一）分句及新詞辨認　句片"天要亮""天亮了"，詞片"公雞""唱歌""天亮""公""雞""喔""天""亮""籠""早""歌""唱"，調換令辨認之。

（二）分組讀

（三）朗讀

（四）書空練習

第四次

（一）朗讀

（二）分組讀

（三）深究問答　天未亮時，各動物何爲？天亮後如何？對於公雞之叫有何警覺？

（四）聯絡前課練習　書示："雞説，老鼠呀，天亮了，不要出來吧。黃雀呀，你停停，不要飛，我們同來吃食吧。"令讀之。

總練習

集以上各課同部首之字，分令辨認。須先書於小黑板或一張大紙上，臨時示之。此可由教者自行類集，

二十五

教材

月亮高高　下來下來　走到這裏來

月亮不下來　走到這裏　別處也要走去

月亮光光　下來下來　照到這裏來

月亮不下來　照到這裏　別處也要照去　好月亮　到處走走　到處照照

目的　引起兒童欣賞月光普照無偏無私之心情。

時間　五次。

第一次

（一）示圖問答　指圖上月，問何物？小兒在此爲何？月亮的光如何？這裏的月亮，同別處的月亮如何？月亮能走下來否？月亮只照見一處否？於問答中書示"月亮""別處""下來""光""照"等新詞。

（二）試讀　分五節：一、"月亮高——這裏來。"二、"月亮不——走去。"三、"月亮光——這裏來。"四、"月亮不——照去。"五、"好——照照。"特別提示"好"字。

（三）試讀全文

第二次

（一）伴讀

（二）分句及新詞辨認　句片"月亮高高""月亮光光""別處也要走

去""別處也要照去",詞片"別處""到處""月""下""走""別""處""光""照""好",調換令辨認之。"別處""到處",尤須特別注意。

（三）齊讀

第三次

（一）讀全文

（二）詳讀　讀一節，試想小兒何以要月亮走到這裏。讀二節，試想月亮何以別處也要走去。讀三節，試想小兒何以要月亮照到這裏。讀四節，試想月亮何以別處也要照去。讀五節，試想月亮到處走到處照之情狀。

（三）朗讀

（四）書空練習

（五）新詞練習　書："好月照到地下，這裏有月光，別處也有月光。"令讀之。

第四次

（一）大意問答　月光比燈光何如？比日光何如？月能爲一人所私有否？有一人不爲月所照否？

（二）分組讀

（三）朗讀

第五次

（一）表演讀　兩生一組。甲讀一節，乙讀二節。甲讀三節，乙讀四節。甲乙合唱五節。

（二）齊讀

（二）聯絡前課練習　書示："月照到門縫裏，月照到窗縫裏，月照到椅上牀上架上。月照見樹上的黃葉，月照見水上的白浪。月落，天要亮了。"令讀之。

二十六

教材 麻屋子　紅帳子　住一个白胖子（打落花生）
時間 二次。
第一次
（一）復述前課謎語　四課打皮毬，八課打桌子之謎語，令口述之。
（二）猜謎　口述本課文，令猜之。
（三）背誦課文
（四）文字認識　第一次，令兒童口述第一句，書"麻屋子"示之。述第二句，書"紅帳子"示之。述第三句，書"住一个白胖子"示之。第二次，板書第一句令讀之。第二句第三句同。第三次，顛倒三句次序，令讀之。
（五）讀全文
第二次
（一）分句及新詞辨認
各句片及詞片"麻""紅""帳""住""胖"，調換令辨認之。
（二）分組讀
（三）書空練習

二十七

教材
一个大胖子來了　他這麽粗的腿　他這麽大的肚
他一走一歪　他一走一歪
哎呀哎呀　他從陡坡下來了　一走一歪　哎呀哎呀　他從陡坡下來了　一走一歪
哎呀哎呀　你慢慢的走

哎呀哎呀　你慢慢的走

目的　形容大胖子之狀態與動作，爲滑稽之表演。

時間　四次。

第一次

（一）示圖問答　指圖問：這是何種形樣之人？大胖子的腿子如何？大胖子的肚子如何？大胖子走路如何？大胖子在何處？坡下人何爲？於問答中書示"肚大""腿粗""陡坡"等新詞。

（二）示範表演讀　一面讀課文，一面做樣子。讀第二句，翹腿並用雙手作樣，示粗腿狀。讀第三句，凸肚示狀。疊讀四句五句，側搖其身示狀。疊讀"哎呀——一歪"，作側搖其身下坡而帶驚慌之狀。疊讀"哎呀——走"，作坡下人見大胖子下坡而驚慌，斜伸雙手，微示招扶之狀。

（三）試讀全文

第二次

（一）分段讀　分三節：一、"一个大——歪。"二、"哎呀——歪。"三、"哎呀——走。"

（二）伴讀全文

（三）新詞練習　書示："大胖子，腿子粗，肚子大，下陡坡，歪歪下，慢慢走。"令讀之。

第三次

（一）分句及新詞辨認　句片"他這麼粗的腿""他這麼大的肚"，詞片"陡坡""腿""肚""粗""歪""慢""從""他"，調換令辨認之。

（二）分組讀

（三）朗讀

（四）書空練習

第四次

（一）讀全文

（二）表演讀

二十八

教材

小小車　脚踏踏　跌在坡下

大姐扯　二姐拉　扯到樹下去摘花　拉到花下去摘瓜

我不摘花　我不摘瓜　我要磁娃娃

磁娃娃　光光頭　我摸摸他

磁娃娃　團團面　我親親他

磁娃娃　怎麼不笑呀　怎麼不說話呀

目的　使兒童想像遊戲時天真自得之情狀。

時間　五次。

第一次

（一）示圖問答　指圖中車問：何物？小兒作何狀？二女孩何爲？指瓜問何物？指磁娃娃問何物？有何用處？（圖上不能表現是磁非磁，不限定答磁娃娃。）於問答中書示"車""瓜""娃娃""跌"等詞。試想第一圖所表現之事實。

（二）試讀前段課文　前段分三節：一、"小——坡下。"二、"大姐——瓜。"三、"我不——娃。"特別提示"踏""扯""摘""磁"等新詞。

（三）大意問答　小兒何以跌下？大姐何以扯去摘花？二姐何以拉去摘瓜？小兒何以不摘花，不摘瓜？何以要磁娃娃？何謂磁娃娃？

（四）讀前段全文

第二次

（一）示圖問答　試想第二圖所表現之事實。

（二）試讀後段課文　後段分三節：一、"磁——摸他。"二、"磁——親他。"三、"磁——話呀。"特別提示"親"、"話"等詞。

（三）大意問答　小兒何以摸磁娃娃？何以親磁娃娃？磁娃娃能笑否，能說話否？小兒何以說他不笑不說話

（四）合讀前後段全文

第三次

（一）伴讀前後段全文

（二）分句及新詞辨認　句片"小小車""光光頭""團團面""腳踏踏""磁娃娃""我摸摸他""我親親他""扯到樹下去摘花""拉到花下去摘瓜"，詞片"娃娃""車""瓜""磁""跌""扯""摘""踏""親""話""娃"，調換令辨認之。注意"樹下""花下"與"下來"之別，"花貓"與"花下""摘花"之別。

（三）分段讀

第四次

（一）分組讀

（二）書空練習

（三）新詞練習　書"摘个瓜，做車踏，瓜一轉，跌下來，碰着磁娃娃，姐姐扯扯拉拉"令讀之。

第五次

（一）分組讀

（二）朗讀

（三）聯絡前課練習　書示："娃娃，你好呀。你是一个白胖子，肚也大，腿也粗。你住在屋裏，住在紅帳子裏。張開小小口，轉轉小舌頭，伸伸小小脚，拍拍小小手。穿着小小衣，出門走走。月亮照見你，不要到別處去，我給瓜你吃。"令讀之。

二十九

教材

一片一片又一片　二片三片四五片　六片七片八九片　飛入蘆花看不見

目的 使兒童想像雪景。

時間 三次。

第一次

（一）示圖問答　圖上何狀？雪作何狀，是何色？你們看見下雪，覺得如何？下雪之狀何如？

（二）範讀　先口誦課文，令兒童隨誦數遍。次認識文字，提示"片""又""六""七""八""九""飛入""蘆花"等新詞。（兒童不知蘆花時，當說明之。）

（三）伴讀

（四）新詞練習　書"蘆花白，雨打蘆花，一片片飛入水上"令讀之。

第二次

（一）新詞辨認　合詞"蘆花""飛入"，單詞"片""又""六""七""八""九""蘆""入"，調換令辨認之。

（二）朗讀

（三）齊讀

第三次

（一）朗讀

（二）分組讀

（三）書空練習

（四）聯絡前課練習　書示："胖子都來了，數一數。一个胖子，二个三个胖子，四个五个六个胖子，七个八个九个胖子。從這裏走，慢慢的走。不要跌下來，不要歪下去。"令讀之。

三十

教材

十个加十个　也是十个　十个減十个　也是十个　（打手套）

時間　二次。

第一次

（一）復述前課謎語　二十六課打落花生之謎語，令口述之。

（二）猜謎　口述本課文，令猜之。

（三）背誦課文

（四）文字認識　第一次，令口述第一句，持"十个加十个也是十个"句片示之。述第二句同。特別提示"十""加""是""減"等新詞。

第二次，抽句片"十个加十个""十个減十个""也是十个"，詞片"十""是""加""減"，反復調換令辨認之。

（五）讀全文

第二次

（一）分組讀

（二）書空練習

（三）改作　書"拉出一手，這裏五个，那裏五个。伸入一手，五个同在一處，不加不減。"令讀之。

新小學教科書國語
文學讀本教授書

（高級　第一册）

《新小學教科書國語文學讀本教授書》(高級 第一冊),中華書局 1928 年 2 月初版。

例　　言

一、本書教案，在使兒童依教師指導而自動學習，盡量發展個別之心得，因取道爾頓制教學之旨趣爲教學進程，在施行道爾頓制學校與非道爾頓制學校，均適用之。

二、依據道爾頓制教學應矯正之弊，參以二十年來國文國語教學之各方經驗，分每課教學進程爲三個步驟。第一步在使領會文字意義，區分段落，記入筆記簿，送交教師核閱。此與舊式檢查生字難句不同者，因有工約逐步指示注意之點與難解之處，大體自易明悉；又非限以預習時間，致倉卒不能詳讀，舊弊自可免除。第二步在使分析研究，瞭解內容及意義，依工約命題，逐一解答，記入筆記簿，送交教師核閱。視舊式全由教師口講或口頭問答，不能使兒童由細讀深思而有得者，自異其趣。第三步在使由深究而領會要旨或發生感想，熟記可誦之文，復述或整理。每課工約，雖一次發給，但第一步工作畢，經訂正後始能作第二步工作；第二步工作畢，經訂正後始能作第三步工作。每步工作，均須逐讀全文數遍，不能囫圇看過，率爾工作；且由訂正而再作進一步工作，所作者自較確當。凡道爾頓制中所發現師生草率苟且之弊，亦可免除。

三、每課教案，除教師參考一項外，應每課印單張工約，發給學生，依照教學進程，分步工作。所有第二步、第三步之問題，均須兒童就書筆答，不宜用口頭提出。

四、兒童作第一步及第二步工作，均須令先讀全文數遍。教師核閱，對於工作速而善者，遲與多誤者，應各爲個別訂正，使前者可以進而爲特殊研究，後者亦有相當心得。其普通訂正，應就相當時間與特殊情形，分組訂正，此即採用單級教學之法，施行於非道爾頓制學校，使兒童工作畢者不致閒坐無事。道爾頓制學校情形雖不同，亦宜注意及此。

五、本書教案，施用於非道爾頓制學校時，雖仍舊以固定時間，固定班次，在教師直接監督之下，但各自工作時間與工作進度，均有伸縮餘地，可達到道爾頓制給予自由之功效。因之各課每步學習時數，完全視課文內容與學習情形，任其所止。惟至第三步，教師得斟酌學習情形，稍爲伸縮，與全週所占本科目時間期於相應。

　　六、第一步之生字難句，除教案已有注明者外，餘應由兒童各就自己所未了解者記入。

　　七、以上二、三、四、五、六各條，用於本教案教學時，須查照行之。

目　　次

一	石匠的快樂	3505
二	滾鐵環	3505
三	公園外的回想	3506
四	大耳朵	3508
五	古怪的貓	3509
六	農事試驗場	3510
七	水仙花	3511
八	詩歌	3512
九	演劇	3512
一〇	湖上石	3513
一一	岩石的斑點	3514
一二	由上幻景	3515
一三	智慧之母	3516
一四	真理是甚麼	3517
一五	自己的責任	3518
一六	引誘	3519
一七	最後的工程	3519
一八	人生的成功者	3520

一　石匠的快樂

第一步

【檢查生字難句】注意：板門（木板聯合之門）公山（非私人所有之山）盤盤（固定而現曲折之狀）燦燦（鮮明貌）起家（家業由寒微而得到興盛地位）凡教案業經注明之生字難句，不另記入筆記簿，下准此。

【指出段落起訖】本課分兩大段，試指出每段之起訖。

第二步

【解答問題】（一）夜的寂靜和黑暗爲何告終？爲何像對值夜巡警報道？（二）穿光綫而過的細密黑點是甚麼？（三）石匠爲何起得很早？（四）從歌詞中可以想見石匠如何情狀？（五）試說明第一段之旨趣。（六）財主爲何夜裏總睡不著？（七）財主說石匠那樣快樂據何事實？（八）財主何以要買石匠的屋？（九）石匠爲何起得稍遲？（十）爲何送石匠一百銀元？——比請吃酒用意如何？（十一）石匠爲何比吃酒時起來更遲？又爲何倦了？（十二）財主爲何得意？（十三）石匠醒悟甚麼？（十四）早夢驚醒的人應該如何？（十五）"驚醒"和"醒悟"的"醒"字義各如何？（十六）試說明第二段之意義。

第三步

（一）背誦第一段歌詞。（二）復述第二段故事。（三）財主若要安睡，應該如何？（四）試推究石匠快樂之原因。

【教師參考】第一段起訖（每天——愁穿）意義（依勤勞以自遂其生活之可樂）第二段起訖（他的——夢了）意義（多錢不能滿足精神上之快樂）

二　滾鐵環

第一步

【檢查生字難句】乳母（一稱奶媽）

【指出段落起訖】本課分三大段，試指出每段之起訖。

第二步

【解答問題】（一）何謂兒童公園？（二）這小孩為何拍手頓腳、且說且笑？（三）甚麼人家的小孩纔有乳母？（四）何以知這小孩為有幸福的人？（五）試說明第一段之旨趣。（六）石匠為何羨慕這個小孩？（七）為何覺小孩滾着鐵環有趣？（八）石匠心裏眼裏夢中何以都不忘小孩滾着鐵環？（九）為何又連帶憶起小孩的乳母？（十）為何對於鑿石聲響和石屑飛起都不覺得？（十一）懷着如何空想？（十二）試說明第二段之旨趣。（十三）為何見了路上木桶的圈很喜？（十四）為何蹲下身去拾圈？又為何帶羞的微笑？（十五）為何跟着圈跑，拍手頓腳？（十六）石匠所覺得的事情，和那有幸福的小孩，是如何相同？（十七）轉圈時為何向四面探望？（十八）因何不覺得有人在旁笑語？（十九）他的想像如何得到安慰？（二十）他以為甚麼是幸福？（二十一）試說明第三段之旨趣。

第三步

（一）試推想轉圈時之向四面探望與拾圈時的心情如何？（二）試推想不覺得有人在旁笑語與不覺得聲響和石屑時的心情如何？（三）試推想安慰的想像與環繞小孩左右的想像如何不同？（四）試推想他想像安慰時與過窮生活時所不同之事情。（五）試推想看小孩轉鐵環，想小孩轉鐵環，與自己使圈旋轉時所有之心情。

【教師參考】第一段起訖（街頭——福的人）意義（看見有幸福的小孩之快樂）第二段起訖（石匠做——空想）意義（想像有幸福的小孩之快樂）第三段起訖（一日——幸福）意義（模仿有幸福的小孩之動作，得到安慰）

三　公園外的回想

第一步

【檢查生字難句】注意：葱綠（蒼老之綠色）門檻（以木條或鐵條爲之）

【指出段落起訖】本課分三大段，試指出每段之起訖。

第二步

【解答問題】（一）逛公園的人，何以星期日最多？（二）因何不配逛公園？（三）他爲何跟在這車夫的後面？（四）拉車的人與坐車的人，誰和他的家境相似？（五）試說明第一段之旨趣。（六）他到了公園門口，望見園裏景物，其心中當如何？（七）大漢爲何抓住他？又爲何推他到門外？（八）受了大漢的窘辱，回家後何以不向母親說？（九）前次經驗是指甚麼事情？（十）他爲何數牆外的槐樹？又爲何靠着門檻向裏面張望？（十一）試說明第二段之旨趣。（十二）大漢何以不抓住這兩個小孩？（十三）他何以望到兩個小孩背影不見了纔又數那槐樹？（十四）他的身體何以像隨兩個小孩到園裏去了？（十五）他如何看見這樣香糖鮮果花朵？又爲何吃驚？（十六）他爲何被汽車聲音驚醒了？汽車此時因何有聲？（十七）這兩個小孩爲何驕傲？（十八）他回想甚麼？因何回想？（十九）試說明第三段之旨趣。

第三步

（一）他未到公園以前，聞的甚麼？見的甚麼？初到公園門口，聞的甚麼？見的甚麼？第二次到公園，聞的甚麼？見的甚麼？試分項詳細指出事實。（二）本課所有人物，如石匠的母親，坐車的人，拉車的人，守門的大漢，遊園的小孩，試分別描寫其情狀。（三）他感受最深的，如未到公園前，初到公園時，第二次到公園時，各爲如何情事？

【教師參考】第一段起訖（因滾——心情）意義（遊公園之熱情）第二段起訖（空車——張望）意義（被阻之難堪）第三段起訖（一輛——撞着）意義（感受之不平）

四　大耳朵

第一步

【檢查生字難句】注意：軍號（一稱洋號，即喇叭）號手（吹喇叭的人）"把軍號——聲音"數語，形容吹喇叭之狀，應細心體會。

【指出段落起訖】本課分三大段，試指出每段之起訖。

第二步

【解答問題】

（一）軍號何用？（二）吹號時臉上爲何現出紅球？（三）究竟他的耳朵大與會吹喇叭有無關係？（四）如果一個人專受人侮弄，被人驅使，其人如何？（五）試說明第一段之旨趣。（六）小孩總是退縮含羞，如何？（七）三歲嬰兒，爲何注意到他的耳朵？（八）群兒笑甚麼？（九）他爲何裝作不介意的樣子？（十）他爲何哭？（十一）試說明第二段之旨趣。（十二）他年長後困在家裏的原因安在？（十三）他當兵爲何常受責罰？又爲何能在營裏安穩過活？（十四）他同逛的群兒，同營的人，都比他如何？（十五）他爲何仍然充當號手？（十六）試說明第三段之旨趣。

第三步

（一）號手所以被人侮弄驅使的原因安在？（二）號手被人侮弄，在他做小兒時，有何事實可以證明？（三）試摘記關於大耳朵之語句。（四）將號手之形狀與性質，分別摘記其要點。

【教師參考】第一段起訖（石匠——使他的）意義（敘述號手形狀與性質所表現之特點）第二段起訖（他年幼——耳朵吧）意義（補敘號手幼時情形以證明由形狀與性質之特點所發生之事實）第三段起訖（年復——的吹）意義（從形狀性質之特點所受生活之影響）

五　古怪的貓

第一步

【檢查生字難句】注意：膝踝（膝之節骨突出者也）辟鼠（辟，驚退之義）

【指出段落起訖】本課分三大段，試指出每段之起訖。

第二步

【解答問題】（一）貓捉住老鼠作耍，是何情狀？（二）石匠為何以為貓捉住老鼠作耍？（三）貓捉住老鼠作耍，是否鼠不哀號又有很雜的鼠聲？（四）鄰家的貓為何值石匠吃飯，就到院裏咪咪地叫？（五）石匠為何覺貓很怪？又為何不理會？（六）試說明第一段之旨趣。（七）家有辟鼠的貓，鼠作何情狀？（八）當貓把老鼠咬死幾十隻又咬傷無數時，鼠類作何情狀？（九）貓從咬死咬傷許多老鼠以後，便不捉鼠，這貓當有何感想？（十）貓為何衝散別的貓捉鼠？（十一）試說明第二段之旨趣。（十二）貓的兇猛模樣為何無形消滅？（十三）貓在石匠膝上緊擦膝踝以及四腳伏着不動，當是表示如何意思？又只擡起頭來咪咪地叫，何意？（十四）石匠為何留心這貓？如何留心？（十五）貓為何輕聲叫喚？（十六）各鼠為何圍繞着貓跳躍？又為何悄悄回洞？（十七）石匠為何站在門外拍手？（十八）貓為何跑來緊擦腳跟？（十九）貓這次跳到膝上，咪咪地叫，何意？為何大叫幾聲？（二十）試說明第三段之旨趣。

第三步

（一）摘記貓對老鼠各種之動作。（二）摘記貓對石匠之動作。（三）摘記石匠關於貓之語言與動作。

【教師參考】第一段起訖（石匠夜間——理會）意義（石匠與鄰家的貓發生關係之緣起）第二段起訖（一日——衝散哩）意義（石匠由鄰家小孩談話中知道貓之古怪）第三段起訖（小孩出門——不見了）意義（石匠注意古怪貓之動作）

六　農事試驗場

第一步

【檢查生字難句】注意：農事試驗場（栽種各種農作物，考察其習性與收穫，以謀地方農事改良者。）樹圃（種樹苗的場所）花卉暖室（卉爲草之總名。屋不開窗戶，溫度較高，放置花草其中，曰花卉暖室。）

【指出段落起訖】本課分三大段，試指出每段之起訖。

第二步

【解答問題】（一）農事試驗場比公園如何不同？（二）綠竹與蘆梗如何不同？（三）太陽光綫因何稀薄？（四）自然景物何以要布置？（五）石匠爲何喊買票？（六）爲何很高興地到場裏去？（七）試説明第一段之旨趣。（八）水泥砌成的走道如何？（九）冬青如何剪得和花朵一般？（十）樹圃何用？（十一）花卉暖室何用？（十二）瓜藤何以用木架牽引之？（十三）棉花何時吐出白絮？（十四）試説明第二段之旨趣。（十五）何以用木牌書明種名產地？（十六）何以都是選種——且分類布置？（十七）比公園花木陳設不同，何故？（十八）遊覽一回，何以能增進知識？（十九）自然界有何美感？（二十）試説明第三段之旨趣。

第三步

（一）試就農場景物列一簡明表。（二）試就課文農場與公園相關者，列舉其不同之點。（三）試列舉本課所見之植物。（四）背誦第一段首節第三段末節。

【教師參考】第一段起訖（離山——去了）意義（叙述石匠在場外經過情形）第二段起訖（初進——之間）意義（叙述石匠所見場內布置）第三段起訖（場內——美感）意義（叙述石匠所得到精神上之影響）

七　水仙花

第一步

【檢查生字難句】注意選讀之文言文。

【指出段落起訖】本課分三大段，試指出每段之起訖。

第二步

【參考】周子（名敦頤，宋人。稱子者，美稱也）晉陶淵明（名潛，善作詩。）李唐（唐以李氏得國，故並稱李唐）女媧（上古神人，相傳摶黃土爲人。又天缺西北，女媧氏煉五色石補天，當時衣服宮室，一概未有）倉頡（上古結繩記事，倉頡遊河上，見神龜負圖，丹甲青文，因象飛鳥之迹而作字）

【解答問題】（一）水仙花與蓮花，生長情形如何相同？（二）何故比蓮花更爲可愛？（三）周子愛蓮之旨趣何在？（四）試說明第一段之旨趣。（五）想人類變作水仙一樣，其旨趣何在？（六）西北角上的五色彩雲，與女媧氏有何關係？（七）女媧氏何以是赤體神人？（八）爲何引女媧氏手搓泥土的故事？（九）可怕的東西當是如何性質？他立身的處所，又爲何如此選擇？（十）試說明第二段之旨趣。（十一）倉頡有何創造？（十二）人們的心如何放大？如何收斂？（十三）何謂思想的花？（十四）留住思想的傳達工具是甚麼？（十五）如何能爲世界大放光明？（十六）人心若像積雪的山頂，如何？何以要有春氣？（十七）人心若是極深沉的，如何？何以要自由上下？（十八）人心若是空虛的，如何？何以要撒有用的種子？（十九）人心若是黑暗的，如何？如何得到光明？（二十）石匠領會甚麼？（二十一）試說明第三段之旨趣。

第三步

（一）講誦選讀之文。（二）背誦"問答完後——領會了"。

【教師參考】第一段起訖（農場——玩焉）意義（就水仙花引起清潔幽雅之想像）第二段起訖（過了——黑暗呢）意義（由水仙之談話使知立

身不苟）第三段起訖（問答——領會了）意義（使領會思想的花應如何開放）

八　詩歌

第一步

【檢查生字難句】注意：牧場（放牛的草地）晚眺（日落時遠望）岡巒（曲折接連之山巔）

【指出段落起訖】本課分二大段，試指出每段之起訖。

第二步

【解答問題】（一）泉聲風聲和着工作聲，如何？（二）聽到漁人牧童的山歌，覺得如何？（三）江如何是綠的？（四）綠江既深，如何見底？（五）高浪如何翻空？（六）輕舟在風浪中行，如何？（七）初綠之草，其草如何？（八）牧童因何歌舞？（九）爲何騎牛歸去？（十）試説明第一段之旨趣。（十一）是如何的晚景？（十二）太陽欲落未落時，光景如何？（十三）太陽纔落時，光景如何？（十四）岡巒、雲霞如何混在一起？（十五）甚麼忽開忽合？（十六）山色因何似見不見？（十七）眼光的圈爲何縮短？（十八）山樹雲煙如何化作濃團？其時天色如何？（十九）試説明第二段之旨趣。

第三步

（一）背誦漁人歌。（二）背誦牧童歌。（三）背誦晚眺詩。

【教師參考】第一段起訖（石匠——歸去）意義（山間環境中石匠之同類）第二段起訖（石匠專心——濃團）意義（描寫日落時之山景）

九　演劇

第一步

【檢查生字難句】注意：瀑布（從山上流下的泉水懸如布狀）點破了

露珠燒紅了水波

【參考】泰水五松（秦始皇登泰山，遇大雨，避於五松樹下，因封以"大夫"之職，距今約二千年。）

【說明旨趣】本課分三幕，試說明每幕之旨趣。

第二步

（一）復述第一幕牧神、草仙之談話。（二）背草仙兩個歌詞。（三）復述第二幕牧神、牛馬之談話。（四）復述牧神與羊之談話。（五）練習歌詞樂譜。

第三步

【討論表演方法】

(1) 布景及人物裝飾

(2) 人物態度

(3) 製作裝飾品

(4) 扮演人物分配

(5) 試演

(6) 批評

第四步

【表演】

【教師參考】第一幕旨趣（表示神仙安閒自在之樂）第二幕旨趣（表示動物紛擾逞強情形）第三幕旨趣（指示逞強好鬬之非）

一〇　湖上石

第一步

【檢查生字難句】注意：《山海經》（書名，張華作）彭蠡（澤名，在江西省）選讀文兩段 至絕壁——爲此也（石穴被水激盪而一吞一吐）舟迴——之聲（四面激盪而互相吞吐）

【指出段落起訖】本課分二段，試指出每段之起訖。

第二步

【解答問題】（一）山頂所現之景與晴雨有關，何故？（二）怪石因何惹人注意？（三）何以要引燃炸藥？（四）試說明第一段之旨趣。（五）湧到山脚的水，如何碰下跳上？（六）水石如何相擊而有聲？（七）絶壁下與兩山間所聞者，如何不同？（八）水爲何下瀉？（九）凹處爲何噴起水花？（十）流聲爲何清脆，比石罅播動的聲不同？（十一）爲何像被風吹動，成點成綫，在陽光裏面盪漾？（十二）試說明第二段之旨趣。

第三步

（一）背選讀文。（二）背誦第二段末節。（三）本課水之動狀有三種情形，試分別摘記其要點。

【教師參考】第一段起訖（石匠取——怪石）意義（叙述山上可以注意之事實）第二段起訖（石匠盤——裏面）意義（描寫水之種種動狀）

一一　岩石的斑點

第一步

【檢查生字難句】注意：第一段首節内容。

【指出段落起訖】本課分二段，試指出每段之起訖。

第二步

【參考】植物學蘚苔類。實地考察。

【解答問題】（一）石岩爲何浸成斑點？（二）葉莖合爲一體的植物，占生物種類上如何位置？（三）表面的細孔何用？（四）爲何緣邊破裂，突然生長？（五）爲何留心觀察？（六）如何取食物，擇住處，生養子孫？（七）如何互相戰爭？（八）言語、藝術、科學、意識、感情，何用？（九）何謂精神與心？（十）試說明第一段之旨趣。（十一）同色的斑點全部爲何大可注意？（十二）爲何默想岩石斑點的歷年變化？（十三）各洲情形爲何和岩石斑點一樣？（十四）如何是人類的歷史變遷？（十五）根究藝術、科學、意識、感情及精神與心，何以那人不答？（十六）試說明第二段之旨趣。

第三步

（一）試就石岩斑點之狀態，作用，變化，分別摘記其要點。（二）試就石匠在石岩前之經過，分別事項，摘記其要。（三）試就石岩斑點變化，述其感想。（四）背誦"這些斑點——奮鬪"一段及"數年——百變了"一段。

【教師參考】第一段起訖（山的——獨有的）意義（植物生活狀況之可注意）第二段起訖（岩石——面前）意義（由岩石斑點變化證明人類歷史之變遷）

一二　山上幻景

第一步

【檢查生字難句】

【指出段落起訖】本課分兩大段，試指出每段之起訖。

第二步

【參考】混合色采（色采最強盛的，就是一種顏色紅到極點或藍到極點。若參有別色，色采並遞減了；或者兩種參和之色，原來顏色也都要失掉。）後像（注視一物稍久，離開此物後，原像仍如在目前。）

【解答問題】（一）山上如何成了混合色采？（二）光綫照不到處，如何是暗淡景象？（三）一種色采如何比混合色采看得分明？（四）後像中的色彩如何？（五）這樣旁注文字，視試驗場的木牌所書的種名產地，如何？（六）生物的各特質，平常須如何考察？（七）植物和動物如何不同？（八）試說明第一段之旨趣。（九）石匠爲何無所羨慕？（十）爲何起了一個志願？（十一）爲何不住地想？（十二）他的朋友因何問他？因何要去同看？因何而笑？（十三）草木的生長情形、應用功能，植物學家所觀察所說明的，所費的時間如何？（十四）試說明第二段之旨趣。

第三步

（一）試依下列各項，摘舉其事實：（1）幻景前之所見，（2）所見之幻景，（3）既見幻景後之動作。（二）背誦第一段"山上——後像"。（三）摘記緊要語句。

【教師參考】第一段起訖（山上——傳話）意義（由影像而發見神秘之幻景）第二段起訖（石匠雖是——還大哩）意義（由幻景而引起動念）

一三　智慧之母

第一步

【檢查生字難句】注意：黃髮（猶言老人也，髮白轉黃）垂髫（猶言小兒也，小兒髮垂結曰髫）繽紛（雜亂貌）

【指出段落起訖】本課分二大段，試指出每段之起訖。

第二步

【參考】國文從《桃花源記》選錄，係陶淵明作，託言與人世不通之境，以諷亂世人民無處安居樂業。

【解答問題】（一）桃花林有何異處？（二）林盡時有何異處？（三）所見山口有何異處？（四）入口後有何異處？（五）口內居民比口外世人，有何異處？（六）出時既處處作志，再尋不復得路，其寄託之意安在？（七）這桃花源的故事，何以足為安慰的話？（八）何以不足使他滿意？（九）他為何沉沉入夢——夢中所見的人，為何而來？（十）試說明第一段之旨趣。（十一）那人當屬如何之人？（十二）為何說曾幫助過石匠的？（十三）何謂知識？如何是智慧之母？（十四）為何常在深山裏面修養？（十五）作事專一而勤勞的人，經驗多了，所遇的當為甚麼？（十六）這影子含如何的真理？（十七）見着這影子一次，為何一生總要想念他？（十八）沒有工作何以不能去找？（十九）為何居在自然領土裏？既無聲為何有妙音？既無形為何有美容？（二十）為何遊在人事活動的場裏？——如何唱歌？如何跳舞？（二十一）試說明第二段之旨趣。

第三步

（一）譯選讀之文爲白話。（二）背誦歌詞。

【教師參考】第一段起訖（石匠——過的）意義（指示努力者必有所得）第二段起訖（石匠問道——跳舞）意義（指示智慧之源）

一四　真理是甚麼

第一步

【檢查生字難句】注意：第二段第二節"那人的樣子"一句何指，須參究以下各節。

【指出段落起訖】本課分三大段，試指出每段之起訖。

第二步

【解答問題】（一）爲何各認定一个方向而去？（二）真理就是科學嗎？（三）宗教纔是真理嗎？（四）真理要寫愛情嗎？（五）真理就是金錢嗎？（六）如何說真理在酒瓶中找着了？（七）真理要憑武力嗎？（八）六個人爲何互毆？形容互毆情形，其本旨何在？（九）看的人們爲何向贊成方面狂叫？（十）裝著幾副面孔，歡呼勝利，是如何情形？這種人如何？（十一）真理能裂成碎片嗎？（十二）試說明第一段之旨趣。（十三）所謂坐在世界中央，在一片碧綠的草地裏，其本旨若何？（十四）所指那人爲何？（十五）如何分不出是男的、女的、成人、兒童？（十六）由他的額上，可以想見甚麼？（十七）由他的眼，可以想見甚麼？（十八）由他的口，可以想見甚麼？（十九）由他的手，可以想見甚麼？（二十）由他的腳，可以想見甚麼？（二十一）由他有輕便翅膀，可以想見甚麼？（二十二）由小說和童話結合而產生的文學讀本，如何？（二十三）何以說科學毫不介意？（二十四）他們爲何繼續戰爭？（二十五）老者、青年、平民、兒童，爲何歡迎這文學讀本？在碧綠草地裏歡迎，何意？（二十六）試說明第二段之旨趣。

第三步

（一）背誦"於是酣——一樣"。（二）試將本課中所有人物及其態度,分别列舉。(三)讀本課後之感想。

【教師參考】第一段起訖(真理——整个了)意義(對於真理之紛擾)第二段之起訖(他們歎——一樣)意義(真理之歸宿)第三段起訖(他們站——一人)意義(文學讀本之應用)

一五 自己的責任

第一步

【檢查生字難句】注意:太行、王屋(二山名,在山西省)夸娥氏二子(古之力士)

【指出段落起訖】本課分三大段,試指出每段之起訖。

第二步

【參考】植物學葉之作用及藻類植物。

【解答問題】(一)眼中所見的幻景爲何?(二)夢中所聽的神話爲何?(三)爲何分出作工工夫來做?(四)他的主意因何而定?(五)爲何強自安慰?(六)試說明第一段之旨趣。(七)爲何發生幻象?(八)爲何數月可以完工?(九)爲何數年可以完工?(十)用最新式顯微鏡爲何看不真確?(十一)植物的變遷如何?(十二)試說明第二段之旨趣。(十三)默想與幻想如何不同?(十四)青年爲何多幻想?(十五)理想世界爲何由此創造?(十六)如何纔有成功希望?(十七)爲何排去幻想?(十八)愚公移山的志願如何?(十九)試說明第三段之旨趣。

第三步

譯選讀之文爲白話。

【教師參考】第一段起訖(石匠——笑容)意義(主意之決定)第二段起訖(他默——狀態)意義(發生之幻象)第三段起訖(本來——東南)意義(幻想之無益)

一六　引誘

第一步

【檢查生字難句】注意：楊子（即楊朱，戰國時人）

【指出段落起訖】本課分三大段，試指出每段之起訖。

第二步

【參考】地理學古代地勢變遷與山之構成，及礦物學花崗石寶石。

【解答問題】（一）爲何想避開正面？（二）花崗石如何堅硬？（三）如何是古代最高地面？（四）因何成獨立大山？（五）試說明第一段之旨趣。（六）爲何走到峽中？（七）爲何沉悶？（八）回鄉如何而生？（九）因何望見火光？（十）爲何願在黑暗中等着？（十一）試說明第二段之旨趣。（十二）石匠爲何不注意寶石？（十三）羊爲何而亡？（十四）羊何以追之不得？（十五）試說明第三段之旨趣。

第三步

（一）背誦第二段"正當——誘我"（二）譯選讀之文爲白話。

【教師參考】第一段起訖（石匠——大山）意義（記述山之構成兼示引誘常伏於不覺）第二段起訖（石匠走——誘我）意義（快樂之引誘）第三段起訖（山峽——反也）意義（金錢之引誘）

一七　最後的工程

第一步

【檢查生字難句】

【指出段落起訖】本課分三大段，試指出每段之起訖。

第二步

【解答問題】（一）峽中日光爲何稀薄？（二）爲何找一條最直的路？（三）爲何數月能開很長的路？（四）爲何高興？（五）爲何數月工程都倒

塌了？（六）爲何不易得平穩立脚地方？（七）爲何一步一步地前進？（八）爲何工作年月很久？（九）試說明第一段旨趣。（十）爲何有野獸的白骨？（十一）上面還有許多石岩，如何上去？（十二）爲何從前覺得很低，現在高到無比？（十三）爲何還在那裏工作？（十四）爲何飛鳥也見不着？（十五）爲何再過一年半載，就可上到山頂？（十六）爲何没法到最高一層？（十七）爲何數月僅鑿一級石階，一日還鑿不動一小石塊？（十八）爲何起一種疑念？（十九）爲何工作未完，没有報酬？又爲何不是爲報酬而工作？（二十）試說明第二段旨趣。（二十一）爲何坐在最後鑿的石岩上，眼中裝滿熱淚？（二十二）繼續工作，何以待將來青年而勇敢的人？（二十三）後人修理他的路程，何以要待看見山頂的東西以後？（二十四）他爲何不是人生的成功者？工作却爲何已到了成功地位？（二十五）迷漫的雲霧，高飛的鷹鶢，爲何在下面盤旋？（二十六）爲何在快樂的日光中大笑而停止工作？（二十七）試說明第三段之旨趣。（二十八）推究本課旨趣，對於求學當有何領會？

第三步

第一段第一節喻意爲何？第二節喻意爲何？第二段第一節喻意爲何？第二節喻意爲何？第三節喻意爲何？第三段第一節喻意爲何？第二節喻意爲何？摘記緊要語句。

【教師參考】第一段起訖（峽中——久了）意義（立定基礎之嘗試困難）第二段起訖（後來——工作的）意義（愈到高處，進行愈難，到者愈少）第三段起訖（他最後——工作了）意義（但期目的可達，不必成功在己）。

一八　人生的成功者

第一步

【檢查生字難句】

【指出段落起訖】本課分三大段，試指出每段之起訖。

第二步

【解答問題】（一）為何到這山上旅行？（二）老教師為何抗議？（三）如何不許吃閒飯？（四）找不到的何以不要取得別人的東西？（五）找得到東西，何以就算人生的成功者？（六）試說明第一段旨趣。（七）這兩兄弟為何去找櫻桃？（八）他們在林中行走時有何興趣？（九）走樹林時正當何時？（十）為何停步行一次深的呼吸？（十一）為何誤認天竹為櫻桃樹？（十二）他們初聽到"來呀這裏來呀"的聲音，當以為何者之聲？（十三）試說明第二段旨趣。（十四）午前十二點已過了，他們有何注意？（十五）回去時見排着櫻桃魚鳩，如何得來的？（十六）教師為何要他們拿出找到的東西來？（十七）為何要他們兩位捱下飢渴？（十八）吃飯時教師為何每件聲明是誰找來的？（十九）他們為何想起人生的成功者一句話？為何覺得吃閒飯無味？（二十）試說明第三段旨趣。

第三步

（一）試將教師動作依序分別摘舉其要點。（二）試就學生普通所有之一切動作依序分別摘舉其要點。（三）試就兩兄弟一切動作依序分別摘舉其要點。（四）摘記緊要語句。

【教師參考】第一段起訖（石匠——成功者）意義（人生須自食其力）第二段起訖（學生們一致——又唱）意義（覓食之不易）第三段起訖（午前——味哩）意義（吃閒飯之無味）

翔想文庫

中華女子修身教科書

《中華女子修身教科書》，上海中華書局 1914 年 8、9 月出版。適用高等小學。

目　錄

中華女子修身教科書第一册……………………………………………… 3527
中華女子修身教科書第二册……………………………………………… 3547
中華女子修身教科書第三册……………………………………………… 3565

第一册

編輯大意

一、本書爲女子高等小學校修身課本，遵教育部教則，以涵養兒童德性，導以實踐爲主，尤注意女子貞淑之德，及自立之道。

二、本書分三册，每一册供一學年之用，選擇教材，循兒童心理之序而進。第一册以選幼年美談爲主，尤擇其富於興趣者。第二册意義漸深，範圍漸廣，然教材務期適於兒童之心理。第三册具體之理論，與故事並列，皆平易而饒興趣，使其從道德上之修養，貫澈持躬、處世、待人一切之道。

三、各課教材，屏去空論，切於習禮及訓練之用。

四、排列教材，以圓周法爲主，兼參用階段法，其德目寓整於散，使就逐年之教材獲倫理上系統之知識。

五、二、三册關於法制教材，多就有興趣之事物，推闡本義，使受教者於不知不覺中增進共和國民之精神。

六、課文之後，選錄經訓，既收古訓印證之益，又免教材乾燥之弊。

七、徵引事訓，以女子爲主，使受教者得適當之模範。

八、徵引事訓，悉本最新倫理之定則，以闡發我國女子固有之美德，期養成順應時勢之人。

九、各課分列，多連類相屬，使受教者就一部分之事實，得各種之模範，以鼓舞其傾嚮之誠，而增其修養之興味。

十、注意我國女子之習弊及其缺點，力謀革除，或改良之方法。

十一、關於教授資料及方法，另詳教授書。

目　　次

第一課　勤學…………………………………………3533

第二課　擇善…………………………………………3533

第三課　規律…………………………………………3533

第四課　誠實…………………………………………3534

第五課　樸素…………………………………………3534

第六課　孝友…………………………………………3534

第七課　寬厚…………………………………………3535

第八課　女工…………………………………………3535

第九課　清潔…………………………………………3535

第十課　慈愛…………………………………………3536

第十一課　自重………………………………………3536

第十二課　求學………………………………………3536

第十三課　敬兄嫂……………………………………3537

第十四課　敬客………………………………………3537

第十五課　不苟取……………………………………3537

第十六課　習勞………………………………………3537

第十七課　惜時………………………………………3538

第十八課　惜物………………………………………3538

第十九課　節制………………………………………3538

第二十課　體親心……………………………………3539

第二十一課　服勞……………………………………3539

第二十二課　踐約……………………………………3539

第二十三課　報恩……………………………………3539

第二十四課　沈静……………………………………………… 3540
第二十五課　孝勇……………………………………………… 3540
第二十六課　義行……………………………………………… 3540
第二十七課　續前……………………………………………… 3541
第二十八課　愛弟……………………………………………… 3541
第二十九課　愛姊……………………………………………… 3541
第三十課　　志操……………………………………………… 3541
第三十一課　守禮……………………………………………… 3542
第三十二課　待人……………………………………………… 3542
第三十三課　養正……………………………………………… 3542
第三十四課　處世……………………………………………… 3543
第三十五課　明達……………………………………………… 3543
第三十六課　鎮定……………………………………………… 3543
第三十七課　戒驕縱…………………………………………… 3544
第三十八課　恕道……………………………………………… 3544
第三十九課　智勇……………………………………………… 3544
第四十課　　利濟……………………………………………… 3545

第一課　勤學

　　孟子少孤，母仉氏賢。孟子遊學歸，其母方織，問學所至，孟子自若也，母以刀斷其織。孟子懼，問其故，曰："汝之廢學，猶吾斷斯織也。夫君子學以廣名，問以廣智，是以居則安寧，動則遠害。今汝廢學，是不免爲厮役，而無以離於禍患也，何異於織績中道，廢而不爲？雖欲不寒，不可得矣。"孟子至是勤學不倦，卒成大儒。

　　經訓："學而時習之，不亦説乎？"（《論語・學而》）

第二課　擇善

　　孟子幼時，舍近墓，孟子嬉戲爲墓間事。母曰："此非所以居吾子也。"乃去，舍於市。其嬉戲爲賈衒。母曰："此亦非所以居吾子也。"又去，舍學宮之旁。其嬉戲乃設俎豆，學揖讓進退之事。母曰："此可以居矣。"

　　習染最移人者也，與善人處，則易化於善；與惡人處，則易化於惡，故人不可不擇善而從。

　　經訓："性相近也，習相遠也。"（《論語・陽貨》）

第三課　規律

　　孫蕙蘭六歲喪母，父教以詩書，稍長，勤習女工。晨起，獨先盥櫛，適親所問安畢，佐諸母具飲食。退治女工，晡時觀經史，或鳴琴自休。既夕，聚家人説故事，燭至治女工如初。

　　吾人一日所爲，必有定事。分事而治，必有定時。幼而習之，長而安之。故規律之習慣，宜養成也。

第四課　誠實

司馬光，宋名相也，爲人最誠實。幼時嘗與姊共食胡桃，姊適他往，婢以沸水浸脱其皮。姊來，問誰脱者。光曰："吾自脱也。"父見之，戒曰："小子，何得誑語？"光自是終身不作誑語。

光閒居西京時，命老兵賣所乘馬以給用，謂之曰："此馬夏月有肺病，當先語之。"

光嘗自言："吾無過人者，但生平所爲無不可對人言耳。"

經訓："所謂誠其意者，毋自欺也。"（《大學》）

第五課　樸素

光又有樸素之德，嘗曰："吾性不喜華靡。自爲兒時，長者加以金銀華美之服，輒羞赧去之。平生衣取蔽寒，食取充腹，然亦不服垢敝。"又言："先公爲郡牧判官，客至，酒沽於市，果止梨、栗、棗、柿，肴止野蔌菜羹，器止瓷、漆。"是其樸素之家風，有自來矣。

經訓："與其奢也寧儉。"（《論語·八佾》）

第六課　孝友

光事兄尤友愛。兄旦年將八十，奉之如嚴父，保之如嬰兒。每食少頃，則問曰："得無飢乎？"天少冷，拊其背曰："衣得無薄乎？"非天性至篤者，烏能如是？

其戒子弟有曰："凡諸卑幼，事無大小，必禀家長。若以父母之命爲非，而直行己意，雖所執皆是，猶爲不順之子，況未必是乎？"爲人子弟者，不可不服膺斯言也。

經訓"孝弟也者，其爲仁之本與。"（《論語·學而》）

第七課　寬厚

　　光之夫人張氏，嘗夜濯足，呼婢取水。婢誤以沸水沃之，足爲爛，病月餘方愈，僅一斥責其婢而止。平居自奉甚約，及用賙親戚，無有所吝。

　　吾人惟存心寬厚，故見人之過失，能略迹而原情；見人之窮困，能分財以周急。若徒顧私利，不能容物，非寬厚之道也。

　　經訓："躬自厚而薄責於人。"（《論語·衛靈公》）

第八課　女工

　　太姒，文王之后妃，古所稱爲淑女者也，生長尊貴，而克勤女工。《詩》曰："葛之覃兮，施於中谷，維葉莫莫。是刈是濩，爲絺爲綌，服之無斁。"美其勤女工也。

　　工藝爲人生制用之本，紡織、縫紉尤女工之要務，凡女子修學，不可不習女工。

第九課　清潔

　　太姒清潔之德，尤女子所宜取法者。《詩》曰："薄污我私，薄澣我衣。"美其清潔也。

　　吾人之尚清潔，非徒以飾外觀，於衛生與養性，裨益尤大。其清潔之事，亦不祇洗濯衣服已也。若飲食之品，必取新鮮。居處之地，必勤灑掃，身體宜常沐浴。凡百器具，宜常拂拭，其頓置亦有定所，皆清潔之道也。

第十課　慈愛

太姒又富於慈愛之性者也。《詩》曰："陟彼砠矣，我馬瘏矣，我僕痡矣，云何吁矣！"美其慈愛也。人與我同類者也，貧而無力者，受役於人，其境遇可憐，雖操役甚卑，不可賤視之。

動物各有知覺運動，皆具自遂其生長之本能，其爲人役者，尤有功於人，不可不愛惜之。

第十一課　自重

甄逸有幼女，自少至長，不苟戲弄。年八歲時，門外有立騎馬戲者，家人及諸姊皆上閣觀之，女獨不往。

人不能靜而無動，有規則之遊戲，公同之娛樂，可以怡悅性情，活潑身體，皆人所當爲者也。惟輕舉妄動，不可不戒。

經訓："君子不重則不威。"（《論語·學而》）

第十二課　求學

女年九歲，喜讀書，視字輒識，數用諸兄筆硯。諸兄謂之曰："汝當習手工，明書爲學，當作女博士耶？"女曰："古者賢女未有不學者。世間學問，不讀書何由知之？"

求學所以廣聞見，明事理。人之所以異於禽獸者，以其能學也。男女同爲國家之人民，各有當盡之責務，故女子求學，與男子無殊。

經訓："我非生而知之者，好古，敏以求之者也。"（《論語·述而》）

第十三課　敬兄嫂

女年十四，兄儼亡，極盡悲哀，事寡嫂謙敬，撫儼子尤慈愛。母待諸婦嚴，女諫母曰："兄不幸早終，嫂年少守節，以大義言之，待之當如婦，愛之宜如女。"母感其言，令與嫂同居，寢息坐起常相隨，恩愛益篤。

第十四課　敬客

陶侃，少孤貧。母湛氏有賢德，每紡績資遣之，使交勝己者。客至，輒款待不厭。孝廉范逵負時望，一日過其家，值大雪，倉卒無以待。母令侃留客，自撤所卧草薦，剉給其馬，又售物以易酒食，備肴饌甚豐，雖從者亦盡歡而散。後逵聞之，歎曰：非此母不生此子。

第十五課　不苟取

侃少爲潯陽縣吏，嘗監魚梁，以一鮓遺母。母還其鮓，貽書責之曰："爾爲吏，以官物遺我，非惟不能益吾，乃增吾憂矣。"侃自是益尚廉潔，不苟取一物。後爲荊州刺史，有奉饋者，必問其所由。若力作所致，雖微必喜，慰賜加倍；若非理得之，則切厲呵責，還其所饋。百姓化之，亦以貪得爲戒。

第十六課　習勞

侃爲廣州刺史時，每當無事，輒朝運百甓於齋外，暮又運於齋內。人問其故，答曰："吾方致力中原，過爾優遊，恐不堪事，故習勞耳。"及復鎮荊州，勤於吏職，閫外多事，千緒萬端，罔有遺漏。遠近書疏，莫不手答。未嘗壅滯。引接疏遠，門無停客。

　　經訓："飽食終日，無所用心，難矣哉！"（《論語·陽貨》）

第十七課　　惜時

　　侃嘗語人曰："大禹聖人，乃惜寸陰。至於衆人，當惜分陰。若逸遊荒醉，生無益於時，死無聞於後，是自棄也。"諸參佐或以談戲廢時者，乃命取其酒器、蒲博之具，悉投之於江，謂此戲無益實用，非君子所當爲。

　　經訓："君子以自強不息。"（《易·乾爻》）

第十八課　　惜物

　　侃嘗出遊，見人持一把未熟稻，侃問："用此何爲？"人云："行道所見，聊取之耳。"侃大怒，曰："汝既不耕，而戲賊人稻！"執而責之。又嘗造船，其木屑、竹頭，悉令籍而掌之，人皆不解所以。後正會，積雪始晴，庭前猶溼，乃以木屑布地。及桓溫伐蜀，又以所貯竹頭作丁裝船。其綜核微密如此。

第十九課　　節制

　　侃素有酒量，每飲酒，有定限，常歡有餘而限已竭。殷浩、庾翼等，皆當時知名之士，爲侃佐吏，一日值飲，更勸少進。侃淒懷良久，曰："少年曾有酒失，因吾母見戒，約有定限。今吾母往矣，不敢以縱欲而忘訓也。"

　　經訓："以道制欲，則樂而不亂。"（《禮·樂記》）

第二十課　體親心

黎佛瑪女士，美國大演說家也，自幼天性活潑，好運動，尤喜滑冰。一日，因滑冰破履，歸語其親曰："今日滑冰，興正不淺。"親曰："滑冰固足樂，但汝履破，我家貧甚，爲汝製履，殊不易耳。"女士因一己之樂，累及父母，深自警惕，自是不復作滑冰戲，時年方十歲也。

第二十一課　服勞

方女士斷絕滑冰戲之時，弟妹已有五人，其親終日營營，常不足以爲養。加以撫育弱小，保抱扶持，所在需人。女士助親撫其弟妹，愛護周至，見者莫不嘖嘖稱善。及十二歲，每日往裁縫店作工，得資以供家用。以弱齡之女子，爲親服勞如此，誠可嘉也。

第二十二課　踐約

女士日工畢，復勤夜工。一日，在他店包製裹衣十二，約以限期製成，女士攜歸，黽勉從事，嘗徹夜不倦。及限期既逼，店夥至其家，催索甚急。其母與之爭論，女士出語母曰："兒早與訂約，母勿與齟齬也。"母聞之大驚，俟店夥去後，泣語女士曰："貧苦之苦固苦，然勞動過度，恐妨健康，願汝珍重，勿過勞。"

經訓："言而有信。"（《論語·學而》）

第二十三課　報恩

太倉有江氏，賣餅爲業，仇家誣爲盜。州吏顧芳嘗主其家，爲代訴其冤，得釋。後江氏女嫁韓侍郎爲夫人。芳以事往見侍郎，夫人偶見之，召問曰："君非太倉顧君乎？我即賣餅江家兒也，秋毫皆出自君賜。"乃言於侍郎，重謝之。

經訓："以德報德。"（《論語·憲問》）

第二十四課　沈靜

齊東郭采桑之女，項有大瘤，號曰宿瘤。閔王出遊，至東郭，百姓皆觀，女采桑如故。王怪之，召問曰："寡人出遊，車騎甚衆。百姓無少長。皆棄事來觀。汝采桑道旁，曾不一顧，何也？"對曰："妾受父母教采桑，不受教觀大王。"王曰："此奇女也。"

經訓："繫馬千駟，弗視也。"（《孟子·萬章》）

第二十五課　孝勇

宋南鄉縣民楊豐與女香，穫粟於田，豐爲虎所噬。香年甫十四，手無寸刃，見父被傷，攘拳而搤虎頸，虎驚逸，豐因獲免。太守聞之，賜以穀帛，仍旌其門。若此者，蓋舍命護親，不期勇而自勇者也。孝思迫切，虎口可以生還，而況其他乎？

第二十六課　義行

珠崖令之女名初。令任珠崖時，初繼母連大珠繫臂。令死，當奉喪歸。法納珠入關者死，母棄其繫臂珠。男九歲，好而取之，置母鏡奩中，皆莫之知。及歸至海關，關吏於鏡奩中搜得珠。吏曰："嘻！此在法無可奈何，誰當坐者？"

初時年十三，謂吏曰："繼母解臂珠棄之，初心惜之，取置鏡奩中，母不知也。初當坐。"

第二十七課　續前

　　初所白狀，繼母意亦以爲實，然心憐之，因謂吏曰："幸無劾兒，兒誠不知也，此妾繫臂珠。君不幸，妾解置盦中，迫奉喪道遠，與弱小俱忽然忘之。妾當坐。"

　　初與繼母爭請坐，不能決，繼而相持而泣。送葬及旁觀者皆爲流涕。吏不忍決，願自坐。遂棄珠而遣之去。

第二十八課　愛弟

　　沙縣陳義姑，年十八，父母相繼歿，遺二男，長七歲，次五歲。親族利其有，日眈眈於旁。姑矢志撫二弟，居常置帚數十。族兄弟有夜叩門者，姑燃帚照之。亟啓户，具酒食款待之。叩者慙，謝曰："吾輩夜行滅火，就求燭耳。"自是遂不復窺伺。及二弟畢婚，乃嫁。後無子，二弟迎歸，母事之。

第二十九課　愛姊

　　王阿足，唐時冀州人也。早孤，無兄弟，惟姊一人。阿足初適同邑李氏，未有子而夫亡，時年尚少，人多欲聘之。阿足因姊年老孤寡，不忍舍去，乃誓不再嫁，以養其姊。每晝營田宅，夜便紡績。其姊衣食所需，無非阿足出者。如此二十餘年，未嘗少懈。及姊喪，葬送以禮。一鄉之人，稱其節義，皆令妻女求與相識。

第三十課　志操

　　韓娥幼失怙恃，鞠於叔家。年十二，遭亂。叔父母恐其爲寇掠，令作男裝以求免。語之曰："鞠汝恤汝，不幸至此，汝宜自裁。"娥即易服總角，拜曰："今後有死無二，不敢違訓。"未幾爲寇擄，負戈隨往。旋從羅甲征雲南。在軍中十餘年，人無知爲女子者。後尋得叔父母，始以實告。事聞有司，時人多爲詩文褒美之。

經訓："歲寒，然後知松柏之後凋也。"（《論語·子罕》）

第三十一課　守禮

程母侯夫人，幼聰悟過人，女功之事，無所不能，好讀書史。七八歲時，讀古詩至"女子不夜出""夜出秉明燭"二句，自是不輕出門。母刁夫人素有風厥疾，多夜作。夫人扶持，常連夕不寐。及歸程氏，謙順自牧，事舅姑以孝謹稱。德容之盛，內外親戚，無不愛敬。

第三十二課　待人

夫人治家，不嚴而整，不笞僕役，待幼僕尤厚。諸子或加呵責，必戒之曰："貴賤雖殊，人則一也。汝如是大時，能爲此事否？"

夫人好爲藥餌以濟貧窮。道路遺棄小兒，屢收養之。有小商出未歸，妻死，幼子纔三歲。夫人使抱以歸，衆人意不欲，乃別糴以食之。其父歸，請以獻。夫人曰："本以待汝歸，非欲之也。"

經訓："不虐無告，不廢困窮。"（《書·大禹謨》）

第三十三課　養正

夫人待人以慈，然諸子有過不爲覆，教女嘗授曹大家《女誡》。生六男，所存惟二。雖甚愛之，而不弛於教。纔數歲，行或踣，家人走前扶抱。夫人呵之曰："汝若徐行，寧至踣乎？"飲食嘗置之坐側，嘗絮羹，則止之。曰："幼求稱欲，長當如何？"雖使令僕役，語必平易。故二程先生生平不擇飲食衣服，不惡言詈人，受夫人之教也。

第三十四課　處世

　　諸子稍長，常使從善師友遊。雖居貧，或欲延客，則喜而爲之具。諸子如與人忿爭，雖直不右。曰："患其不能屈，不患其不能伸。"又嘗教家人曰："見人善則當如己善，必共成之；視他人物當如己物，必愛護之。"

第三十五課　明達

　　夫人安於貧約，服用儉素。親戚間紛華相尚，如無所見。少女方數歲，忽失所在，乳姥悲泣叫號。夫人叱止之曰："在當求得，苟亡失矣，汝如是，將何爲？"在廬陵時，相傳屋中多怪。家人告曰："物弄扇。"夫人曰："熱爾。"又曰："物擊鼓。"夫人曰："有槌乎？可與之。"後家人不復敢言怪，怪亦不復有。

第三十六課　鎮定

　　伊川先生嘗赴涪，渡江，舟幾覆，舟中人皆號泣，先生獨正襟坐如常。已而及岸，同舟人問曰："當危時，君獨無怖色，何也？"曰："心存誠敬故耳。"

　　善保生者，不輕歷危險，以貽親憂。苟值不測之變，陷入危急之中，當持鎮定之度，履險而如夷。若驚惶失措，於事無益，徒自擾而已。

　　經訓："静而後能安。"（《大學》）

第三十七課　戒驕縱

　　柳公綽治家最有法。每日諸子定省，及與家人會食，皆有常禮。妻韓氏，相國休孫女也，嚴肅儉約，爲縉紳家模範。歸柳氏三年，未嘗輕言笑，常衣絹素，不用綾羅錦繡。每歸省，不乘金碧輿，祇乘竹兜子。

　　遇歲饑，其家雖給，令諸子皆蔬食。或問之，答曰："四方病飢，獨能飽乎？"

　　經訓："富而好禮。"（《論語·學而》）

第三十八課　恕道

　　龔翠巖寓居於吳，與寺僧權道衡頗友善。一日適市肆中，見有漢印一顆，甚愛之，問價於售主。售主言：此物權已購定，即攜資來取者。翠巖竟以十五緡買之，歸語諸女。女曰："大人乃亦奪人所好耶？"翠巖大慙，即持以贈權。權曰："先生愛而收藏，奚以贈爲？"曰："在彼猶在此也。"相讓久之，翠巖終不肯受。

　　經訓："己所不欲，勿施於人。"（《論語·衛靈公》）

第三十九課　智勇

　　荀崧爲荊州都督，爲杜曾所圍，力弱食盡，欲求救於故吏石覽，計無從出。女灌年方十三，率勇士數十人，踰城突圍夜出。賊追甚急，灌督厲將士，且戰且前，遂自詣覽乞師。又爲崧書與南中郎周訪請援，仍結爲兄弟。訪即遣三千人會石覽俱救崧。賊聞援至，散去，灌之力也。

　　經訓："自反而縮，雖千萬人吾往矣。"（《孟子·公孫丑》）

第四十課　利濟

　　黃道婆，崖州人也。元初，松江府東五十里許，有地曰烏泥涇，土田磽瘠，民食不給。謀樹藝以資生業，遂覓得木棉種。因無踏車椎弓之製，紡織甚艱。適嫗自崖州來，教以造捍、彈、紡、織之具，至於錯紗、配色、綜綫、結花，各有其法。人受其教，競相仿作，以所製者輸出他方，獲利甚大。嫗卒，地方立祠祀之。

　　經訓："備物致用。"（《易·繫辭》）

第二册

目　次

第一課　　容儀……………………………………………3551

第二課　　守禮……………………………………………3551

第三課　　愼微……………………………………………3551

第四課　　練達……………………………………………3552

第五課　　孝親……………………………………………3552

第六課　　事姑……………………………………………3552

第七課　　愛嫂……………………………………………3552

第八課　　孝友……………………………………………3553

第九課　　義行……………………………………………3553

第十課　　好學……………………………………………3553

第十一課　戒迷信…………………………………………3554

第十二課　信實……………………………………………3554

第十三課　擇交……………………………………………3554

第十四課　苦學……………………………………………3555

第十五課　續前……………………………………………3555

第十六課　儉約……………………………………………3555

第十七課　守時……………………………………………3556

第十八課　戒珍飾…………………………………………3556

第十九課　隱惡……………………………………………3556

第二十課　廉潔……………………………………………3557

第二十一課　節省…………………………………………3557

第二十二課　愛物…………………………………………3557

第二十三課　愛人…………………………………………3558

第二十四課　博愛……………………………………………………3558

第二十五課　愧勵……………………………………………………3558

第二十六課　愛國……………………………………………………3559

第二十七課　尚武……………………………………………………3559

第二十八課　納税……………………………………………………3559

第二十九課　懿範……………………………………………………3560

第三十課　　整潔……………………………………………………3560

第三十一課　治生……………………………………………………3560

第三十二課　職業……………………………………………………3561

第三十三課　卹貧……………………………………………………3561

第三十四課　公益……………………………………………………3561

第三十五課　傳業……………………………………………………3562

第三十六課　守正……………………………………………………3562

第三十七課　守分……………………………………………………3562

第三十八課　志識……………………………………………………3563

第三十九課　勇敢……………………………………………………3563

第四十課　　貞潔……………………………………………………3564

第一課　容儀

徐士俊《婦容箴》曰："閨房之秀，實惟容儀。非尚妍華，無裨俗嗤。凝妝儼然，可對明鏡。周身雅度，必中以正。豈無膏沐，勿過修飾。豈無衣裳，勿傷輕逸。所貴人重，無取人憐。以此爲重，宜家罔譻。"

經訓："淑人君子，其儀不忒。"（《詩·曹風》）

第二課　守禮

申國夫人，呂榮公希哲之母也，性嚴有法。雖甚愛公，然教公事事蹈規矩。甫十歲，侍立時，命而後坐，在長者側。雖甚熱，不得去巾、襪、衣服。行步出入，不履狎遊之所。市井里巷之語，鄭衛之音，未嘗一經於耳。不正之書，非禮之色，未嘗一接於目。故公德器成就，大異於衆人。

經訓："非禮勿視，非禮勿聽，非禮勿言，非禮勿動。"（《論語·顏淵》）

第三課　慎微

榮公夫人，待制張昷之幼女也。夫人之母，申國夫人姊也。最鍾愛夫人。然居常至細微事，教之必有法度。夫人嫁呂氏後，一日其母來視，見舍後有鍋釜之類，大不樂，謂申國夫人曰："豈可使小兒輩私作飲食壞家法耶？"

夫人嘗言，與榮公相處六十年，未嘗一日有面赤。非慎微之至者，曷克臻此？

經訓："毋不敬。"（《曲禮》）

第四課　練達

漢馬皇后，幼時孝順小心，婉靜有禮。及位正中宮，身衣大練，食不求甘。左右但衣布帛，無香薰之飾。其儉德爲世所稱，然處事尤幹練。后少喪父，母兄早夭，母藺夫人發疾慌惚。時后方十歲，幹理家事，勑制僮御，內外咨稟，事同成人。初，諸家莫之知者，後聞之，咸歎異焉。

第五課　孝親

漢太倉令淳于意，無男，有女五人。文帝時，意以罪當刑。會逮，歎曰：「生女不生男，緩急無可使者。」其少女緹縈傷之，隨父西至長安，上書曰：「妾父爲吏，齊中皆稱其廉平，今坐法當刑。妾傷夫死者不可復生，刑者不復屬。雖欲改過自新，其道無由。妾願入身爲官婢，以贖父罪，使得自新。」書聞，上悲其意，乃赦其父，並除肉刑。

第六課　事姑

鄭義宗妻盧氏，識書史，明大義，事舅姑甚得婦道。嘗夜有盜劫其家，家人悉奔避，惟姑獨在室。盧氏冒白刃至姑側，爲賊捶擊幾死。賊走後，家人問何獨不懼。盧氏曰：「人所以異於禽獸者，以其有仁義也。鄰里有急，尚相赴救。況在於姑，而可委棄耶？」

第七課　愛嫂

邵瑛，宋人之女也，繼母所出。十二歲時，前母兄娶妻荆氏，繼母惡之，飲食常不給，瑛私以己食繼之。母每以非禮役荊，瑛必與俱。有過誤，瑛先引爲己罪。母扑荊，瑛請代受笞，且白嫂實無罪，求母細察之，母爲之感動。後適爲士人妻，舅姑、姒娌知其賢，皆敬重焉。

第八課　孝友

薛包好學篤行。父娶繼母，憎包，逐出。包不得已，廬舍外，旦入灑掃。又逐之，乃廬里門，晨昏問安。歲餘，父母感悟，命還。及父母亡，諸弟求異居，包不能止，任弟所欲。奴婢引其老、弱者，曰："與我共事久，若不能使也。"器物取其朽敗者，曰："吾素所服習，身口所安也。"田廬取其荒頓者，曰："吾少時所治，意所戀也。"後諸弟不能自立，包復賑給之。

第九課　義行

李沆有一僕，逋金十千，一夕遁去。其女方十歲，自繫其券於帶，願賣身以償所負。公嘉其孝義，囑夫人曰："當視如己女育之，俟長，擇人嫁之。"夫人如教。及笄，擇一婿，具奩歸之。後僕還，女白其事，僕夫婦感公之恩。公歿，服喪如事考妣云。

第十課　好學

邴原十一歲，喪父，家貧早孤。鄰有書舍，原過其旁而泣。師問曰："童子何悲？"原曰："孤者易傷，貧者易感。今讀書者必有父兄者。一則羨其不孤，二則羨其得學。心中惻然而爲流涕也。"師哀其言，曰："欲讀書可耳。"原曰："無錢資。"師曰："童子苟有志，我當教爾，不求資也。"於是遂就學。一冬之間，誦畢《孝經》《論語》。

第十一課　戒迷信

邴原嘗行路得遺錢，拾以繫樹枝。原既走，有過樹下者。見而異之。或言此爲神樹，繫錢可以祈福。里中居民聞之，爭繫錢於樹。及原再至，見前繫之錢未取，而繫錢者愈多，問其故。答者曰："此神樹也。"原惡其由己而成淫祀，乃述明前事而辨之。衆大悟，遂斂其錢以供社費。

第十二課　信實

范巨卿少遊太學，與汝南張元伯爲友。二人並告假歸鄉里。巨卿謂元伯曰："後二年當還。將過拜尊親。"乃共約期日而別。元伯具以白母，及期，請設饌候之。母曰："二年之別，千里結言，爾何相信之深耶？"對曰："巨卿信士，必不失約。"母曰："若然，當爲爾具饌。"至日，巨卿果至，升堂拜母，盡歡而別。

經訓："久要不忘平生之言。"（《論語·憲問》）

第十三課　擇交

孔子曰："無友不如己者。"又曰："友直，友諒，友多聞，益矣；友便辟，友善柔，友便佞，損矣。"

楊仲珍有高名，嘗請客，母爲供具。客罷，讓之曰："吾視汝所交，皆不及己。此自損之道也。"後歲餘，復請賓客，皆耆德秀士。母觀之，喜曰："吾無憂矣。"

第十四課　苦學

梨痕女士，美國人也。家貧，早孤，性聰慧。八歲入鄉立學校，常列首選。嘗以數日誦熟文典一部，爲教師所激賞。

女士十三歲時，依兄爲生，兄每週與金一圓，皆以之購學校用品。不足則爲鄰家紡紗，以所得勞金購之，未嘗稍有浪費也。

第十五課　續前

女士十七歲，爲鄉立學校助教。積月俸少許，就學於某校。聰明勤奮，冠於全級。及第一學期修業畢，學費告罄。女士不得已，將去校而歸。校長特免學費，女士乃復就學。課餘爲人浣濯、縫紉，以償食費。旋出任教務數年，貯金較多，復入某高等學校，修高等學術。女士之學問，於是大成。

經訓："惟學遜志，務時敏，厥修乃來。"（《書・説命》）

第十六課　儉約

女士學既成，力足以自立，各處爭聘爲教師。女士委身教育事業，名譽日隆，所獲益豐。然月得之俸，除一己生活費外，皆津貼貧困生徒，助其學費，而自奉極薄。不著華麗服飾，即布衣素裳，亦自縫織、浣濯，其儉約誠可風也。

經訓："節用而愛人。"（《論語・學而》）

第十七課　守時

女士每日天明即起。嘗謂學生曰："諸君購書籍，具束脩，費誠不資，猶不若所耗光陰，其值爲尤鉅也。是以起居動止，每日宜有定時，欲守定時，首宜早起。若一日遲起，則早間應作之事，已踰所定之時。由此遞推而下，諸事必因以遷延，馴至凌亂而無序矣。"斯言也。吾人所當深省者也。

第十八課　戒珍飾

王涯爲相，其女適竇氏，見玉工貨一釵，奇巧，須錢十七萬，歸請於父購之。涯曰："於汝何惜。但一釵值十七萬錢，此妖物也，必與禍相隨。"後數月，女自婚姻會歸，告父曰："前時玉釵，爲馮外郎妻首飾矣。"涯歎曰："馮爲郎吏，妻之首飾有十七萬錢，其能久乎？"

經訓："奢則不孫。"（《論語・述而》）

第十九課　隱惡

程皓，性周慎。每見有訾議人者，未嘗應和。俟其言畢，徐爲白之，曰："此皆衆人妄傳，其實不爾。"更説其人之美事以稱之。

道人之短，議人之失，賢者不爲。若毀傷他人之名譽，或以讒謗，或以誹語，或密發人過以損其信用，或捏造事端以陷人，尤傷忠厚，不可不戒也。

經訓："言人之不善，當如後患何？"（《孟子・離婁》）

第二十課　廉潔

　　河南樂羊子妻，不知何氏之女也。樂羊子嘗行路，得遺金一餅，還以與妻。妻曰：“妾聞志士不飲盜泉之水，廉者不受嗟來之食，況拾遺求利以污其行乎？”樂羊子大慙，乃捐金於野，而尋師遠學。其妻躬親紡績以養姑，並嘗遠饋之。

　　經訓：“非其有而取之，非義也。”（《孟子·盡心》）

第二十一課　節省

　　日人北條時賴母安達氏，嘗爲時賴設食，兄義景來助治具。氏方手裁小紙，糊補窗格。義景請命人爲之，氏不顧。義景曰：“補之不若新之之省勞。”氏曰：“我豈不之知乎？凡物有小破，宜修補之。欲使兒輩知此意耳。”人謂時賴克守勤儉，多得力於母教也。

第二十二課　愛物

　　來廷革耳，英國大地主之女也，生性慈善。犬貓有疾，恒診視之。一日過牧場，見一犬被小兒投石傷足，女士深憐之，爲之敷藥，洗創口，加以繃帶。越數日，犬傷愈。女士復至牧場，犬見之，趨至其前，伸足搖尾，似感謝其再造之恩者。

　　經訓：“萬物並育而不相害。”（《中庸》）

第二十三課　愛人

女士衣飾樸素，不染世俗奢靡之習，而待人極親切。見孤兒與貧人，輒憐而助之。無告之人，有疾病者，無論遠近，必前往慰問，盡力所及以救護之。其家居近礦山，聞礦夫有負傷者，常親爲療治，調護備至。雖醫者及看護人，猶不及其周至也。

經訓："凡民有喪，匍匐救之。"（《詩·谷風》）

第二十四課　博愛

女士欲充其博愛之量，赴德國入看護婦學校。又赴法國入病院，實地研究。後歸本國，主持救濟院與看護婦學校。及克里米亞戰起，時當盛夏，疫氣流行，兵士受傷負病者甚衆。女士率同志婦女三十四人，渡海趨戰地，盡力看護，至積勞成病。病愈仍盡職不懈。其後瑞士公益會本其意，遂倡設紅十字會。

經訓："博施於民而能濟衆。"（《論語·雍也》）

第二十五課　愧勵

晏子爲齊相。其御之妻，見其夫爲相御，擁大蓋，策駟馬，意志揚揚，甚自得也。既而歸，其妻請去。夫問其故。妻曰："晏子長不滿六尺，身相齊國，名顯諸侯。今者妾觀其出，志念深矣，常有以自下者。今子長八尺，乃爲人僕御。然子之意，自以爲足。妾是以求去也。"其後夫自抑損，晏子怪而問之，御以實對，乃薦爲大夫。

第二十六課　愛國

魯漆室女，過時未適人，倚柱而嘯。鄰婦曰："子欲嫁乎？"曰："非也。予憂者，魯君老，太子幼，國將有不利耳。"婦曰："此丈夫之憂也。"女曰："不然。昔有客繫馬園中，馬逸踐葵，使予終歲不飽葵；鄰女奔，使予兄追之，遇水溺死，使予終身無兄。予聞河潤九里，漸洳三百步。設魯國有患，國人皆被其辱，婦人獨安所避乎？"鄰婦為之動容。

第二十七課　尚武

人民資國家以保護，必為國家服兵役。女子雖無此義務，然治軍供，任看護，亦報國之天職也。昔美國華盛頓起兵時，有幼女曰雅麗，攜雞卵一筐，請見華盛頓，曰："將軍效力於國家，不辭勞瘁。今備不腆之儀，敬餉將軍。"因指雞卵言曰："此物可碎殼而食也。"華盛頓感其義，分餉軍士，以資激勵。

第二十八課　納稅

國家為人民謀福利，需費甚鉅，人民當納稅以供國家之需。華貞固先生《家勸》曰："稅糧，公家正賦，人民所當效力者。宜依期供納，不得計利較力。拖延規避。"

周行逢為帥，夫人嚴氏耕織自給。每值完糧時，率佃戶送租入城。行逢曰："吾貴矣，夫人何自苦耶？"氏曰："稅無貴賤，一也。主帥不以身先之，何以率下？"

第二十九課　懿範

謝夫人，汝陰謝立之女也。謝氏世爲儒家，持家有法。其教諸女，凡詩書禮義古今義婦烈女有見於傳記者，必使之習讀。恒謂："人所大患，莫大於不知。爲婦、爲女，苟不學行己之道，欲其无爲父母憂辱，不可得矣。"夫人幼嫻禮教，及歸譚文初，事舅姑甚孝，宗族稱之。

經訓："學于古訓乃有獲。"（《書·説命》）

第三十課　整潔

譚氏家貧，夫人勤修婦職。一龘婢供使役，僅從事蒸炊，他事皆夫人躬自爲之。

夫人工澣濯組紃。文初短衣小冠，破綻皆補綴之。然衣服雖舊，端整明潔，遠視若新服然。

又善烹調。文初好賓客，賓無衆寡，席無大小，必時果新物，器皿具備，明瑩齊潔，飲食甘美。視時温冷，烹調各得其宜。人有學之者，終不及文初家所出也。

第三十一課　治生

明時鳳陽人葛欽，豪俊有氣概，客商於揚，挈妻李氏同居。

揚俗惰而浮華，婦女多不治生業，而習爲假髻、侈袖、緣履之飾，相習成風，時人競趨之。

李氏獨勤儉持家。早起，飼雞豕，釀酒造醢，澖裳滌器，染緫練素。

迄秉燭猶勤於所事，日以爲常。見他家婦女衣服、器飾美麗者，輒望望然去之。以是殖產日豐，家計益裕。

經訓："民生在勤。"（《左傳·泌之戰》）

第三十二課　　職業

鄭善果因父死國事，封開封縣公，尋出爲刺史。其母居恒紡績，逮夜分方寢。善果請曰："秩俸幸充，何自苦如此？"母曰："吾謂汝知天下理，今聞此言，公事何由濟乎？夫秩俸乃汝先人死節所食之報也，當散瞻六姻，廣先君之惠，奈何獨擅其利？且絲枲紡績，婦人之務，勿論貴賤。若墮業者，是爲驕逸。吾雖不知禮，其可自敗名乎？"

第三十三課　　卹貧

范仲淹輕財好施，尤篤於故舊。子堯夫年尚少，命往蘇州。收租，得麥五百斛，便道見石曼卿。曰："三喪欲葬，無與謀者。"堯夫以麥金與之。又曰："二女未適。"又以舟與之。還見仲淹，仲淹問曰："江南見故舊乎？"曰："見石公曼卿，三喪未葬，二女未嫁，以麥金與之。猶未敷。"仲淹曰："何不以麥舟與之？"曰："與之矣。"

經訓："君子周急不濟富。"（《論語》）

第三十四課　　公益

崇禎末，流寇蜂起，饑民漂流四方。席本禎方家居，其妻吳氏勸其發橐中金，輓襄樊之粟，貯之中吳，以次平其值。户書其口，口計其食而給之。又以其餘分賑金陵、濟寧、臨清諸所貿遷之地。凡發粟萬石，捐白金二萬兩。二千里之衆，賴以全活者無算。

經訓："能以美利利天下。"（《易·乾爻》）

第三十五課　傳業

韋逞母宋氏，幼受《周官》學於父。父勉之曰："吾今無男，汝可受之，勿令絶世。"遭世喪亂，宋氏諷誦不輟。後與其夫背父所授書，流轉道塗。逞時年幼。宋氏晝則樵采，夜則教逞。然紡績無廢。及符堅搜古經，以《周官禮注》無師，就宋氏家立講堂，置生員百二十人受業，尊爲宣文君。《周官》學復行於世。

第三十六課　守正

晉代姚婦楊氏，符承祖之姨也。承祖寵幸時，家累鉅萬，疏遠親姻，皆憑藉爲榮利，楊一無所求。其姊遺之衣服奴婢，皆不受。常著破衣，自執苦役。承祖遣人乘車往迎，楊堅臥不起，強之則大號，符家内外皆笑，號爲癡姨。及承祖敗，誅及親戚，楊氏以貧窶得免。

經訓："委之以貨財，淹之以樂好，見利不虧其義。"（《禮·儒行》）

第三十七課　守分

曹修古卒於任，故僚釀吏民錢致之，曰："以供窆葬之用。"其女室居未嫁，謂母曰："制家之用，惟力是視。吾父約於奉身，廉於臨人。今其亡矣，葬之。豐儉，請就吾家具之。"母因使辭焉。復請以爲嫁女之資，女曰："吉凶有常禮，男女有常位。父歿，而謀嫁，不亦亂常禮乎？以室女而受門外之贈，不亦亂常位乎？吾以先人之蔭，卒有所歸，則有紡績之備，何敢以自利哉？"終不受。

第三十八課　志識

薛仁貴，唐時龍門人。少貧賤，而嫻於武事。會太宗征高麗，其妻謂曰："有高世之才，須遇世乃發。今國家征遼東，求猛將，此難得之時，盍圖功名以自顯？"仁貴乃往應募，從太宗平高麗。高麗負固不服，諸將多無功。仁貴驍勇。發三箭射殺敵最悍者三人，氣懾乃降。

第三十九課　勇敢

日女阿婉，早喪母，與一妹從父居。一夕，父有事外出，鄰近惡少，欺二女幼弱，排門而入。阿婉時年十六，妹僅八九歲，語其妹曰："吾雖弱女子，坐視賊入而不能抗，他日胡顏見人？且父聞吾見賊退縮，必見責。"乃匿妹於庋閣中，謂曰："吾力弱，若不敵衆而死，父歸，汝具陳所見可也。"便提刀伏户側。一賊負米出，直刺之，立斃。一賊當後，以前者跌而僵也，趨救之，又刺之，亦斃。一賊覺有人，奮力來捕，阿婉揮刀擊之，斷其臂。其一逃走，追擊又傷之。少頃，父歸，大驚。事聞鄉里，莫不嘉其義勇。

經訓："勇者不懼。"（《論語・子罕》）

第四十課　貞潔

　　裴頠《女史箴》曰：膏不厭鮮，水不厭清，玉不厭潔，蘭不厭馨。爾形信直，影亦不曲。爾聲信清，響亦不濁。緑衣雖多，無貴於色。邪徑雖利，無尚於直。春華雖美，期於秋實。冰堅雖澤，期於見日。浴者振衣，沐者彈冠。人知正服，莫知行端。服美動目，形美動神。天道祐順，常與吉人。

第三册

目　　次

第一課　修學 …………………………………… 3569
第二課　衛生 …………………………………… 3569
第三課　事舅姑 ………………………………… 3570
第四課　和妯娌 ………………………………… 3570
第五課　和叔妹 ………………………………… 3570
第六課　內省 …………………………………… 3571
第七課　改過 …………………………………… 3571
第八課　柔德 …………………………………… 3572
第九課　周密 …………………………………… 3572
第十課　整容儀 ………………………………… 3572
第十一課　慎言語 ……………………………… 3573
第十二課　重品行 ……………………………… 3573
第十三課　安貧 ………………………………… 3574
第十四課　勵志 ………………………………… 3574
第十五課　賢淑 ………………………………… 3574
第十六課　節操 ………………………………… 3575
第十七課　尚義 ………………………………… 3575
第十八課　公正 ………………………………… 3575
第十九課　愛人 ………………………………… 3576
第二十課　睦親 ………………………………… 3576
第二十一課　睦鄰 ……………………………… 3577
第二十二課　義施 ……………………………… 3577
第二十三課　謙讓 ……………………………… 3577

第二十四課　勤勞	3578
第二十五課　忍耐	3578
第二十六課　愛國	3579
第二十七課　尚武	3579
第二十八課　義勇	3580
第二十九課　明恥	3580
第三十課　愛自然	3580
第三十一課　智識	3581
第三十二課　婉順	3581
第三十三課　交際	3582
第三十四課　歐美人之公德	3582
第三十五課　職業	3583
第三十六課　職分	3583
第三十七課　法律	3584
第三十八課　人民之權利義務	3584
第三十九課　國家財政	3585
第四十課　國民教育	3585

第一課　修學

　　古者女子之學，修德之外，端重女功。女功之事，以供衣服、備酒食爲要職，其學也亦專資於姆教。今世設立女學，有普通之學，有專門之學。凡人生所必須之知識、技能，皆宜學之。

　　今日之女，即他日之婦。婦內主家政，整理庶務，教育子女，有時並須經營生計。苟無學無藝，即不能措置悉當，致家於繁榮。此修學之所以必要也。

　　修學之道，宜勤且專。不勤則無進境，不專則鮮心得。欲學之有成，不可不加勉也。

　　經訓："好學近乎知。"（《中庸》）

第二課　衛生

　　人有恒言："健全之精神，寓於健全之身體。"故身體虛弱者，勿論爲何事，力常不逮。

　　健全身體之道，以鍛鍊爲必要。鍛鍊之法，先宜習勞，以活動其筋骨。次宜遊藝，以娛樂其心情。又作息宜有定時。勞逸失度，固足害生。然使作息無常，當作事之時而耽玩好，當飲食睡眠之時而從事操作，亦有妨身體之健康也。

　　整潔亦衛生之要圖。不整則事物錯亂，可以昏瞀其神志。不潔則感受污穢，易致口體之疾病。人能常留意及此，實進德之道也。

第三課　事舅姑

曹均昂妻經氏，性溫静，克盡婦道。姑常有疾，不去左右。進衣食，必豐必美，惟恐不愜其意，而自奉殊薄。諸兄弟昂最幼。歲大饑，家日貧，諸兄皆有蓄，至是各異居。族人或憐昂獨貧而不與較。氏曰："厚資有時而竭，親情不可廢也。況姑老，如有較論，心必不安。"昂以爲然。姑常語人曰："吾幼婦孝，吾當依之終老。"族人咸重之。

第四課　和妯娌

蘇少娣，崔氏女也。蘇兄弟五人，娶婦者四矣，各聽女僕語，日有爭言。少娣初嫁，事四嫂，執禮甚恭。嫂有缺乏，少娣曰："吾有。"即以遺之。姑有役使，嫂相視不應命，少娣曰："吾後進，當勞。"即爲之。母家有果肉之餽，召諸子姪與之。嫂有以怨言告者，少娣惟笑而不答。其女僕以妯娌之言來告者，少娣責之。嘗衣錦衣抱其嫂小兒，適便溺，嫂急接之。少娣曰："無遽！"恐驚兒也。歲餘，四嫂自相謂曰："五孀大賢，我等非人矣，奈何若大年爲彼所笑？"乃相與和睦，終身不聞怨語。

第五課　和叔妹

曹大家《女誡》曰："叔妹之心，不可失也。知叔妹之心不可失，而不能和之以求親，其蔽也哉！"永嘉何氏，王木叔之妻也。初歸王氏甚貧，何氏佐以勤儉，家用遂饒。一日語夫曰："子可出仕。奈弟妹貧寒何？囊中餘資，久蓄奚益？請以分之。"夫喜曰："此吾志也。"旦日盡散簪珥不遺。木叔既仕，又曰："弟妹尚困，有田如許，何不畀之？"夫喜曰："此尤吾志也。"遂以田與弟妹，一郡稱爲賢婦。

第六課　內省

日人瀧鶴臺妻，荻藩士某氏女也。鶴臺與客談，氏常坐屏外聽其言何如。一日周旋間，忽有赤絲毬自其袖中墜，怪問之。氏赧然曰："妾愚，平日行事，多可悔者。意欲少其過，因嘗製赤白二絲毬，藏之袖中。若起惡念，則結赤絲。起善念，則結白絲。一二年間，赤毬益大，於是惕然自反，更加修省。今致赤白二毬，其大相埒，但羞未見白毬大於赤毬耳。"言畢，更出一白毬於袖中示之。古今婦女，雖多以貞淑稱，然其克治之功，殆鮮有如此婦者矣。

經訓："吾日三省吾身。"（《論語・學而》）

第七課　改過

明徐后曰："人非上智。其孰無過，過而能知，可以爲明。知而能改，可以跂聖。小過不改，大惡形焉。小善能遷，大善成焉。"

過猶人身之有病，諱病者病必日重，諱過者過必日多。故人若知己之有過，必宜速改，不可以隱飾。

然目能望數里之遠，而不能自見其睫。是以人之有過，往往不易自知。欲求免過，雖宜自省，尤貴納忠告之言，所謂"良藥苦口利於病，忠言逆耳利於行"也。

經訓："過則勿憚改。"（《論語・學而》）

第八課　柔德

柔爲女子之美德。柔則和，和則無争，無怨，無怒，無詈言。柔則順，順則不驕，不忤，不倨傲。

然柔者非卑弱之謂，卑弱易爲人侮。和順則爲人所親。故柔德之中，實存有難犯之威嚴，可親而不可侮。凡物過剛則易折，脆弱則易毁。惟含有柔性者，可屈可伸。語所謂"柔而能剛"也。女子之柔德亦如是也。

經訓："禮之用，和爲貴。"（《論語·學而》）

第九課　周密

龔孺人，王静孫母也。静孫五歲喪父，孺人獨理家事，内外秩然。受使令者，無敢怠厥職，其配置事務，尤井井有條，纖悉無遺。静孫既娶婦，孺人出文書數巨帙授之，則二十三年間之日記也。其中陰晴、飲食、租賦，門户之酬應，親戚之饋遺，一一備載，無間一日。若孺人治事之周密，洵可爲持家者風矣。

經訓："文理密察，足以有別也。"（《中庸》）

第十課　整容儀

曹大家曰："婦容不必顔色美麗也。盥浣塵穢，服飾鮮潔，沐浴以時，身不垢辱，是謂婦容。"

浮華輕薄，君子恥其無行。放浪形骸，與效時裝以爲美者，誠非所宜。然卑己而現嬌弱之態，對人而呈瑟縮之狀，一似未離母懷之乳兒，偶值素不相識之人，遂覺無可以自容者，非所以示有禮之容也。

經訓："抑抑威儀，維德之隅。"(《詩・大雅》)

第十一課　慎言語

曹大家曰："婦言不必辯口利辭也。擇詞而說，不道惡語，是謂婦言。"語云："病從口入，禍從口出。"謂言語之不可不慎也。專逞口辯，男子猶不可，況女子乎？故輕於言者多後悔，放言高論者常見惡於人。

然語雖宜慎，非以訥於言即爲美德也。女子立身社會，其講學也不能無辯論，其酬酢也亦宜善辭令。若值有事問答，囁嚅不吐，或畏羞而有難色，亦不得其道也。

經訓："時然後言，人不厭其言。"(《論語・憲問》)

第十二課　重品行

宋尚宮曰："凡爲女子，先學立身。立身之法，惟務清貞。清則身潔，貞則身榮。"

清貞之道，在高尚其品行。欲品行高尚，在修養純正之心情，不流於鄙野，亦不失之迂拘。非以掩面藏形而爲清，無作爲、少交接而爲貞也。

《詩》曰："溫其如玉。"玉之無瑕，在置之泥滓而不污，非若白羽、白雪，在屏絕塵染，而後能保其潔白之色。故女子之敦品勵行，當磨礪而成白玉之質。若徒以不出閨門爲戒，非所以修養純正之心情也。

第十三課　安貧

蘇明允家甚貧，娶程夫人，其母家甚富。夫人入門，執婦職，孝恭勤儉，無絲毫鞅鞅驕倨狀，族人皆稱之。或謂夫人曰："若父母非乏於財者，以父母之愛若，求之宜無不應者，何爲甘此蔬糲？獨不可一言乎？"夫人曰："以我求於父母，誠無不可。萬一使人謂吾夫爲求於人以活其妻子者，將若之何？"卒不求。

經訓："貧而樂。"（《論語·學而》）

第十四課　勵志

明允年二十七，猶不學。一日謂夫人曰："吾自視今猶可學，然家待我而生，學且廢生，奈何？"夫人曰："我欲言之久矣。子苟有志，以生累我可也。"即盡出服玩鬻之，以謀生。明允致力於學，遂以文學名於世。

夫人嘗授子軾以書，讀至《范滂傳》，慨然太息。軾請曰："兒若爲滂，母許之乎？"夫人曰："汝能爲滂，吾顧不能爲滂母耶？"

第十五課　賢淑

梅聖俞夫人謝氏治家有常法。其飲食器皿，雖不及豐侈，而必精以旨。其衣無故新，而澣濯、縫紉，必潔以完。所至官舍雖庳陋，而庭宇灑掃，必肅以嚴。其平居語言容止，必怡以和。聖俞每自外歸，必問曰："今日孰與飲而樂乎？"聞其賢者也則悅，否則歎曰："君所交皆一時賢雋，今與是人飲而歡耶？"故聖俞出與賢士大夫遊，入不以貧賤富貴累其心者，皆夫人之助也。

第十六课　節操

淮陽有孝婦，年十六而嫁，未有子。其夫當戍，行時屬孝婦曰："我生死未可知，上有老母，無他兄弟。設吾不還，汝肯終養吾母乎？"婦曰："諾。"夫果死不還，婦養姑，終無嫁意。孝婦之父母哀其少年早寡也，勸其再醮。孝婦曰："兒受嚴命而事夫，夫行時屬兒以老母。既已許諾，今乃棄之，養人老母而不能終，許人以言而不能信，將何以立於世？"父母感其誠，乃止。孝婦事姑二十八年，姑死，終奉祭祀。

經訓："士不可以不弘毅，任重而道遠。"（《論語·泰伯》）

第十七課　尚義

歐陽氏適廖忠臣，逾年而舅姑死於疫，遺一女閏娘，纔數月。會氏亦生女，同乳哺之。乳不能給，乃以其女分乳鄰婦，而自乳閏娘。二女長成，氏遇閏娘每厚於己女。女以爲言，氏曰："汝，我女；小姑，祖母之女也。汝有母，小姑無母。何可相同？"女悟，諸凡讓姑。二女及笄，先字閏娘，罄其始嫁妝奩之美者送之，嫁女之具不及也。閏娘每謂人曰："嫂，吾母也。"其孺慕之情，可以想見。

第十八課　公正

周才美有子婦，賢且能，將以家政付之。與衡、量各二，出入異等。婦不悅，拜辭舅姑，請去。才美愕然曰："吾家薄有田業，何去爲？"婦曰："翁平日所爲，有逆天道。媳心有愧，居之不安。"才美曰："汝言是。今出入當祇用其一，餘悉毀之。"婦曰："未也。翁用此幾年矣？"曰："約二十餘年。"婦曰："必反其所用，以償前日過取之數，媳即願留。"才美感悟，欣然許之。

第十九課　愛人

羅夫人，楊萬里妻也。萬里轉運江東，子爲帥。每天寒時，夫人黎明即起，詣廚下躬作粥，召僕役使遍食之。曰："天甚寒，須使其腹中有火氣，乃堪役使耳。"其子聞之，曰："是賤役，夫人老而親之，毋乃爲逆施乎？"夫人怒曰："賤物貴我，勞人自逸，天道所不佑也。若言如此，是違天道也。"年八十餘，猶於郡圃中種苧，躬紡績不懈。平居服飾無華麗，生四子三女，皆自乳。或勸其雇乳媼，曰："饑人之子哺其子，吾不忍爲也。"

經訓："強恕而行。"（《孟子·盡心》）

第二十課　睦親

明徐后曰："一家之親，近之爲兄弟，遠之爲宗族。親疏雖異，同乎一源。若夫娣姒姑姊妹，爲親之至近者，尤宜無所不用其情。施仁之始，必先睦親。睦親之務，必有内助。一源之出，本無異姓。間以異姓，乃生乖別。主乎内者，體君子之心，重源本之義，仁恕寬厚，敷洽惠施。不忘小善，不記小過。錄小善則大義明，略小過則讒慝息，讒慝息則親愛全，親愛全則恩義備矣。"

經訓："仁者人也，親親爲大。"（《中庸》）

第二十一課　睦鄰

　　社會之中，最切近者莫如鄰里，一旦有緩急，其有需於鄰里者正多。故平日對於鄰里，宜主公正和平。里人長於我者事之以敬，幼於我者待之以慈。勿以富貴驕人，勿以才智凌人。忍小忿，戒惡言，以弭釁端。凡關於公同利益者，必共謀之。不可爲妨害鄰里之事，致生惡感。

　　趙逢龍侍講致仕。丞相葉夢鼎出其門，嘗以師宅卑陋，欲購鄰居拓之。趙曰："鄰里相安，一旦驚擾，非吾願也。"卒不從。

　　經訓："出入相友，守望相助，疾病相扶持。"（《孟子・滕文公》）

第二十二課　義施

　　人類之境遇不一，世界之事變無常。吾人欲保持社會之福利，貴盡心於慈善事業。慈善之事不一，要以救濟貧難爲主。

　　樂善好施，人之美德。惟施與必本於義，斯財用不至於枉費。吾國習俗，婦女多好施錢佞佛，以有用之錢，耗諸無益之舉，甚無謂也。

　　孫覺知福州，民有欠官錢者，繫獄甚衆。有富人出錢五百萬，請葺佛殿。覺曰："汝輩施錢，願得福耳，孰若以錢爲獄囚償官，使數百人釋枷鎖之苦，即佛亦應含笑垂慈，獲福不既多乎？"富人遂輸之官，囹圄以空。

第二十三課　謙讓

　　彼得博露曰："卑人易，自卑難。"

　　謙讓非畏怯，非謟媚，亦非卑屈。乃以誠篤之精神，應付事物。對己而不自滿假，對人而常存忠厚。

　　嘗有農夫某絜子同往麥田，子忽呼父曰："此挺立之麥穗，意者其最良者乎？彼低垂者必然無用。"其父各擷一莖示之曰："小子視之，挺立者穗空無用。低垂折者皆含有極美之麥粒者也。"

　　是以外強者其中情多怯，自衒者其內力常不充。惟謙讓自持，不爭勝，不誇張，而人愈敬之、重之。

　　經訓："滿招損，謙受益。"（《書·大禹謨》）

第二十四課　勤勞

　　霍嘉勘曰："才能非他，勞動與勤勉而已。"

　　人之生也，必有其用，而後能盡一己在世上之職務；必盡其用，而後能得社會相當之酬報。惟勤勞者，能致其用而食其報。

　　鮑士頓某美術肆，陳著名雕刻像一具。一日，士女集而觀者甚衆。忽有人呼曰："此像竟出自女子之手也。"又一人曰："真可爲吾輩巾幗吐氣矣。"其像爲霍斯滿所手製，霍氏勤求智識，專心藝術，故留此傑作，博世人之獎譽。然則女子當知所以自勉矣。

　　經訓："業廣惟勤。"（《書·周官》）

第二十五課　忍耐

　　乾洛姆，十歲，習鐵工。翌年父歿，家計甚艱，隨母耕種營生。十四歲，復習木工。歷七年，衣食常不給。一日聞二人談探列製時鐘，欲以一時間造成二百具。一人曰："彼欲成此二百具時鐘，恐無此長壽也。"一人曰："縱彼能成，恐難盡售。探氏之志，一何可笑！"乾氏素思爲時鐘大製造家，聞言心動，決習其藝。未幾遂能製木鐘，獲利較豐。後忽悟及以銅爲鐘，質堅，無燥溼，則可免漲縮。屢試爲之，遂成第一銅鐘製造大家。每日可製六百具，銷途之廣，幾遍天下。乾氏之所以成功，惟其能忍困苦，不避艱難，有以致之。

經訓："必有忍，其乃有濟。"（《書·君陳》）

第二十六課　愛國

宋康王質於金，逃歸。道經張氏莊，向老婦索漿飲。婦問所從來，王曰："吾業商磁相間，爲金兵劫虜，今脫身至此。"婦曰："君非商旅也。適有金騎來，追問康王，吾紿之曰：'過此兩日矣。'追士舉鞭擊鞍歎息去。"王再三詰其家世，曰："妾子李若水也，已死金軍。吾兒得報國而死，妾不恨矣。妾雖婦人，不能報國，然願及身得睹吾國之復興。"因進酒食，獻金銀數兩而別。

第二十七課　尚武

國民兵之制，不及於女子。然使當兵之男子，無顧戀室家之私，且奮其勇武之精神者，其得助於女子者甚大。

歐洲古有斯巴達，國人勇於公戰。每出征，母詔其子，妻勉其夫，曰："使汝曳盾而歸，毋寧以盾負汝而歸。"此斯巴達之軍士，所以寧戰死不生降也。

有一母生八子，皆戰死。及師凱旋，母迎屍返，高聲祝曰："斯巴達乎！斯巴達乎！吾以愛汝之故，生壯男八人，而爲汝死也。"當時以此名語，被諸詩歌，傳爲美談。女子尚武之概，於此可見。

第二十八課　義勇

周遇吉妻，將家子也。有異力，善騎射，讀兵家言，傳李衛公兵法，屢佐遇吉立奇功。崇禎末，遇吉與流賊李自成戰於寧武，中流矢而歿。夫人貫重鎧，持雙矛，三陷陣，入中堅，折其牙旗，斬最驍將。寇大崩壞，莫敢當，自成去。日暮又合圍，夫人潰圍出，標下健兒殆盡。夫人怒，自鞬間提其賊前隊將而舞，寇披靡。自成大驚遁去，陣潰亂。夫人乘亂攻之，所擊殺甚衆。

經訓："見義不爲，無勇也。"（《論語·爲政》）

第二十九課　明恥

路易薩者，普魯士王后也。法帝拿破崙伐普，后以大義責普王，勸其躬臨前敵，以勵軍心。及爲法軍所敗，后痛之，嘗呼二子至膝前，撫其背，泣告之曰："我軍破於法國之恥也，兒輩誌之。他日成立，必爲我普魯士復此仇。"次子即他日之威廉第一也，時年甫八歲，含淚仰視母面，不知所答。及即位，念亡母之言，發憤圖強。後果敗法軍，率師入巴黎，以雪前恥，於是統一德意志而爲世界強國。

經訓："知恥近乎勇。"（《中庸》）

第三十課　愛自然

契次曰："世界美麗之物，爲吾人自然之樂趣。"

昔美國一幼女，肄業小學校中，自習礦植物學後，趨師前言曰："今者吾儕往池畔遊戲，是一極快樂之時矣。前此未習礦植物學時，曾往其處遊戲，一無可樂。今則覺一石、一木，悉能移情。設復尋得一標本，其快樂當更何如？"

自然之美，不獨增助吾人之快樂，且足以發展其德性。蓋美之爲物，可舉一切煩惱憂慮而排去之。是則外界之美，助吾人以尋求內心之美者也。

第三十一課　知識

語云：天下事最耗費者莫無知識若。播稊稗，耕磽确，建屋用朽材，易資得僞票，臨險地，服誤藥，皆非金錢所能彌補者也。

人勿論爲何事，必具有相當之知識。不見夫蜂之釀蜜乎？蜜之質出於百花，花質甘苦不一，而蜂能取之以釀甘蜜者，以彼知所以吸采之法也。

知識尤當應時勢之需求。斯脫拉步，八百年前之博聞地理家也，不知美洲所在。若在今日，雖十齡兒童且笑之矣。故世運有進無已，則吾儕之求知識。亦不可以自劃也。

經訓："學然後知不足。"（《禮·學記》）

第三十二課　婉順

宋尚宮曰："婦女須能以和爲貴，孝順爲尊。"婦女之最尚婉順者，莫如日本。

日本女子之美德，言辭極親切，容色極和藹。其居家也，不聞詬誶之聲；其待人也，常持恭敬之度；其治事也，尤勤懇而清潔。雖其風範未足媲於歐人，然婉順之德，實爲彼唯一之特性，亦足嘉也。

我國古時教女者，往往示以卑弱，勉以曲從，以養其婉順之德。惟時異勢殊，言必稱古，教者過於其分，受教者或適得其反。此所以當應世運之進化，而發揮我國固有之良風也。

第三十三課　交際

人類之交際，尚信義，惡面諛而後毀者，莫英人若。彼非獨男子也，婦女亦然。

英國婦女，與其友晤談，凡學術、政治、禮俗，為其所知者，言論娓娓，無羞怯狀。然絕不及鄙俚污濁之事，尤以訐人隱慝為戒。其意以為言他人之污行，即先自損其品格也。至其親友素識者，或為人所攻訐，則侃侃力辯。雖因此而受詬斥，亦無所屈。此其自尊之風範，誠可敬也。

吾國習俗，婦女平時見人，狀若羞怯。及與習熟者遇，則刺刺不休，所語者常多猥瑣不堪之事，其陋孰甚！試取鑑於英人懿美之風範，當知所以愧勵矣。

第三十四課　歐美人之公德

國家愈文明，則國民之公德，愈普遍而完美。國民富於同情心與公共心，斯益尚公德。

今試遊歐美各國，經其街道，見行人左右有序。雖側巷僻路，無傾瀉穢物。乘其舟車，則坐者不占兼位，上下時亦無雜沓爭先之弊。進觀其公共遊觀之地，陳設物品，無輕率移動。園中花木，雖小兒女，未嘗攀折。乃至遊戲之場，通衢之間，亦無有狂呼喧鬨，任意唾涕者。僅就其外形觀之，其公德之普遍而完美，誠足令人驚歎也。

我國夙稱禮義之邦，乃至世風澆薄，於公共之利害，漫不經心，為世詬病，安可不自勉哉？

第三十五課　職業

天之生人，各畀以自謀生活之能力。苟一無所能，依人而食，斷未有能自立者也。

女子之職務，雖不盡與男子同，然以今日學藝之發達，徒拘守古時治紡績、備酒食之女功，亦不適存於今日之世。

歐美社會上之職務，若保姆，若看護婦，若美術家，若小學教師，幾爲女子專業。其事輕易舉者，如電報、電話之司機，郵政、汽車之售票。事較繁重者，如在商業，或司會計，或理書函，大率多以婦女任之。

女子之職業，如是其多，故其從事學問，殆不遜於男子。有學問則能擇業而事，不必倚賴他人以謀生。此歐美女子之所以能自立也。

第三十六課　職分

罕槃脱曰："人自知職分已盡，如午夜聞鐘，心地爲清矣。"

昔維蘇維斯火山爆裂，初見全城沈埋。越一千六百餘年，探險家考求遺迹，見其僵屍之狀，有猱升屋頂者，有蟄居地窖者，有身在街頭者。當時避難人民，萬態千形，不可縷述。惟一羅馬警士，仍立所站崗位，把劍如常，猶然行其職務之狀。其事迹有足稱也。

人於正當之地，當正當之時，盡正當之職分，斯能造至大之福利。國家之所以强盛，社會之所以發達。全賴有此能盡職分之人民也。

經訓："夙夜匪懈，虔共爾位。"（《詩‧大雅》）

第三十七課　法律

　　法律雖由國家規定，而推其所自來，則自各個人之心理而生。人同此心，心同此理。以我之所欲，證諸社會之所欲，而好惡從同。於是以所好者著爲命令，以所惡者著爲禁文，而法律生矣。法律者，立一定之規條，使人人有所遵守，以保人類之治安者也。

　　法律之最重者爲憲法，一切法律之基本，國體之所由定也。此外有刑律、民律、商律、刑事訴訟律、民事訴訟律等。刑律所以定犯罪之種類及其刑罰。民律所以定個人相互間之權利義務，及親族間之關係。商律所以定關於商業之權利義務。刑事訴訟律、民事訴訟律，則分別以定關於刑事或民事而訴訟之辦法也。

　　法律之外，尚有章程、條例等。較之法律，雖有輕重、大小之差，而所以維持秩序則一也，皆當守之而勿犯。

第三十八課　人民之權利義務

　　民國建設，人民之權利義務，均以法律規定，其大綱如下。

　　人民在法律上，均爲平等。人民之身體，非依法律，不得逮捕、拘禁、審問、處罰。人民之家宅，非依法律，不得侵入或搜索。在法律範圍內，則有保有財產，及營業之自由。有言論、著作、刊行，及集會結社之自由，有書信秘密之自由，有居住遷徙之自由，有信教之自由。依法律所定，則有請願於立法院之權，訴訟於法院之權，訴願於行政官署及陳訴於平政院之權，有選舉及被選舉之權。依法令所定，則有應任官考試及從事公務之權。至於納稅、當兵，人民依法律所定，又有應盡之義務。不盡義務，不能享權利也。

第三十九課　國家財政

　　國家歲出、歲入，每年度依立法院所議決之預算行之。其歲出、歲入之決算，每年經審計院審定後，由大總統提出報告書於立法院，請求承諾。

　　專制國之課民稅也，出入無稽。故民之納之也，恒不免疑阻。共和政治，則國家所徵之租稅，必先經立法院議決，認為政務所必需，而後納之。且人民有監督財政權，不容經理者之妄費。故各依法律，踴躍輸將，無有退避者。

　　文明愈進，政事愈繁，經費愈鉅，人民之租稅亦愈重。為國民者，不振奮精力，以求生利之方，而謀自立之道，徒以租稅繁多為言，非知本之論也。

　　經訓："取於民有制。"（《孟子·滕文公》）

第四十課　國民教育

　　一國文化之本在教育。人民之道德不進，知識不高，其國終無由企於隆盛。故國家當圖教育之普及。現今最文明國，國無不學之人，以銳意興國民教育故也。

　　普大勝法軍，普軍凱旋，國人皆賀。其大將毛奇曰："此次戰勝，當歸功於小學教師。"蓋以普軍之勝，由於人民之愛國心。人民之人人有愛國心，由於皆受小學之教育也。

　　我國學校漸興，兒童既達學齡，為父母者，當使之入學，不可遲緩。而為學生者，亦當亹勉求學，以期道德智識，日益發達，學術技藝。日臻完美。此不獨有益於己，對國之道，亦在於是矣。

　　經訓："古之教者，家有塾，黨有庠，術有序，國有學。"（《學記》）

新制修身教本

《新制修身教本》，全三册，李步青編，范源廉、姚漢章閲，中華書局1914年12月印行。教育部審定，師範學校適用。

目　　錄

新制修身教本第一册………………………………………… 3591
新制修身教本第二册………………………………………… 3623
新制修身教本第三册………………………………………… 3649

第一册

編輯大意

　　本書遵照部定師範學校課程標准編輯，卷首一册，述持躬處世待人之道，供預科一學年之用。第一册述對國家及社會之責務，第二册述對家族及自己之責務與對人類及萬有之責務，供第一、第二兩學年之用。另編倫理學大要，注重本國道德之特色，供第三、第四兩學年之用。

　　一、卷首多引格言及古事，以增長學生之興趣，俾與小學期之修養相接近。其徵引古訓，又多取歸納式，使預科生徒理想未富者，容易領會。

　　第一、二册由淺入深，由實際漸進於理論，注重方法而不侈談學理，務期適於養成思想情操，並勉以躬行實踐之用。

　　倫理學大義參用西方倫理學之條貫，解析吾國固有道德之特質，於義務論中仍列對於己身、家族、社會、國家、萬有等義務者，以家國一貫，萬物一體，是吾國倫理之大原。故深考其理論異同，俾學者有所取正。

　　本書修身之旨，以近世倫理學為標准，多證以中國古訓，於孔子學說，徵引尤多。又於國民弱點之補救，學生弊習之矯正，與師範生應盡之天職，更加注意。

　　本書辭旨，言簡意賅，使教者有説明及考證之餘地。

目　　錄

第一編　持躬處世待人之道 …………………………… 3597
　第一章　總論 ……………………………………………… 3597
　第二章　在校之責務 ……………………………………… 3597
　　第一節　對於學校之規則 ……………………………… 3597
　　第二節　對於學校之人 ………………………………… 3598
　　第三節　對於學校之物 ………………………………… 3599
　第三章　修學 ……………………………………………… 3600
　　第一節　立志 …………………………………………… 3600
　　第二節　勉學 …………………………………………… 3600
　第四章　衛生 ……………………………………………… 3602
　　第一節　節制 …………………………………………… 3602
　　第二節　清潔 …………………………………………… 3602
　　第三節　鍛鍊與活潑 …………………………………… 3603
　第五章　修德 ……………………………………………… 3603
　　第一節　誠意 …………………………………………… 3603
　　第二節　克己 …………………………………………… 3605
　　第三節　反省 …………………………………………… 3607
　　第四節　孝友 …………………………………………… 3607
　　第五節　公德 …………………………………………… 3608
　第六章　治事 ……………………………………………… 3609
　　第一節　勤勞 …………………………………………… 3609
　　第二節　秩序 …………………………………………… 3610
　　第三節　忍耐 …………………………………………… 3610

第四節　進取……………………………………………………… 3611

　　第五節　美感……………………………………………………… 3612

第七章　治生……………………………………………………………… 3613

　　第一節　自立……………………………………………………… 3613

　　第二節　儉約……………………………………………………… 3614

　　第三節　貯蓄……………………………………………………… 3615

第八章　交際……………………………………………………………… 3615

　　第一節　禮儀……………………………………………………… 3615

　　第二節　信義……………………………………………………… 3616

　　第三節　博愛……………………………………………………… 3617

　　第四節　報德……………………………………………………… 3617

第九章　奉公……………………………………………………………… 3619

　　第一節　忠節……………………………………………………… 3619

　　第二節　武勇……………………………………………………… 3620

　　第三節　義務……………………………………………………… 3620

第一編　持躬處世待人之道

第一章　總論

　　人之生也，不能離人而獨立，道德者，即本己與他之關係而生，然己也者，行爲之主體，且家族社會國家之所由立也。孔子曰：修己以安人；又曰：君子求諸己。《大學》亦言齊家治國平天下，以修身爲本。故就入德之次第而言，則有持躬處世待人三者之分。就道德之本體而言，則處世待人之道，不能與持躬之道各自分立也。

　　道德之本體，古今無殊，其作用則隨世運之進化而異，其例有二：一、形式不同，如拜跪爲古者通行之禮，今則變而爲鞠躬矣。一、範圍廣狹不同，如忠之一德，古以爲致身於人主，今則以爲效力於國家矣。忠君之本義，本非專爲事君而言，論語"爲人謀而不忠乎"是其一例。此其大較也，故應時世之所需，與人生之必要，以定道德之旨歸。一當就習俗之積弊，力加矯正。二當就我國民最缺乏之公共心，力求振作。而皆宜采取切近易行者以期於實踐。尤有要者，則以師範生之修身，一方具師表之品格，一方養成能順應兒童心性之能力，故其修養之道，比常人尤密，且有特殊之方法。

第二章　在校之責務

第一節　對於學校之規則

　　師範校之學生，爲將來從事教育之人，學校以其關係綦重，其管理規則，恒比他校爲嚴，非徒然以束縛生徒，實欲使就學校之生活，養成師表之人格，此規則之所以重要也。

學校有規則，猶國家之有法律，爲全校而設，非爲某人而設也。若學生逞其私便，以個人而妨害公益，敗群者即群所不許，故規則有強制之力焉。規則即嚴，守之既久，則習與性成，況規則爲修養之便宜而設，毫無不可守之事。若玩視學校之規則，則將來處世接物，對於國家之法律、社會之信約，必無一而能履行，安望其能爲人之表率耶？此規則所以爲養成習慣之要務也。

學生入校之初，必先自填願書，此願書即立守規則之誓也。既已立誓，乃於入校以後，而不能恪守規則，是即不自踐其誓也。違背誓約，爲吾人最可恥之事，彼玩視學規者可以思矣。

第二節　對於學校之人

（一）對於師長　學生之成德進業，全賴師長之誘導，師長即代父母而任教育者也，見吾勤敏則喜，見吾愚惰，則設法引掖之。是師長之待學生，其心至勞，其情尤摯，學生念及此，則對於師長敬之愛之而從順之，於理斯宜，惟敬則不敢侮慢，惟愛則不至衝突，惟順從則篤信其所學，且尊重其命令。

（二）對於同學　同學宜和，和則無欺侮嫉妬傾軋之心，如因籍域之異、班次之異、意見之異，遂至此疆彼界，各挾成心，則貽誤匪淺矣，顧又非專恃有和也。古人謂和而不同，又云和而不流。柳下惠聖之和者也，而三公不易其介，和必濟之以介，其品格方足自立。若隨波逐流，凡於不道德之事，因人爲而我亦爲之，其意以爲姑與周旋，無妨於事也，而一朝失足，即貽終身墮落之憂矣，故對於同學宜和仍宜介。

（三）對於外來學務人員及參觀人　外來之人，其爲學務長官及教育社團中人，待之宜有敬禮。敬禮之道，宜從主持校事者之命令，過高則亢，過卑則諂，亢則長吾驕，諂則失吾節，皆非禮之正也。其爲父兄或同學之親友，敬禮宜明職分，守界限，不明職分，則親非所親，不守界限，則愛非所愛。如校中禁止出入之地，而導父兄往觀，即不守界限也。

（四）對於校役　校中勤務，大概宜學生躬自爲之，其有學生不暇爲不及爲者，始以校役爲之。校役執役雖卑，然亦自有其本務，不可賤視之，呵叱凌辱，皆非所宜。

第三節　對於學校之物

（一）明物權　我有之物，我有使用之權。非我有物，我即無使用之權。雖非我與人所專有，而爲公共所使用之物，即當爲公共保存之。設誤於所施，或放棄其已有權，或侵害乎人有權，皆非處物之道也，此理於社會上尤當明，而於學校正其始，試類別之，曰己之物，曰人之物，曰共有物。

己有之物，則愛護保存，他人不擔責任，若隨意污損，任人取攜，而不加以檢察，雖於人無損，而自損其物，亦非所宜。

人有之物，非我所能隨意使用，更不可損害其物。昔子路以車裘與共敝之無憾爲志，此在有此物者一方面言之耳，無此物者不得援以爲說也。蘇格拉底臨終，猶屬其弟子爲償人之雞價，彼既以物授我，我即當還其值。設存通脫之見，謂此固微物，何足計較？在售雞者不責償則可，在購雞者不能以此自諉也。

公共之物，即爲公共所使用，一人不得據以爲己有也。必人己皆有保存愛護之心，不可私爲獨有，又不可諉爲他有。例如校中栽植之花木及庋藏之圖書標本器械一切用具，凡受學於校者，皆有保存愛護之責，不能無端消耗，任意損害，謂此固與我無與也。

（二）惜物力　凡物之應人需要而出者，各有其相當之價值，若濫用不惜，匪惟於財用有損，抑暴殄天物之甚也。故學用品及關於衣食住一切需要品，均當自定限制，葆其節儉之良風。所謂一飯一粥，當思來處不易；半絲半縷，恒念物力維艱者也。

第三章　修學

第一節　立志

爲學必先立志，蓋學問之途甚廣，若不預定方針，必致茫無所向，此猶射者之不可無正鵠，航海者之不可無羅針也。孔子曰："吾十有五而志於學。"王陽明曰："志不立，天下無可成之事，雖百工技藝，未有不本於志者。"此言立志之必要也。

立志必期其遠大，曾子曰："士不可以不弘毅，任重而道遠。"惟遠大之謂，在本高尚之理想，以期其將來之成就，非必限於投身政治、左右全國、精嫻武略、立功沙場，而始爲遠大也。瑞士人配司泰洛齊終身貧困，無赫赫之聲勢，而以盡力國民教育，傳播新教授之學術，爲後世所景仰。王通隱居不仕，教授弟子，聲施到今不衰。吾人當以之自勉矣。

志貴遠大，尤貴堅定，不堅定則臨難事不能勇往前進，任大事不能始終不渝。孔子曰："三軍可奪帥也，匹夫不可奪志也。"孟子曰："富貴不能淫，貧賤不能移，威武不能屈。"此堅定之明驗也。然非學有定識與養之有素，不克致此。抱扑子曰："學之廣在於不倦，不倦在於固志，是無堅定之志者，其學亦不能有成也。"

世有自命不凡，而中途或自隳其行者，此雖由於德性之無素養，然因求學之始，未審性之所近，與境遇之適應與否，以自誤其趨向者，誠亦不少。故少年入學，欲爲何等之人，與習何等之業，不可不慎自抉擇也。吾人既肄習師範，即當殫力研究教育學術，期於有成，終身無或渝其志也。

第二節　勉學

人之所以異於禽獸者，以其學也。無學則智識不進步矣，況師範將以求為人師者也，苟智識不廣，即應世之方且有缺陷，何由而可為人師？蘇格拉底曰："予非有智識之人，予能由學問以求智識者也。"孔子曰："溫故而知新，可以為師矣。"欲廣求應用之知識，非黽勉求學，無所得也。朱子有言："勿謂今日不學，而有來日；勿謂今年不學，而有來年。日月逝矣，歲不吾延，嗚呼老矣，是誰之愆？"有為之青年，不可不三復斯言也。

為學宜勤固已，然尚有要者，一貴專。程子曰："不專一則不能直遂。"若貪多務博，見異思遷，終於一無所獲而已。二宜有恒，為山九仞，功虧一簣，此無恒之過也。惟學問之途，窮年莫殫，如責效過速，用力過猛，皆非持久之道。孟子曰"其進銳者其退速"，此吾人當引以為戒者也。

為學必尚實用，實用之目的有二，一關於為人必須之智識與技能，一則職業上所當專修之學與術。師範教育，以養成能盡小學教員之職務為目的，故其修學之道，當於一般之學科中所求得之學與術，務期適合於小學教育之用焉。

學生求學，自以入校就師為必要，惟親炙之時，究屬有限，若課餘閒暇，不可不更致力於自修，以完成其讀書之功用，而揣摩自動之實效。但讀書宜循序而進，若隨意涉獵，東翻西閱，上卷未終，即翻下卷，此科方始，忽習他科，此則徒耗功夫，無裨實際也。

學問之道，在良師之指導與益友之切磋。遇有疑難，必問明而後已。《易》曰："君子學以聚之，問以辨之。"舜好問。孔文子不恥下問，孔子稱之。蓋不知不可恥，安於不知，則可恥也。惟校中質問，必擇適當之機會與時間，斯無妨礙耳。

為學尤貴致思，能致思則益發展其自動力，思不致者，則所得之知識，不能真確而周到。孔子曰："學而不思則罔。"大凡學問之事，聞之知之，尚不可為得，得者須默識心通。故讀古人之書，聞師友之言，必深求其所以然之故，不得不止也。

第四章　衛生

第一節　節制

　　吾人生斯世間，對於家族、社會、國家，皆負有重大之責任。欲完全盡其責任，不能不致力於學問。苟無健康之身體，雖有如何之志願，而力亦不逮。欲保存此健康之身體，第一當自節欲始，即師範生當謹於攝生（師範學校規程）之義也。

　　人生有欲，適之則生，縱之則足以自戕。所謂欲者，即存於衣食住之中，此衣食住各事，雖皆緣生理之自然而來，若縱其所欲，飲食無節，運動休息無時，衣服住居無度，一時放恣，即貽後日之疾病，可不慎與。

　　節制之方，於飲食尤要，當注意者有三：時間、分量宜有一定，一也。食品宜擇富於滋養分而易消化者，二也。勿貪雜食，三也。至於酒能醉人，常致誤事。煙含毒質，爲害實多，尤不可不戒也。

　　晉葛洪論衛生之要曰："善養生者食不過飽，飲不過多，冬不欲極溫，夏不欲極涼。臥起有四時之早晚，興居有至和之常制。調和筋骨，有偃仰之方。節宣勞逸，有與奪之要。"除調和筋骨二語外，皆節制之要義也。

第二節　清潔

　　湯之盤銘曰："苟日新，日日新，又日新。"此言洗心當如去垢也。孟子曰："西子蒙不潔，則人皆掩鼻而過之。"此言不潔之害也。吾人之身體，時有廢質從毛孔排泄而出，又有塵垢積於皮膚之間，若積垢不去，廢質留滯體內，排泄失其效力，必生疾病。清潔身體之法，以常時沐浴爲最宜。

　　章身之具，必需衣服。外衣不潔，則不雅觀。裏衣不潔，則引起疾病。清潔之方，宜勿近污穢，又宜時常洗濯之。《詩》云："薄污我私，薄澣我衣，害澣害否，歸寧父母。"是不惟以爲外觀之美，而且以示有禮之儀也。

萬病之源，多由於黴菌。黴菌之生，多由於不潔之物腐壞醞釀而成。吾人居住，欲免此害，當注意者有三：常呼吸新鮮之空氣，一也。屋內宜容納日光，二也。穢物勿令積滯，三也。《朱子訓學·齋規》曰："凡爲人子弟，當灑掃居處之地，拂拭几案，常令潔淨。文字筆硯，凡百器用，皆當頓放有常處，勿令塵穢雜亂。"學者不可不取法也。

第三節　鍛鍊與活潑

衛生之要，不僅在調養之適宜，尤當有抵抗外界之能力。欲抵抗能力之充足，不可不加以鍛鍊，即宜勤於體育是也。（師範學校規程）角力競走、冷水浴身，皆鍛鍊必要之事也。甫寒擁爐，未暑求涼，皆違反鍛鍊之事也。但鍛鍊須循序爲之，不可急遽助長，反致爲害也。

晉陶侃爲廣州刺史，在州無事，輒朝運百甓於齋外，暮運之於齋內。人問其故，答曰："吾方致力國事，過爾優遊，恐不堪事耳。"侃顯達後，尚鍊習勞力如此，吾人當學生時代，不可不加勉也。

又身體之健康與否，多受精神上之影響。憂鬱者常萎靡不振，活潑者丰采必煥發。此之修養。其方面有二：一從形式修養之，如課餘無事，或散步野外，或遊覽名勝，耳目開曠，精神爲之一振。而各種娛樂之遊戲，尤宜注意爲之。蓋不獨謀身體之愉快，且使嫻習遊藝，振刷姿勢，可增進將來引導兒童遊戲之能力。一從內心修養之，如開豁其胸襟，清明其神氣，無論如何遭際，皆隨機順應，不使留滯於意識之中，此爲涵養德性之要訣，而有益於身體之健康者亦甚大也。

第五章　修德

第一節　誠意

《大學》曰："意誠而後心正，心正而後身修。"是誠意爲入德之要也，蓋意者精神之表示也，誠者德之基也，萬善之所由來也。子思曰："誠者物之終始，不誠無物。"

劉安世問司馬溫公以盡心行己之要，溫公曰："其誠乎！"劉問行之何先，公曰："自不妄語始。"惟其不妄，故無勦說，無輕諾，無妄斷，凡無謂之說，輕浮之語，皆不宜出諸口也。

師範生之言語，特宜注意者，語宜明朗，音宜正確，一切浮辭及土語，皆宜忌避。又發言宜親切，講話之態度宜於莊重之中，饒活潑之興趣，凡此皆平時所當預爲留意者也。

容儀亦表示精神之一種，與言語行爲相待，非第肅觀瞻已也。人品如何，亦可於此覘之。

吾人容儀，不可過於拘滯，亦不可失之輕佻，至於粗鄙猥賤，尤非所宜。孔子曰："君子不重則不威。"而師範生尤宜於嚴重之中，寓和緩之度，使人之接其顏色者，但覺其可親，不覺其可畏，斯足尚已。

容儀必以誠意將之，如無誠意而惟務外貌之形式，則虛禮虛儀，失恭敬之本旨矣。又或巧言令色，取媚當世，亦近於欺罔，不可爲也。《禮》曰："足容重，口容止，聲容靜，頭容直，氣容肅，立容德，色容莊。"容儀之德，有如是者。

修飾容儀，最顯著者莫如服裝。服裝在整潔而不在華美，時流之服裝，有因徵逐而日新其製者，若強效之，非獨有傷經濟，亦非涵養德性之道也。昔鄭子臧好聚鷸冠，盜殺之，君子曰："服之不衷，身之災也。"詩人於務外者有蜉蝣之刺，英諺云："以時裝自炫者，何異縫工之玩物。"此學校徽章制服所以整齊有章也。

宋胡瑗弟子隨材高下，善自修飾，衣服容止，往往相類，人遇之，雖不識，皆知其爲瑗弟子也。世之脫略鳴高者，往往謂整飭容儀，爲徒飾外觀，豈通論哉。

精神之表示最著者爲行爲，言語惟使人聞之，容儀惟使人見之，至見諸行爲，則有實事之可徵，影響於社會者甚大。《語》云："行之維艱。"又曰："貌君子而行小人。"是言語與容儀，作僞者尚有掩飾之術，至行爲非真能誠其意者，未有不敗露者也。

行爲之始，貴有真知，世有能言而不能行者矣，有真知者無不能行者也。又有淺學之徒，輕於任事，動輒貽誤，能真知者其行爲安有不合於大道者哉？

人之行爲，尤貴持之以勇，孔子曰："見義不爲，無勇也。"蘇格拉底自信其真理，舉世非之而不顧，被異端左道之名而不恤，至仰毒以死而不改其操，此其勇德爲何如也。惟勇與熱情不同，熱情原於一時之激動，勇則根於平時之修養。若匹夫一言不合，拔劍而起，挺身而鬭，此所謂血氣之勇，非從義理而生者也。

諸葛武侯有言曰："寧靜以致遠。"蓋不寧則心動，動則馳心於外。不靜則氣浮，浮則氣竭於內。學生者有遠大之期許者也，苟有行爲，不可不葆其寧靜之風。若夫行爲不謹，或放蕩，或輕率，即自詡爲不羈之才。然不與人以可親，而示人以可怖，不與人以易交，而示人以難近，匪爲社會不容，亦君子所不取也。語云："不矜細行，終累大德。"

第二節　克己

修德之事，恒從正反二方面對勘而出。從正面修養之者曰誠意，從反面抑制之者曰克己。

好善惡惡，人之本性。人往往易陷於惡而遠於善者，則外物足以誘惑之也。孟子曰："物交物則引之而已。"《語》云："情欲如駿馬，非有以控勒之，則奔而蹶矣。"又少年人如弱條，欲曲則曲，欲直則直，一時之失，終身之誤，是克治之方，不可忽也。

克己之事，一爲欲望。欲望之原於身體者，曰體欲，此衛生中所有事也。其原於精神者，貪財曰貨利之欲，其弊也，不失之吝，即失之奢。慕虛榮曰名譽之欲，孔子曰："君子疾沒世而名不稱焉。"是好名本非失德，惟壹意沽名，其弊也不務其實，徒徇世俗之所好，則去德益遠耳，孔子曰："不患人之不己知，患其不能也。"西哲有言："以德得名，以學保之，此學者所當自省者也。"爭權位曰勢利之欲，其弊也居上必驕，居下必謟。貪逸豫曰快樂之欲，樂所由生，在於償欲，孟子曰："反身而誠，樂莫大焉。"是吾人之精神，不可不企於快樂，惟悖於道德，其弊也。惟馳心於無益之嗜好，必致流蕩忘返，而怠荒正事，甚且非禮之行，由此起焉，此孟子所以有生於憂患，死於安樂之戒也。

欲念之起，其初甚微。於將萌之際，早爲克治，則用力小，而得效大。及欲念已熾，則不易制矣。語云："兩葉不除，將用斧柯。"王陽明曰："破山中賊易，破心中賊難。"言欲之不易去也。

二爲熱情。人者感情之動物也，在少年時，血氣盛、智識淺、經驗乏，最易爲感情所動。當其處事接物，遇有劇烈之激動，尤易以移其情，此熱情之常致誤事也。

熱情之易發動而難制者爲忿怒。忿怒與知恥有別，爲義而動者，知恥之事也。忿怒則不顧義理，孔子所謂："一朝之忿，忘其身以及其親也。"忿怒又與容忍相反，孔子曰："小不忍則亂大謀。"孟子曰："有人於此，其待我以橫逆，則君子必自反也。"古今之偉人傑士，能成大事業者，未有不能忍者也。反之而父子不親，夫婦不順，兄弟不和，朋友不義，多由於忿怒以致之矣。

忿怒之次曰傲慢，曰嫉妬。傲慢者挾己之長以凌人，矜衒、放恣、好諛諸惡德，即由是而起。唐李泌性聰穎，七歲即能爲文，嘗作長歌行以見志。張九齡戒之曰："藏器於身，古人所重，今君早得美名，必有所折，宜自韜晦，庶幾成德。"此可爲傲慢者之箴言也。

嫉妬者因己之短而忌人，讒、誣、訕、謗、猜疑、傾軋諸惡德，即由是而起。戰國時，孫臏與龐涓同學，涓仕魏，自以能不及臏，心甚妬之，乃召臏至，斷其足而黥焉。齊使者至魏，竊載以歸，齊以爲師，後伐魏救韓，大破魏軍，龐涓死之。此可爲嫉妬者戒也。

抑制情欲，一在平時之修養，一在臨時之自制，而尤以養成容忍之習慣爲克己工夫之要。杜甫詩曰："忍過事堪喜。"此閱歷有得之言也。

克己又宜養其寬厚之德，寬厚則責己嚴於責人。孔子曰："躬自厚而薄責於人，則遠怨矣。"此克己者所當自省者也。

第三節　反省

　　吾人之性質，不能無差別，各有所長，即各有所短。其言行雖以爲善不爲惡自勉，然應付事物，又不能無偶爾之失誤。欲彌補其缺憾，擴充其善量，非日常省察其身不爲功。孔子曰："見賢思齊焉，見不賢而內自省也。"曾子曰："吾日三省吾身。"此反省之所以必要也。

　　反省之法，莫要於課業之餘，端居靜思就一己之言行，而一一考覈之。昔趙槩常置三器於几上，一貯黃豆、一貯黑豆、一空之。興一善意，則投一黃豆於空器中。興一惡意，則投一黑豆，用以自警。美國偉人富蘭克林，嘗自定修德之目十三條，每日反省其言行，作功過表，有過則記黑點於目上，因數之以自警。此古人反省之法，而學者至今稱道者也。吾人反省，即不能如是之嚴，亦當如薛瑄之每日就寢，思一日之行事，如有不合，必思所以更其失也。

　　雖然品評他人之言行，而斷其善惡，其事易。判別自己之言行，而斷其善惡，其事難。是必廣接人物，歷練事變，藉外界之經驗，爲返觀借鑑之資。又或玩味古人之嘉言懿行，用作模範。從良師益友之指導，匡其不足。斯則於反省之功甚有益也。

　　反省非僅能判己之善惡已也，尤在能自改其過。孔子曰："過則勿憚改。"又曰："過而不改，是謂過矣，能改過則反省之效始見矣。"

第四節　孝友

　　有子曰："孝弟也者，其爲仁之本與。"《書》云："惟孝友于兄弟，施於有政。"是孝友不僅爲百行之先，且處世待人之道所由立也。"西儒以道德之根本，原於博愛。博愛即擴充孝友之範圍而言之也。

　　吾人幼受父母之養護，飢不能自食，寒不能自衣，食我衣我者，父母也。欲言不能言，欲行不能行，教我言導我行者父母也。稍長使受學校之教育，父母則爲我擇良師，爲我納學費。我入學而不勤也，則父母若有餘憂。我歸家而或遲也，則父母若有餘念。成業以後，父母於其生計之道，猶汲汲營謀不置，不寧惟是。我或有疾，父母爲我寢不安席，食不甘味，求醫問藥，恨不能以身代之。恩愛之深如此，誠不能不有以酬報之。《詩》曰："父兮生我，母兮鞠我，拊我畜我，長我育我，顧我復我，出入腹我，欲報之德，昊天罔極。"事父母之道，不僅奉養服勞以安其身，尤當先意承志以安其心。曾子養曾晳，必有酒肉，將徹必請所與，問有餘，必曰有。曾元養曾子，必有酒肉，將徹，不請所與，問有餘，曰亡矣，將以復進也。此所謂養口體者也。

　　一家之中，次於父母者，莫如兄弟，姊妹猶兄弟也，同爲父母之所出，如一木之分枝，一手之分指，所謂分形連氣之人也。兄弟之間，宜互相親愛，兄弟和則父母樂，兄弟不和，則父母憂。故友道即孝道之一端也。《詩》曰："兄弟既翕，和樂且湛。"

　　末世人心偷薄，常因分產之事而起爭端，此不孝友之大者也。漢卜式事田畜，有少弟壯，式以田宅財物盡與弟，獨取畜羊百餘，入山牧之。十餘年，羊至千餘頭，買田宅。其後弟產盡，復分與弟。吾人不可不以式爲法也。

　　由父母上推之有祖宗，由父母旁推之有伯叔，由兄弟下推之有姪，更遠推之如同姓之宗族，異姓之姻戚，皆與吾身有直接或間接之情誼，亦當推孝友之心以待之。《禮記》有敬宗收族之語，《周禮》有睦婣任卹之文，皆人道當然之則也。

第五節　公德

　　社會益進化，則公共之事業益發達。吾人處此協同生活之中，其德性之修養，不可不擴而充之，使其分量與時世相應，此公德所以急宜養成者也。（部飭《修身方針》注重養成國民公共心）

　　人類公德之缺乏，第一在不明人己之界，徒顧己之便宜，因而損及他人之利益。第二在不知公共之性質，爲己與人相共之利害，徒以己之利害爲主，因而與他人之利害相違反。欲明此義，當隨事隨物，推己以及人，斯養成公德之道也。

公德之道，以推己及人爲要旨。其發於行也爲信義，爲正直，爲禮讓，爲慈善，其事類則有積極、消極二方面。從消極方面求之者，爲不妨害他人之利益。孔子所謂"己所不欲，勿施於人"是也。由此推之，則不攀折公園之花木，不擲瓦礫於通衢，皆其見端也。從積極方面求之者，爲增進社會之利益。孔子所謂"己欲立而立人，己欲達而達人"是也。由此推之，則立貧民學校，設圖書館，盡力各項慈善事業，皆分內事也。

歐美各國國民，其公德頗爲發達，欲覘其國之文明，即因公德發達如何之程度卜之。而養成國民之公德，基於小學教育，故師範生之修養，一方當謹身率物，以爲國民模範。一方當加意體察，以爲將來發展兒童公德之方法，何可不加勉也？

第六章　治事

第一節　勤勞

人生生活之要素，衣食住三者而已。此三者物品之供給，無一不取資於人之勞力。勞力勤者獲報必豐，匪惟生活然也，凡百作事莫不如是。語云："一生之計在於勤。"

事業何以廢弛，廢弛於不勤。人格何以墮落，墮落於不勤。故不勤之人，必自甘暴棄，其黠者惟冀僥倖以求幸福，而虛言詐術怨望諸惡德，即緣之而生。孔子曰："飽食終日，無所用心，難矣哉。"

人之精神，苟無過度之使用，則愈用而愈銳敏。力作之夫，終日不息，而身體強壯。紈絝之子，不事操勞，而形容憔悴。語云："流水不腐，戶樞不蠹。"

勤勞之人，惟日孜孜，在形式上似不如嬉遊者之安逸，然專心致意以勉赴其事業，其心中常有無窮之希望，而祇覺其可樂。故不畏難，不苟安，其始也無事不可爲，其終也無事不能成。則精神上之愉快，自異於尋常，諺云："一勤天下無難事。"

第二節　秩序

勤固爲治事之本，然使秩序混亂，亦徒勞而罔功，若能循秩序，則條理井然，可以省時，可以節勞。故吾人治事，以養成秩序之習慣爲必要。養成秩序之習慣，即國民自治基礎之所由立也（部飭注意自治習慣）。

秩序之德，於形式上爲整齊，於精神上爲有規律。例如：書册器具，各有定所。起居動作，各有定時。修學處事，循自然之則，無躐等之弊。《大學》曰："物有本末，事有終始，知所先後，則近道矣。"

守時亦整理秩序之一要件。守時之益，在道德上有誠信之美，在事實上有事不相妨之益。西俗凡作事宴會，無不恪守時間。吾人在學校中，於其課業食息，固不能違其定時，即開學告假，亦當如期到校。至於與人相約，尤宜以守時爲要也。

守秩序之道，在緻密其心。其心緻密，則遇事留心，自無顚倒錯亂之病，《大學》所謂"慮而后能得也"。

《國語》曰："士朝而受業，晝而講貫，夕而習復，夜而計過，無憾，而後即安。"此可爲讀書爲學者之則也。學校之興作寢息，皆有一定之時間，凡以養成有秩序之習慣也。德儒康德每日眠食講學運動等，皆依定時爲之，壽至八十，及晚年猶講學不倦。英王亞普拉德嘗分一晝夜爲三分，一分勤政，一分務學，一分休息，此可取以爲法也。

第三節　忍耐

忍耐之義有二：一不畏難，二耐久。

人勿論智愚，凡能造大學問成大事業，必爲富於忍耐之人。子思曰："人一能之，己百之。人十能之，己千之。"孟子曰："所以動心忍性，曾益其所不能古。"古詩云："灼灼園中花，蚤發還先萎。遲遲澗畔松，鬱鬱含晚翠。"斯語可長思矣。若經一困難而氣挫，遇一妨害而心變，此薄志弱行者之所爲，其可恥孰甚也。

凡學問與事業，決非一朝所能期其成功。譬如農業耕作，春時下種，秋時收穫，其間必經幾多之勞力。若中間輟於培護，則無收穫之可言。孟子曰："掘井九仞，而不及泉，猶爲棄井也。"此言不能忍耐之害也。西人有言，戰場之勝利，惟爭最後之五分鐘，此言忍耐之功也。吾人苟無耐久之精神，勿論何事，不能有成也。

忍耐關於人之德性者至大。如鍛練身體，節制情慾，勤勉學業，皆賴忍耐之力。諺云："道高一尺，魔高一丈。"若堅忍不拔，則道日長，而魔自消。所謂必有忍其乃有濟也。

師範生之宜具此德性，尤與尋常異者。則以吾國一般擔任教育者，其教授與訓練時，對於兒童之處理，往往持之過急，致壓抑兒童之本能，此雖由於不明教育之道，而忍耐之素養不深，亦其一端，吾人當知所以自省矣。

第四節　進取

自太古以迄今日，自然物之蕃衍，與人事之變遷，歷歷然皆有進步之迹之可尋。如汽車、汽船之製，在往時驚以爲奇者，今已視爲故常矣。推其進步之由，皆原於人類進取之精神，以日新其文明之事業，吾人處此進化之世，若之何其可以自畫也。

社會之事物，日趨於復雜，則吾人所欲得之知識，正無限極。故事業與學問，無止境之可言。然境雖無止，進一境即加一分之心得，猶登高然，登愈高則所見之景象愈不同。古詩云："欲窮千里目，更上一層樓。"

進取之精神，首在奮勉，孔子發憤忘食，樂以忘憂，不知老之將至，此以不自懈爲進取者也，故進取之人無暮氣。次在智識宏遠，語云："取法乎上，纔得其中。"程子曰："莫說道將第一等讓與別人做，纔却做第二等，故能進取，則小利近功，皆爲其所不屑圖也。"又在能擴大其範圍，因愛鄉以及其國，因謀私益而增進公益，凡公同生活之發達，皆恃進取之精神以赴之,此美人占士比耳所以不恤衆謗,不辭勞瘁,經十餘年之遊說,而開闢大北鐵路也。

與進取相反者,一爲自棄,自棄則不能奮發,孟子曰:"自棄者不可與有爲也。"一爲自滿,自滿則故步自封,不能大成,《書》曰:"滿招損。"

進取非一蹴所能幾也,必循序而進,子思曰:"譬如行遠,必自邇。譬如登高,必自卑。"又進取雖在求其所未知與未能,然必於已知已能者,確實領會,而後可求未知未能之心得。如學生不能記憶前授之功課,即不能通新授之功課是也。子夏曰:"日知其所亡,月無忘其所能。"

少年人富於進取之性者也,年力富、精神強、志氣盛,來日方長,前途無限。若不發揚其特性,是事業學問之儲其境以相待,而未嘗負我,我不進取,其負事業學問者實多也。

兒童之喜獎勵,悅新奇,皆進取之動機也。師範生必富於進取之性,斯一旦躬任教員,能以日新無已之心與其學識,助長兒童進取之機,慎勿自暴自棄,誤己並以誤人也。

第五節　美感

歐美各國教育,比年以來,頗注意發展學生之愛美心。蓋天然之美,與人工之美,皆界感官以愉快者也。

天工之美,瀰漫乎宇宙間,芳草綠樹、紅紫萬千,皆天工所呈露之美也。錦貝耀河、奇石孕山,皆天工所暄染之美也。即大之如山如濤,如雲如天,如星辰之燦爛,如日月之升沈,又何一非天工之美所發見耶?吾人生息其間,若不能領略周圍之美景美物,以爲研究之資料,甚至對於花木禽蟲,摧之殘之,而不能用以養其純潔之感情,擴其豐富之知識,豈不虛負此天工之美耶?

人類思想之美,形於外者建築其一也。魯司金曰:"凡精美之建築,皆所以表明國家之生活與性質。又圖畫雕刻物及音樂等之嗜好,足以驗人類審美之心情。人果具此嗜好,必爲有高尚之性質無疑,惟能否推其所好，以吻合於道德，則不能不有資於修養耳。

美感之益，不僅能增進人之愉快，且能發達人之德性。吾人試徘徊曠野，煩慮都釋，或傾聽雅樂，一洗猥鄙之懷。是則外界之美，能助人以尋求內心之美也。

師範生將來有教育之責，非有純潔高尚之心情，不足使兒童動良善之觀感。非富於實用之知識，不能使兒童養成適當生活之能力。凡此皆取給於自然之事物為多。教育宗旨在以美感教育完成其道德，愛美之關係，顧不重且要耶？

第七章　治生

第一節　自立

人身最可恥之事，莫甚於倚賴他人。欲去倚賴他人之心，以能自立為本。自立之道，就品性一方面而言，為不肯因人成事。就生活一方面而言，為能自給，更進而求之，則能發揮其特長，以貢獻於社會。而能自給尤為自立之本，何者？人苟無力以自給，即不欲倚賴他人，而勢亦有所不能。孟子曰："無恒產者無恒心，苟無恒心，放辟邪侈，無不為已。"

維持生活之方甚多，以選擇職業為始基。職業有勞心與勞力之別，無勞逸之分。有奉公與營業之別，無貴賤之分。擇業固悉聽人之自由，但不自度其能力及境遇，并不深考其業之利害得失，而貿然為之，鮮有不失敗者。故擇業不可不慎也。

吾人幼受父母之養育，長受師長之教導，漸而至於能自立。是學生在校時代，尚為服從教導之期，非自立之期，然不於此時為自立之準備，則他日入於社會之中，欲不倚賴他人，不可得也。準備自立之道，不外鍛鍊身體，勉勵學業，修養德性，以造成健全之人格，而備社會之用而已。

自立與孤立不同，吾人處此協同生活之中，決不能離群而孤立，故自立者在於協同生活之中，求自營生活之道，能不因人成事，而非違衆弧行也。

　　師範之人格，最重獨立（師範學校規程），蓋以養成國民自立之性。基於小學教育，師範生即將來充任教員者也，故必有適當之修養，而後詔示兒童，能以高潔之心情，與其特立之性格，作爲模範，其關係顧不重耶。

　　人在社會中，既以各自營其生活爲務，圖自營之勝利，則不能無競爭。若徒顧一己之利益，社會將不勝其弊，所以謀一己之利益者，必兼計及社會之利益，使個人因競爭而勝利，社會亦因競爭而發達，此不正無法之手段，必不可用也。

第二節　儉約

　　治生固以能自營其職業爲務，然使取之有方，用之無度，所取者不足以供用，將有非分之營求矣。故治生之道，儉約爲先。史佚有言："動莫若敬，居莫若儉。"

　　儉約之道，在省無益之用，節不正當之欲，凡有取需適應乎人之境遇與分位而止，非故以菲陋自甘也。孔子曰："儉則固。"蓋言儉之失乎中道者也。反乎儉約者曰。奢侈。若馳心奢侈，則尚浮薄，貪逸欲，遂開惰弱之漸。西哲有言："奢侈者衰弱國民之原因也。"

　　奢侈之事，匪惟貧賤者所當戒，即富貴者亦所不宜。嘗見素封之家，嗣縻增華，不數年而貧乏如洗，則奢侈之爲害甚大也。

　　吾人處世，最宜葆其廉潔之風，若流於奢侈，則因用度之取足，或不免陷於非義之行爲。語云："貪夫殉財，惟不儉約故貪。"《禮》曰："臨財毋苟得，惟儉約故毋苟得。"伊尹能耕野樂道，故祿以天下弗顧，繫馬千駟弗視，則知儉約之可貴也。

　　又儉約者所節之用，非節而不用，將以所節者用諸當用之地，與吝嗇者之徒蓄私財不同。昔人有言："君子棄其財而救貧窮者，非不愛其財，愛其財甚，而欲用之德義也。"孔子曰："節用而愛人。"

第三節　貯蓄

儉約之德，在省無益之費，其所省者必其所餘者也。其所餘者，雖有當用之目的，然不必即省之而即用之也，此貯蓄之所以必要也。語云："積塵成山，積水成淵。"

貯蓄之目的有二：一以備身家不時之需，一以供社會公益之用。如家有餘積，卒罹重疾，不慮失業；歲有天災，不患流離。或以己之餘，補人之不足，作賑濟貧窮之用；或出私人之餘產，謀團體之事業，皆所有事也。

宋陸九韶制家用，合計一歲之所入，除租稅及種治之用外，分爲十分。貯其三以爲水旱不測之備，其一以供祭祀，以其六爲十二月之用，有可節者節之，可餘而不可盡，用至七分爲得中，不及五分爲嗇。其所餘者別貯之，以供伏臘裘葛、修葺牆屋、醫藥賓客、弔喪問疾、時節饋送。又有餘則周給鄰族之貧弱者，賢士之困窮者，佃人之飢寒者，過往之無聊者。不以妄施僧道，推其意而行之，其有益於社會實大也。

近世文明各國，貯蓄之制，極爲發達，貯蓄機關之設，遍於各處。貧如販夫走卒，幼如小學校之學生，無不加意於貯蓄。其貯蓄之金，既可資流通之用，又可備臨時之需，與守錢虜埋金自私以阻滯金融者利害正相反，故其人民生計益裕，國家之財源益富，我國民安可不知取法耶？

第八章　交際

第一節　禮儀

人與人接而禮儀生，禮儀者即所以定彼此名分之儀式者也。勿論爲同等人與不同等人，爲本國人與外國人，其相接也，必各表其相敬相愛之誠，而後其情洽，此相敬相愛之誠，即寓於禮儀之中者也。此禮儀之所由生也，《禮》曰："人有禮則安，無禮則危。"

社會中之人類，雖種種不同，不外位有尊卑之殊，年有長幼之別。長幼守其序，尊卑定其分，則社會之秩序安寧。若不循禮儀，必紊亂名分，强淩弱，衆暴寡，社會之秩序，其可保其安寧耶？至社會不保其秩序，則國家之亂隨之，《傳》曰："禮上下之紀，天地之經緯也，民之所以生也。"

禮儀在適如其名分而止，過亢過卑，皆非禮之正也。其表見之德，爲謙讓，爲從順，爲恭敬。能謙讓則無爭，《易·繫辭》曰："謙以制禮。"能從順則無侮。有子曰："禮之用，和爲貴。"能恭敬則無虛儀，無面諛。《禮》曰："毋不敬。"

師範爲人倫之表率，表率之見於外者，莫著於禮儀。吾人學爲人師，不可不備師表之品格。故師範生之言語舉動，宜格外慎重，毋稍踰乎禮法，且宜演習禮儀法，以資將來訓勉小學生之用焉。

第二節　信義

人與人相接，立一言而人不疑，行一事而人相感，無他，信義爲之也。孔子曰："民無信不立。"

不欺人之謂信，不負人之謂義，不欺人則對人無食言，不負人則能與人共患難。齊伐魯，索讒鼎，魯以其贋往，齊人曰："贋也。"魯人曰："真也。"齊人曰："使樂正子春來，吾將聽子。"魯君請樂正子春，樂正子春曰："胡不以其真往也？"君曰："我愛之。"子春曰："臣亦愛臣之信。"此信之可貴也。荀巨伯遠視友人疾，值賊寇攻郡，友人曰："吾今死矣，子可去。"巨伯曰："遠來相視，子令吾去，敗義以求生，豈荀巨伯所行耶？"賊既至，將屠郡中人，巨伯願以身代友命，賊相謂曰："我輩無義之人，而入有義之國。"遂班軍而還，一郡盡獲全，此義之感人也。

信義之德，雖有不欺人不負人之二義，然在交際上之作用，二者相聯屬而不相分離，故能不欺人者必不負人，能不負人者亦必不欺人。有子曰："信近於義，言可復也。"

朋友之交，最重信義，世有平居無事，遊戲言笑，彼此若無間然，甚至以患難相許，訂爲生死之交，一旦有小利害，輒背而去之，若反面不相識，無信義如是，尚可爲交友之道乎？

養成信用之習慣，當自小事始。一期會之微，一借貸之瑣，皆以能自踐其約爲要。苟平時不能昭信用於人，遇有大事，人無敢相倚託者矣。

信義之關係於社會者至大，凡協同生活之組織，皆恃信義以爲之本。若不重信義，則作奸作僞之風，日以滋長，而社會不可維持。如假冒贗造，乾没中飽，雖可誑人於一時，終必自損其名譽，此不可不戒也。

第三節 博愛

愛者人生所固有之美德也，孟子曰："孩提之童，無不知愛其親也。"此愛情之發見於天性者也，又曰："今人乍見孺子將入於井，皆有怵惕惻隱之心。"此愛情之因事即動者也，是人世之樂利，孰非此愛情之充溢有以致之乎？

然吾人雖同具此愛之美德，往往不能擴而充之。若世俗之人，多有愛己之親而虐待他人，愛己之物而損壞人物，此殘忍刻薄之風之所由成，實由於國民道德之不具，故不能發達其天性之美德也。

同此四肢，同此五官，是人與我爲同類也。同類則宜相親，又社會與國家，我與人所共生存於中者也。共生存則宜相需相助，患難相恤，疾病相扶持。孟子曰："老吾老以及人之老，幼吾幼以及人之幼。"又曰："親親而仁民，仁民而愛物。"此博愛之道之所由立也。若父子不親，兄弟不和，夫婦不順，是家庭間且失其愛情，尚何博愛之可言哉？

博愛之道，存諸心者爲同情。故見人之憂而憂，見人之樂而樂。其施諸事者爲慈善事業。故見人之危難而救之，見人之困窮而恤之，如孤兒院、養老院、貧民學校、聾啞學校、救生局、施藥局、紅十字會等，皆其事也。

　　推博愛之心，不惟人類宜愛，即物類亦宜愛。若雞、豚、牛、馬等物，勿過殺，勿虐待。雖昆蟲草木之微，苟非有害於世，亦不可殘害之。使萬物皆得各安其生，子釣而不綱，弋不射宿。孟子曰："數罟不入洿池，魚鼈不可勝食也。斧斤以時入山林，材木不可勝用也。"此可謂愛物之至矣。

　　萬物之相通，全恃愛情以爲感召，博愛則無物不感矣。孟子曰："愛人者人恒愛之。"不惟人類然也，即犬馬之類，亦能感豢養之恩，而表其親暱之意，此驗之物類心理而甚明者也。世界雖大，蓋無一非愛力之所維持也。

第四節　報德

　　受人之無禮而怨之，受人之恩而德之，人之常情也。然怨不易忘而恩易忘，故世俗以忘恩負義爲戒。《詩》曰："投我以木瓜，報之以瓊琚。投我以木桃，報之以瓊瑤。投我以木李，報之以瓊玖。匪報也，永以爲好也。"此言德之當報也。

　　人有救我之性命，濟我之困苦者，固當有相當之酬報。若夫父母養我，師長訓我，其恩至大，又衣食住等物品之取給，社會之益我者良厚。吾人受此種種之恩，求所以報之之道，是在盡爲子爲弟之職分，以報父母師長之恩。謀公衆之福利，以報社會之恩。

　　人之施恩，大抵出於仁慈之本心，非以求報也。然因施者之不求報，受者亦不思所以報之，豈可謂合於道德乎？語曰："施恩慎勿念，受恩慎勿忘。"

　　昔者楚欲殺伍胥，胥夜亡得脫，追者在後。至江上，有一漁父撐船，知胥來，乃渡之。胥既渡，解其劍曰："此劍值千金。"以遺父，父曰："楚賞五城、金千鎰以求子，吾尚不取，何用劍乎？"胥後每食必祝之曰："祝江上丈人。"若漁父與伍胥，可以風矣。

第九章　奉公

第一節　忠節

忠節者吾人處變之道德，《禮》曰：「如竹箭之有筠也，如松柏之有心也，貫四時而不改柯易葉。」曾子曰：「臨大節而不可奪也，君子人也。」故語曰：「士窮見節義，世亂識忠臣。」

吾人日以愛國自勗，然愛國之誠，發見於平時者，不如發見於變時者，其效驗爲彰著，若不自勵其忠節，值國家有變，必不能盡保衛之責。趙孟曰：「臨患不忘國，忠也。」

盡忠節之道，在忘身以爲國。人莫不當愛其身，惟值國家之變，雖犧牲其身而有所不惜。孔曰成仁，孟曰取義，皆此意也。歐陽修曰：「士不忘身不爲忠。」

忠者一其心之謂，抱國存與存國亡與亡之志，經夷險而一節，如文天祥、史可法輩，不事異姓，甘蹈刑辟，所謂殺身成仁也。若申包胥之哭泣乞師，劉源清之堅守危城，身雖未殺，然以其效死之心，收保全其國之功，亦盡忠之道也。

夫國家之變，本非事之所常有。世固有終身不遇大節之日，而藉時運之幸福以成名者矣。然吾人爲學，要不可存此僥倖之心。苟無勵操守之實，而但幸時變之不來，一旦臨大節，未有不奪者也。惟修養有素，始能歷常變而不渝其節，《禮》曰：「臨難毋苟免。」孔子亦以見危授命可以爲成人。吾人當知所以自勵矣。

我國舊習於君主之政，國事與王事，視爲一體，故往者以忠爲事君之極德。自共和改造，君主之制已絕，則國民之忠節，純爲對於國家之道，而非爲效力於一人一姓之用。外人有侮吾國者，我國民誓死爭之忠也。國人有破壞吾民國者，我國民共起誅之，亦忠也。此今昔時勢之殊，吾人不可不明盡忠之分際也。

第二節 武勇

保衛國家，以防外患爲要。欲防外患，非具有勇武之德性，不足以資保衛，此部定教育宗旨所以注意軍國民教育也。

防外患爲軍人之天職，國家竭人民之財以養兵，一旦有急，不能奮身以捍外患，不惟有負於國家，亦至可羞辱之事。斯巴達人有言："與其曳盾而歸，毋寧載於盾而歸。"此其武勇之氣概爲何如也。

武勇之德，在軍人固爲必要，即國民亦不可不修養之。立憲之國，人人有當兵之義務，即人人當具武勇之氣概。況國爲人民同有之國，外患之來，爲國家存亡強弱之所關，安可恝然置之也？

養成武勇之德有二方面：從形式上修養之者，在鍛鍊其身體，此師範學校規程所謂宜勤於體育也。從精神上修養之者，在強固其意志。孟子曰："自反而不縮，雖褐寬博，吾不惴焉。自反而縮，雖千萬人，吾往矣。"然二者必相需爲用，而後武勇之德以備。

國民武勇之德，表見於變時者，爲武力之競爭。表見於平時者，爲經濟之競爭。如振興工商業，擴充國貨於外國，減少外貨之輸入，此實業上之武勇，我國民亦不可不加勉也。

第三節 義務

國民之義務，在憲法上訂有明文，茲就修養方面而言，故專從良心上立論，使明義務之所在焉。

人民對於國家之義務，約而言之，不外竭其力以奉公，輸其財以奉公，二者而已。不竭其力，則國家之事，無人負其責任。不輸其財，則國家之事，無力可以舉辦。《詩》曰："雨我公田，遂及我私。"此言公務之當先也。孟子曰："或勞心，或勞力。"此言各盡其責之必要也。我國民向狃於專制之習慣，徒以官吏對於國家有直接之關係，人民不問國事，遂不知義務之所在，此國勢之所以不振，外侮之所以日亟也。

昔漢數使將擊匈奴，卜式願輸家財之半助邊，使問："何欲而然？"

式曰："天子誅匈奴，愚以爲賢者宜死節於邊，有財者宜輸委，如此而匈奴可滅也。"夫以當時富豪皆爭匿財，惟式欲輸之助邊，豈真人情之不同，則以人民不明對於國家之義務，國苟亡，雖自私其財不可得也，爲國民者其可昧於斯義乎？

師範生對於國家，比普通人更加一種之服務，即從事教育之義務年限是也。不惟公費生有之，即半費生、自費生亦然。服務有一定期限，尤以任教育事業爲限。其欲入國立學校更求深造者，得展緩其服務，吾人苟有志於師範，慎勿玩視服務也。

第二册

目　　錄

第一編上　對國家之責務……………………………………… 3627
　第一章　總論…………………………………………………… 3627
　第二章　義務…………………………………………………… 3627
　　第一節　守法………………………………………………… 3627
　　第二節　納稅………………………………………………… 3628
　　第三節　當兵………………………………………………… 3629
　　第四節　教育………………………………………………… 3630
　第三章　權利…………………………………………………… 3631
　　第一節　公權………………………………………………… 3631
　　第二節　自由………………………………………………… 3631
　　第三節　平等………………………………………………… 3632
　第四章　公務…………………………………………………… 3633
　第五章　愛國心………………………………………………… 3634
　第六章　對國際之關係………………………………………… 3636
第一編下　對社會之責務……………………………………… 3638
　第一章　總論…………………………………………………… 3638
　第二章　對個人之責務………………………………………… 3639
　　第一節　交友之道…………………………………………… 3639
　　第二節　待常人之道………………………………………… 3640
　第三章　對公衆之責務………………………………………… 3642
　　第一節　協同………………………………………………… 3642

第二節　秩序……………………………………………………… 3643
第三節　謀公益…………………………………………………… 3644
第四節　愛護公物………………………………………………… 3645
第四章　對團體之責務…………………………………………… 3646

第一編上　對國家之責務

第一章　總論

國家者，人民集合於一定之土地，統治於最高主權者也。共和政體之國，主權在人民全體，故必人民之智德日進，而後國家可期健全之發達。國家之本務，對內在保持人民之安寧，且增進其幸福。對外在發展國力，伸張國威，此而期目的之能達，行其職權者雖爲政府，而成其作用者仍不外於國民。故國民不能離國家而生存，國家更不能舍國民而成立者也。

國家之成立，由於國民。我爲國民之一人，即爲成立國家之一分子。我之一分子能完其責務，則國家即蒙一分之益。我而不能完其責務，則國家亦即受一分之損。反而言之，國家而強盛，則分子中之我必蒙其利。國家而衰弱，我亦必受其害。利害至切，休戚與同，以今日國際之競爭如此激烈，是則吾人對於國家，安可不求所以盡其責務之道乎？

第二章　義務

第一節　守法

立憲之國，憲法爲國家之根本法，凡一切法律命令，皆依據憲法而出者也。國家之憲法，固人人所當擁護，依憲法所發布之法律命令，亦人人所當遵守。

保持人民之安寧，且增進其幸福，此國家之職分也。然人民安寧之保持，必由於社會無變亂之事故。幸福之增進，必由於人人安居樂業。此二者皆賴法律維持之力，然使國民不能恪守法律，因一人之暴亂無行，而影響及於社會。因一時之意氣偏私，而舉動妨礙他人，皆足以破壞公共之秩序。馴使舉國之人，相率如是，則強暴橫行，法紀蕩然，國亡可立待已。孟子曰："上無道揆也，下無法守也，朝不信道，工不信義，國之所存者幸矣。"

法律由人民協同之意思而制定，守法即保此協同之意思也。然亦有因種種事情，制定之法律，或有不甚適用之時。法律不適用，固當謀所以改革之，惟在新法未制定以前，不可不遵守舊法以維持治安。蓋法雖弊尚逾於無法也。昔梭格拉底被讒，處死刑，或有勸其脫獄者，梭氏曰："余之死本無罪，但國法不可違。"遂就刑。以國法施諸無罪者，昔賢猶以爲不可違，則人民之當守法，於此可見矣。

法律所以保持人之行爲，侵害他人之權利，是法律之效力必因人民違法時而始著。若僅藉法律之制裁，使人民知法之可畏，而不藉道德之制裁，使人民知法之不可不守，則秩序尚有時而紊亂。於紊亂後而用法，國家已受其害矣。孔子曰："道之以政，齊之以刑，民免而無恥。道之以德，齊之以禮，有恥且格。"惟徒尚道德，或不足整齊一般之人心，《詩》曰："無縱詭隨，以謹無良。"此法律之所以不能不設也。

養成國民守法之心，必歸本於道德，試就債權明之。如借人財物，以償還爲義務，其所以盡此償還之義務者，恭敬之心爲之也。其所以承認此債權者，是非之心爲之也。其所以不敢圖賴者，羞惡之心爲之也。故國家設法以濟道德之窮，人民不可不自勵其道德以爲守法之預備。吾人當學生時，服從規則，即所以養成立法之習慣也。遵法憲爲充教員者之要務（《師範學校規程》），故師範生尤宜注意國法，以盡一己之職分也。

第二節　納税

國家爲謀生存發達，保持人民之安寧，且增進其幸福，因不能無種種設備，用人行政，整軍經武，無時而可止息者也。凡此諸端，無一不需巨費，而國家爲人民所構成，人民恃國家以托命，則國用所需，自當取給於人民，此國民所以有納稅之義務也。

立憲之國，政府徵課租稅，必先得議會之同意，議會並有監督財政之權。不惟取於民有制，且其取於民者，即爲民而用，雖不得已而加賦，亦出於人民之同意，與橫征暴斂之所爲者不同。

若專制之政府，國家歲費，出入無稽，人民納稅以供國用，而不獲安寧幸福，苦於政府之橫征暴斂，惟苟求免稅爲幸。於是田賦則延期不納，營業則匿其歲入，不以實報，運貨則繞越關津，希圖漏稅。夫人民不知以正當之稅，求正當之權利，而苟求免稅，則政府必以竭於國用，怠荒政務，不能發展其國力。甚者借用外債，間接以加人民之負擔，國危，人民又何利焉？我國向處閉關之世，薄徭輕賦，侈爲美談。今者國際競爭，各執急進政策以謀國是，非擴張其國用，不能振興其政務。歐美及日本各國人民，歲納稅額，概遠過於我，此雖由其生計之裕，非可驟然學步，然其踴躍輸納，亦可覘彼國人民愛國之誠焉。

第三節　當兵

保國家之獨立安全，必資兵備，以今日國際競爭之烈，列強虎視眈眈，乘隙而動，雖日日昌言和平，而其所以能維持和平者，實賴有兵力以爲之後盾，故曰兵可百年不用，不可一日無備。

強國以兵，而兵力之大小，係乎兵力之厚薄。欲厚集兵力，莫如國民皆兵之制。方今文明各國，多行徵兵制度，男子成年者，服兵役爲常備兵，期滿退伍爲豫備兵，再退爲後備兵，既老乃免役。一旦有急，常備兵不足者，徵豫備兵以實之，更不足，則徵及後備兵。故全國壯年之人，無事則各安其業，有事則共起而赴國難，此其所以強也。

我國古者寓兵於農，與各國今制相合。至募兵之制行，國人遂視當兵爲一種職業，加以重文輕武，習久成風，當兵者多屬無業之民，於是好男不當兵之語，騰爲口說。及國有戰爭，應募者既不明保衛國家之義，又怵於效命疆場之苦，相率以從軍爲畏途，此國勢之所以日弱也。近者改練新軍，軍氣稍振，民國改造，重文輕武之習，已漸破除，使徵兵之制，果能實行，轉弱爲強，庶幾有望乎！

國民之服兵役，非迫於法而爲之，實義務有不容已也。何者？吾人之生命財產，不爲外人所侵害者，固受保護於國家之下。然國家保護之方，實結合人民之力而成，是此保護之責任，國民不自任之而誰任之？就本務而論，人民受國家之賜，則服兵役即報國之一端。就良心而論，人民與國共休戚，則服兵役又爲愛國之一端也。此當兵所以爲國民之義務也。師範生任事後，爲踐國民教育之職分，其當兵期限，雖比普通國民特減，然不可不鍛鍊其身體，慎重其品行，以養成軍國民之資格也。

第四節　教育

國家文明程度之高下，視教育之何如。教育盛則國興，教育不振則國微。至於無教育，則國不國矣。何也？蓋國民爲國家之分子，國中有一人不受教育，即國少增進文明之一分子。況政治、軍備、實業一切學術，苟有一項無適當之教育，即不能期其進步耶。

方今國際競爭，兢兢以振興教育爲發達國家之本。如有一國而不修教育，則其國之人，知識必幼稚，道德必薄弱，使與文明國民相見，勿論何事，未有不劣敗者也。

國民不可無教育固已，然人之地位境遇，不能齊一，欲人人受完全之教育，夫亦事實之所難行。故文明各國最重者爲國民教育，即無人不可不受之教育也。在高深教育，可聽人民之自便，惟此國民教育，則國家以權力強迫之，審勢量力，規定年限，在規定年限內，父母或其他保護者，必令兒童就學，否則罰之。

國民對於教育之責務，大要有二：一爲教育其子弟，幼使受教於家庭，稍長則使就學於學校，俾得養成國民資格，對內能承紹其先緒，對外能效用於國家。一爲籌設地方學校，擔任教育經費，使地方兒童皆有就學之地，俾國家得完成其國民教育之責任。夫人民對於教育不負責務，國家即無由進於文明。吾人受教育時而不勉勵其學業，豈惟無以對父兄，抑重負國家已。師範生對於國民教育，比普通國民特重，蓋不獨盡國民之天職，且負有教育之專責，斯尤宜勉勵其學業也。

第三章　權利

第一節　公權

　　公權爲人民對於國家最重要之權，即選舉權、被選舉權、訴訟權及爲官吏、公吏、軍人等之權利是也。

　　公權從法律所規定，人民得各享有其權，放棄之則自損，濫用之則枉法。故享有公權者不可不慎，而欲享正當之權，尤須盡正當之職，此優待教員之條例所以有種種之限制也。

　　公權最重者爲關於選舉之事，選舉議員，勿論屬於國會，屬於地方議會，要皆參預政務。與國家利害有重大之關係，選舉得人，則國受其利，選舉不得人，則國受其害。選舉時當以公明正大之方法，舉適當之人才，放棄其權不可也，濫用其權尤不可也。故或爲勢力所脅，爲賄賂所誘，而舉不勝任之人。或本無被選之才識德望，而以脅迫、賄賂、詐僞等行爲，求其當選，皆立憲政治之蟊賊，法律與道德所不能容許者也。小學教員無與於政治之競争，故師範生在校時，當勤求學業，一方期無負爲他日之公民，一方期將來能盡教員之職分，若干預時政，奔走議論，皆非所有事也。

第二節　自由

　　人民之自由權，規定於憲法者也。就國法而言，自由之權，人人得享有之。就己身而言，必備能自由之人格，而後可得自由之幸福。

　　自由與自治相表裏者也。專制國之人民，不能享有法律之自由者，以自治力之薄弱，不能不待治於人。譬諸幼兒，必須有人保護而約束之，其能成人與否，全視保護約束之力之何如。立憲國之人民，人人享有法律之自由，故宜人人養成自治之力。譬諸成年之人，各有獨立之身分，其能成人與否，端賴自己之修養，而無庸責望於他人。審是則自治者即自由之預備，未可或忽也。

吾人愛護自由，必當尊重一己之人格，尤當尊重他人之人格。尊重己之人格，一須無求助於人。求助於人者，則已無自主之權，孟子曰："趙孟之所貴，趙孟能賤之。"二須不予人以有可干涉之地，《詩》曰："在彼無惡，在此無射。庶幾夙夜，以永終譽。"尊重他人之人格，以不侵害人為主，《傳》曰："牽牛以蹊人之田，而奪其牛，奪牛者誠為已甚，使不蹊人之田，固無慮人之奪其牛也。"知此義者而後可以言自由。若己已備自由之人格，人必無侵犯其自由者。《中庸》有言："君子素其位而行，是以無入而不自得焉。"若全國人民皆備有自由之人格，而猶不能保其自由權者，亦必無之事。孔子曰："言忠信，行篤敬，雖蠻貊之邦行矣。"夫至蠻貊之邦可行，豈有不能保其憲法規定之權乎？

第三節　平等

一國之中，無特殊之階級，人人受治於同一法律之下，此之謂平等。

人民所受於國家平等之權，如納稅與當兵，為國民同盡之義務。財產多者，納稅亦多。選舉為國民同有之權，犯法者不同罪異罰是也。昔者桃應嘗問於孟子曰："舜為天子，皋陶為士，瞽瞍殺人，則如之何？"孟子曰："執之而已矣。"故曰平等者人人受治於同一法律之下也。

平等所以重人格也，非無尊卑上下之分也。若尊卑無別，上下無序，推其所極，必至子不事親，幼不敬長，人民不服從政府，而國家與社會之秩序，將傾覆而無遺，豈不謬妄之甚哉。

吾人對於國人，尤不可不抱平等之觀念，張子曰："民吾同胞。"既為同胞之親，斯宜存一視同仁之念。孟子曰："天下無道，小役大，弱役強。"此買妾蓄婢之風所以不容於文明之世也。若夫能力不同，境遇攸殊，純屬於人之所為，非實有不平等者也。孟子曰："非天之降才爾殊也。"是增進國民之智德與能力,又保持平等之必要也。

第四章　公務

　　國家爲人民謀安寧幸福,必設各種機關以理其事,此機關中所有之事曰公務。服公務者對於國家之責任,視普通國民尤重,一方面代國家而盡其責務,一方面與其他人民同處於被治者之地位,對於私人之責務,亦不可忽,私人之責務,普通國民所有事也。國家之公務,則因所受事務之如何,而求所以盡責之道,茲分爲三項論之:一官吏及公吏之責務,二議員之責務,三軍人之責務。

　　一官吏公吏之責務　官吏與公吏,或辦官府之事,或辦自治團體之事,雖其權力有大小,辦事之範圍有廣狹,然其服公務之道則無異也。一宜忠實,忠實則專於所事,不以私而廢公,孟子曰:"孔子嘗爲委吏矣。"曰:"會計當而已矣,嘗爲乘田矣。"曰:"牛羊茁壯,長而已矣。"此忠實之道也。二宜公正,公正則不狥私情,如石碏之大義滅親是也。不畏強御,如魏絳戮揚干之僕是也。不利用公職而圖私利,如趙文子之生不交利,死不屬其子是也。不恃權勢而弄威福,如令尹子文不庇其族人是也。三宜勤慎,勤則不怠棄職務,慎則治事無誤。國家之公務千緒萬端,稍有貽誤,爲害甚大,故勤慎爲要。《詩》曰:"夙夜匪懈,虔共爾位。"四宜廉明,廉則不貪賄賂,明則能審情酌理以處事,以潔白之心,濟其練達之才,斯舉措無往而不宜矣。昔宋璟稱李元紘曰:"李公引宋遙之美,黜劉晃之貪,爲國相,家無留儲,此可謂有廉明之德者也。"五宜堅忍,凡舉辦一事業,非委婉曲折不能期其成功,而爲公家辦事尤難,惟持以毅力,斯進行而無滯。《書》曰:"靡不有初,鮮克有終。"古者服公務能盡其職者莫如武侯,然綜其行事,不外如前所言,竭股肱之力,盡忠貞之節,此其忠實也。賞罰必信,無惡不懲,無美不顯,此其公正也。事無巨細,皆親決之,此其勤慎也。死之日,廩無餘粟,庫無餘財,此其廉潔也。鞠躬盡瘁,死而後已,此其堅忍也。惟諸德悉備,故事業顯於當時，令聞昭於後世，吾人不可不奉以爲法也。

官吏與公吏，不徒對於事有當盡之職，即對於人亦有當盡之職，其爲公務上之長官，不可不服從其命令，然違法以徇上不可也，卑禮以諂上亦不可也。其爲公務上之屬員，不可示之以倨傲，不可導之以敷衍。孔子與下大夫言，侃侃如也，與上大夫言，誾誾如也，此在公務上對人而能盡其職者也。若一般人民當注意者，一對於官吏、公吏不可侮抗之。蓋彼爲居公職之人，尊重官吏、公吏即所以尊重公職也。二對於所服之公務，不可妨害之。蓋彼所服之公務，皆爲人民而謀，需助於人民者正多，若人民以私意撓其所爲，則公務之進行，必生阻礙，此國家之公務，在當事者有專責，在一般人民亦不能漠不措意也。

二議員之責務　國會議員所以謀國家政務之改良與進行，地方議會議員所以謀地方政務之改良與進行，其責任甚大。爲議員者，必其人平日富於學識經驗，卓有政見，若被選議員，受國民之付託，即當主張公道，發揮正論，求所以福國而利民。勿爲黨見與感情所蔽，勿爲權勢與利祿所惑。若濫竽充數，噤若寒蟬，視議員爲糊口之業，甚至營私弄法，以爲弋取富貴之階，不惟自喪其人格，其貽害於國家者尤不可恕也。

三軍人之責務　當兵爲國民之義務，是人人皆有服兵役之時。當服兵役時，一宜精習技藝，以養成禦侮之能力。二宜恪守紀律，對長官則服從惟謹，對人民則秋毫無犯。三宜勉勵節操，處變能守，臨難不懼。三者養之有素，一旦有事，斯奮其武勇以赴前敵。上可揚國威，下無墜軍人之名譽。《詩》曰："有嚴有翼，共武之服。"

第五章　愛國心

上之所述，如權利、義務、公務等，各有當盡之道，欲人人能盡其道，不徒在明責務之所在，尤賴有愛國心以促進之。

人民愛國心之消長，即國家盛衰之所係。夫國無民無與立，有民而不愛其國，則國亦不可恃，蓋立國在民，所以立其國，實係於人民之愛國心。《書》曰："民惟邦本，本固邦寧。"非團結人民之愛國心，不可以言本固也。孟子曰："鑿斯池也，築斯城也，與民守之，效死而民弗去，則是可為也。"使非人人知愛其國，烏能效死弗去哉？

人民之愛國心，所以維持國家之獨立，且進國於強盛。各國並立，若僅有人民土地，而主權喪失，則國不成其為國。故有時外患之來，人民犧牲一己之生命，以保存一國之主權者，全恃愛國心以為之驅策。不惟處變然也，即國家無事，欲圖國運之發展，又必人人本愛國之誠，各勉勵己之職業，而後可增進其福利，此文明各國以養成人民之愛國心為必要也。

人民愛國心之表示，於其守權利、盡義務、服公務等覘之。而養成其愛國心，則以教育為先務。普之勝法，大將毛奇歸功於小學教育。教育與愛國心之關係，如是其重已。苟無教育，則人民不知己身與國家之關係，雖知國之當愛，而自私之心，終勝於愛國，即或切於愛國，而不知所以愛國之道，亦不能致國於強盛。況學術、技藝、殖產、興業等之發達，無一不需教育以為倡導耶。審是則吾人之修學，即為養成愛國心之資料，顧可稍忽哉。愛國心之起，本於人生固有之情，而擴充其範圍，人無不自愛其身家者，苟知身家與國相關之利害，即知愛國非離身家而言也。孔子曰："君子篤親則民興仁。"孟子曰："人人親其親，長其長，而天下平。"此就根本上言之也。《傳》曰："國爾忘家，公爾忘私。"此就實用上言之也。故從根本上而觀，如愛親愛鄉，即愛國之始基也。從實用上而觀，則舍身家以謀國，乃事理之常也。有愛國心之人民，不使國家受外人之侵侮。與排外不同，排外出自偏激之感情，其害至於誤國，愛國心出自義理之熱誠，其精神足以維國勢於不敝。故愛國者審察本國立於世界之位置，一面保其良風，以發揚國華，一面祛其陋習，以增進國利。

愛國與忠君不同，共和國無君主，似不致有所誤會。然我國舊習於專制，歷史所載，往往混國事與王事為一，而本旨究不如是。忠君者對於人之關係，豫讓所謂中行氏眾人遇我，故眾人報之。智伯國士遇我，故國士報之是也。孟子曰："君之視臣如手足，則臣視君如腹心。君之視臣如犬馬，則臣視君如國人。君之視臣如土芥，則臣視君如寇讎。"至對於國家，勿論如何不能自背其國。孔子之去魯也，曰："遲遲吾行也，去父母國之道也。"以當時諸侯胙土，同統屬於周室之下，其所謂他國者，與今日之外國異文異種者迥然不同。孔子因去父母之邦，猶不勝其依戀之意，則吾人之效力於本國，即不能自行其志，寧如屈原之懷沙自沈，而不可如巫臣之教吳叛楚也。

吾國地廣人衆，種族、宗教、言語、習俗不必盡同。古昔交通不便，國家思想未發達，故不免有彼此隔閡之迹，今則情勢與前大殊，吾人當以誠摯之愛國心，清除一切之障礙也。

第六章　對國際之關係

人類相接而有交際，與家族相關者爲家族之交際，與國相關者爲國之交際。國之交際，有從國家之關係而生者，有從個人之關係而生者。關係國家之交際，爲外交當局者之責任，關係個人之交際，亦可因國際問題，影響及於國家，此對於國際關係，爲國民者不可不注意也。

閉關時代之人民，往往妄自尊大，蔑視外人，其相接也不以禮遇。自交通日繁，文明日進，各國派遣公使以通聘問，締結條約以利貿易，國際之間，日形親密，儼有四海皆兄弟、天涯若比鄰之概。故國與國各尊其獨立之資格，各敦其和睦之情誼，皆有正當之責務，因之而國民亦宜知其責務之所在也。

國際最普通者爲待遇外人之道，外人之來吾國，言語、風俗，多有未曉，不可因習慣之不同，而生歧視之心。若旅居外國，又當考察彼國風俗習慣，以爲交接之道。勿論在本國與在外國，凡與外人酬酢，言語舉動，皆宜慎重，務使對彼無傷情誼，對己無損本國之名譽。至於教士宣教內地，各尊其信仰之自由，不可因信仰不同，輒加詬斥，致釀成排外之舉動，此當注意者也。

最重要者爲通商之信用，各國相通，大抵以擴張商權爲首務。今世平和競爭，群趨於商業之一途。我國民誠宜發達其學術、技藝，日擴其輸出之國貨，以減少外貨之輸入。然競爭雖烈，不可不以正道出之，若不尚信用，而輸出贋造商品，或以種種不正當之行爲，圖目前之小利，則影響所及，不獨個人失信用已也。將至國貨之價值，因以墮落，而國家之名譽，亦因以敗壞也。

　　國際之關係，固以維持和平爲要，然各謀本國之利益，國與國必相競，因相競而生衝突，則戰爭或不能免矣。惟戰爭係國與國之衝突，非個人與個人之衝突，不可以全體之勝敗，而混及人民之私權。故戰事不可戕害非任戰事之人民，不可損及私人財産。若在交戰團體以外，當守局外中立之法，不可扶助交戰之一國。凡戰時禁制品之供給，皆所宜禁，此戰爭之時，國民對外人之道德也。

第一編下　對社會之責務

第一章　總論

　　道德從己與他之關係而生，前既言之矣，惟道德因事而見，無一定之範圍。古時人民，習於簡單之生活，其與己身有重要利害之關係者，上爲國家，下爲己以外之個人，故五倫之教，專論對個人之道德，又以修身爲治人之本。對國家之道德，亦稍稍言及。惟對社會之道德，非當時所注意，語焉不詳。今世界進化，公共之事業，日益發達。因之而吾人對於社會之責務，日益繁重，此社會道德之所以當講也。

　　欲講社會道德，先當明社會之義。社會者，即一群之人，有同一之趨向，有公同之利害，自然結合而成者也。其範圍廣狹不一，小之僅爲數人之團體，大之包括世界之人類。人處其中，具有公共生活之必要，而維持此公共生活之安寧，且增進其幸福，是所謂社會道德也。

　　吾人生存於世間，與社會之關係，至爲密切。衣食住三者，吾人之生活所必需者也。然三者不能取給於一人，必賴社會之相需相助而成，故無社會則無個人。社會之言語、風俗、習慣，爲一群人類之精神產物。社會之學術、技藝、產業，又人類之勞力與智慮所構而成，故無個人亦無社會，集人類則構成社會，集社會則構成國家。吾人對於國家之關係，其範圍具有一定，至對於社會，則隨在而皆生其關係。又對於國家之責務，有一定法律之可守，對於社會無一定之法律，而常主宰於道德。吾人當學生時代，出學校之中，即與社會相接，又此時之修養，即爲將來應付社會之預備，而師範生尤與未來之國民有密切之關係，其於社會道德，何可不加勉也？

對社會之道，當注意者，一合群心。人不能離群而孤立，亦不能無目的而結合。不能群則不能生存於社會，無所以合之之道，則不能發揚其健全之人格。孔子曰："鳥獸不可與同群，吾非斯人之徒與而誰與？"此可爲合群之正則也。二制裁力。群不能無目的而合，其合也亦當有正當之目的，不可妨人亦不可狥人，惟能制裁則不妨人，孟子曰："行有不得者，皆反求諸己，能制裁則不狥人。"孔子曰："君子群而不黨。"三指導之責任。合群所以保公共之安寧，謀公共之幸福。然人類萬有不齊，必有人焉，立於群之中，挽而進之，斯社會可期發達。孟子所謂："使先知，覺後知。使先覺，覺後覺"是也。與社會道德相妨者，一獨善主義。人固當自善其身，而薄責於人，然同在公共生活之中，有一不善，即能貽累於他人。使賢者皆存獨善之心，則不善之人，無與匡正，社會將受其弊。孟子曰："大舜有大焉，善與人同。"又曰："君子莫大乎與人爲善。"此吾人所當黽勉者也。二利己主義。我爲社會中之一人，社會之幸福，必其有利於己者也，爲社會謀即所以自爲謀也。惟社會不僅有我之一人，謀己之利益，不可妨及人之利益。若徒顧私利，不惟非社會之幸福，甚至並己之利益而不可必得。《大學》有言："言悖而出者亦悖而入，貨悖而入者亦悖而出。"觀此而社會之道德，吾人當知所務矣。社會道德之旨既明，進而求責務之所在，就其關係分之爲三：一曰對個人之責務，二曰對公衆之責務，三曰對團體之責務。

第二章　對個人之責務

第一節　交友之道

己以外之人，從名分而生關係者，內爲家庭之人，外在學校爲師弟，在公務中爲僚屬，又有與家庭相關係之族戚。若非名分之關係，而情誼與此相等者惟朋友。待師及僚屬之道，前已言及。對關於家庭之人，當於二編論之，今惟論交友之道。

朋友之交，我國列於五倫之中，誠以人在社會中，不能孤立而無偶，凡研究學問，經營事業，皆賴有相需相助之人，而此相需相助之人，惟朋友爲最親切。故離群索居，不勝寂寥之感，遠遊得侶，頓減懷鄉之思。至於事可代謀，不負所託，尤非朋友不可。《詩》曰："相彼鳥矣，猶求友聲。"朋友之必要如此。

朋友以信爲體，能信則相約之言，久要不忘。緩急相須，憂樂可共。曾子曰："與朋友交，而不信乎？"以敬爲用，能敬則不相狎侮，無隙末凶終之慮。孔子曰："晏平仲，善與人交，久而敬之。"以勸善規過爲責任，能勸善規過，則互相匡正，於立身行事，時有裨益。孟子曰："責善，朋友之道也。"

人之交友，勿論因同學而合，或因同事而合，或因同鄉而合，其訂交也，不外學問與性情二途，舍是則所合者形式而非精神。人雖相識，不可以言友誼也。揚雄有言："朋而不心，面朋也。友而不心，面友也。"是以擇交之始，不可不慎。王通曰："君子先擇而後交，小人先交而後擇，故君子寡尤。"若任意濫交，不惟緩急不可相須，且慮習染而俱化。語云："近朱者赤，近墨者黑。"故交友必求有益於己。孔子曰："友直、友諒、友多聞，益矣。"又不可以勢利而合，孟子曰："不挾長，不挾貴，不挾兄弟而友。友也者，友其德也。"知斯旨者，而後可言交友。

更有要者，一朋友相處，不可有不正當之行爲。孔子曰："群居終日，言不及義。好行小惠，難矣哉。"二不可徇私廢公。昔武侯與馬謖素善，街亭之敗，斬謖而厚卹其家，此可謂兩交其道者也。若夫呼朋引類，多行不義，結黨營私，干犯法紀，是則社會與國家之罪人矣。

學生當少年時期，爲朋友感情發達正盛之期，學問之切磋，品行之薰陶，關係於朋友者甚大，交際之道不可或忽也。

第二節　待常人之道

社會中之人，不必人人可以爲友，然與社會相接，則勿論何人，皆與我有直接或間接之關係，此待常人之道，不可不講也。

人人各有自由，人人在國法之下皆爲平等。知尊重自己之人格，即當尊重他人之人格。若恃己之勢力而凌人，見人之貧賤老弱而欺侮之，實蔑視人格之甚者也。《詩》曰："不侮矜寡，不畏強御。"可以爲尊重人格之準則矣。人生最重者莫如生命，蓋財產喪失、名譽損毀，皆有回復之方，惟生命戕害，則無可償還。語所謂："死者不可復生也。"身體自由，國家且不能無故刑戮人民，故殺人者死，不論何時何國，皆著爲明文。雖有時因正當之防禦，不幸而殺傷人者，爲法律所許，然苟非己身別無保全之方，迫於不得已而出此者，亦必處以相當之刑。我國弊習，如糾衆械鬭、挾刃復仇之事，常見於社會。夫因事相爭，理有不平，原可訴諸法律，若徒逞私忿，而出於無法之舉動，是破壞社會之秩序，擾亂國家之治安也。

財產人所資以爲生者也，故國法列財產爲自由權之一，而盜竊之罪，次於殺傷。吾人關於財產之責務，從消極方面而言，不可取不義之財產。盜竊之罪，人多知其不可犯，然用詐誘之術以取財，假公益之名以圖利，則有爲之而不覺其非者矣。夫盜竊之事，大抵迫於飢寒者之所爲，此則純爲牟利起見，其心更可誅矣。至於占人便宜，尤爲社會一般之積習，不可以小節而忽之也。從積極方面而言，當以信用爲主，析言之，一關於交易之責務。營業雖爭勝利，不可有不正當之行爲，假冒攙僞、價不劃一，固爲不可，即任意居奇，亦非所宜。二關於借貸之責務。凡受貸於人，勿論爲金錢、爲物品，皆宜如期償還，物品尤不可損毀。至借金錢而出利息，借田宅而出租金，亦宜如期納付。若貸財產於人，人如無力償還，或因事故而不能踐約，宜審酌情實，勿計錙銖，尤不可乘人危難，重其子息。三關於寄託之責務。受人財產之寄託，宜比視己之財產尤重。如代爲經理，宜忠於所事。如代爲保存，宜不損其物。至以財產託人，尤當予人以相當之酬報也。名譽雖爲無形之物，而人之愛其名譽，與生命財產同。語云："烈士徇名。"可知名譽之重矣。信口雌黃，捏造是非，以行其讒誣毀謗之手段，是損害名譽之大者也。若探人秘密，訐人陰私，亦傷忠厚。至於冒名誣陷、匿名攻訐，尤爲不正之行，學者不可不戒也。

　　人與人相接，不能無恩怨，事理之常也。吾人對於恩怨之事，宜明公私之義，不可徒以感情用事。受人之恩，報之不嫌於過厚。施恩於人，不能有求報之心。至怨則宜忘，即不能忘，萬不可以圖報復。孔子曰："以德報德，以直報怨。"

　　人生最可憐之境，莫甚於不能不求助於人。人而有患難疾病，即不欲向人求助，然因其境之可憐而助之，於理斯宜，苟遇有此種之事，當扶持而周卹之。如以非親非故，夷然視之而不顧，不惟非仁人之用心，亦非所以全社會之幸福也。《詩》曰："哀此煢獨。"哀之必有以助之也。

　　待常人之禮節，勿論親、疏、貧、富、貴、賤，因身分、年齡之殊，不能不有適當之待遇。同等之人，固可待以通常之禮。若年長於我，分尊於我，學問優於我，當待之有敬禮。分卑於我者，不可示之以倨傲。學問不及我者，不可示之以驕矜。幼者尤當愛之如子弟，至對於女子，宜明嫌疑之界，尤吾人所不可忽者也。

第三章　對公衆之責務

第一節　協同

　　社會由人類協同之關係而成立，使人類而不謀協同之利益，則社會不能發達。使個人而離其協同關係，亦不能暢遂其生存。故農、工、商之興盛，交通之便利，文學、科學、技藝之進步，凡衣、食、住、日用所必需，以及各種娛樂之具，無一不自協同之動作而來。質言之，即今日之文化，皆由個人謀公同生活所得之效果也。

　　人類何由而協同？一原於人類之本性，好群而惡獨。孟子謂齊宣王曰："獨樂樂，與人樂樂，孰樂？"曰："不若與人。""與少樂樂，與衆樂樂，孰樂？"曰："不若與衆。"二人類相處，必相需相助而生活。漢文帝有言："一夫不耕，天下或受其飢。一女不織，天下或受其寒。"

協同之義有二：一合力共作。社會之事業，個人所不能成者，必多數人協力而爲之。語所謂："衆擎易舉也。"二分工易事。社會之事至繁，不能以一人之身，而百工之所爲備，必人人各異其業，而後可以供社會之需求。孟子所謂："以羨補不足也。"譬如設一紡織公司，集多數之人於其中，以完其公司之組織，即合力共作也。依公司之組織，就經理營業工作各部，分事而治。又從工作而析分之，若者軋花，若者紡紗，若者織布，即分工易事也。社會愈發達，人類經營之事業，合力愈大而愈多。而分工亦愈密，合力愈多，則事業愈進步。合力愈大，則事業愈擴張。分工愈密，則技能以專攻而精，成績以分治而速。二者互相表裏，勿論處合力與分工之地位，皆有協同之關係。故當各守其分，各盡其責，庶可增進協同之精神也。

增進協同之精神，先當養成公同之習慣。合群之有益，今人多知之，然平時不養成其習慣，則實際營公同生活之時，鮮有能盡協同之責任者。學校之生活，本爲社會生活之縮影，故作則同作，息則同息，務當服從於公同規律之下。而合力灑掃、公同遊戲、團體旅行，尤爲同勞共樂之精神所寄，不可不注意也。次當養其同情心。社會之利害，不僅我一人之關係，斷未有人皆處於危，而我可一人獨安者。故憂人之憂，樂人之樂，即所以維持社會之生存。《禮》云："鄰有喪，舂不相。里有殯，不巷歌。"次當盡互相扶持之責任。人生活於公共社會之中，既宜相需相助，若不各盡其責，無由保安寧而增幸福。孟子曰："出入相友，守望相助，疾病相扶持，則百姓親睦。"

第二節　秩序

治事當有秩序，前已言之矣，然猶限於己身之關係也。若夫社會之秩序，實繫乎公衆之安寧與幸福。社會無秩序，我不能自保其安全。我而不守秩序，亦足以擾亂社會。《詩》曰："有物有則，民之秉彝，好是懿德。"

社會之秩序，最要者爲禮俗習慣。凡獨立國家，必自具獨立之特質，禮俗習慣即特質之表著者也。吾人既爲國民，即當守我國之禮俗習慣，若故標新奇，以自別於流俗，必爲社會所不容。學生入世未深，見異思遷，易爲外染所奪，不可不慎也。至於因時勢之變遷、世界之潮流，舊時之禮俗習慣，或不適於今日之用，亦不可不有以更張之。惟更張之際，不可操切從事，致生擾亂耳。若泥古不變，亦非能保秩序者也。孔子曰："生乎今之世，反古之道，如此者，栽及其身者也。"

社會之秩序，不必盡關於禮俗習慣，即暫時之言語動作，違反公衆之意，亦有害於公共之生活。保存秩序有二方面：從消極方面言之，以不妨礙他人爲本務。如教室授課，人方靜聽，不可無端喧擾。廣場演說，甲言未畢，不可攙言。同隊成列，不可後至。同席未齊，不可先食。《禮》曰："離坐離立，無往參焉，離立者不出中間。"又曰："室中不翔，並坐不橫肱。"皆以妨礙他人爲戒者也。從積極方面言之，以能盡禮讓之道爲本，有禮則守分。《禮》曰："禮以處鄉里，則長幼有序。能讓則無爭。"《禮》曰："虛坐盡後，食坐盡前。"

歐美各文明國，社會之秩序，極爲整齊。居處遊息，皆有定時。飲食衣服，無不整潔。公共之設置，尤條理井然。勿論矣。乃至遊戲之場，廣衢之間，不聞人語之喧闐。行路則左右有序。舟車中不占兼位，遇有老弱及婦女至，如座次已滿，先至者必起而讓之，上下時亦無雜沓爭先之弊，秩序之可觀如是。究其原因，皆由於人民自治之精神，我國民宜自勵也。

第三節　謀公益

社會猶生物然，必常活動而後遂其發達之機，欲圖社會之發達，當增進其福利。吾人爲社會中之一分子，社會之福利，不能謂非吾人之福利，但謀社會之福利，不能專以自己之福利爲標准，知此而後可以言公益。

關於公益之事，有消極、積極二方面：消極方面，以防危害爲主。危害起於天然者，如天災地變之類，必設法以預防之，若備荒、消防、防疫等事是也。危害起於人爲者，如內亂、外患之起，必謀所以勘定之，若辦民團、組織義勇隊等事是也。積極方面以求幸福爲主，其範圍甚廣，約其概要，爲人類健全上求幸福，必從事於公衆衛生。爲人類經濟上求幸福，必以擴張實業、交通爲務。爲人類精神上求幸福，必設圖書館、博物館、宣講所等，以灌輸文明，而圖教育之普及。爲人類便利上求幸福，如道路、橋梁、水道、路燈等，必謀完全之修置。此外關於慈善事業，如賑飢、恤貧、救濟老弱殘廢及操賤役者，皆謀幸福之事也。

公益之事，有可以獨立爲之，有必須合群力爲之，因是而吾人之對於公益，一方面當盡自己之責，一方面當負指導之責。盡自己之責，故雖有時犧牲個人之利益，以謀共同之幸福，亦所不辭。孔子所謂"無求生以害仁，有殺身以成仁"是也。負指導之責，故當開物成務，示公衆以模範。孔子所謂"惟深也故能通天下之志，惟幾也故能成天下之務"是也。又如見他人有謀公益者，或需己力之扶助，必盡力以維持之，或犧牲其生命財產，必相與稱頌之，是亦應盡之責也。

吾人日常之事，隨在皆與公益有關係，如任意咳吐，不擇地而溲溺，即妨礙公益也。不傾穢物於公地，除道衢之障礙物。有眼疾及傳染病，自己之用品，不攙入公共之中，即講求公益也。是則謀社會之公益，可不於日常之事加之意乎。

第四節　愛護公物

他人財物，人多知其不可侵犯，獨至公共之物，往往不甚愛惜之。良以公共之物，人人皆可使用，則賠償之義務輕。物不屬於私有，則愛惜之觀念薄。然公物雖不爲私有，固己與人所共有者也，其備用也，己實與有利益，苟有損毀，害亦不僅屬之於人。況公物設置之費，有直接取給於吾人者，有間接取給於吾人者，我而損毀之，即不索賠償，而再置之費，亦應分擔其責務，如之何其可忽也。

愛護公物，當注意者，一當明利己之界。夫見美物而悅，悅其物即欲取得之，人之情也。惟公共之物，我所悅者人亦悅之，若以我悅其物，私而有之，致人無可爲悅，烏乎可？反而言之，人亦如我，則公共之地，尚安有娛樂之具耶？二勿忽於小事，拆毀橋梁、阻斷交通，此妨於人者甚大，人皆知其不可爲矣。若攀折公園之一草一木，必以爲其事甚微，偶一爲之，無傷也。然公物人人可以使用，使人人以爲無傷而攀折之，則所損大矣。

歐美各國人民，愛護公物之心，極爲發達，故其國之建築物與陳設品，以備公共之用者爲至閎大。我國古者如魯叔、孫婼之居館舍，雖一日必葺其牆屋，去之日如始至，人皆稱爲美德。胡達源著《弟子箴言》，有曰："傳舍天下之舍也，而或破壞之，不顧其他。驛馬天下之馬也，而或鞭箠之，不顧其後。惟君子知有天下之公，當惜天下之物。"後世誦其言。至一般之人民，多忽視公德而不事講求，以外人普通皆具之德，而我國竟爲難能可貴之事，其可恥孰甚也。

愛惜公物，不僅不損毀已也，如公共之陳設品，不可率意移動，取用公物，必還置原處，皆愛惜之意也。又公物不僅當愛惜已也，尤當保護之。夫公物之使用，已本無禁人損毀之權，即不禁人之損毀，亦不受責罰。然既爲公共之物，當人人互有保護之責任，而後能副其愛惜之心，故遇有損毀公物者，或婉言勸戒，或正色阻止，實正當之責務也。

古代製作，爲國家文明精神之所寄，如古迹、名勝，可興人之觀感，殘碑、故物，可供人之考證。吾人對此種之物品，當公同保護，勿令其朽壞。其有珍藏先賢遺澤、古代金石者，當儲於圖書館、博物館等，以公之同好，勿徒視爲私家之寶。若夫待價而沽，售諸外人，尤背乎保存國粹之旨，非愛國者所當爲也。

第四章　對團體之責務

吾人所負社會之責務，對個人僅限於一人之關係，對公衆無一定之範圍。若不限於一人之關係，而有一定之範圍者，是在社會中結合而成團體者也。覘社會之發達，視團體事業之發達何如。團體之發達與否，又視組織之完否,與吾人對於團體之責任心何如,此團體之責務所以重要也。

團體之性質,種種不同,有因地方而結合者,如府、縣、城、鄉各成一團體是也。有因財務而結合者,如公司是也。有因學藝、職業、交際而結合者,如各種學會、各種實業協會、政黨俱樂部等是也。然性質雖殊,莫不有同一之目的。欲組織之團體,企於完善之域,全在組織者之協力同心,而後可達其目的。

團體由人集合而成者也,團體之盛衰,視團體中之人品行、學識、熱心何如。團體中人而品行良、學識富,又具熱心,則團體必盛,否則團體必衰。團體中之人有二種:一為任事之職員,一為普通之團員。職員對於所負之責,必盡其職。團員對於應盡之義務,不可蔑視。至團體之規約,尤宜共守,不可假團體之名,以便其私圖,不可恣意妄行以損團體之信用與名譽。團員集合時,宜守公同之秩序,從多數之意志規律,如不適用,當以公意修改,寧屈一己而伸團體,不可以私廢公也。

團體之成立,必有經費,規定之費,團員必應納付。經理財產之人,保管與支用,皆不可忽,若侵蝕濫費,不惟破壞團體,亦道德上之罪人也。

第三册

目　　錄

第二編上　對家族之責務 …………………………………… 3653
　第一章　總論 …………………………………………………… 3653
　第二章　親子 …………………………………………………… 3655
　第三章　兄弟姊妹 ……………………………………………… 3657
　第四章　夫婦 …………………………………………………… 3658
　第五章　祖先及族戚 …………………………………………… 3660
　第六章　傭僕 …………………………………………………… 3661
第二編中　對己之責務 ………………………………………… 3663
　第一章　總論 …………………………………………………… 3663
　第二章　身體之保衞 …………………………………………… 3663
　　第一節　生命 ………………………………………………… 3663
　　第二節　健康 ………………………………………………… 3664
　第三章　精神之修養 …………………………………………… 3665
　　第一節　知力 ………………………………………………… 3665
　　第二節　感情 ………………………………………………… 3666
　　第三節　意志 ………………………………………………… 3667
　第四章　生活之準備 …………………………………………… 3668
　　第一節　技能 ………………………………………………… 3668
　　第二節　職業 ………………………………………………… 3669
　　第三節　資產 ………………………………………………… 3669
　第五章　教師之修養 …………………………………………… 3670
　　第一節　品性之修養 ………………………………………… 3670
　　第二節　智識之修養 ………………………………………… 3671

第三節　形式之修養……………………………………………… 3671
第二編下　對人類及萬有之責務…………………………………… 3672
　第一章　對人類之責務……………………………………………… 3672
　第二章　對萬有之責務……………………………………………… 3673

第二編上　對家族之責務

第一章　總論

　　社會與國家，由人類組織之，而人類之蕃衍，實原始於家族。吾人在家族中，對上爲承先之人，對下爲啓後之人，以一身立乎絕續之交，其對於家族責務之重大可知已。

　　家族之起原，由男女之個人集合而成，有男女而後有夫婦，有夫婦而後有父子兄弟，又推衍而爲宗族姻戚。最初之人，僅有男女之關係，夫婦之義未明，無所謂家族也。自家族之制立，而後相親相愛之誠，與合力共作之事，日益發達。更因人類之蕃衍，外界之接觸，由種種之休戚關係，集合而成爲社會、爲國家。就人類之進化而言，家族、社會、國家三者之成立，誠有先後之序。但吾人生於今日之世，對於三者之關係，則同時並負其責務，不能有先後於其間也。

　　人之生也，最初相接者惟家族之人，稍長則與社會之人相接，至直接負國家之責務，常在成年以後。是吾人對於三者之責務，誠因年齡之長幼，而生相當之關係。但吾人生而爲人，即爲社會中之一人，爲國家中之一民，其當盡之責務，家族與國家、社會雖各殊其分量，而道德之本體究無殊致也。

　　人類之道德，皆緣愛情而生，而愛情之發端與擴充其愛情，就人類心理發達之次序而言，必自施諸最親近之人始。我國倫理以孝弟爲仁之本，而小學教育尤以注重鄉土之觀感，爲引起愛國心之基礎。但所謂自施諸最親近之人始者，係從根本上之立脚而言，非謂先愛最親近者而後其他也，亦非謂對親近之道德已備而始及其餘也。

欧美社会之制，与我国不同，因之而家族之制亦异，彼以个人为本位，重自立不主共产，故所谓家者，惟属于夫妇二人及其未成年之子女。我以家族为本位，严宗法、重男统，故女子不能袭产，妇人有夫死从子之训，而兄弟以析居为戒，又彼重血统，禁同胞兄弟姊妹相婚，至远者亦以三服以内之亲为限。我重父族，除同姓外，勿论何种之戚，皆可通婚，此皆各国历史风俗之殊尚，具有成立国家之特性，非可强为从同。然世运日趋于进化，一面宜发扬固有之良风，一面仍宜矫正其积弊，即如五世同堂、九世同居，我国向所称美者，此自道德上观之，诚可以敦睦谊、励薄俗。自事实上言之，则子孙众多、贤愚不等，必执共产之美德以相绳，反足以启乖离之渐，重损个人自立之精神，其关系非浅鲜也。又如同姓相婚，其生不蕃，古者种人之世，所谓同姓者，即就血统而言也，后世不推不蕃之义，徒泥同姓之文，以致通婚之制，虽甚疏远之族，在所必禁。而至亲之表戚（父系如姑之子女，母系如舅之子女、姨之子女），反无限制，夫亦不思之甚矣。

家族之制，为公共生活之始基，同饮食、同居处、同作同息，是公共心之见端也。家长有命，无敢抗违，是守法之见端也。一人有疾，举家不宁，是同情之见端也。扶老携幼，是秩序之见端也。男外女内，是分工之见端也。本此义扩而充之，视社会、国家如一家族然，则可以尽健全国民之本务。反之而薄行凉德，即为家族中不肖之人。孟子所谓："推恩足以保四海，不推恩无以保妻子也。"是以先哲垂训，知人情之对于亲近者易知易行也，故曰："施由亲始，知私于所亲者之足以妨公也。"故曰："善推其所为。"

家族又为人生幸福之原，所谓天伦之乐也。盖常人相处，每以利害为分合，朋友虽良，不能同聚于一室，惟家人终身不离，休戚之谊，息息相关。至于忧患方深，谋宽慰之方，操作既毕，求安息之所，亦以家庭为最宜。西儒有言，得和乐之家庭，勿论国王与野人，皆为最有幸福之人。孟子曰："父母俱存，兄弟无故，一乐也。"《诗》曰："妻子好合，如鼓瑟琴。"此其幸福非可偶然致也。非然者零丁孤苦，入室而无与告語，骨肉乖離，隨在而皆生荊棘，家庭以內，既不勝其隱痛，則對於人世之事業，非自消磨其取進之精神，即不足以博社會之信用。家族之幸福，關係於吾人者，豈淺鮮哉。

家族之幸福，人所以亟亟謀之者，以家族之組織，有一種固結不可解之情感，發見於天性者爲尤摯。人固當維繫其情，不使渙散，而又不可不各盡其情之所當，使適如其分而止，否則蔽於所私，將誤以宴安爲幸福矣。我國歷來陋習，嘗有國運昇平、家人熙熙極團欒之樂，一旦國家有難，遂不忍捐依戀之私，以盡瘁於國事。如杜甫《紀從軍詩》所云："爺娘妻子走相送，哭聲直上干雲霄。"直可爲吾國社會情形之寫照，求其如《采薇》之詩，能以"靡室靡家"、"玁狁之故"爲念者，殊屬鮮能之事，此謀教育者所以主張國民道德也。

大抵關於家族之道德，泥古者拘牽舊説，以長對於幼，夫對於婦，有無上之權利，或誤會行遠自邇，登高自卑之旨，以社會與國家爲不急之務，其失也急私而昧公，狥家而忘國，騖外者昧於自由平等之真義。忘父母之恩，蔑長幼之序，越男女之分，其失也。干名犯義、蕩檢踰閑，二者各有所蔽，其流弊所極，皆足以破壞道德。故吾人對家族之責務，當本倫理之真義，求實踐之方法，務以適於今日之用焉。

第二章　親子

事親宜孝，待子宜慈，此一定不易之道也。然如何而盡其孝之道，如何而盡其慈之道，各有相當之責務，不可不明也，今先言事親之責務。

報父母之恩，不可不盡心奉養之，養體不如養志，既述於前編矣，然二者不可偏廢。調其飲食，樂其耳目，安其寢處，冬溫夏涼，凡食用所需，苟爲力之所能及者，必備而無闕。親有疾則盡心調護，此養體之道也。體父母之心，一出言、一舉足，不敢忘父母。立身行道，揚名於世，以顯父母，此養志之道也。養體之道，有財者多能爲之。至養志之道，非性行純篤不能也。

養親之義既明，必持之以敬，而後不至恃親暱之私，疏忽以將事。故朝夕依處，昏定而晨省，出必告，反必面，應唯敬對，進退周旋慎齊，下氣怡聲，柔色以温之，然敬禮不獨施諸親身已也。見父之執，不謂之進不敢進，不謂之退不敢退，不問不敢對，所以敬親也。父母之所愛亦愛之，父母之所敬亦敬之，亦所以敬親也。

逆親之意，不可謂養志。怠親之命，不可謂敬。故從順尤事親必要之道也。人當幼時，飲食教誨，無一不依賴於父母，其當從順勿論矣。及於成年，力能自立，然少年人之所經歷，不必能及長者之富，欲有所爲，以時請命於父母，不惟以悅親心，實有當於事理也。

順從父母，非僅求之於言色間已也，必親有命而毅然行之，親有戒而翻然改之，始以和順之容承其意，繼以黽勉之心力於行，斯可謂能盡其道矣。若親昧於一時之利害，命令與訓誡，或不衷於理，當婉言愉色以受之，不可持之過激，致傷父母之心。魏顆之不從亂命，孔子曰："事父母，幾諫。"處之有道，故不背乎順親之旨也。

尤有辨者，公私之義不可不明，《禮》曰："父母在，不敢有其身，不敢私其財。"此蓋示人子以不可自專也。又即父母存，不許友以死之義，夫徇朋友之私感，而致父母無侍養之人，誠不免輕重倒置。若夫國有急難，而執此爲訓，使爲親者不能以移孝作忠勉其子，是赴公家之急者，惟屬於無親之人，國尚可以保存哉。曾子曰："戰陳無勇，非孝也。"汪踦以童子死國難，孔子稱之，知此則貪生吝財者無所藉口矣。

對子之責務，不外乎教養二事，而能盡其道者甚鮮。蓋人莫不知子之當教養，往往以溺愛之私，遂誤其教養之方。其養也恣口體之好，以壞其自立之基。其教也或因期望之切，而督責過嚴，致戕賊其身體。或因愛惜之深，而寬縱太甚，致自隳其學行。故養子之道，在子未成年時，盡俯畜之責，仍當養成其自立之能力。教子之道，子未達學齡時，當注意於家庭教育，示以良善之模範，施以適當之教訓。既達學齡，當使受學校教育，以完全其國民之修養。

溺愛固非能盡責務者也，然視子爲親之私有物者亦非。世有溺嬰於河，棄兒於道，或子達學齡，不使就學，或驅幼兒使作苦工，此雖迫於境遇之貧困，然子雖爲親所生，實亦社會之一人、國家之一民，非親所得而私有也，以私人之便利，而犧牲其子女，不惟違背人道，亦國法所不容矣。

抑我國習俗不經之語，有不可不辨者，其一爲親者，多望子之富貴而已能爲享福人。夫養親之責，人子固不可忽，然恃贍養有人，遂可安坐而不事事，不惟養子本非債券之資，而自弛其責，亦有虧於社會國家之任務，非國民所當出此也。其一曰："天下無不是的父母。"此在子之事親，當盡順親之本務，固不可存不是之心。在爲親者，惟當正其身以爲子之模範，而不可謂己之言皆可則，行皆可法也。孟子所謂："身不行道，不行於妻子，使人不以道，不能行於妻子也。"使自居於無不是，尚安有當盡之責務乎？今日之親，即前日之子。今日之子，即未來之親。安可不各盡其責務也？

第三章　兄弟姊妹

次於父母而最親者，爲兄弟姊妹。《語》云："兄弟如手足。"又云："人生最難得者是兄弟。"蓋以兄弟姊妹之情，不同於常人，而兄弟相友，尤足以安慰父母之心。此言人倫之道者，所以孝弟並列也。

兄弟姊妹之相愛，本根於人性之自然，《詩》曰："死喪之威，兄弟孔懷，原隰裒矣，兄弟求矣。"蓋誼至切者斯情尤親也。然不維繫其篤摯之情，或至漸乖其友愛之誼，何也？親暱相習，易生輕侮，婚嫁以後，各營其室家之私，尤易乖離。末世之人，往往以兄弟之親，而反視路人不若者，職此故也。夫以同處於一社會之人，尚有同憂樂共休戚之義，況誼同一本？回溯幼時同寢食、同遊息，朝夕與共之情，獨不動其依依之感者，豈人情也哉？語曰："一斗粟，尚可舂，一尺布，尚可縫。"梭格拉底曰："獨居之樂，不如與人共生活，況在兄弟。"又曰："兄弟姊妹，一父母所生，一家庭所長，禽獸猶愛其類，而況於人？"兄姊年長，弟妹待之，當致敬盡禮，兄姊有所訓誡，必從命惟謹，即言不中理，亦當諒其愛弟妹之心而順受之。若兄姊之於弟妹，當盡保護勸導之道，勿挾長而以暴慢臨之，尤宜以身作則，爲弟妹之表率。不幸父母早故，即當代父母而負教養之責。至於兄弟之於姊妹，尤有特殊保護之責務，又我國女子，無享受家產之權，如姊妹既嫁後，家貧不足以自給，或因故破產，不可不資助之。

昔司馬溫公之兄伯康年將八十，公奉之如嚴父，保之如嬰兒，每食少頃，則問曰："得無飢乎？"天少冷則拊其背曰："衣得無薄乎？"其愛兄之篤如是。李勣貴爲僕射，姊病，親爲煮粥，姊曰："何爲自苦如此？"勣曰："姊年老，勣亦老，雖欲數爲姊煮粥，豈可得乎？"其敬姊之誠如是。壽昌爲郡守，迎其同母弟歸，母卒，拊其弟妹益篤，爲買田宅居之，其待弟妹之摯如是，此皆吾人所當取法者也。

我國四萬萬人民皆稱同胞，所謂全國之人皆兄弟姊妹也。以一家之友道，推之於一國，即平日或因事故，意見不齊，一旦對外有事，不可不本兄弟鬩於牆外禦其侮之心，協力以當外患。若兄弟姊妹之間，猶有憾德，而謂真能待國人如同胞，以致力於國者，未之有也。

第四章　夫婦

一國之本在家，一家之本在夫婦，故夫婦之道，爲人倫之大本，而家境之苦樂，尤隨夫婦爲轉移。孟子曰："人少則慕父母，有妻子則慕妻子。"朱子曰："聽婦言，乖骨肉。"故家庭之釁，多起於婦人，而夫婦不相得，時起詬誶，尤爲室家凌替之兆，此夫婦之責務所以重要也。《中庸》有言："君子之道，造端乎夫婦。"

夫婦之道，以維繫其愛情爲主。夫聯異姓爲一家，而有休戚與共之誼，若彼此無真摯之愛情，而僅繩以名分，勢必至男有逞其凌辱之勢，女或不能盡從順之德。即強相依倚，或憎惡之情，見於辭色，或隱忍茹恨，抑鬱以終，既損生人之樂趣，即無以圖家族之繁榮。若欲盡其道，當慎婚姻。我國婚禮向由家長主婚，自歐化輸入，或鑑於夫婦道苦，有主張自由結婚者，二者皆原於風俗習慣之殊尚，得失可不具論。惟我國婚姻之弊，實以幼聘為一大原因。夫童年許婚，本非古制，習俗相仍，昔賢所戒。使屆婚嫁之年，而興媒妁之議，父母即不賢，未有必欲拂子女之意者。子女即不能自主，未有不可以己意達之於親者。不求其致弊之由，而徒斤斤於利害之爭辨者，尚非探本之論也。若語其變例，則西俗尚自由結婚，有時不免於父母之干涉。我國尚家長主婚，而舜之不告而娶，孟子不以為非。《詩》曰："娶妻如之何？必告父母。"信斯言也，則所謂家長主婚者，猶父母在人子不得自專之義，非如世俗之訂婚，子女竟不得與聞其事也。孔子之父叔梁紇求婚於顏氏，顏氏有三女，其父問曰："孰能為之妻？"長次二女皆不對，小女徵在對曰："從父所制。"父曰："即爾能矣。"遂以妻之。觀於大舜之娶，是父母對於子女之婚姻，不能有不正當之處置，觀於孔子之母之嫁，是子女之與聞婚姻，實為正當之理，欲全夫婦之道，可不以此為法乎？

夫婦不可不相愛固已，然愛之極者易流於狎，又不可不持之以敬，以保其守禮之良風。《禮》曰："戒之敬之。"此雖為女子而言，而男子之待其婦，亦當如是。梁鴻舉案齊眉，郤缺相敬如賓，君子稱之，此可以為法也。

一家之事，待夫婦而理，必互相勤勉，而後家業可臻於隆盛。《詩》曰："女曰雞鳴，士曰昧旦。子興視夜，明星有爛。"若夫夫婦之間，偶有過失，當婉言相勸，期無失於和好。《詩》曰："黽勉同心，不宜有怒。"

又女子之處事，往往因思慮狹隘、感情褊淺，而失其中正之道，為夫者當修德明行，以身作則，而資其觀感。《詩》曰："刑于寡妻，至于兄弟，以御于家邦。"吾國社會之弊習，有急宜改者，一曰蓄妾。夫女子之操，貞固為重，男子何獨不然？婦死續娶，理不為非，若廣蓄姬妾，以求娛樂，匪惟法律道德所不許，使因此而夫婦反目，實室家乖離之漸也。二曰早婚。古者男二十而冠，女十五而笄，婚嫁之期，實有定限。

至風俗偷薄，或謀生計之便，或狥情慾之私，早婚之事，遂以日多。夫身體發育，本有一定之時期，不及期而婚，是衰弱國民之朕兆也。至於以婚嫁之早，曠廢學業，尤少年人所當戒也。

第五章　祖先及族戚

生我者父母，溯而上之，則父母之前有祖先，以事父母之道事其祖先，實吾人之責務也。

祖先而生存者，侍養之責，當盡其道，惟祖孫年齡懸隔，相依之時日甚短，隔代愈遠，或並音容而不得聞見，代愈遠則情愈疏，人之常也。夫木有本、水有源，無祖先何以有吾身？思家業之所由立，則報本返始之情，當有不容自已者也。故對於已沒之祖先，或祠祭、或掃墓、或瞻像膜拜，歲時饗祀，必致其誠。此之所爲，所以表不忘之至情，非求慰死者之靈以邀福也。曾子曰："慎終追遠，民德歸厚矣。"

雖然，敬祖之道，僅於禮節求之，猶未足以盡責務也，必修德慎行，勿墜遺業，更發揮而光大之，以振家聲而揚祖德，否則祭祀雖豐潔，猶虛文也。《詩》曰："聿修厥德，無忝爾祖。"

由祖先之血系而推，則有宗族，宗族即由一家之蕃衍而分出者也。宗族之分際，雖稍有親疏之殊，要皆共一本之誼。范文正公曰："宗族甚眾，祖宗視之，均是子孫，固無親疏也。"斯言可深思也。其有昧於尊祖親族之良風，而啟種種之紛爭者，如祭祀之田，因以爲私利，或因遺產而爭繼嗣，或藉義田之贍，而怠惰散逸，不事生計，皆所當戒也。

我國尚宗法之制，國民尊祖與親族之思想，極爲發達，此固有之良風，世界無與比倫。擴尊祖之思想，則子孫追念前人創業之艱難，而不敢隳其遺緒，欽慕前人立功之偉大，而思有以振厥家聲。推此以愛國，必能保國基而揚國威，擴親族之思想，則建宗祠，訂譜系，以聯同族之誼。立族規，以保同族之秩序。置義莊，以興同族之義舉，卹同族之急難，推此以講求地方自治，必能敦睦誼而謀公益。世衰道微，古制日斁，而社會國家之責務，又未能盡一般之人，而心知其義，以致道德墜落。國勢凌夷，論者不知善推其所爲，乃謂保守之習原於尊祖，國家觀念之薄，由宗族觀念之重，豈知本之言哉！

同宗曰族，若異姓而與我有骨肉連繫之緣者曰戚，睦婣與卹族，其責務大體相同。雖族戚之人，貧富貴賤不等，而待之之道無殊，不外於共往來、通有無、危難相救、窮困相卹、吉凶相慶弔。《坊記》云："君子因睦以合族。"孔子曰："睦於父母之黨，可謂孝矣。"

第六章　傭僕

傭僕本與家人不同，然助理家事，關係至切，待之不得其道，影響及於家庭者亦大，故其責務不可不明也。

同此平等之人，而損其身體、意志之自由，以服役於人，其遭際寧不可憐？爲之主者，當存矜憐之心，勿過勞其體，勿任意斥責，且宜知受雇之人，以勞力而受雇，其身分非本賤也。又宜量其勞力，與以相當之值，苟有餘暇，當使之習學問、技藝，以修養其人格。若爲習藝而來者，如徒弟之類，尤不可以僕役待之。至使用傭僕，當持大體而略小節，又當設身處地，分配以適宜之事務，更予以正當之指揮，斯措置悉得其當也。

雇傭所以節勞，非徒謀己身之安逸也，嘗見富貴之家，僕役成群，專備伺候之用，既賤使人類，復自逸其身，非治家之道也。而少年人尤當習於勤勞，不可慣用僕役，呵叱凌辱，更傷德性。昔陶淵明爲彭澤令，不以家累自隨，送一力給其子，書曰："汝旦夕之費，自給爲難，今遣此力，助汝薪水之勞，此亦人子也，可善遇之。"吾人當以爲法也。

選擇傭僕，固以勤能爲要務，然僕役之人格，尤關於家庭之風範，乳母之容儀，最足以感化子女之性情，其關係之大勿論矣。即平常之傭僕，苟虛狡性成，大之可以刁唆是非，小之欺飾矇蔽，亦易誤事，不可不慎也。

至僕之於主，亦不可不盡其責務，其要有四：一順從命令，二勤慎從事，三操守必廉，四不問監督之有無，當盡忠實之道。若夫感戀主恩，終身隨侍，或值主家危難，挺身捍衞，此則難能可貴之事，亦人之所當自勉者也。

第二編中　對己之責務

第一章　總論

己者家族之一人，國家社會之一分子也。一方賴有家族、社會、國家，而後己因以生存，一方又賴有己，而後家族、社會、國家可以發達。己與家族、社會、國家之關係，如是其密切。就大體言之，凡家族、社會當盡之責務，無一非己之責務。就事項分之，有屬於家族、社會、國家者，有屬於己身者。屬於家族、社會、國家之事，當由己盡其責。屬於己身之事，其責任更無旁貸明已。

屬於己身之事，大別之為三：一關於身體上之事，二關於精神上之事，三關於生計上之事。三者缺一，不能存於今日之世。然欲使三者當盡之責，務各衷於至當，必準道德以為衡，斯能盡為己之道也。

第二章　身體之保衛

第一節　生命

人生之活動，表示於外形者為身體之作用，其所以有活動之作用者為生命，惟萬彙雜處，有益於己者，即有妨於己者，其與事物相接，真理所在，私欲亦伏於其中。人皆知自愛其生命，而求真能保全之道，蓋未易言也。害生命之事，如危險、災害及病源等，不可不慎而防之。雖此等之事，或有時出於人之所不及防，夫事至於不及防，此無可如何者也。苟為己之所能知而可防者，即宜預盡其防之之道。孟子曰："知命者不立乎巖牆之下。"生命之戕於外患者易防,其戕於自戕者難制,自戕之事不一,如過勞、過憂、過懼、過憤、過悲等,皆足以戕生。最下者莫甚於營情私欲,如或以賭博,或以鴉片,或以酒色,或以嬉戲徵逐,耗有用之精神,狗無益之嗜好,至亡身而不悟,此可爲歎息者也。《書》曰:"内作色荒,外作禽荒,甘酒嗜音,未或不亡。"

又世俗之人,當罪無可逭,或冤無可白,或窮困無聊,多有陷於自殺者。夫人誠有罪,非自殺可以贖其罪,苟能自新,未始不可以稍彌前愆。若因人事之逼迫,尤當忍辱茹苦,以不撓不屈之精神,排去一切之障礙,留此身以有待,而不可自戕其前途也。

吾人生斯世間,除其幼稚與衰耄之期,其得稱爲强壯有用之年者,曾幾何歲月。莊子曰:"其生也有涯,其知也無涯。"生之有涯,吾人所無可如何也,若並此有涯之生,亦不保其壽俞,寧非憾事?觀古今人類,因壽命之夭折,不能著大名立大功者何限?而此壽命之夭折,復無關於定數。歧伯有言:"食欲有節,起居有常,不妄作勞,故能形與神俱而盡,終其天年。今時之人不然也,故半百而衰也。"

抑保全生命者,重生命之存足以利世也。與貪生不同,古今立大功成大業之人,多恃有不惜生命之心,故能履艱險而如夷,蹈白刃而不懼,況今世競爭之烈,以尚武爲國民之精神,使無致勇敵愾之氣節,鮮有致之危地而能存者。故人之生命,一方當保全之,以爲任道德事業之本;一方又當爲道德事業之故,有時直犧牲其生命而有所不辭。孟子曰:"生我所欲也,義亦我所欲也,二者不可得兼,舍生而取義者也。"

第二節 健康

生命之重固已,使非健康之躬,則身體羸弱,難勝艱鉅,精神委靡,不耐深思。甚至沈疴纏綿,毫無生人之趣。雖留此七尺之軀,曾何補於人世乎?此《洪範》言五福,所以康寧與壽並列也。

吾人之學問事功,無一不出於精神。精神愈强,則所成就之學問事功愈大。然健康之精神,寓於健康之身體,未有身體不健康,而能肩重任而不懈者也，此猶爲一身言也。若遺傳及於子孫，家族必受其禍，疾病相尋，不能執行業務，則貽累於社會，形同殘廢，不能執干戈以衛社稷，尤爲國家衰弱之原。健康之關係，如是其重，此謹於攝生，勤於體育，所以爲師範生之要務也（師範學校規程）。

保持健康之道，必注重衛生。衛生之道，前於第一編衛生章已略述其概，不必贅論，茲所注重者，一當知保持健康，宜形神交養，太史談有言：「凡人所生者神也，所託者形也。神大用則竭，形大勞則疲，形神離則死。」二當知嬉戲逸樂亦有妨於健康，蓋過逸與過勞，其害正相等耳。故世間習於偷惰之人，腦力未有不弛鈍，筋骨未有不疲頓者也。人多知飢寒之足以傷人，而不知飽暖亦足以誤身。彼富貴家之子弟，多無所成者，大都因飽暖而貪逸欲有以致之也，顧可忽乎？

第三章　精神之修養

人既能全其生命，且維持其健康，於保護身體之道，誠已備矣。然人所以能爲萬物之靈者，非恃此強健之身體，而賴有高尚之精神。世界觀與人生觀，爲精神教育之本（師範學校規程），欲修養精神，當留意於此也。

精神之作用，大概分知力、感情、意志三者，有領受知識辨別事理之作用者曰知力，應一切事物而生快不快之作用者曰感情，斷定可否且有指導行爲之作用者曰意志。就三者之性質一一推究其作用，此心理學所有事也。茲從倫理方面觀察之，惟就作用所表示者，求盡其修養之道，即啟發其智力，陶冶其感情，強固其意志是也。

第一節　知力

知識者精神之食物也，知識不足，則精神不能發達，猶食物不足，身體即不能遂其生長也，故吾人當日求知識，以供給精神之需要。

近世文化之發達，皆原於人類知識之進步，故文明事業競爭愈烈，則謀所以瀹其知識之方者，亦日新而月異。人苟無相當之知識，不惟不發展其能力，且不能生存於今日之世，此各文明國注重教育，競以啓發國民之知識爲務也。

吾人求知識之發達，不可不養其知力，養知力之方有二方面：就實質方面而言，當應時勢之要求與人生之要務以求知識。就形式方面而言，當練習覺官、記憶、概念判斷、推理之力，使外來之知識，容易領受，且融化於心中，而應用於實際。學生當求學之期，即爲將來事業之本，於養成知力之方，烏可忽也。

第二節　感情

情之生也，其起於人之避苦求樂之感乎。人惟有避苦求樂之感，故生種種之欲望，而欲望爲引起吾人行爲之原因，其中有卑劣者，有高尚者，有原於肉體而生者，有原於精神而生者，若任其自然，至是非善惡，無所抉擇時，每易陷於下流而不自覺，故人欲抑制卑劣之欲望，不可不養成高尚之情操。

高尚情操中，特宜注意者，爲道德之情操與美之情操。

道德之情操，與好善惡惡之感情，屬於良心之作用。觀古來之聖賢豪傑，蹈白刃赴水火而不恤其身者，彼豈不知白刃水火之爲害哉？道德之念強而無物可以抑之故也。故有道德情操之人，必爲道德而後其心始快而安。若使之爲不道德，必生種種之不快，而不能安於心，是以因應事物，常嚮道德之一方面而行，若有不容自已者也。

美之情操，爲愛美之感情，即從山川之妍麗，風月之清佳，花木之芬芳，繪畫、音樂、文學等之趣味，而陶淑其性情者也。此雖若與人無直接利害之關係，然因美感之涵養，可使心情優美，袪其鄙野暴厲之氣，其爲益正不淺也。況今日文化競進，人皆汲汲於事業學術，日夕不遑，非濟之以閒雅之娛樂，不足以清新其神志而增進其興趣耶。

人世之最足移人者，無如感情之作用。古之立大節成大業者，其精誠所至，足以感天地，泣鬼神。而頑廉懦立，雖百世下對於其人，猶有興起之效。吾人試讀偉人之傳記，不勝歌思泣懷之感，瞻先哲之遺像，即生追慕景仰之思，凡此皆情爲之也。充斯情以爲用，則世間之學術事業，皆可謂爲情之產物也。

感情又愛之母也，孩提之愛其親，情也，惟有情而後父子相親，兄弟相友，夫婦相悅，朋友相善。推而至於國家、社會，相維持，相扶卹。更推之而愛世界人類，愛萬有物類，皆一本乎情之所發生而已。情之爲用顧不大哉？

雖然，情之用至大，然任情不可也，若任其所之，將如脫絆之馬，不知其所止，必致出乎範圍之外，而有違反道德之舉動，故當以知力制馭之，使情之發生，皆循乎正中之軌。《中庸》所謂："發而皆中節也。"人當少年時期，感情方熾，稍縱即逝，不可不求正確之知識，以指導感情之作用也。

第三節　意志

意志者行爲之動機，行爲即意志之表示於外者也。不表示於外，人或莫窺其意志之所在，然無意志以爲之主，則行爲無自而表示。故雖知識如何賅博，感情如何熱誠，苟意志不立，未有能見之行爲者也。人之生也，不能無所爲，而爲其所當爲者，是謂道德。人所以有所爲有所不爲者，即意志之作用也，此論行爲者所以必重意志也。

就意志之力，而完其道德之行爲，其作用有二：一發揚力，即爲其所當爲者是也。一抑制力，即不爲其所不當爲者是也。有發揚力，則不顧目前而忽將來，不計小利而忘大害。有抑制力，則內不耽嗜慾，外不被誘惑，人欲修養其意志，不可不於此二者加之意也。

吾人於所當爲與所不當爲者，欲一一期於實行，不可不強固其意志，此當注重者有三：一自信心之修養。人無自信心，則己所知者不能確有主張，己所思者不能措諸實事，而意志之自由，將無自而保持。《易》曰："確乎其不可拔。"此自信之堅定者也。語曰："當斷不斷。"此自信之薄弱者也。西哲有言："吾愛吾師，吾尤愛真理。"可知自信之力強，無物足以移之也。二勇氣之修養。既自信矣，若不鼓其勇氣，必有因進行之困難，而自生畏沮者矣。惟奮其一往直前之概，斯天下無不可成之事。路德之攻擊舊教，觸法網而不顧，哥崙布之發見新世界，涉重洋而如夷者，皆賴勇氣以帥之也。三堅忍力之修養。果於自信，勇於進行，似若可爲矣。然使無堅忍之力，或事廢於半塗，或功虧於一簣，亦不能期其有成。《易》曰："貞者事之幹也。"吾人生斯世間，名可倖獲，事業未有能倖成者，勿論如何事業，其進行之程，必無平平坦坦之道，可以任其所之，惟百折不回，斯終能達其究竟。苟欲事之有成，烏可不富於堅忍之力乎？此三者之修養俱備，則意志於以強固，意志既強固，則當爲者無不爲，不當爲者斷未有爲之者也。

雖然，人欲強固其意志，必先充其知識，正其感情，而後意志之發動，皆衷於至當。若逞一時之狂熱，則意志爲不正之感情所誤，或冥頑固執、謬解事理，則意志爲不充之知識所誤。孔子曰："毋意。"孟子曰："持其志，無暴其氣。"知此則意志之修養，不可苟焉已也。

第四章　生活之準備

第一節　技能

自世界進化，物質文明日益發達，技能愈形其切要，其資以應用者，今與古亦不盡同。我國學者向來專尚記誦之學，以治生爲不急之務，因是於應用之技能，絕不措意，世俗往往譏書生爲無用，非無故也。是則矯習俗之弊，盡爲人之道，技能一端，誠未可以其末而忽之也。

技能之關係人格者甚大，人立身於社會中，苟有異能，雖微末之技，亦足見重於社會。若無一藝之長，雖麗都其衣服，修飾其容貌，世未有不鄙夷視之者也。周公之聖，以多材多藝著稱。孔子論士，亦有"游於藝"之言。人之當尚技能，於此可見已。

技能有專門與普通之別。專門之技能，人所資以爲業者也。語所謂：

"積財千萬，不如薄技在身也。"必各就所長，從事於專門研究，而後可以應用。普通之技能，人生現世生活之必不可少者也。如書法技能，交際所必需。珠算及簿記技能，家事所必需。音樂技能，爲陶冶性情之具。圖畫技能，爲描繪事物之用。此外如拳法、遊泳術、鎗之射擊法，爲防身必要之技能，亦不可不預習者也。

第二節　職業

第一編言自立，於人當自立之道，與選擇職業之要，已説明其故矣。兹所論者，吾人當知職業之關係，不僅屬於一己之利害，即家族、社會、國家亦受其影響，蓋無職業則内不能贍養其家族，外足以損社會、國家之福利。故家多閒人，其家不昌。國多遊民，其國必貧。各國之所以日企於富强者，皆由於人人有職業之故也。

世間之陷於無業者，大抵皆遊惰無能之人。貧者遊惰，必陷於困窮勿論矣。即在襲産甚富者，使日事嬉遊，不治生産，亦足以傾覆其家，縱令不陷悲境，然怠棄責務，實爲社會之公敵。此人之當有職業，所以無貧富之別也。

雖然，職業固所當重，然不可不知者，一不可操不正之業。如國家申禁烟之令，而人民私運以牟利。二營業不可有不正之行爲，如傷害風俗之著作，冒牌作僞之貨品，凡此皆從事職業者當以爲戒者也。

經營職業，不可不求適當之修養。如學生畢業於學校，或遽出而謀職業，當就所操之業，從事於補習，或更進而修專科之學，亦當預計將來之職業，而精究其學術。至品性上之修養，不外乎一般之道德，不具論也。

第三節　資産

人有職業，可以自立矣，惟人事之變遷無常，從事職業，不能有盈而無絀，在贏利時，固無慮其不足，若有變故，無力以自持，是仍不免有陷於墮落之時矣，必積有資産，然後有備而無患。此所以次職業而論資產也。

　　資產者所以維持己身及父母、妻子之生活，兼供不時之需，又爲社會、國家保持安寧增進福利之本，何也？今世交通頻繁，經濟界之影響，大有左右社會國家之勢。一己之富，即爲一國之富，使一己富，即所以富其國也。從事資產，不外第一編所言儉約與貯蓄之道，故人不可不量入爲出，留有餘以備不虞。

　　資產關係於人之品性者甚大，人欲保相當之分位，不可不謀相當之資產，所謂衣食足而後禮義興也。彼因遊惰無能，而陷於可悲之境者勿論矣。若夫勤於職業，祇以不善積蓄之故，至事變之來，不能不依人以生活，寧非可恥之事？此資產之所以可貴也。

　　雖然，資產固可貴，若汲汲於貨財，或壟斷爲利，或私受賄賂，或吝嗇而不顧大義，皆背乎道德者也。背道德以求資產，君子所不爲也。

第五章　　教師之修養

第一節　　品性之修養

　　教師者國民之母也，健全之國民，首貴具有善良之品性，而養成其善良之品性，教師之責任也。欲盡其責任，是必於人生應備之德，躬行實踐，使足資爲模範外，更有精神之感乎，以堅其信仰之誠。蓋教育之事業，任重而道遠，非可汲汲於名利也。故爲教師者，惟當圖學術之發展，而不可競政治之勢力，是以學師範之始，即宜永矢從事教育之宏願。受事以後，不可計薪俸之厚薄，不可擇地方之貧富，非有正當之故不可輕去其職。尤不可依附政黨，以鞏其地位。而對於所任之事，必以勤勞自處，誠懇待人，能勤勞則熱心足以使人敬，能誠懇則能得人之同情。孔子誨人不倦，循循善誘，由斯道也。又宜公平正直，一言一行，無稍苟且，且不可挾一己愛憎之見，否則易啓不信之感。孟子所謂："夫子教我以正，夫子未出於正也。"至關於一般之道德，不外如普通所述，不具論焉。

第二節　智識之修養

教師爲盡其教授之職，不可無適當之智識，其求智識也，先當於普通學科，悉心研究。蓋小學教師，嘗有擔任全級之事，一科之學不具，即不能完其職務。然學科既繁，學習之時有限，何能盡企深造，又必宜就小學所適用之教材，爲相當之研究，而後可以致用，此不可不注意者也。

教師所得之智識，不僅供已之用，又將以傳授於人，故於學之中，必更爲術之研究，此術即各科之教授法也。研究教授法，不僅就各科之教材與教法，詳加討論，且宜就與教育相關聯之學科，如心理、生理、論理等學，一一求其心得。學理既明，更宜從實地考察之，或參觀，或練習，以增其經驗。如是而師範生之所學者始有效矣。

世運進步，月異日新，學問其最著者也，而術之變化尤甚，往往有今日所學，明日以之教人，即更有新式之發明，爲所不及知者，故教師宜常求日新之智識，不可故步自封也。

不但此也，當教授之時，宜於事前就本時間之材料與方法，爲適宜之準備，事後就兒童領悟之情狀，與施教之經歷，爲適宜之審察，苟有所得，即加改良。若反之已而無心得，授之人而不生興趣，斯有負於教育之責任矣。

第三節　形式之修養

形式之修養，最要者爲教師之態度與動作，此於感化兒童之效甚大，不可忽也。關於道德問題，不外如普通所述，茲惟就教授與訓練時，所表示之象述之，略舉其概，一容色宜和藹，二姿勢宜活潑，三動作宜立於兒童中心集注之地，皆師範生所預宜講求者也。言語之表示，於教授之影響頗大，教師欲傳達智識於學生，苟非善於說辭，其收效恒小，故語言不可不明瞭正確，且宜去土音訛語，示厥模範。至於發音之高下、疾徐，尤宜因應適宜，以引起學生之注意焉，此非於平時練習之不爲功。

第三編下　對人類及萬有之責務

第一章　對人類之責務

　　人類相處，勿論家族有親疏，社會有差等，國家有與國敵國之不同，但既同爲人類，其相待之道，不可不盡人道之本務。

　　對人類之責務，不外於謀人類全體之安寧，且圖其進步發達，使人類同進於福利。故當本對家族、社會之道德，進而以之對一般之人類，即孔子之所謂"大同"，西哲之所謂"博愛"是也。此義原於世界觀念之發達，與愛國心初不相妨，何也？吾人爲國家之一人民，亦即爲世界之小體。自爲國民而言，誠不能視他國如己國。自爲人類而言，則世界之人，初無彼此之殊也。子夏所謂"四海之内皆兄弟"也。

　　我國一般人民之思想，大抵對於家族甚厚，至對於他人則已薄矣。對於有直接關係之小團體，頗能忠實，至對於國家則漠不關心矣。對於國人，或表示其親愛之情，至對於外人，則因種族不同、言文不同、教俗不同，不免歧視之矣。前二者由於不明社會、國家之責務，後者則原於無世界之觀念。不明社會、國家之責務，不可以爲人。無世界之觀念，亦不能盡爲人之道。故近世文明國民，頗注意人道主義，以發揚人類之道德，如紅十字會之設，立乎兩軍之間，以掩埋遺骸、救治傷病爲務，不問其屬何國人也。又如各國有災，互相助賑，兩軍交戰，不虐俘虜，皆重人道之明驗也。

　　然對人類之責務，猶有不止此者。吾人生於今日，受此文明之賜，無一非全世界之人類，各竭其心思才力，辛苦經營，以遺此精神上或物質上之成績。觀於古來之學術、事業，既日新而月異，以有今日，則後此之發達，正無窮期。是則開物而成務，以謀世界文物之進步，使後之視今，亦猶今之視昔，吾人烏可不自勉哉？

第二章　對萬有之責務

人類與我同類者也，吾人對之，誠有當盡之責務。若世間所有之物，雖不能比於人類，苟觸接於吾目中，固不能謂與我無與者也，此對萬有之責務，本編所以最後論及之也。

推同類相愛之心以及異類，則吾人對於他動物，不可不有愛憐心。夫鳥獸蟲魚，各有生命，其爲人所用者，固當愛憐之。即不可爲人用，苟非有害於人，亦不可殘害之。仲尼之畜狗死，使子貢埋之，曰："吾聞之，敝帷不棄，爲埋馬也。敝蓋不棄，爲埋狗也。"聖人之愛物，對於已死者尚如是，對於生者可知已。

然愛物非如釋氏之戒葷腥也，《禮》曰："無故不殺生。"孟子亦謂："君子遠庖廚。"此特爲養其惻隱之心耳。若資物以養身，固不能禁而不爲也，至於撲滅有害之物，尤與愛物心不相妨害，此禽獸偪人，益烈山澤而焚之。吾人至今頌其功也。

害人者去之，其無害於人者，不可不更盡保護之責。動物勿論矣，若植物資料足以裨人之實用，形體足以供人之玩賞，欲遂其生長，當加以培植，《月令》於孟春之月，禁止伐木，毋覆巢，毋殺孩蟲、胎、夭、飛鳥，毋麛，毋卵，皆所以盡保護之責也。

不特此也，吾人尤當利用萬有之物，以促進社會之文明，如畜雞養蠶，必盡其道，皮角齒牙，各適其用。又如植物之原料，無生物之品質，以及自然現象，皆利用其自然力，以供人生之用，斯吾人當盡之責務，於以完備，可不勉哉。

附　　錄

目　　錄

來函……………………………………………… 3679
　黃炎培致李廉方……………………………… 3681
　林翼中致李廉方……………………………… 3682
　周邦道致李廉方……………………………… 3682
　孟憲承致李廉方（一）……………………… 3683
　孟憲承致李廉方（二）……………………… 3684
　王世杰致李廉方……………………………… 3684

評介……………………………………………… 3687
　一個有趣的教育實驗………………………… 3689
　開封的教育實驗……………………………… 3694
　李著《改造國語課程第三期方案》出版了……… 3694

李廉方作品索引………………………………… 3699

來函

黄炎培致李廉方[①]

廉方先生左右：

馬先生下訪，惜未及晤，甚歉。留下尊書，敬閱悉。農村復興改造，囂囂政客之口，僕僕吾徒之身。他們所患，大而蹈空；吾們所患，踏實而小。然吾們不自小，吾們理想：把吾們所幹種種在鄉村造成一軌道，使一般區長依之以行；在縣區（例如鄒平）造成一軌道，使一般縣長依之以行。譬如三十年前，各地欲興學而不知什麼樣辦，教室呀、講壇呀、黑板呀、課桌呀、課本與教本呀、教具呀，乃至點名表、教案、學籍簿呀，今則頭頭是道，一說學校，人人都知應該怎樣怎樣，恍惚有條軌道在吾面前，三十年前不知也。希望縣政鄉政之改良，經若干時間試驗、提倡、鼓吹後，也造成這樣軌道，並且預料一定可以造成這樣軌道。不過有一點，千萬莫踏興學覆轍。興學進行的軌道，則有之矣。可惜沒有羅針，或雖有而不正確，或確而不定（以私人急求爲我用故），以致所造軌道，僅成形式上之裝潢品，於實際效用上甚少貢獻。吾們辦農村事業，尚在初步，須得大大注意。

有一點，吾們認爲非常危險，即萬萬不可因農村鬧改進，而誘使一般農民，厭棄其僻陋的固有生活，而傾向於都市文明化，生產未能增進，而欲望已激增。目睹下鄉傳布文明的大先生們，個個衣飾多麼漂亮，享用多麼豐美（都從他們眼中看出如此，在吾們已自稱農村化）。因之而農之子不安於農，那就把吾國幾幾滅亡而還沒有滅亡，所僅有的生命根原，澈底斬斷，那吾輩殆不免成爲第二大罪人了（學校到此地步，已有第一大罪人在）。吾爲此懼，吾們不敢不從事，而不能不以全力預杜此弊。

先生學驗俱豐，思深慮遠，對此以爲如何？辱問，敢貢一得，尚求

[①] 原載《開封實驗教育月刊》第1卷第1號，1933年10月。

答教。手頌
　　大安

　　　　　　　　　弟炎培上　二十二，十，十五

林翼中致李廉方①

逕啓者：
　　現據報載，略謂貴區爲改良教育起見，劃定開封城東二里餘之大花園村爲教育村，教學廢除課本，實行短期義務教育，準備三學期完成四年課程，試驗亦有顯著成績等語。敝所爲訓練辦理自治人員，欲其得改良教育之方法，以冀其將來普及鄉村教育而啓教鄉民知識起見，對於貴區現行之計畫，極表同情，且欽佩無已。雅欲惠賜南針，藉資借鏡。倘承不棄，務祈將最近之方法，及新編之教程，與夫講義、教材等，盡量寄下，以資研究，並祈見覆是荷。
　　此致
　　開封教育實驗區

　　兼廣東省地方自治工作人員訓練所所長林翼中　二四，一，二二

周邦道致李廉方②

廉方先生長者閣下：
　　辱損書，敬悉。我公發明之二重制，又親辦二校實驗究竟，並卓成效，遥企嵩雲，曷勝欽敬。行見真正的實驗教育，將以汴垣爲策動地矣。

---

①　原載《開封實驗教育季刊》第1卷第2號，1935年4月。
②　原載《開封實驗教育季刊》第1卷第2號，1935年4月。

承惠尊著均已先後奉到，小學國語課程改造方案獨具隻眼，與衆不同，踏實穩當，最適合吾國目前之需要。模仿抄襲他人所有，如數家珍，而漠不知其祖國者，寧不愧煞？《江蘇教育月刊》編者屢囑撰稿，日前將去年在太倉講稿《開封試行的二重制》一文整理交去，大約旬日後即可登出，請予指教爲幸。

芷修兄已轉致尊意，渠極敬佩。此復，即頌

籌祺

周邦道頓首　三，一八

孟憲承致李廉方（一）①

廉方先生賜鑒：

在汴演講，趨聆誨言，至深感幸。乃蒙命駕導觀大花園鄉村小學實驗，指示殷殷，獲益匪淺。又復渥荷款接，種種叨擾，寸衷慚感，莫可言宣。歸途細閱大著，創意精而立法備，爲教育中難得之書。如憲承輩濫竽講席亦有年，大抵掇拾舊聞而罕陳新義。至於苦心深慮，從多年之經驗與思考中，尋繹真合國內教育需要之原理與方法如大著者，更百不得一。是以於觀感循誦之餘，尤不勝嚮往之切也。此後遇有關於實際問題，當馳書請益。先肅鳴謝，諸祈鑒察。敬叩

道安

孟憲承謹上　四月一日

---

①　原載《開封實驗教育季刊》第 1 卷第 2 號，1935 年 4 月。

孟憲承致李廉方（二）①

步青先生道鑒：

前承惠賜《改造國語課程第三期方案》（上卷）一册，至深感忭。因尚未拜讀，不敢漫詞言謝，遲遲至今，罪甚罪甚。

日來取大著細細研閱一過，其於兒童讀物與教學方法之探討精矣微矣。常歎一般小學教育之論者，非剽竊西洋一二名號以自炫，則又墨守舊章而自限。至兒童文學之作家，亦有並中國文字尚未通順者，安得老成碩學如先生者一一裁成而指導之乎？卷首題詩有"獻同璞玉誰相識，藏到名山用已虛"之句，自足寄慨。但竊意名世大文自有真賞，原不與報章刊物之蕪雜，較其短長也。讀竟，無勝欽悦，因布悃忱，並鳴謝意。惟垂察爲幸。敬頌

教安

孟憲承謹啓　四月十日

王世杰致李廉方②

廉方先生台鑒：

大函奉悉。尊著《改造小學國語課程方案》並已拜讀。

先生本數年來之實驗心得，著成此書，殊爲欽佩。第三期方案關於閱讀興趣之進程、各種讀物之評價、讀物實驗之反應等，尤爲精警。惟方法與理論並述，恐非一般小學教員所能卒讀，且所云二年半之教學，即可修畢部定四年課程一節，亦未見詳爲啓示。弟意擬請執事將是項方

---

① 原載《開封實驗教育季刊》第2卷第1號，1936年4月。
② 原載《開封實驗教育季刊》第2卷第1號，1936年4月。

案，再行整理，務使簡單明瞭，編就交下，由部向各省市實驗區及實驗學校介紹應用。並請將二年半修畢四年課程之具體辦法，及經過情形，惠寄爲荷。專復，順頌
　　著安

　　　　　　　　　　　　　　弟王世杰謹啓　二月二十五日

評介

一個有趣的教育實驗[1]　黃炎培

　　說到教育，倒在開封發現一樁極有趣味的事。某天，偕姚君惠泉出開封東南門——曹門，行恍惚沙漠一般的大道中，到大花園村。若非稍稍讀過中國歷史，決不會想到這裏八百年前，是吾們中國的都城。如果那時候的人，有能在八百年後復活的話，哪裏會料到物質破壞得這般快。那邊有一個開封教育實驗區所辦的實驗學校，現校長李子純君，施行種種教育上新試驗。詳細參觀鄭女士（孟芳）教國語。他們的教材，用大單元制，使教育和生活打成一片。他們的教法，特製各種教具，節節變化，使受教者得思想的聯貫，而不會厭倦。他們領我到農民家，一個四十六歲老婆婆，從沒有識過字，她的兒子，用他們的新方法教他識字。我把各種字和句教他讀，居然一字不差，而且所認都是很複雜的字，如"蒸籠"、"磨"等。這就爲教育和生活連接，所以有效。他們把日用的字，貼在實物上，如"門"字貼在門上，"桌子"字貼在桌子上。他們讀的句子，都是通常的語句，例如"你吃過飯沒有""我肚子餓了"等等。如果一個一個字分開讀，有幾個字很難認、很難記的。就爲是聯成句子，通俗得很，讀得一兩字，便理會到全句。而又是從不識字的忽而識得，這種好奇心鼓勵她的興趣。這位老婆婆識字的成功，大概是這個緣故。進城以後，還在開封杏花園觀他們另一部分的試驗，又是一位女教員，教得非常好。這都是李步青先生把他的理想發揮試驗，吾敢斷言於教學方面一定發生極大的好影響。更難得者，倒是這幾位教師善於運用他的方法。

　　李步青先生所揭出關於教學基本問題必須瞭解的三要點：

　　一、在兒童未有自由閱讀能力時，若不使兒童由接觸事物而學習，

---

[1] 摘自《河車記》（上），載《東方雜誌》第32卷第14號，1935年7月；另見黃炎培：《斷腸集》，生活書店1936年，第109—123頁。

專從文字本身定學習需要，其需要且不屬於當時活動，則其學習必感困難。

二、僅從練習方面談材料，不問材料所從出，則方式不過供最後復習之用，將成爲一種點綴品，不能改善整個學習問題。

三、僅談練習方式，而不問整個學習進程，即備列多種新奇方式，運用難期適應。（見《改造小學國語課程第二期方案》第二篇）

他所用的教具，大都和他校不同。比較特別的如下：

一、教學用大字片　這是在教室裏面大家共同用以練習的。寬三寸半，長將及六寸。用二百磅紙裁製，因爲稍硬一點，好在字袋及輪盤上面插置。字體正楷，用墨書寫。須特殊注意的字可用特殊顏色。（就我所見，這字片上的字，還須放大些。）

二、圖片　字片意義可以圖畫代表者均須製圖。圖片大小和厚薄均與大字片等。

三、口令片　教室中所用的口令也都製成紙片，使兒童看着照做。大小與大字片等，顏色以淺綠色爲宜，以便與普通字片有所區別。

四、兒童練習用小字片　大的字片認會後，再照原字印成小的字片，發給學生，以便隨時練習。小字片以寬二寸長三寸者爲最合適，但亦可視其上所有字數多少而略有變動。

五、眉片　眉片也是表明圖片上所繪的畫之意義的。上面所寫的字完全和指示該圖片的大字片相同。它是圖片和大字片中間的一個介紹。常插在圖片上面。寬與圖片等，高約六分。

六、字袋　字袋是插置大字片用的，長寬以恰能插下這種字片爲合度。上製布罩，可掀可合，並排八個或十個用布帶連在一起。用時就繃在黑板上面。

七、圖袋　圖袋大致與字袋同。但是要分兩層，上層以恰能置眉片爲宜，下層以恰能容圖片爲宜。

八、插字袋　插字袋和普通的插信袋差不多，掛在黑板旁邊，以便每節教學所用字片可以隨便插放。學生的名片也可放在裏面以便隨時取用。式樣格數不拘，但以敷用而且占地方較小者爲合適。

九、口令箱　口令箱和西洋景的裝置差不多，是一個長方形的小木箱豎掛在牆上的。裏面裝著可以箝放口令片的冰鐵片若干，都用綫繩繫着，綫繩的另一端經過木箱的旁邊的小孔而露在箱外。箱向外的一面上半截是缺著的，用時把繩子一拉，這個口令便隨着它所被箝的冰鐵片而露了出來。口令片自然是可以按着教學時的需要而隨便更換的。

十、字匣　字匣是學生們放小字片用的，木製，長五寸半，寬三寸半，高二寸半。中分四格或五格，以便字片按單元分置，不使混亂。

十一、輪盤　輪盤以木製，形如走馬燈。分上下兩層，皆可自由旋轉。每層六面，每面長寬同字袋，以便插入字片與圖片。用時或使字片與圖片對照，或單示字，或單示圖。

十二、指引籤　指引籤是用硬紙做的稍寬的長條。是在讀兒歌及故事畫時，指引所要讀的語句而遮掩不讀的語句用的。

前項教具，關於認字的教學方式如下：

1. 對示　把學生已經觀察過的實物製成圖片。學生既然認識了這種實物，那麼代表這種實物的圖片也自然是很容易認識的。學生認識了圖片之後，再把和這圖片相符合的字片，拿出來和圖對照。令學生循聲齊讀幾遍，使他們於文字和圖畫中間能發生聯想作用。

2. 查眉標　字片和圖片對照，學生對於文字的認識還是覺得無所憑藉，難以捉摸，於是便有用眉標之需要。眉標的作用便在於介紹字片和圖片，它不但可使學生認字容易，而最大含義乃在能把學生的注意，引領到符號與符號之間，而加重在視覺的練習。其行使的方式有二：

（甲）取置式　把三個袋子平繃在黑板上，上兩個是字袋，下一個是圖袋。最上面的一個裝字片，中間的一個空着，最下面的一個裝圖片及眉片。先將字片掩蔽，開始時，將字片露出一張或兩張，喚學生按着字片去對眉片。對着後將眉片下的圖片抽出來，插在該字片下面的空袋裏。等到所有的圖片都對完了，令學生齊讀幾遍。然後把圖片全體掩蔽，再一個個地露出來。令學生按着圖片上的字片，放在和這字片相同的眉片下面。

（乙）錯綜式　取置式練習過若干次後便可進行錯綜式。錯綜式是把字袋和圖袋平列起來。字袋中置字片，圖袋中置圖片和眉片。字片和圖片排列次序不必相符。叫學生把和圖片不合的字片拿出來，對着眉標，放在相符的圖片下。對完後，再錯綜排列，再對置。

3. 發字片　經過上面的程式，學生們已經認得這些字了。然後便把這些字印成小的字片發給他們。發字片的方法是這個樣子：先令學生站成一行或坐成一排，叫每一個學生各拿一束相同的小字片（各人都必須會認識自己手裏的字片），賸一個學生不拿。先生拿一套大字片，這些字和學生們手中的一樣。開始時，令那個手中沒拿小字片的學生，看着先生手中的字片讀。每讀對一張，那個持這個字的學生便從他手中的一束裏面抽出一張來，另外拿着，讀錯的不抽。讀完後，便向每個學生手中取他适才讀對的字片。取的時候，再一個一個地讀一遍，讀錯的不給他。收完後，叫他來，立在一行之末尾。這時候每上邊的一個人都把他手中的字塊，傳遞給下邊的一個。於是排頭的一個，便又沒有字片了。他便再開始讀先生手裏的字片，再收取他所讀對的，再站在排尾。這樣依次做下去，直至每個學生都領到了他所能認識的字為止。結果，在這個發字片的過程中，每個學生都還必須把所要發的字片讀夠三次。計讀教師手中的大字片一次，收取的時候讀一次，連次的傳遞加起來又是一次。至於批評他人讀的誤否還不在此限。

4. 描字片　把學生學過的字，按着畫數、形體和字畫三方面的適當步驟，揀出些把它們雙鈎起來。然後由教師領導，用彩色鉛筆依次給它填成各種顏色，使學生由此而得到一些筆劃和筆順的感覺，作將來寫字的預備。

5. 對圖片　等到學生都有小字片了，教師便可把和這字片相應的圖片顯示出來（顯示方法或用字袋或用輪盤），令學生各舉起自己的字片以對。或者去了眉標，用字袋和圖袋上面的字片和圖片對置；用輪盤自然更合適。前者是在個別訂正時用的，後者是在相互訂正時用的。

6. 讀字片 經過了上面許多次練習之後，更可以脫離圖片而令學生單獨地讀字片了。這時候教師便可利用字片的閃爍，不但要使學生讀得熟，而且還要讀得快。讀的時候，或用比賽式以引起學生們的好勝心，或用抽取式以激勵其好奇心。總之，以使他們在讀的時候不至於感到單調乏味爲主。自然，上面說的對圖片也是很可以利用這兩式的。

7. 演字片 爲要使學生把字片的意思領略得更完滿更確切起見，於是乎便有把字片的意思表演出來的必要。表演的方法有兩大類：一類是用動作來表演，一類是以綴字句來表演的。屬於動作表演者，又分一致動作和個別或相互動作兩種。屬於綴字表演者，又分問答式和補充未完語句兩種。綴字表演，在步驟方面，應先以一個上片（即一句之上半句）和許多下片（即一句之下半句）對置，使兒童視其有無意義。進一步再以許多上片和許多下片分別對置，令兒童對聯。不然，若開始時太難，他們便聯不成了。

8. 綜合練習 一個或幾個單元完畢後，所有學過的字片很需要有一個綜合的練習。這種綜合練習，差不多都採用設計的方式。這種綜合練習的好處，一方面在使已習字片，得在教學時間內，歸納於一個目的之下，選擇練習，知所運用。一方面在使字片練習，因設計所包含之聯貫事實，於練習外發生新意義，不致乾燥無味。此種練習，當在讀字片或對圖片以後，與演字片相互進行。（見《開封實驗教育季刊》第一號第十二至十六頁）

這種教具和種種使用教具的方法，我於大花園和杏花園兩地參觀時，都約略見過，我認爲最有價值，在利用兒童好奇心和好勝心，使兒童在有規則的遊戲中，不知不覺地認識了許多文字，許多實物的名稱和種種使用的方法，同時又熟習了群衆的規律的種種動作。我說來似乎繁複，其實是很簡單的。請看幾位年事很輕的女教師，運用都很純熟了。

開封的教育實驗① 俞子夷

有人以爲教育的實驗，一定要在特殊的環境中舉行。爲學術的探討，當然要把環境控制，否則因子太複雜，不容易找出正確的學理。不過，特殊環境中的辦法，能否轉移到平常的環境中去，却又成了問題。所以心理學實驗室中的學習法，要應用到一般的小學裏去，有時還要經過一番調整和適應的手續。若爲便於實用，就在平常的環境中實驗新的方法，也是很有益的。所以實驗小學不必一定要每年有同程的兩班，就是一個單級小學，也儘可以做實驗小學，只要做的工作是真正的實驗。開封的大花園、杏花園實驗小學就是這樣，他們的學校並不是大規模的，簡直可以説是小規模的而且是極平凡的，但是他們所實驗的却是一種根本的徹底的全部的改革方法。他們的實驗正在進行，究竟結果如何，還要等待將來。就現在我們所知道的，他們的方案，不只是目標和若干籠統的幾條條文，而且有詳細的辦法，單單拿幾種讀書的練習片説，已經供給大家一套具體而有系統的辦法。就是我們不在實驗的小學，也儘可以採用。從生活出發的教育，決不會比死讀書的學校成績低劣。他們的讀書，成績超過了死讀教科書；拿普通教科書給他們讀，反而覺得淡而無味；人家要花一學期的時間，他們只花了一個星期便可讀完。要知道詳細的，請讀開封教育實驗區出版部的刊物，像《開封實驗教育季刊》《改造小學國語課程方案》等，地址是河南開封河道街。

李著《改造國語課程第三期方案》出版了② 伯豪

李廉方先生在今年距離六十歲整，也許只一二年吧。先生的故鄉是

---

① 原載俞子夷主編：《教師之友》第 1 卷合訂本，兒童書局 1936 年。
② 原載《開封實驗教育季刊》第 2 卷第 1 號，1936 年 4 月。

湖北京山縣。當清末年，朝廷以屢受外強的挫敗，於是乎一面廢科舉興學校，一面派遣留學生到東西兩洋去，先生大約是在這時候負笈東瀛的。說到先生的志趣，是傾向於教育的探究，而又特別集中精力於初等教育方面。他以爲初等教育是一切教育的始基，也是國家教育政策中一種最重要底層。先生生平，曾經從事過中小學教科教授書的編著，曾經掌管河南全省的教育行政，曾經執教於國立武昌師範大學以及本省河南大學。現在，河南教育廳請他主持教育實驗區，二重制編制以及國語課程改造方案第一期、第二期、第三期，也都於此時計畫，實驗而刊行問世。我們皆知道他是一個專治教育的學者，然而他和時下一般號稱教育家者不同。國內一些教育上的偶像們，動不動就拿杜威、桑代克作招牌。實在的説，這般人的肚子裏，除開盛着西洋幾個教育家與夫抽象術語名詞外，還有什麼呢？所以滿口的美國學制，滿口的新大陸教育，只能爲已死的或健存的歐美教育家作個留聲機器而已啊！歐美教育的轉運商販賣商，只有這一點兒貨色向人炫耀。李先生，他的口不替桑代克、杜威作播音機，而近世西方教育上各種著名的教法、理論、課程、教育哲學……他無一未曾研究。蓋李先生感覺到自己是一個中國人，同時徹悟到中國的教育或中國教育上所發生的問題，只有我們自己才能解決，西洋的教育家並不能代我們負起這個責任。他也不反對什麼新大陸的學校，什麼海洋的教育系統，可是，他積極地反對我們中國完全仿效抄襲外國的教育，因爲立場的顯明不同，那麼，必根據中國的經濟背景，必根據中國的文化基礎而後產生的教育，才能適合中國的國情民情，才能供給中國社會的需要。這樣，所謂中國教育之改造，中國教育之出路等種種問題，始有解決的可能性。大花園實驗小學校，在最近不僅引起本省人士的注意，並幾乎在廣大的中國初等教育面積上發生了一種波動，爲初等教育創造了新的生命。大花園那所學校有什麼呢？幾十個鄉村間鄙野的男女小孩，幾間聊蔽風雨的粗陋茅棚子，也值得一般人轟動嗎？大家都以爲這些學校和旁的學校不同，有它的奇特，有它的新氣象、新運命，旁的學校，有的試行設計教學，有的仿襲文納特卡，……可是大花園實驗學校呢，它對這些舊路都不走，它不管人家怎樣，它就怎樣。實際的説，大花園實驗學校的課程編制方法等並不是何等的特別，它不過是不抄襲什麼道爾頓制、設計教法、德可樂利法……而是採擷世界教育上各種新法新編制新課程……的精英，拿來溶化在中國經濟和文化的洪爐裏，經過了一番鍛煉，經過一番去取，這種種步驟以後，才産出來了大花園那所學校的雛形。誰在這樣做呢？誰在這樣苦幹呢？誰肯這樣耗費自己的心血呢？用不着説，那只有李廉方先生了。

　　李先生要爲中國的初等教育求出一條新的平坦的順利的並直捷的道路，不惜埋頭冥思，書齋兀兀，一年一年地度下去，到最近才完成了他的國語課程改造的第三期方案。誠如李先生所云，小學教育是國家民族托命的根本，獨我們中國之一般談教育的人們，竟以爲此種教育是無足輕重的，是至容至易的，没有什麼高深的理論、驚人的哲理值得他們來自己親身去動手，所以把這類教育上一切事業、一切問題、一切繁難交把初等學校教師去辦理，交把師範生去研究解决實行，幾十年的當中，初等教育在此種命運之下進行，是以我小學課程上、方法上、編制上、目標上、效率上呈現出來了一切大大的缺陷與病疾。再視一般號稱教育學者們，對此民族命脈所寄託的初等教育之衰弱症，坐視不理，莫由補救。不客氣的説來，皇皇金字招牌的學者們，就是想去補救，其結果必定陷入於"心有餘而力不足"啊！是國人輕視初等教育，是教育學者藐忽初等教育，而最大的原因，殆由於全國最高級的教育行政機關、教育學術機關只去推崇一般，舍初等教育而不研究的學者們，對於少數竭心竭力專對初等教育埋頭苦幹的學者，因其不事吹牛自拉自唱，因其未嘗拍馬鑽營，所以此種學者研究之結果，實驗之成績，雖然是效率增進，實在令人滿意，又何嘗知道呢？又何嘗推重呢？

　　李先生的國語課程改造方案第一期、第二期，都曾實驗於大花園學校，所得的結果與效率，遠超過於現時小學校一般的成績，到現在第三期又在實驗當中了，這是初等教育之空前改造，也是初等教育之重新估價。李先生還希望全國的初等教育從此共同試行、共同修正，以期於至善至美，所以著書問世，大聲疾呼於全中國初等教育之前，使國家民族托命的基礎穩定，使教育的國防上增加幾重深溝高壘。然而漠視者依然漠視，李先生的推廣行遠的苦心一片，教育行政不能予以實際的援助，藉政治的功能收到改善的功能，哪一天可以實現呢？說起來未免有些可惜！我也不是說李先生的方案一點兒毛病也沒有，一點兒缺陷也沒有，不過一種完善方案的成功，必經過多次的實驗、多處的實驗，例若科學教育上的幾種標準測驗，當然不能根據少數兒童的成績、一兩個學校的成績就能夠決定的。要全國實驗，要全國試行，先須負教育行政責任的長官能夠注意到，再加以獎掖，然後拿出政治的力量，來提倡之來推進之，才可以由一隅推到各地，由一處擴到全國，然而，是不是如此呢？結果到現在，李先生到感可惜，覺得失望，其行呢未遠，其推呢不廣，誰應當負此種責任？誰應當負此種責任？請大家公判吧！

唉！今時教育的出版界，有的人皇皇然摭拾西方三二人的餘唾或陳言，是洋裝，是西服，大家豈僅以爲新並還以爲奇，於是乎就讚美，就崇拜，"這是教育專家"，"這是教育學者"，甚而至於說"這是一本空前的名著"。大家不信，請拿那些洋裝金字道林印的定價四五元的××叢書來看看，是不是如此呢？再有人把我國小學教育實際問題解決的正當途徑和方法宣佈出來的，印刷出來的，哼！小學教育已經夠他不滿意了，再加上是中國小學教育的問題，誰看它呢？初等教育的前途啊！處處叫人失望。讀了李先生著《國語課程改造第三期方案》，我是被引起了無限的感喟！（錄自《河南民國日報》）

李廉方作品索引

李廉方作品索引

《中國地理與世界之關係》,《湖北學生界》第1期,1903年1月。

《黃河》,《湖北學生界》第2期,1903年2月。另見《萃新報》第三期,1904年7月26日。

《中國地理與國民性格之關係》,《湖北學生界》第3期,1903年3月。

《揚子江》,《湖北學生界》第5期,1903年5月。另載《萃新報》第四期,1904年8月9日[1]。

《師範講義》(四冊,與黃興等湖北游學日本師範生合編),日本東京1903年3月初版。

《對實用教育之建議》,清末[2]。

《國文教授階段之弊與疑難之點》,清末[3]。

《就開辦武昌共和編譯社致教育部、內務部呈》,1912年8月。

《初等小學國文教科書》(兩冊,與張繼煦合編,第二作者),武昌共和編譯社1912年11月、1913年1月初版。

《初等小學國文教授書》(與向大錦合編,第一作者),武昌共和編譯社1912年12月初版。

《初等小學修身教科書》(兩冊,王式玉編,李步青、張繼煦、萬聲

---

[1] 見朱嘯宇:《略談〈萃新報〉的進步思想》,《青春歲月》2016年第20期。
[2] 李步青在《今日學校教育應否採用實用主義》(《教育雜誌》第6卷臨時增刊1914年7月)一文中提及過此文。
[3] 李步青在《國語文學讀本說明書》(中華書局1925年,第68頁)一書中提及過此文。

揚校閱），武昌共和編譯社 1913 年初版①。

《初等小學修身教授書》（兩冊，王式玉、金華祝編，李步青、張繼煦、萬聲揚校閱），武昌共和編譯社 1913 年 2 月初版。

《今日學校教育應否採用實用主義》，《教育雜誌》第 6 卷臨時增刊"實用主義問題"專號，1914 年 7 月。

《新制修身教本》（四冊，中學校用），中華書局 1914 年 5—6 月初版。其中：第一冊 1914 年 5 月初版（1922 年 2 月第 22 版），第二冊 1914 年 6 月初版（1921 年 1 月第 14 版），第三冊 1914 年 6 月初版（1921 年 4 月第 12 版），第四冊（謝蒙編），1914 年 6 月初版（1920 年 1 月第 9 版），教育部審定。

《新制各科教授法》（師範用），中華書局 1914 年 6 月初版（1921 年 7 月第 13 版）。

《中華女子修身教科書》（三冊，高小用），中華書局 1914 年 8—9 月初版。其中：第一冊，1914 年 8 月初版（1920 年 6 月第 14 版）；第二冊 1914 年 8 月初版（1921 年 5 月第 14 版）；第三冊 1914 年 9 月初版（1921 年 5 月第 12 版）。

《新制修身教本》（三冊，師範用），中華書局 1914 年 12 月初版。其中：第一冊（卷首），1914 年 12 月初版（1919 年 8 月第 6 版）；第二冊（卷一）1914 年 12 月初版（1919 年 12 月第 8 版）；第三冊（卷二）1914 年 12 月初版（1921 年 1 月第 7 版）。

《新制教育史》（師範用），中華書局 1915 年 5 月初版（1922 年 3 月 13 版）。

《實用修身倫理學講義》（師範用，與周日濟、潘武合著，第一作者），中華書局 1915 年 12 月初版（1924 年 8 月 15 版）。

《新式國文教科書》（八冊，國民學校用，與陸費逵、沈頤、戴克敦、姚銘恩合作，第二作者，教育部審定），中華書局 1915、1916 年初版。

---

① 本書及下書並非李步青編撰，其爲校閱者之一，特此說明。

其中：第一册1915年12月初版（1923年5月第104版），第二册1915年12月初版（1923年5月第96版），第三册1915年12月初版（1923年5月第104版），第四册1915年12月初版（1923年5月第102版），第五册1915年12月初版（1923年5月第91版），第六册1915年12月初版（1923年5月第80版，李步青爲第一作者），第七册1915年12月初版（1923年5月第81版），第八册1916年5月初版（1923年5月第68版）。

《新制單級國文教授書》（九册，初小用，錢鞏、董文編，李步青閲），中華書局1914年6—12月初版[①]。

《新制單級修身教授書》（初小用，方鈞、丁錫華編，李步青閲），中華書局1914年7月初版。

《中華女子國文教授書》（高小用，楊喆編，李步青、沈頤閲），中華書局1915年1—8月初版。

《中華女子修身教授書》（三册，高小用，方鈞編，沈頤、李步青閲），中華書局1915年6—8月初版。

《新式修身教授書》（八册，國民學校用，方鈞、錢鞏、董文編，沈頤、李步青閲訂），中華書局1915年12月—1916年8月初版。

《新式算術教科書》（八册，國民學校用，顧樹森、沈煦編，沈頤、李步青閲），中華書局1915年12月初版，教育部審定。

《新式國文教授書》（八册，國民學校用，吴研衡等編，李步青、沈頤閲訂），中華書局1915年12月—1916年7月初版。

《新式修身教科書》（八册，國民學校用，方鈞編，沈頤、李步青閲訂），中華書局1915年12月初版。

《新式修身教授書》（六册，高小用，方瀏生編，李步青校閲），中華書局1916年7—11月初版。

[①] 本書及以下11本書，時任中華書局編輯的李步青僅爲校閲者或閲訂者之一，特此説明。

《新制學校管理法》（師範用，周維城、林壬著，李步青校補），中華書局 1916 年 4 月初版。

《新式國文教授書》（六册，高小用，陳健等編，李步青校閱），中華書局 1916、1917 年初版。

《青年寶鑒》（吴明浩編，范源濂、李步青閱），中華書局 1917 年初版。

《小學校修身教科書編纂商榷書》（與黎錦熙、熊崇煦、陳潤霖合作），《教育研究（上海 1913）》第 23 期，1915 年；另載《松江教育雜誌》第 5 期，1915 年。

《初等小學校教科書編纂綱要草案》（與黎錦熙、熊崇煦、陳潤霖合作），《教育研究（上海 1913）》第 24 期，1915 年。

《高等小學校國文教科書編纂綱要草案》（與黎錦熙、熊崇煦、陳潤霖合作），同上。

《高等小學校地理教科書編纂綱要草案》（與黎錦熙、熊崇煦、陳潤霖合作），《教育公報》2 卷 8 期，1915 年。

《高等小學校歷史教科書編纂綱要草案》（與黎錦熙、熊崇煦、陳潤霖合作），同上。

《國民學校國文教授之新研究》，《中華教育界》第 5 卷第 1、2 期，1916 年 1、2 月。

《考察日本實業補習教育記要》（與路孝植合作），商務印書館 1918 年 9 月初版。

《答陸規亮君〈答文實分科案質疑書〉》，《時事新報》"學燈"副刊 1918 年 12 月 10 日。

《爲論中學文實分科制答童斐先生》，《時事新報》"學燈"副刊 1918 年 12 月 28 日。

《改"注音字母"名稱案》，1919 年 4 月①。

---

① 該案爲國語統一籌備會第一次會議（1919）之第一提案，見《教育公報》第 6 年第 9 期，1919 年 9 月。

《爲論中學文實分科再答陸規亮君》,《時事新報》"學燈"副刊,1919年7月21日。

《小學國文教授實際之研究》,《中華教育界》第8卷第3、4、5、6期,第9卷第1期,1919年9、10、11、12月,1920年1月。

《兒童教育論》(瑞典克愛倫著,與陸懋德合作編譯),《中華教育界》第9卷第2、4、6期,1920年2、4、6月。

《與京師小學教員之談話》,《教育實業合刊》第2卷第9、10期,1920年;《上虞教育雜誌》第23、24期,1920年3月,《遂安教育公報》第2卷第3期,1920年。

《關於教育的若干問題——在瀋陽高師的演說詞》,《瀋陽高等師範學校週刊》第6期,1920年6月。

《改正吉林小學教授意見書》(與黎惠中合作),教育部普通教育司1920年。

《參觀吉林省區小學國語教學之意見》,《中華教育界》第9卷第6期,1920年6月。

《中學校制度之商榷》,《教育雜誌》第12卷第9號,1920年9月。

《關於奉天教育視察的報告》,1920年①。

《義務教育實施程式》(單行本),河南教育廳1920年初版。

《整理河南教育計畫書》,《中華教育界》第10卷第11、12期,1921年5、6月;另載《教育公報》第8卷第6、7、8期,1921年6、7、8月。

《新式國民學校計畫書》,《河南教育公報增刊》第1年第1期,1921年10月;《教育雜誌》第14卷第1號轉摘,1922年1月。

《愛蘭凱女士之戀愛結婚論》(譯文,日本木閑久雄著),《時事新報》"學燈"副刊,1922年2月19日。

---

① 出自:《教育部諮奉天省長該省教育應行整頓各節請查照文(民國九年十一月二十日)》,《教育公報》第7年第11期,1920年。

《對於新學制草案之一部分的意見》,《教育與職業》第 3 卷第 9 册,1922 年 2 月。

《會呈省長指定開封等五縣丁地爲省内各校經費文》(與王光第合作),1922 年 3 月 15 日,載《河南教育專款紀實》,河南教育廳 1934 年 12 月初版,第 3 頁。

《與貢沛城君討論中學級任制》,《河南教育公報增刊》第 1 年第 5 期,1922 年 6 月;《新教育》第 5 卷第 1、2 期合刊,1922 年 8 月。

《在省垣義務教育委員會特別會議上的講話》,《河南教育公報增刊》第 1 年第 5 期,1922 年 6 月。

《在開封夏令小學校體育講習會的訓詞》,《河南教育公報》第 1 年第 21 期,1922 年 8 月。

《教育廳長啟事》,《河南教育公報》第 1 年第 21 期,1922 年 8 月。

《義務教育進行計畫案》,《新教育》第 5 卷第 3 期"中華教育改進社第 1 次年會報告號",1922 年 10 月。

《就義務教育與海内學者商榷函件》,約 1922 年①。

《改革省教育行政組織大綱案》,《新教育》第 5 卷第 3 期"中華教育改進社第 1 次年會報告號",1922 年 10 月。

《在學制會議上的發言》,《河南教育公報》第 2 年第 1 期,1922 年 11 月。

《小學教材之商榷》,《新教育》第 6 卷第 3 號,1923 年 3 月。

《發刊旨趣》,《教育叢刊》第 3 卷第 1 期"武昌師大成立紀念號",1924 年 4 月。

《武昌師大成立的經過及今後改進的計畫》,《教育叢刊》第 3 卷第 1 期"武昌師大成立紀念號",1924 年 4 月。

《教學歷程應如何組織》,《初等教育》第 2 卷第 2 期,1924 年 6 月。

《小學教育經費問題》,《中華教育界》第 14 卷第 2 期"中國小學研

---

① 見李步青:《義務教育進行計畫案》,《新教育》第 5 卷第 3 期,1922 年 10 月。

究號上册",1924 年 8 月。

《新小學》,《山東教育月刊》第三卷號外"中華教育改進社第三屆年會報告",1924 年。

《國語文學讀本》(八册,新小學教科書,新學制初級,大學院審定),中華書局 1925 年 9 月－1927 年 6 月。其中:第一册,1925 年 9 月初版(1928 年 4 月第 6 版);第二册,1925 年 10 月初版(1928 年 7 月第 5 版);第三册,1926 年 2 月初版(1928 年 9 月第 4 版);第四册,1926 年 7 月初版(1928 年 9 月第 2 版);第五册,1926 年 7 月初版(1928 年 9 月第 2 版);第六册,1926 年 7 月初版(1928 年 9 月第 3 版);第七册,1927 年 3 月初版(1928 年 6 月第 3 版);第八册,1927 年 6 月初版(1928 年 4 月第 2 版)。

《國語文學讀本教授書》(八册,新小學初級用,陸費逵、戴克敦校,大學院審定),中華書局 1925 年 9 月－1928 年 2 月。其中:第一册,1925 年 9 月初版;第二册,1926 年 1 月初版;第三册,1926 年 6 月初版;第四册,1926 年 10 月初版;第五册,1926 年 10 月初版;第六册,1927 年 9 月初版;第七册,1927 年 11 月初版;第八册,1928 年 2 月初版。

《國語文學讀本說明書》(新小學用),中華書局 1925 年 7 月初版。

《小學國語文學讀本之研究》,《中華教育界》第 15 卷第 3 期,1925 年 9 月。

《小學校國語文學之研究徵求批評》,《中華教育界》第 15 卷第 5 期,1925 年 11 月。

《小學教育根本改造論》,《中華教育界》第 15 卷第 6、8 期,1925 年 12 月、1926 年 2 月。

《考試》,《甲寅》(週刊)第 1 卷第 6 期,1925 年 8 月 30 日。

《國語文學讀本》(四册,新小學教科書,新學制高級),中華書局 1927 年 7 月－1928 年 4 月初版。其中:第一册,1927 年 7 月初版(1928 年 8 月第 2 版);第二册,1927 年 11 月初版;第三册,1928 年 4 月初版；第四册，1928年4月初版。

《國語文學讀本教授書》（四册，新小學高級用），中華書局1928年2—9月初版。其中：第一册，1928年2月初版；第二册，1928年2月初版；第三册，1928年9月初版（1925年11月第8版）；第四册，1928年9月初版。

《三民主義綱要》，中華書局1929年3月初版（11月再版）。

《用研究室代教室的一個初步試驗》，《河南中山大學二週年紀念教育係研究室特刊》，1929年。

《大學研究室實施計劃》，《河南中山大學文科季刊》第1期，1930年1月。

《志剛先生以和子猷先生春興十六章見示賦此答之》，《河南中山大學週刊》第31期，1930年6月9日。

《消夏四詠酬詩社諸君》，《河南中山大學週刊》第32期，1930年9月1日。

《教育研究室特刊》，河南大學1930年。

《河南大學附設實驗學校計劃》，《河南教育月刊》第1卷第2期，1930年11月。

《河南大學附設實驗學校預備工作之初步計劃》，《河南教育月刊》第1卷第3期，1930年11月。

《批評陳鶴琴氏初小默讀測驗之不合》，《河南教育月刊》第1卷，第3期，1930年12月。

《初小國語測驗預備材料及方式之說明》，《河南教育月刊》第1卷，第3期，1930年12月。

《修正前擬國歌詞》（用乙韻符填《滿江紅》譜），《河南大學校刊》第46期，1930年12月8日。

《請全省小學教職員特加注意的一件事》（與高維嶽、高芝生、吳家鎮等合作，第一作者），《河南教育行政週刊》第1卷第18、19期合刊，1931年1月；《河南教育月刊》第1卷第5期，1931年2月。

《現代小學教育的共同傾向》,《河南省立第一師範學校週刊》"27周年紀念創刊號",1931年5月。

《血鐘第一聲》,《抗日血鐘》創刊號,河南大學反日救國會編輯委員會1931年10月18日。

《抗日救國旬刊》,河南大學1931年。①

《〈心音〉雜誌題字》,河南大學1931年10月。

《在小學實驗指導部第一次全體會上的報告》,《河南教育月刊》第2卷第3期,1931年12月;另載《實小教育》1932年1月。

《實小教育》(與鄭若谷等合作主編,第一作者),河南教育廳小學實驗指導部1932年1月;另載《河南教育月刊》第2卷第3期"實驗教育專號",1931年12月。

《發刊詞》,《教育週刊》(河南《民國日報》特刊之三)第1期,1932年3月31日。

《兒童節的感言》,《教育週刊》第2期,1932年4月6日。

《三民主義與教育改造》,《教育週刊》第2、3、4、6、7、8、9期,1932年4月6、13、20日,5月4、11、25日,6月1日。

《我所希望於開封教育區的開始工作》,《教育週刊》第3期,1932年4月13日。

《貢獻開封小學教師們》,《河南教育月刊》第2卷第7期,1932年4月。

《提倡六月六日為教師節敬告同胞》(與王書林等諸多人同啟),《教育週刊》第6期,1932年5月4日。

《卷頭語》,《教育週刊》"教師節特號",1932年6月6日。

《我們為什麼要規定教師節》,《教育週刊》"教師節特號",1932年6月6日

《教師節發起人李步青等呈教部文》,《申報》1933年6月6日。另

---

① 李步青為該刊指導。

载《教育週刊》"教師節特號",1932 年 6 月 6 日。

《〈河南教育日報〉復活二週紀念題詞》,《河南教育日報》1932 年 6 月 21 日。

《鄉村教育概論》(講義),1932 年 7 月。①

《鄉村學校行政》(講義),同上。

《教材研究》,《鄉村改造》第 1 卷第 6 期,1932 年 9 月。

《〈教育論叢〉序〉》,載蔡衡溪《教育論叢》(第一集),開明書局 1932 年 9 月。

《"開封"釋名》,《開封教育旬刊》第 1 卷第 1 期,1932 年 11 月 1 日。

《教學單元應有的基本認識》,《開封教育旬刊》第 1 卷第 2、3 期合刊,1932 年 11 月 15 日。

《復王子和函》,《開封教育旬刊》第 1 卷第 2、3 期合刊,1932 年 11 月 15 日。

《在開封城廂省立小學及民眾學校校長談話會上的致詞》,《開封教育旬刊》第 1 卷第 2、3 期合刊,1932 年 11 月 15 日。

《致廂民》,《開封教育旬刊》第 1 卷第 4 期,1932 年 12 月 1 日。

《教育研究專題》序,《河南教育月刊》第 3 卷第 2 期,1932 年 12 月。

《〈開封教育旬刊〉新年卷首題詞》,《開封教育旬刊》第 1 卷第 6、7 期合刊,1933 年 1 月 1 日。

《在教學研究會發起會上的致詞》,《開封教育旬刊》第 1 卷第 6、7 期合刊,1933 年 1 月 1 日。

《開封城廂小學校初步改造的建議》,《開封教育旬刊》第 1 卷第 6、7 期合刊,1933 年 1 月 1 日;另載《河南教育月刊》第 3 卷第 5 期"教育改造問題專號",1933 年 3 月。

---

① 李步青在《教材研究》(《鄉村改造》第 1 卷第 6 期,1932 年 9 月)一文中提及過此講義。

《黨承訓先生傳》,《河南大學週刊》第 15 期,1933 年 1 月 3 日。

《寫在卷首》,《開封教育旬刊》第 1 卷第 8 期"二小書信訓練實施專號",1933 年 1 月 11 日。

《通信二則》,《開封教育旬刊》第 1 卷第 8 期"二小書信訓練實施專號",1933 年 1 月 11 日。

《答森君問》,《開封教育旬刊》第 1 卷第 9 期,1933 年 1 月 21 日。

《教育週刊合訂本》(與邰爽秋主編,《河南民國日報特刊》之三),河南民國日報社 1933 年。

《我所主張的鄉村教育》,《鄉村改造》第 2 卷第 2 號,1933 年 4 月。

《爲小學教師待遇又進一説》,《開封教育旬刊》第 1 卷第 13、14 期合刊,1933 年 5 月 1 日。

《開封城廂小學及民衆教育實驗區工作計畫》(與邰爽秋等合作),開封教育旬刊》第 1 卷第 13、14 期合刊,1933 年 5 月 1 日。

《對於勞作科課程及教學之意見》,《開封教育旬刊》第 1 卷第 18 期,1933 年 9 月 1 日。

《編造河南小學各種測驗之建議》(與王徵葵合作),《開封教育旬刊》第 1 卷第 18 期,1933 年 9 月 1 日。

《單級教學》,《鄉村改造》第 2 卷第 15、16 期合刊,1933 年 9 月。

《對於民國憲法草案初稿之意見》,《河南教育月刊》第 3 卷第 9 期,1933 年 10 月。

《〈開封實驗教育月刊〉題字》,開封教育實驗區出版部 1933 年 10 月。

《寫在這次的調查報告之前》,《開封實驗教育月刊》第 1 卷第 1 號,1933 年 10 月。

《在開封教育實驗區各部職員會上的講話》,《開封實驗教育月刊》第 1 卷第 1 號,1933 年 10 月。

《本區一年來工作報告》,《開封實驗教育月刊》第 1 卷第 1 號,1933 年 10 月。

《函復教育廳指導各小學二部教學最新式實施辦法》,同上。

《在開封教育實驗區各部職員會上的講話》,《開封實驗教育月刊》第1卷第1號,1933年10月。

《開封教育實驗區"兒童節"標語》,《開封實驗教育月刊》第1卷第1號,1933年10月。

《大花園實驗學校校歌詞》(吳造峨作曲),《開封實驗教育月刊》第1卷第2號,1933年11月。

《改造小學國語初步課程方案》,《開封實驗教育月刊》第1卷第2號,1933年11月。

《〈兒童讀物審查〉卷首》,《開封實驗教育月刊》第1卷第3、4號合刊"兒童讀物審查專號",1934年1月。

《兒童讀物審查報告》(與于祥文等合作),《開封實驗教育月刊》第1卷第3、4號合刊"兒童讀物審查專號",1934年1月。

《改造小學國語初步課程方案續》,《開封實驗教育月刊》第1卷第5號,1934年2月。

《改造小學國語初步課程方案再續》,《開封實驗教育月刊》第1卷第6號,1934年3月。

《對於憲法草案國民教育章之意見》,《開封實驗教育月刊》第1卷第6號,1934年3月。

《函復教育廳詳釋實施二部制疑難之點》,《開封實驗教育月刊》第1卷第6號,1934年3月。

《兒童節紀念歌詞》(供初級、高級用兩種,吳造峨作曲),《開封實驗教育月刊》第1卷第7號,1934年4月。

《國語基本字研究》,開封教育實驗區出版部1934年①。

《二重制初步建議》,同上。

《國語算術計畫綱要》,同上。

---

① 見《開封實驗教育月刊》1卷"出版廣告",1934年。

《龍亭》（含《〈龍亭〉序》，小學教學活動綱領及參考資料），開封教育實驗區教材部 1934 年 6 月①。

《〈河南教育日報〉復活二週年紀念題詞》，《〈河南教育日報〉復活二週年紀念專號》，1934 年。

《〈課程問題〉序》，開封師範學校 1934 年 6 月。

《改造小學國語課程第一期方案》，開封教育實驗區教材部 1934 年 6 月初版。

《禹王台與繁塔》（含《〈禹王臺與繁塔〉例言》，小學教學活動綱領及參考資料），開封教育實驗區出版部 1934 年 7 月。

《禹王台之沿革及其解說》，《禹王臺與繁塔》，開封教育實驗區教材部 1934 年 7 月。

《答冬草君報告》，《北方日報》"今日之教育" 1934 年。②

《小學低年級綜合課程論》，中華書局 1934 年 9 月初版。

《"九一八"國恥紀念》（小學教學活動綱領及參考資料），開封教育實驗區教材部 1934 年 9 月。

《岳飛與朱仙鎮》（含《〈岳飛與朱仙鎮〉弁言》，小學教學活動綱領及參考資料），開封教育實驗區教材部 1934 年 11 月。

《新年》（小學教學活動綱領及參考資料），開封教育實驗區教材部

---

① 自 1934 年至 1936 年，在李步青主持下，開封教育實驗區教材部編印有"小學教學活動綱領及參考資料"十餘種，如《龍亭》《相國寺》《禹王台與繁塔》《岳飛與朱仙鎮》《鐵塔與惠濟河》《"九一八"國恥紀念》《五九國恥紀念》《雲南起義紀念》《新年》《端午》《包拯》《總理逝世紀念》《兒童節紀念》《民族英雄史可法》《淝水之戰》《國慶紀念》《孔子聖誕》等。還出版有《民族讀物調查》《民眾娛樂調查》《民眾迷信調查》《健美早操》《日常生活小歌曲》《小小工程師》《大花園兒童字典》《寫字與認字》《塗色畫片》《一個小間諜》《怎樣剪貼》等。（出處：《開封實驗教育》月刊、季刊中之"出版廣告"，及李廉方《最經濟的合科教學法》，湖北教育廳國民教育幹部人員教育學術講習班 1940 年 4 月，第 30 頁）

② 見浣潔：《參觀大花園教育村實驗學校以後》，《開封實驗教育季刊》1 卷 1 號，1935 年 1 月。

1934年12月。

《雲南起義紀念》（小學教學活動綱領及參考資料），開封教育實驗區教材部1934年12月。

《〈民衆讀物調查〉序——寫在相國寺〈民衆讀物調查〉卷首》，開封教育實驗區出版部1934年12月。

《廢漢字改羅馬字拼音是否違背遺教》，《教育平論》第1卷第1期，1934年12月。

《河南省立教育實驗區》，《中國社會教育社第三屆年會報告》1934年12月。

《對王部長〈中國教育的現狀〉之探討》，《教育平話》第1卷第1期，1934年12月。

《兒童節紀念》（小學教學活動綱領及參考資料），開封教育實驗區教材部1935年。

《包拯》，同上。

《"五九"國恥紀念》，同上。

《總理逝世紀念》，同上。

《鐵塔與惠濟河》，同上。

《民族英雄史可法》，同上。

《淝水之戰》，同上。

《國慶紀念》，同上。

《孔子聖誕》，同上。

《寫在本區教學實驗報告之前》，《開封實驗教育季刊》第1卷第1號，1935年1月。

《開封實驗教育季刊》題字，《開封實驗教育季刊》第1卷第1號，1935年1月。

《改造小學國語課程第二期方案》，開封教育實驗區教材部1935年2月。

《吳稚暉先生的改革教育創議是三民主義下應該有的改革嗎》，《教育平話》第 1 卷第 5 期，1935 年 3 月。

《教育法令只是官樣的文章嗎》，《教育平話》第 1 卷第 5 期，1935 年 3 月。

《〈相國寺〉序言》，馬靈泉編：《相國寺》，開封教育實驗區教材部 1935 年 3 月。

《一堆新名詞的中國教育發明家》，《教育平話》第 1 卷第 7 期，1935 年 4 月。

《開封十小試行二重制報告》序，《開封實驗教育季刊》第 1 卷第 2 號，1935 年 4 月。

《本期季刊所有實驗資料的旨趣》，《開封實驗教育季刊》第 1 卷第 2 號，1935 年 4 月。

《答黃壽山學友大花園教育村參觀印象記的平話》，《教育平話》第 1 卷第 10 期，1935 年 5 月。(《開封實驗教育季刊》第 1 卷第 2 號轉載，1934 年 4 月)

《〈復式教學〉序》，河南省立開封師範附屬小學 1934 年 11 月。

《復式教學》(魏仁甫編著，李廉方、俞藝香校閱)，河南省立開封師範附屬小學 1934 年 11 月。

《開封童報》創刊號題辭，《開封童報》1935 年 4 月。

《大杏兩校測驗結果與新舊法比較》(與李子純等合作)，《開封實驗教育季刊》第 1 卷第 2 號，1935 年 4 月。

《端午》(小學教學活動綱領及參考資料)，開封教育實驗區教材部 1935 年 5 月。

《在中華兒童教育社開封分社成立大會上致詞》，《兒童教育》7 卷 1 期，1935 年。

《小學設計教案集成（上、下）》(李瑞安編著，李廉方、鄭竹虛、王海涵校閱)，河南教育廳教育叢書編輯委員會 1935 年 6 月。

《本區實驗小學課程綱要》，開封教育實驗區出版部 1935 年。①

---

① 見《河南大學校刊》1936 年 11 月 20 日。

《兒童自動讀物介紹》,同上。

《小學算術研究》,同上。

《個別化算術課本》(華虛朋著,與李子純等合譯),同上。

《在中華兒童教育社開封分社成立大會上的致詞》,《兒童教育》第7卷第1期,1935年10月。

《改造小學國語課程第三期方案》,開封教育實驗區教材部1935年12月。

《本區實驗小學國語課程實驗標准》,《開封實驗教育季刊》第1卷第3、4號合刊,1936年1月。

《答客問二年半修畢四年課程》,《開封實驗教育季刊》第1卷第3、4號合刊,1936年1月。

《以一般小學學齡兒童二年半授課時數修完四年課程之實驗經過》,《教育雜誌》第26卷第4號,1936年4月;《開封實驗教育季刊》第2卷第1號轉載,1936年4月。

《開封教育實驗區的兩個小學》,《兒童教育》第7卷第4期,1936年6月。

《〈民衆娛樂調查〉序》,載张履谦:《民衆娛樂調查》,開封教育實驗區出版部1936年8月。

《民衆識字教育討論會廿一日閉幕後之感想》,茅盾主編《中國的一日》(1),生活書店1936年年9月(茅盾主編《中國的一日》(1),生活・讀書・新知三聯書店2012年6月)

《范吉六先生六十壽序》,《河南博物館館刊》第3集,1936年9月。

《秋夜聞蟋蟀有感》,《河南博物館館刊》第4集,1936年10月。

《秋思》,《河南博物館館刊》第4集,1936年10月。

《民衆教育与乡村教育》,1936年11月①。

《早梅七律八首》,《河南博物館館刊》第5集,1936年12月。

---

① 見《開封實驗教育季刊》第1卷"出版廣告",1935、1936。

《實驗義務教育學校實驗計畫》，開封教育實驗區出版部 1936 年①。

《國語算術課程綱要》，同上。

《在河南全省地方教育行政會議大會上的致詞》，《河南全省地方教育行政會議報告》，河南教育廳 1936 年 12 月。

《二年半修完部定四年課程概要》，開封教育實驗區出版部 1936 年 12 月再版。

《在鎮平講演錄》（余周黎等記錄），河南鎮平地方建設促進委員會、開封教育實驗區 1937 年 9 月。

《中國古代的小學教育》，開封教育實驗區出版部 1937 年 10 月。

《鎮平講演後憑弔彭公墓》，《河南博物館館刊》第 6 集，1937 年 2 月。

《應南陽羅專員東峰約講畢賦贈》，《河南博物館館刊》第 6 集，1937 年 2 月。

《春雨》，《河南博物館館刊》第 7、8 集合刊，1937 年 4 月。

《除夕有感——應梁園詩社值課》，《河南博物館館刊》第 7、8 集合刊，1937 年 4 月。

《廉方教學法筆順基本練習》，開封教育實驗區出版部 1937 年 9 月（新時代印刷局）。

《廉方教學法筆劃基本練習》，同上。

《廉方教學法運筆基本練習》，同上。

《廉方教學法習字基本練習》，開封教育實驗區出版部 1937 年 10 月。

《廉方教學法》（國語課程修正第一期方案），開封教育實驗區出版部 1937 年 9 月；《開封實驗教育季刊》第 2 卷第 2 期附載，1936 年 7 月。

《合科教學法講義》，教育部實驗教育教材編輯組 1938 年。②

《卡片教學綱要》，同上。

《修正筆順基本練習法》，同上。

---

① 見《開封實驗教育季刊》2 卷"出版廣告"，1936 年。
② 本書及以下 16 種作品出處：李廉方：《最經濟的合科教學法》，湖北教育廳國民教育幹部人員教育學術講習班 1940 年 4 月印行，第 31 頁。

《修正筆劃基本練習法》，同上。

《名表用法説明書》，同上。

《小學常識課程標准與單元及讀物對照表》，同上。

《各段讀物目録》，同上。

《基本單元活動教案》，同上。

《前後期單元詞語》，同上。

《單元詞語用字與部頒字彙對照表》，同上。

《卡片教學説明要略》，同上。

《合科教學法課程分配圖》，同上。

《基本單元活動教學法表解》，同上。

《小學公民訓練實施法表解》，同上。

《作文習字教學法表解》，同上。

《新編各種讀物學習指引片》，同上。

《常識讀物》，同上。

《卡片教學與三個研討問題》，《教育通訊》第 2 卷第 5、6 期，1939 年 1 月 28 日、2 月 4 日。

《合科實驗的廉方教學法》，中華書局 1939 年 8 月初版。

《異哉中國文字拉丁化運動》（抗戰建國小叢書之一），獨立出版社 1939 年 8 月初版。

《中國推行義務教育應有的基本認識》，《教育通訊》第 2 卷第 49、50 期合刊，1939 年 12 月 23 日。

《最經濟的合科教學法》，湖北教育廳國民教育幹部人員教育學術講習班 1940 年 4 月。

《高等考試應分省區定名額以普選人材而宏考試功能案》（與王公度合作），第二屆國民參政會議 1940 年。

《初小習字範本説明書》，教育部國民教育司、國民教育輔導研究委員會 1943 年 4 月。

《十九之夕》，《辛亥首義史跡》，辛亥首義同志會印行，1946 年 10

月 10 日。另載熊守暉：《辛亥武昌首義史編（上）》，臺灣中華書局印行，1971 年；《中華民國開國五十年文獻》第二編第一冊，臺灣正中書局 1961 年。

《辛亥武昌首義紀》（上、下卷，"鄂故叢書"之二），湖北通志館 1947 年 8 月；臺灣國民黨史會 1961 年 10 月影印版（正中書局）。其中該書"武昌起義前之革命團體"、"推定都督"、"組織軍政府"、"陽夏戰役"等諸多內容，另載熊守暉：《辛亥武昌首義史編》（上），臺灣中華書局印行，1971 年。

《湖北宣導革命的幾個典型人物》，《新聞報》1947 年 10 月 10 日。

《辛亥起義前之革命團體》，1947 年①。

《照會各國領事宣佈中立及國際情態》，1947 年②。

《臨時政府之成立》，1947 年③。

《日知會黨員表》，1947 年④。

《七絶·花園山》，1947 年⑤。

《新修京山縣志草例》，湖北通志館 1947 年 12 月。

《京山新志·輿地志》，湖北通志館 1949 年 2 月。

---

① 見《中華民國開國五十年文獻》第二編第一冊，臺灣正中書局 1961 年。
② 見陳夏虹選編：《辛亥革命實績史料彙編 建制卷》，中國大百科全書出版社 2011 年 10 月版。
③ 見《中華民國開國五十年文獻 開國規模》，臺灣正中書局 1962 年。
④ 見尹迪生主編：《辛亥革命先驅曹亞伯——紀念曹亞伯先生誕辰一百二十周年》（黃石文史資料》19 期）政協黃石市學習、文史委員會 1995 年 11 月，第 295 頁。
⑤ 見黃成平、黃松編著：《浩氣長存壯士雄——辛亥武昌起風雲英烈贊詩》，武漢出版社 2011 年 6 月版。